독자의 1초를 아껴주는 정성!

세상이 아무리 바쁘게 돌아가더라도

책까지 아무렇게나 빨리 만들 수는 없습니다.

인스턴트 식품 같은 ~~~~~~~

오래 익힌 ~~~~~~~

길벗이지톡은 독~~~~~~~~~~~~~~~~~~~~~~다.

나를 아껴주는 ~~~~~~~~~~~~~~~~~~~요.

독자의 1초~~~~~~는 정성을 만나보십시오.

———

미리 책을 읽고 따라해본 2만 베타테스터 여러분과
무따기 체험단, 길벗스쿨 엄마 2% 기획단,
시나공 평가단, 토익 배틀, 대학생 기자단까지!
믿을 수 있는 책을 함께 만들어주신 독자 여러분께 감사드립니다.

홈페이지의 '독자광장'에 오시면 책을 함께 만들 수 있습니다.

(주)도서출판길벗 www.gilbut.co.kr
길벗이지톡 www.gilbut.co.kr
길벗스쿨 www.gilbutschool.co.kr

---

mp3 파일 다운로드 안내

길벗이지톡(www.gilbut.co.kr) 회원(무료 가입)이 되시면 오디오 파일을 비롯하여 다양한 자료를 이용할 수 있습니다.

1단계	로그인 후 홈페이지 가운데 화면에 있는 SEARCH ⬚⬚⬚⬚ 검색 에서 찾고자 하는 책이름을 입력하세요.
2단계	검색한 도서에 대한 자료를 다운로드 받으세요.

열정적인 토이커들을 위한 특별한 지원!

"시나공 토익 카페"에서 확인하세요

시나공 토익 카페에 무료로 회원 가입하고, 구매한 시나공 토익책을 등록하세요.
다양한 무료 콘텐츠 제공은 물론, 모르는 문제에 친절히 답해 드립니다.

시나공 도서관

시나공 토익책과 관련된 MP3 및 학습자료를
무료로 다운받을 수 있습니다.

묻고 답하기

모르는 부분이 있으면 자유롭게 질문해 주세요.
저자가 직접 친절하게 답해 드립니다.

토익 만점 공부방

토익 모의 실전 문제와 필수 단어, 시험장 정보,
학습법 등 시험에 필요한 유익한 자료가 가득합니다.

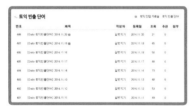

커뮤니티

시나공 토이커들의 자유로운 대화 공간입니다.
재미있는 설문조사, 푸짐한 이벤트에도 참여해보세요.

자세한 내용은 시나공 토익 카페에서 확인하세요. https://sinagong.gilbut.co.kr/toeic

시험에 나오는 것만 공부한다!

시나공 토익

안 들려도

답이
보이는

PART 1·2·3·4

시나공 토익연구소 · 김병기 지음

길벗
이지:톡

시나공 토익 안 들려도 답이 보이는 PART 1234

초판 1쇄 발행 · 2020년 7월 13일

지은이 · 시나공 토익연구소, 김병기
발행인 · 이종원
발행처 · (주)도서출판 길벗
브랜드 · 길벗이지톡
출판사 등록일 · 1990년 12월 24일
주소 · 서울시 마포구 월드컵로 10길 56(서교동)
대표전화 · 02)332-0931 | **팩스** · 02)322-6766
홈페이지 · www.gilbut.co.kr | **이메일** · eztok@gilbut.co.kr

기획 및 책임편집 · 유현우(yhw5719@gilbut.co.kr) | **디자인** · 최주연 | **제작** · 이준호, 손일순, 이진혁
영업마케팅 · 김학흥, 장봉석 | **웹마케팅** · 이수미, 최소영 | **영업관리** · 심선숙 | **독자지원** · 송혜란, 정은주
전산편집 · 기본기획 | **CTP 출력 및 인쇄** · 북토리 | **제본** · 신정문화사

ISBN 979-11-6521-203-2   03740 (길벗 도서번호 301059)
정가 15,000원

이 도서의 국립중앙도서관 출판예정도서목록(CIP)은 서지정보유통지원시스템 홈페이지(http://seoji.nl.go.kr)와
국가자료공동목록시스템(http://www.nl.go.kr/kolisnet)에서 이용하실 수 있습니다. (CIP제어번호: CIP2020024901)

독자의 1초를 아껴주는 정성 길벗출판사

(주)도서출판 길벗 | IT실용, IT/일반 수험서, 경제경영, 취미실용, 인문교양(더퀘스트) **www.gilbut.co.kr**
길벗이지톡 | 어학단행본, 어학수험서 **www.eztok.co.kr**
길벗스쿨 | 국어학습, 수학학습, 어린이교양, 주니어 어학학습, 교과서 **www.gilbutschool.co.kr**

독자 서비스 이메일 · service@gilbut.co.kr | 페이스북 · www.facebook.com/hontoeic

토익 LC의 모든 요령을 딱 한 권으로 정리한 전략서!

지난 2년여 간 저희 시나공 토익연구소에서는 주요 필진들과 함께 토익 공부를 효율적으로 단기간에 끝낼 수 있도록 도움이 될 만한 콘텐츠를 연구해 왔고, 드디어 〈안 들려도 답이 보이는 PART 1234〉를 통해 그 결실을 맺게 되었습니다.

1 | 부담 없는 책 크기!

토익 수험서에 대해 생각해보면 으레 아주 두꺼운 기본서를 떠올릴 수 있습니다. 수험생들의 애로점 중의 하나가 이 무겁고 큰 책을 항상 지니고 다니면서 공부해야 한다는 점이었습니다. 따라서 수험생들의 이러한 애로점들을 고려하여 책의 크기를 확 줄였습니다. 이제 언제 어디서나 편하게 들고 다니면서 공부하실 수 있습니다.

2 | 토익을 가볍게 끝낼 수 있도록 최적화된 구성!

자격증도 따야 하고, 아르바이트도 해야 하는 바쁜 수험생들이 따로 짬을 내어 토익 공부를 하는 일은 생각보다 쉽지 않습니다. 이 책은 그토록 바쁜 수험생들을 위해 기획된 책입니다. 그저 가볍게 들고 다니면서 친구를 기다리거나 지하철을 기다릴 때, 혹은 식사를 하면서 하루에 조금씩 진도를 나가보세요. 언제 끝난 지도 모르게 LC 공부가 완성되어 있을 것입니다.

3 | 잘 안 들려도 LC 고득점이 가능한 모든 핵심 요령의 집합소!

흔히 영어 듣기를 잘 하려면 평소에 꾸준히 영어 음성을 많이 들어봐야 한다고들 합니다. 물론 이는 어떻게 보면 외국어를 배우는 가장 훌륭한 방법이라 할 수 있습니다. 하지만 시험은 다릅니다. 우리의 목적은 토익 LC의 고득점입니다. 평소에 꾸준히 영어 음성을 들을 만큼 우리에게는 시간이 많지 않습니다. 무슨 소리인지 잘 들리지 않아도 어쨌든 빨리 점수를 올려야 합니다. 그러기 위해서는 문제를 대하는 전략이 필요하고 요령을 알아야 합니다. 이 책에는 토익 LC에서 써 먹을 수 있는 모든 요령이 담겨 있습니다. 그리고 이 요령들만 잘 익혀도 누구나 토익 LC에서 400점 이상은 획득할 수 있으리라 확신합니다.

아무쪼록 이 책을 통해 수험생들이 하루라도 빨리 토익에서 해방될 수 있도록 저희 연구소 직원들 모두 수험생 여러분들을 응원하겠습니다.

2020년 5월 **시나공 토익연구소 직원 일동**

이 책을 먼저 풀어본 독자들의 체험담

토익의 기본기를 다지는데 탁월한 책이네요!

이 책은 문제 유형마다 출제 트랜드에 맞춘 핵심 공략법을 상세히 알려주고 있는데요, 이를 학습하고 문제를 푼다면 이전보다 더 높은 점수를 받을 수 있을 거 같아요. 또한 토익의 기본과 관련하여 중점적으로 공부해야하는 부분을 정리해 주어서 좋았습니다.

이라희 (대학생)

고득점을 위한 LC 요령을 많이 익혔어요!

독자 체험단을 하면서 LC에 대해 유용한 요령과 팁들을 많이 얻을 수 있어서 무척 좋았어요. 이전까지는 무조건 스크립트를 읽고, 듣고, 단어를 외우기만 했는데 교재에서 강조하는 주제별 풀이 요령을 중심으로 학습하니 효율적인 공부가 된 거 같아요.

노세란 (대학생)

LC에 약한 토이커들에게 적극 추천합니다!

LC파트의 문제를 유형별로 익히면서 모르는 문제가 나올까봐 미리 걱정부터 하던 습관이 사라졌어요! 토익 LC파트의 질문과 답변을 유형별로 쪼개서 공략할 수 있도록 유형마다 예제를 들어 설명해주니 막막하기만 하던 지문들이 조금씩 파악이 되더라구요.

김수경 (직장인)

영어 듣기가 어려운 수험생들을 위한 책!

저는 이전까지 영어듣기가 통 되지 않아 LC 파트에서 항상 고전했었거든요. 그런데 이 책을 통해 반복적인 유형 출제를 익히며 토익 LC의 감을 익힐 수 있었습니다. 난이도도 적절해서 좋았고 유형별로 반복되는 문제를 풀다보니 LC에서 필요한 집중력이 생겼습니다.

전아영 (대학생)

LC의 맥을 짚어주는 책!

LC는 딱 한 번만 음성으로 들려주는 시험이다 보니 자칫 메인 키워드나 흐름을 놓치면 그냥 틀릴 수밖에 없었는데. 이 책을 학습한 후 흐름 파악은 물론 키워드도 쉽게 파악할 수 있었고 문제마다 어느 부분에 집중하여 들어야 하는지 알 수 있어서 좋았어요.

이정화 (대학생)

문제 풀이 요령을 보고 바로 문제에 적용할 수 있어서 좋았어요!

이 책을 통해 LC 문제들이 어떤 방식의 고난도 문제로 바뀌어 나오는지를 알 수 있었습니다. 특히 파트 3, 4에서는 선지에 지문의 내용이 다른 어휘로 많이 바뀌어 나오는 편인데, 교재에서 알려주는 요령대로 따라하니까 문제를 쉽게 해결할 수 있었습니다.

박상배 (대학생)

이 책만으로도 충분히 토익 시험 대비가 될 거 같아요!

풀이 요령과 예제들을 통해 어떤 문제에 어떤 요령이 필요한지, 정답을 어떻게 골라내는지에 대한 정보를 얻을 수 있어서 좋았어요. 그리고 LC 지문을 훑어보면서 공략이 적용된 것을 바로 확인할 수 있어 공부하기도 수월했습니다.

이민경 (대학생)

단기간에 LC 점수를 올리고자 하는 수험생들에게 추천합니다!

이 책은 단순히 문제를 푸는 요령뿐만이 아니라 다양한 기준으로 문제를 분류하여 단기간에 LC에서 점수를 올리고자 하는 수험생들에게 큰 도움이 될 것 같습니다. 또한 문제별 접근 방식 등을 제공해 주기 때문에 방대한 범위의 토익 LC 파트를 부담 없이 대비할 수 있었습니다.

이주희 (직장인)

잘 안 들려도 고득점을 얻게 되는 요령이 듬뿍 담긴 책!

〈안 들려도 답이 보이는 PART 1234〉는 크게 7개의 장으로 이루어져 있습니다. 먼저 PART 별로 나누어 해당 파트에서 공통적으로 알아야 할 공략 포인트들을 정리하였습니다. 그리고 이어서 각 PART의 풀이 요령들을 수록하였고, 마지막으로 실전 모의고사를 통해 배운 내용을 점검할 수 있도록 구성하였습니다.

1 | PART 별 핵심 공략 포인트

✓ 이 장에서는 먼저 PART 별로 공통적으로 알아야 할 핵심 공략 포인트들을 짚어봅니다. 본격적인 문제 유형이나 지문 유형을 살펴보기 전에 전체적인 안목에서 해당 파트들에 대해 유의해야 할 내용들만 선별하여 구성하였습니다.

2 | 문제 유형별 풀이 요령

✓ PART 1부터 PART 4까지 주요 문제 유형들을 효율적으로 풀 수 있는 요령들을 제시하였습니다. 그 요령들만 잘 익혀놓아도 LC에서 원하는 점수를 충분히 얻게 될 것입니다.

3 | 지문 유형별 풀이 요령

✓ PART 3과 4에서는 지문이 등장합니다. 지문 유형을 문제 유형과 별도로 구분하여 LC의 지문들에는 어떤 종류가 있으며, 주로 어떤 흐름으로 이루어지는지 파악할 수 있도록 지문을 유형별로 제시하여 분석해 놓았습니다. 지문의 흐름 파악을 통해 문제에서 요구하는 단서를 어디에서 얻어야할 지를 파악할 수 있게 될 것입니다.

4 | 실전 모의고사로 마무리

✓ 책의 본문 내용을 모두 학습하였다면 이번에는 실제로 본인의 실력을 테스트해보아야 합니다. 시나공토익 홈페이지에서 무료로 제공하는 모의고사 1세트를 다운로드하여 학습 후 실력 점검을 할 수 있도록 하였습니다.

5 | 명쾌하고 자세한 해설집

✓ 교재 뒷 부분에는 시나공 토익이 가장 자랑스럽게 내세워 왔던 자세한 해설을 수록하였습니다. 그리하여 맞힌 문제는 본인이 생각한 의도대로 푼 것인지, 틀린 문제는 어떤 점이 원인이었는지를 자세하게 참조할 수 있도록 하였습니다.

 토익이란?

TOEIC은 Test Of English for International Communication의 약자로 영어가 모국어가 아닌 사람들을 대상으로 언어의 주기능인 '커뮤니케이션' 능력을 중심으로 업무나 일상 생활에 필요한 실용 영어 능력을 평가하는 시험입니다. 비즈니스와 일상 생활에서 쓰이는 실용적인 주제들을 주로 다루고 있습니다.

시험의 출제 분야 및 특징

전문적인 비즈니스	연구, 제품 개발, 계약, 인수, 보증, 사업 계획, 이메일, 이사회, 노사 문제, 회의
제조	제품 조립, 공장 경영, 품질 관리
금융과 예산	투자, 세금, 회계, 청구
엔터테인먼트	영화, 음악, 예술, 전시, 대중 매체
사무실	임원회의, 위원회의, 편지, 메모, 전화, 팩스, E-mail, 사무 장비와 가구
연회	식사 예약, 장소 문의
인사	구인, 채용, 퇴직, 급여, 승진, 취업 지원과 자기소개
주택 / 기업 부동산	건축, 설계서, 구입과 임대, 전기와 가스 서비스
여행	기차, 비행기, 택시, 버스, 배, 유람선, 티켓, 일정, 역과 공항 안내, 자동차, 렌트, 호텔, 예약, 연기와 취소

시험의 구성

구성	Part	내용		문항 수	시간	점수
Listening Comprehension	1	사진 묘사(사진 보고 올바른 설명 고르기)		6	45분	495점
	2	질의 응답(질문에 알맞은 답변 고르기)		25		
	3	짧은 대화(대화를 듣고 질문에 답변하기)		39	100	
	4	설명문(담화문을 듣고 질문에 답변하기)		30		
Reading Comprehension	5	단문 공란 채우기(문장 안의 빈칸에 알맞은 말 고르기		30	75분	495점
	6	장문 공란 채우기(지문에 있는 빈칸에 알맞은 말 고르기		16		
	7	독해	단일 지문(1개의 지문을 읽고 질문에 답변하기)	29	100	
			이중 지문(2개의 지문을 읽고 질문에 답변하기)	10		
			삼중 지문(3개의 지문을 읽고 질문에 답변하기)	15		
Total		7 Parts		200	120분	990점

시험 시간 안내

오전 시간	오후 시간	내용
9:30 ~ 9:45	2:30 ~ 2:45	답안지 배부 및 작성 Orientation
9:45 ~ 9:50	2:45 ~ 2:50	휴식 시간
9:50 ~ 10:05	2:50 ~ 3:05	1차 신분증 검사
10:05 ~ 10:10	3:05 ~ 3:10	문제지 배부 및 파본 확인
10:10 ~ 10:55	3:10 ~ 3:55	LC 시험 진행
10:55 ~ 12:10	3:55 ~ 5:10	RC 시험 진행 (2차 신분 확인)

토익 접수 방법

- **접수 기간 및 접수처 확인 :** 인터넷 접수 기간을 한국 토익위원회 사이트(www.toeic.co.kr)에서 확인합니다.
- **접수 절차 :** 사이트에서 인터넷 접수를 선택하고 시험일, 고사장, 개인 정보 등을 입력한 후 응시료를 지불합니다. 접수 시 필요한 사진은 최근 6개월 이내 촬영한 사진이어야 하며, JPG 형식으로 준비합니다.
- **특별 추가 접수 :** 특별 접수 기간 내에 인터넷 접수로만 가능하며 응시료는 48,900원입니다.

시험 준비물

- 규정 신분증 주민등록증, 운전면허증, 공무원증, 기간 만료 전 여권, 초·중·고생의 경우는 TOEIC 정기시험 신분확인증명서, 학생증, 청소년증을 인정합니다. 신분증이 없으면 절대 시험을 볼 수 없습니다. 꼭 챙기세요! (대학생 학생증은 인정되지 않습니다.)
- 필기 도구 컴퓨터용 연필(굵게 만들어 놓으면 편합니다. 일반 연필이나 샤프도 가능하지만 사인펜은 사용 불가능합니다), 지우개 필수적으로 가져가세요.

입실 전 유의 사항

- 시험시간이 오전일 경우에는 9시 20분까지, 오후일 경우에는 오후 2시 20분까지 입실을 완료합니다.
- 오전 시험은 9시 50분, 오후 시험은 2시 50분 이후로는 절대로 입실을 할 수가 없으니 꼭 시간을 지켜야 합니다.

성적 확인 및 성적표 수령

- 성적은 정해진 성적 발표일 오전 6시부터 토익위원회 홈페이지(www.toeic.co.kr)와 ARS 060-800-0515를 통해 조회할 수 있습니다. (단, ARS 성적 확인에 동의한 수험자는 ARS로 성적 확인이 가능합니다.)
- 성적표 수령은 온라인 출력이나 우편 수령 중에서 선택할 수 있습니다.
- 온라인 출력 시 성적 유효기간 내에 홈페이지를 통해 출력 가능합니다.
- 우편 수령 시 성적 발표 후 접수 시 기입한 주소로 발송됩니다. (약 7 ~ 10일 소요)
- 온라인 출력과 우편 수령은 모두 1회 발급만 무료이며, 그 이후에는 유료입니다.

Contents

＊ 이 책에서 제공하는 MP3 및 각종 학습 자료는 시나공토익 홈페이지(www.eztok.co.kr)에서 무료로 다운로
드하실 수 있습니다.

이 책을 소개할 때 책상에 앉아 작심하고 공부하는 것보다 하루 중 잠시 짬이 나는 자투리 시간을 최대한 활용하는 방법을 설명했지만 그래도 학습 계획을 잡고 공부하면 좀 더 효과적이겠죠? 4주 완성으로 잡은 아래와 같은 학습 계획을 따라서 꾸준히 진도를 나가 보세요!

	DAY 1	DAY 2	DAY 3	DAY 4	DAY 5
1주차	1장	2장 1강 ~ 2강	2장 3강 ~ 4강	3장 1강 ~ 2강	3장 3강 ~ 4강
	DAY 6	DAY 7	DAY 8	DAY 9	DAY 10
2주차	3장 5강 ~ 6강	3장 7강 ~ 8강	3장 9강 ~ 10강	4장 1강 ~ 3강	4장 4강 ~ 6강
	DAY 11	DAY 12	DAY 13	DAY 14	DAY 15
3주차	4장 7강 ~ 9강	5장 1강 ~ 3강	5장 4강 ~ 6강	6장 1강 ~ 3강	6장 4강 ~ 6강
	DAY 16	DAY 17	DAY 18	DAY 19	DAY 20
4주차	6장 7강 ~ 9강	7장 1강 ~ 4강	7장 4강 ~ 6강	실전모의고사 (1~55)	실전모의고사 (56~100)

1장

PART 별
핵심 공략
포인트

PART 1의 핵심 공략 포인트

PART 1은 주어진 사진을 보고 4개의 선지 중에 사진이 바르게 묘사된 문장을 고르는 문제 유형이다. 총 6문항이 주어지기 때문에 출제 비중이 크지 않고 다른 파트에 비해 비교적 쉬운 유형이므로 꼭 만점을 맞도록 하는 전략이 필요하다. PART 1에서는 다양한 사진의 종류가 등장하는데, 먼저 그 종류에 상관없이 공통적으로 꼭 알아두어야 할 핵심 요령들을 알아보도록 하자.

🚩 풀이요령 ❶

주관적인 판단이 들어간 선지를 소거하라!

▶ PART 1은 사진을 바탕으로 보편적으로 파악할 수 있는 객관적 내용만이 정답으로 제시된다. 따라서 사진을 토대로 연상이 가능한 내용, 혹은 주관적 판단이 개입된 내용은 정답이 될 수 없다. 다시 말해서, 인물의 동작, 외모, 그리고 사물의 상태를 눈으로 확인이 가능한 객관적인 부분에만 국한하여 정답을 선별하는 기준으로 삼아야 한다.

- Some is drinking some beverage. 그녀는 음료를 마시고 있다. (O)
- She is drinking some watert. 그녀는 물을 마시고 있다. (X)

➡ 여성이 마시고 있는 음료 자체가 무엇인지 판단을 할 수 없으므로 구체적인 음료의 종류가 언급되었다면 오답으로 소거해야 한다. 일반적으로 PART 1에서 음료는 liquid나 beverage란 포괄적인 단어로 표현한다.

🚩 풀이요령 ❷

착용하고 있는 상태와 착용하는 동작을 구별하라!

▶ 착용하고 있는 상태와 착용하는 동작은 서로 묘사하는 표현이 다르다. 이 둘을 혼동하지 않도록 주의해야 한다. 착용하고 있는 상태는 be wearing, 착용하고 있는 동작은 be putting on으로 나타낸다.

- He is putting on a tie. 그는 넥타이를 매고 있는 중이다. (O)
- He is wearing a tie. 그는 넥타이를 착용한 상태이다. (X)

➡ 사진에서 남자는 넥타이를 매고 있는 동작을 보여주고 있다. 따라서 동작을 나타내는 be putting on을 사용해야 하며, 위와 같은 사진에서 be wearing이 나왔다면 오답으로 즉각 소거해야 한다.

확인하기 애매한 행동과 대상을 묘사하면 오답으로 소거하라!

▶ 사진에서 정확히 확인할 수 없는 행동과 대상을 묘사하면 오답으로 소거해야 한다. 자의적으로 그러한 행동이나 대상일 거라고 추측을 해서는 안 된다.

- **They are cycling down the street.** 그들은 자전거를 타고 거리를 따라가고 있다. (O)
- **The people are reading a sign.** 사람들은 표지를 읽고 있다. (X)

➡ 거리를 따라 자전거를 타고 가는 사람들이 보인다. 하지만 사람들이 옆의 표지판을 읽고 있는지는 확인할 수 없다. 정황상 표지판을 보고 있을 거라는 자의적인 판단을 해서는 안 된다.

사람이 보이지 않는데, be being P.P.가 들리면 무조건 오답으로 소거하라!

▶ 사진에 사람이 등장하지 않는 상황에서 being이 들리는 선지는 오답으로 소거해야 한다. be being P.P.는 사람이 동작 중인 모습을 표현하는 현재진행형을 수동적으로 묘사하는 현재진행 수동태 문형이므로 사진에서 행동을 취하는 사람의 모습이 보이지 않는다면 정답이 될 리 만무하다.

- **The chairs** are lined up **in rows.** 의자들이 줄지어 배치되어 있다. (O)
- **The chairs** have been lined up **in rows.** 의자들이 줄지어 배치되어 있다. (O)
- **The chairs** are being lined up **in rows.** 의자들이 줄지어 배치되고 있다. (X)

➡ 의자가 배열된 상태를 나타내고 있으므로 be P.P나 have been P.P.로 묘사를 해야만 한다. 따라서 be being P.P.가 들어간 선지는 사진의 내용과 부합될 수 없다. 만약 사람들이 의자를 배열하고 있는 행동을 취하고 있다면 be being P.P.가 가능하다.

✊한 가지만 더!

그런데 사람이 없는 사진에서 be being P.P.가 허용되는 예외적인 경우가 있다. 동사 display는 동작 동사가 아니라 진열, 전시해 놓은 상태를 묘사하는 상태 동사이다. 따라서 be displayed는 현재 진열이나 전시된 상태, be being displayed는 현재 진열이나 전시되고 있는 상태를 의미하므로 궁극적으로 이 둘은 모두 진열이나 전시된 상태를 묘사하는 것이 가능한 표현이다.

- **A variety of clothes** are being displayed **in the store.**
  가게에 다양한 의류 제품들이 진열되고 있다. (O)
- **A variety of clothes** are displayed **in the store.**
  가게에 다양한 의류 제품들이 진열되고 있다. (O)
- **A variety of clothes** have been displayed **in the store.**
  가게에 다양한 의류 제품들이 진열되고 있다. (O)

'모든'이라는 극단적인 표현은 대부분 오답임에 유의하라!

▶ PART 1에 출제되는 사진의 상당수는 하나의 사람이나 사물 또는 일부 사람이나 사물의 움직임이나 상태를 표현하는 정답을 제시한다. 아울러 모든 사람이나 사물의 행동이나 상태를 묘사하는 정답을 제시할 때도 선지에서는 주어에 '모든'이란 극단적 단어의 사용을 자제한다. 따라서 선지에서 All, Every, Each, Both가 등장하는 경우 거의 대부분 오답으로 등장한다는 사실을 알아 두도록 하자.

- All the seats are occupied. 사람들이 모든 좌석에 착석해있다. (X)
- All the people are seated around their tables.
  모든 사람들이 테이블 주변에 착석해있다. (X)

➥ 대부분의 사람들이 앉아 있을 뿐이고, 일부 사람들은 서 있으므로 모든 사람들이 앉아 있다는 표현은 틀린 표현이다.

구체적 의미보다 포괄적 의미가
정답의 확률이 높은 사실에 유의하라!

▶ PART 1에서는 주로 구체적 의미보다 포괄적 의미를 지닌 명사 어휘를 더 선호한다. 다시 말해서 구체적 의미의 단어가 포함된 선지는 오답으로 역이용되고, 포괄적 의미의 단어가 등장하는 선지가 정답으로 제시되는 경우가 많다.

- **The woman is using** office equipment. 여자는 사무용 장비를 사용하고 있다. (O)
- **The woman is using** fax machine. 여자는 팩스기를 사용하고 있다. (X)

➡ 구체적 의미의 단어들을 이용하여 오답으로 유도하는 경우가 많기 때문에 선지에 포괄적인 의미의 단어가 나오면 정답일 확률이 높아진다. 복사기에 설사 팩스의 기능이 있다고 하여도 사진에서는 여자가 팩스를 보내려는지, 아니면 복사를 하려는지 확인하기가 애매하다. 하지만 복사기든 팩스기든 사무용 장비라는 사실은 분명하므로 사무용 장비를 사용하고 있다고 제시되었다면 정답이 된다.

PART 1 포괄적 / 구체적 의미 단어 구별

- 사무기기
  - 포괄적 의미 office equipment / office devices / office machines
  - 구체적 의미 computer 컴퓨터 / printer 프린터 / fax machine 팩스
    photocopier [=copier] 복사기

- 공사도구
  - 포괄적 의미 tool

- 구체적 의미 hammer 망치 / shovel 삽 / hard hat 안전모 / safety vest 안전조끼

- **중장비**
- 포괄적 의미 heavy machines
- 구체적 의미 dump truck 덤프트럭 / fork lift 지게차 / crane 크레인 / excavator 굴착기

- **차량**
- 포괄적 의미 vehicle
- 구체적 의미 bus 버스 / taxi 택시 / truck 트럭 / van 승합차 / 소형 트럭 / car 자동차 / bicycle 자전거 / motorcycle 오토바이

- **악기**
- 포괄적 의미 musical instrument (다만 파트1에서는 instrument만으로도 악기를 지칭한다.)
- 구체적 의미 guitar 기타 / piano 피아노 / drum 드럼 / violin 바이올린

- **음료**
- 포괄적 의미 beverage
- 구체적 의미 water / coffee / soda / tea

 풀이요령 ⑦

유사발음 함정에 주의하라!

▶ 사진에 등장하는 특정 대상을 지칭하는 명사 또는 특정 행동을 뜻하는 동사와 유사한 발음의 단어를 선지에 등장시켜 오답 선택을 유도한다. 아울러 이는 소리를 통해 구별이 어려운 경우가 대부분이므로 문맥을 통해 정답 여부를 구분해야 한다.

- **They are** working at the construction site.
  그들은 공사 현장에서 일을 하고 있다. (O)
- **They are** walking across a street. 그들은 거리를 건너고 있다. (X)

동사 work와 동사 walk가 서로 유사한 발음을 지니고 있다는 점을 이용하여 문맥에 혼동을 초래하고 이를 통해 오답을 정답으로 착각하도록 만드는 전형적인 유사발음 어휘 함정이라 할 수 있다. 발음을 통한 구별이 어렵다면 문맥을 통해 across와 같이 방향을 나타내는 전치사에는 동사 walk가 적절하고 구체적인 장소나 위치를 표현하는 전치사 at에는 work가 알맞은 점을 통해 구분할 수도 있다.

- **The woman is making** coffee. 여자는 커피를 만들고 있다. (O)
- **The woman is making some** copies. 여자는 복사를 하고 있다. (X)

명사 copy는 copies와 같은 복수명사가 가능하지만 명사 coffee는 불가산명사로 복수명사 형태로 쓰이는 것이 불가하다는 점을 통해 making a copy나 making some copies는 복사하는 행동을 의미하고 making coffee는 커피를 제조하는 행동을 의미하는 것이라 판단할 수 있다.

PART 1 주요 유사발음 어휘 정리   1-1.mp3

- **basket** 바구니 / **bucket** 양동이
- **bench** 벤치 / **branch** 가지
- **cart** 카트 / **carton** 상자
- **close** 가까운 / **cross** 건너가다 / **cloth** 옷, 의류
- **cloud** 구름 / **crowd** 군중, 대중
- **contract** 계약 / **contact** 연락하다
- **copy** 복사 / **coffee** 커피
- **dinner** 저녁식사 / **diner** 식사하는 사람

- elevator 엘리베이터 / escalator 에스컬레이터
- file 자료, 파일, 서류철에 철하다 / pile 더미, 쌓다
- floor 바닥, 층 / flour 전분, 분말가루 / flower 꽃
- full 가득 찬 / pull 끌다, 잡아당기다
- glass 유리, 안경 / grass 잔디
- horse 말 / hose 호스
- jog 조깅하다 / jot 쓰다
- lamp 등 / ramp 경사로, 도로 진입로
- lead 이끌다 / read 읽다
- letter 편지 / ladder 사다리 / leather 가죽
- leaving 떠나다 / living 살다, 거주하다
- meet 만나다 / meat 고기
- microscope 현미경 / microphone 확성기
- presentation 발표 / present 발표하다
- rain 비 / lane 차로
- remove 옷을 보다, 꺼내다, 제거하다 / move 움직이다, 이동하다
- ride 타다 / write 쓰다
- sea 바다 / see 보다
- set 설치하다, 두다 / sit 앉다
- sew 바느질하다 / saw 톱질하다
- ship 배, 배송하다 / sip 홀짝 마시다
- shopping 쇼핑하다 / chopping 썰다, 자르다
- stare 응시하다 / stair 계단
- telescope 망원경 / telephone 전화
- train 기차 / trainer 트레이너
- training 훈련 / trail 오솔길
- type 타이핑하다 / tie 묶다
- wait 기다리다 / weight 무게, 운동기구(역기)
- walk 걷다 / work 일하다

다의어 함정에 주의하라!

▶ 한 단어에 두 개 이상의 의미가 포함되어 있는 다의어를 이용한 함정으로 사진에서 특정 대상이나 행동을 지칭하는 다의어가 선지에서는 다른 대상이나 행동을 언급하는 의미로 달리 쓰이면서 오답 선택을 유도한다.

- **Cars are** parked on both sides of the street.
  자동차들이 길 양편에 주차되어 있다. **(O)**
- **There are** some cars in a park. 공원에 몇몇 자동차들이 주차되어 있다. **(X)**

➡ park는 명사로 '공원', 동사로 '주차하다'의 의미를 지닌 다의어이다. 따라서 사진에서 park가 어떤 의미로 쓰였는가를 파악할 수 있어야 한다. 자동차들이 노상 주차되어 있는 모습은 parked와 street을 통해 충분히 파악할 수 있다. 반면에 cars와 in a park는 공원에 있는 자동차들을 나타내므로 의미상으로도 사진에 부적절한 오답임을 알 수 있다. 아울러 이들이 선지에서 park를 서로 다른 의미로 제시함으로써 다의어 함정을 유도하고 있음을 파악해야 한다.

◉ PART 1 주요 다의어 정리

- **train** 기차, 훈련시키다
- **park** 공원, 주차하다
- **pool** 수영장, 당구
- **plant** 식물, 공장, 심다
- **rest** 휴식, 정지하다

PART 2의 핵심 공략 포인트

PART 2는 의문사 의문문, 일반 의문문 그리고 평서문 및 부가의문문 등으로 구성된 다양한 질문을 듣고 각 질문에 따라 제시되는 세 개의 답변 중 가장 적절한 내용의 답변을 정답으로 선택하는 청해 영역이며, 총 25문항이 출제되고 있다. PART 2에선 무엇보다 주어지는 질문이 어떠한 유형에 해당하는 질문인지 재빨리 파악하고 각 질문에 따른 정형화된 기본 답변을 신속하게 떠올릴 수 있는 능력, 그리고 오답을 효과적으로 빠르게 소거할 줄 아는 능력을 보유하는 것이 가장 중요하다.

1. PART 2의 대표적인 오답 유형 8가지

PART 2는 문제 및 선지의 전개 속도가 빠른 편이라 선지를 들으며 정답인지 오답인지 빠르게 파악할 수 있는 순발력을 요구한다. 모든 질문과 선지의 내용을 완전하게 파악한 상태에서 문제를 풀이하는 것이 가장 이상적이겠지만 안타깝게도 현실은 그러하질 못하다. 질문과 선지에 대한 내용 이해가 불완전한 상태에서도 정답을 신속하게 결정짓고 넘어가야 하는 상황이 빈번하게 발생한다. 따라서 정답을 한 번에 선택할 줄 아는 능력보다 오답의 구성 원리와 속성을 이해하고 이를 토대로 오답을 효과적으로 처리할 줄 아는 능력이 소중하다. PART 2의 오답을 지배하는 자만이 단기간 내 좋은 성적을 기약할 수 있다. PART 2에 등장하는 오답 유형은 크게 6가지로 나눌 수 있다. PART 2의 오답들은 대부분 이 6가지의 오답 유형 안에 포함되어 있다고 봐도 무방하므로 미리 숙지를 해놓으면 정답을 찾기가 한결 수월해질 것이다.

📢 풀이요령 ❶

의문사 의문문에서 Yes나 No가 나오면 무조건 오답이다!

▶ Who, Where, When, How 등의 의문사 의문문은 그 질문의 성격상 Yes나 No

가 답변으로 나오게 되면 굉장히 어색해진다. 따라서 의문사 의문문이 등장하고, 선지에서 Yes나 No가 제시된다면 무조건 오답으로 소거한다.

Who's going to organize the charity fund raiser?

누가 자선기금 마련 행사를 준비할 건가요?

(A) --------------------------------.

(B) Yes, I want a full refund. 네, 저는 전액 환불을 원해요. (X)

(C) --------------------------------.

⟹ 자선기금 마련 행사를 누가 준비하는지 묻는 Who 의문문이다. 의문사가 있는 의문문이므로 Yes나 No가 나오는 순간 오답으로 소거한다. 따라서 일단 (B)는 무조건 오답이다.

어휘 organize 준비하다, 정리하다 charity 자선, 자선단체 fund raiser 기금 마련 행사 refund 환불, 환불하다

 풀이요령 ❷

질문에 포함된 동일어가 반복되는 선지는 오답이다!

▶ 파트 2에서 오답을 유인하는 대표적인 답변은 질문으로 제시된 문장에 나온 어휘가 동일하게 반복되는 경우이다. 이러한 선지는 대부분 오답이므로 정답이 모호할 경우에는 이러한 선지부터 제거해 나가는 게 하나의 요령이다.

Did the shipment of replacement parts arrive yet?

교체 부품 배송이 이미 도착했나요?

(A) No, we have to find a replacement for you.
    아뇨, 저희는 당신의 후임자를 찾아야만 해요. (X)

(B) --------------------------------.

(C) --------------------------------.

⟹ 질문의 키워드는 Did, shipment, arrive이며, 교체부품 배송이 도착했는지의 여부를 묻는 Did와 결합된 일반의문문이다. 여기에서 (A)는 질문의 replacement를 반복적으로 들려주며 오

답을 유도하고 있다. 이처럼 질문에 나온 단어가 선지에 그대로 반복이 된다면 오답으로 소거해도 무방하다.

어휘 shipment 배송(품) replacement 교체, 대체, 후임자 replacement parts 교체부품

풀이요령 ❸

질문에 포함된 단어와 유사한 발음이 등장하면 오답이다!

▶ 간혹 질문에 포함된 단어와 유사한 발음을 등장시켜 오답을 유도하는 경우가 있다. 하지만 대부분 이러한 유사 발음들은 오답으로 제시되는 경우가 대부분이다.

Do you know where the personnel manager is?
인사부장이 어디에 있는지 아세요?

(A) ---------------------------------.
(B) Yes, I think it's a personal decision. 네, 그건 개인적인 결정이라고 생각해요. (X)
(C) ---------------------------------.

➡ 인사부장이 어디에 있는지 묻는 Where 의문문이다. 여기서 (B)는 질문의 personnel과 발음이 유사한 personal을 제시하며 오답을 유도하고 있다. 이처럼 질문의 단어와 유사한 발음이 선지에 제시된다면 오답으로 소거한다.

어휘 personnel manager 인사부장 personal 개인적인

풀이요령 ❹

질문의 내용과 맞지 않는 주어가 등장하면 오답이다!

▶ 질문의 주어와 선지의 주어가 안 맞는다면 오답으로 소거할 수 있다.

What is Mr. Baker's memo about? 베이커 씨가 남긴 메모는 무엇에 관한 것인가?

(A) He left a message for you. 그는 당신에게 메시지를 남겼어요. (X)

(B) --------------------------------.

(C) --------------------------------.

➡ 베이커 씨가 남긴 메모의 내용에 대해 묻는 What 의문문이다. 질문의 주어는 Mr. Baker's memo인데, (A)의 주어는 He이다. 따라서 질문과 선지의 주어 관계가 맞지 않으므로 오답으로 소거해야 한다.

어휘   leave a message 메시지를 남기다

📌 풀이요령 ⑤

질문의 내용과 관련이 높은 연상어가 들어간 선지는 오답이다!

▶ 흔히 어떤 분야나 종류든 간에 서로 연상되는 어휘들이 있기 마련이다. 가장 간단한 예로 '야구'와 연관된 용어를 떠올린다면 투수, 포수, 타자, 안타, 홈런 등이 될 것이다. 하지만 대부분 이러한 연상 어휘들은 오답으로 제시되는 경우가 많으므로 연상 어휘들이 나오면 오답으로 소거해도 좋다.

Who is speaking at the international marketing conference tomorrow?
내일 있을 국제 마케팅 회의에서 누가 연설을 하나요?

(A) He is our new spokesperson. 그는 우리의 새로운 대변인이에요. (X)

(B) --------------------------------.

(C) --------------------------------.

➡ 내일 있을 국제 마케팅 회의에서 연설을 하는 사람을 묻는 Who 의문문이다. 여기서 (A)는 질문의 speaking이나 conference 등을 통해 연상 가능한 spokesperson을 이용한 오답이다. 이처럼 질문의 특정 어구를 통해 연상이 되는 어휘를 포함시켜 함정을 유도하는 방식이 전형적인 파트 2의 오답 유도 방식이다.

어휘   speak at ~에서 연설하다   spokesperson 대변인

다른 의문문에 적합한 답변은 오답이다!

▶ '장소'를 물어봤는데 '시점'이 나온다든가 '대상'을 물어봤는데, 어떤 '동작'이 나온다든지 전혀 질문과 답변이 맞지 않는 경우가 많다. 가장 전형적인 오답 유형이기도 하므로 꼭 숙지해 놓도록 한다.

How can I get to the President Hotel in Boston?
보스턴에 있는 프레지던트 호텔은 어떻게 갈 수 있나요?

(A) --------------------------------.
(B) By next weekend. 다음 주말까지요. (X)
(C) --------------------------------.

⇒ How로 물어보았으므로 방법에 대한 답변을 기대할 수 있다. 하지만 (B)는 시점이 제시되어 When 의문문에 적합한 답변이다. 이처럼 다른 의문문에 어울리는 선지가 오답으로 빈번하게 오답으로 제시되고 있다는 점에 유의한다.

어휘　get to ~에 도착하다

질문의 명사를 받는 대명사의 형태가 다르면 오답이다!

▶ 질문에서 언급된 명사를 선지에 다시 언급할 때에는 대명사를 사용하는 경우가 많다. 이때 질문의 명사를 받는 대명사의 형태가 다르면 오답이 된다.

Would you like to see our wine menu? 저희 포도주 메뉴를 보시겠습니까?

(A) I want to see them. 저는 그것들을 보고 싶어요. (X)
(B) --------------------------------.

(C) --------------------------------.

⇒ 질문의 wine menu를 받는 대명사는 them이 아니라 it이어야 하며, 질문의 명사를 받는 대명사의 형태가 부적절하다면 이는 정답이 될 수 없다. 이를 대명사 오답이라 한다.

어휘 wine 와인

🚩 **풀이요령 ⑧**

질문의 특정 단어와 동일하거나 반대되는 뜻을 지닌 단어가 선지에 등장하면 오답이다!

▶ 질문의 특정 단어와 동일하거나 반대되는 단어가 나오면 오답으로 분류한다.

Why is the post office closed today?
우체국이 오늘 문을 닫은 이유가 뭔가요?

(A) --------------------------------.
(B) Use a corkscrew to get it open. 그걸 열려면 코르크 마개뽑이를 이용하세요. (X)
(C) We will shut the plant down tomorrow. 우리는 그걸 내일 폐쇄할 겁니다. (X)

⇒ 질문의 특정 단어와 동일한 뜻을 지닌 동의어 혹은 반대되는 뜻을 지닌 반의어가 등장하는 선지 또한 오답이 될 가능성이 매우 높으며 이를 동의어 또는 반의어 오답이라 한다. (B)에서는 질문의 close와 반대되는 open이 쓰였고, (C)에서는 질문의 close와 유사한 shut이 나왔으므로 오답으로 소거한다.

어휘 corkscrew 코르크 마개뽑이

2. PART 2의 대표적인 정답 유형 3가지

PART 2에서는 출제되는 질문의 내용이나 유형과 무관하게 다른 답변에 비해 유독 정답으로 제시되는 비중이 높은 특정한 답변 형태들이 존재한다. 이들은 알고 있으면 별 다른 노력 없이 쉽게 정답임을 파악할 수 있게 되어 그 즉시 점수로 직결이 되는 표현들인 만큼 필히 숙지해야 한다.

 풀이요령 ❶

선지에 모르겠다는 종류의 답변이 나오면 대부분 정답이다!

▶ PART 2의 선지 중 잘 모르겠다는 대답의 유형이 나오면 대부분 정답이다. 잘 모르겠다는 표현도 여러 형태가 존재하므로 이들을 꼼꼼하게 정리하여 숙지하도록 하자.

● **잘 모르겠다는 답변 유형**

- I don't know. 모르겠네요.
- I have no idea. 모르겠네요.
- I'm not sure. 모르겠네요.
- I wish I knew. 저도 알고 있으면 좋겠네요.

The plant manager will be away on vacation soon.
여자는 자동 현금입출금기를 사용하고 있다.

(A) I'm going to start my own company. 저는 곧 창업할 겁니다.
(B) I have no idea. 잘 모르겠어요.
(C) No, in twenty minutes. 아뇨, 20분 후에요.

➡ 어떠한 질문이든지 '모른다'는 표현은 보편적으로 쓰일 수 있는 대표적인 답변인 동시에 어떠한 질문에도 적절한 답변이다. 물론 최선의 대답은 아니지만 적어도 토익 PART 2에 등장하는 답변 유형으로서는 전천후로 쓰일 수 있는 유형이니 모르겠다는 표현이 나온다면 일단 유력한 정답 후보로 염두에 둔다. 따라서 (B)가 정답이며, (A)는 주어도 서로 맞지 않을뿐더러 질문에 사용된 company를 등장시켜 동일어 반복 함정을 포함하고 있으므로 오답이다. (C)는 When 의문문

에 적합한 답변이므로 이 역시 오답이다.

> **어휘**　establish 설립하다　start one's own company 자신의 회사를 세우다, 창업하다

> **정답**　(B)

 풀이요령 ❷

아직 결정을 못했다거나 다른 사람에게 물어보겠다며
대답을 유보하는 답변이 나오면 정답이다!

▶ 아직 정하지 않았다거나 결정을 못했다는 답변, 혹은 다른 사람에게 물어보라거나 물어보겠다는 답변은 전형적인 간접 답변 유형으로써 간혹 난도를 높이고자 하는 경우에 등장하는 답변 유형이다. 이들도 다양한 표현이 존재하므로 모두 숙지해 두도록 하자.

● 아직 결정된 바 없거나 고민 중이라는 답변

- It hasn't been decided yet. 아직 결정된 바 없습니다.
- I haven't decided it yet 제가 아직 결정을 못했어요.
- I can't decide it now. 지금 정하긴 어렵네요.
- I'm still deciding. 여전히 고민 중이에요.

● 다른 사람에게 물어보라거나 물어보겠다는 답변

- Let me check. 제가 알아볼게요.
- I'll go and see. 제가 가서 알아볼게요.
- I'll let you know later. 제가 나중에 알려드릴게요.
- I'll find out and tell you later. 제가 알아보고 나중에 말씀드릴게요.
- I'll find out and call you back later. 제가 알아보고 나중에 연락드릴게요.
- You should talk to Mr. Jordan. Jordan 씨에게 이야기하세요.

Why don't you and Ms. Ryder come over for the reception tomorrow?
당신하고 라이더 씨하고 내일 있을 환영 만찬에 오시겠어요?

(A) It'll take about half an hour by bus. 버스로 30분 정도 걸릴 겁니다.
(B) It was well received by critics. 그건 비평가들로부터 호평을 받았어요.
(C) Let me check with her first. 그녀에게 먼저 물어봐야 해요.

 내일 있을 환영 만찬에 오라고 청하는 Why don't you ~? 유형의 권유 의문문이다. (A)는 구체적인 소요 시간에 대해 묻는 How long 의문문에 적절한 내용의 대답이며, (B)는 질문과 주어가 전혀 맞지 않는다. (C)는 그녀에게 먼저 물어봐야 한다며 한 가지 조건을 달고 있지만 주어진 질문에는 적합한 답변이므로 정답이다. 이처럼 긍정도 부정도 하지 않고 일단 답변을 미루거나 회피하는 답변은 정답의 소지가 높다는 점에 주목할 필요가 있다.

어휘 come over for ~을 위해 오다 reception 리셉션, 환영 만찬 check with ~에게 물어보다[확인하다]

정답 (C)

📢 풀이요령 ③

Actually, Probably, Maybe, Perhaps 등이 등장하는 답변은 대부분 정답이다!

▶ PART 2에 등장하는 질문에 대해 actually, probably, maybe, perhaps란 부사 어휘가 포함된 답변이 제시되는 경우 이는 정답이 될 가능성이 매우 높다.

You met Mr. Parker at the company picnic, didn't you?
당신은 Parker 씨를 회사 야유회에서 만났지요, 그렇지 않나요?

(A) Actually, at the marketing seminar. 사실 마케팅 세미나에서 처음 만났어요.

(B) To discuss new sales methods. 새로운 영업 방식들에 관해 논의하려고요.
(C) I think it was last winter. 작년 겨울인 걸로 생각해요.

Parker 씨를 회사 야유회에서 만났는지를 묻는 부가 의문문이다. (A)처럼 Actually나 Probably, Maybe, Perhaps 등이 선지에 포함되어 있다면 정답이 될 가능성이 매우 높다. 따라서 나머지 선지에 정답의 확신이 없다면 이 표현이 들어간 선지를 고르도록 한다.

어휘 company picnic 회사 야유회

정답 (A)

03 강

PART 3&4의 핵심 공략 포인트

PART 3은 LC 100문제 중 39문제가 출제되어 LC의 PART 중 가장 많은 문제가 출제되는 영역이다. 지문은 총 13개가 등장하며, 지문 당 3문제씩 출제된다. 지문은 남녀가 번갈아 대화하는 대화문으로 제시된다. PART 4는 1인 화자가 일방적으로 읽어주는 다양한 소재의 단일 지문을 듣고 문제를 푸는 영역으로 총 10개의 지문이 등장하며, PART 3과 마찬가지로 지문 당 3문제씩 배정되어 총 30문제가 출제된다. LC 100문제 중 PART 3&4에서만 무려 69문제가 출제되므로 PART 3&4를 제대로 공략하지 못하면 LC에서의 고득점 획득은 거의 불가능하다. PART 3과 PART 4는 듣기 대상인 지문이 대화 지문과 담화 지문이라는 형태로 분류된다는 점만 다를 뿐, 지문마다 출제되는 문제 유형이나 단서를 파악해서 문제를 풀어나가는 방식은 동일하다. 지문이나 문제유형의 특성과 성격에 따라 다르게 적용해야 할 요소들이 있지만 이 PART 3&4 전반을 통틀어 꼭 유의해야 할 특성들을 먼저 파악해 보도록 하자.

🚩 풀이요령 ❶

듣기에 앞서 미리 문제의 유형과 그 내용을 파악해야 한다!

▶ PART 3&4에서 출제되는 문제 유형들에 따른 단서들이 등장하는 위치는 어느 정도 정해져 있다. 따라서 각 문제의 유형을 파악한 후에는 이들의 단서가 지문 어디쯤에서 제시될 것이라 예상하며, 소위 '노려 듣기'를 해야 한다.

● 지문 초반부

지문 초반부는 첫 번째 문제와 관련이 있으며, 주로 주제 & 목적, 문제점, 화자 및 청자의 정체, 대화 장소, 직장 & 업종에 대한 문제 유형이 제기된다.

1. Who most likely are the speakers?

(A) Software developers
(B) Human resources experts
(C) Computer technicians
(D) Tax accountants

➡ 화자의 정체를 묻는 문제로, 첫 번째 문제이므로 지문 초반부에서 단서가 제시된다.

● 지문 중반부

지문 중반부는 두 번째 혹은 세 번째 문제까지 관련이 있으며, 주로 키워드 중심의 세부 사항에 대한 문제 유형이 제시된다.

2. What advantage of Super Accounting does the man mention?

(A) It has a large storage capacity.
(B) It is much cheaper than other ones.
(C) It makes a job easier.
(D) It includes special features.

➡ Super Accounting에 관한 세부 사항 문제로, 두 번째 문제이므로 지문 중·후반부에서 단서가 제시된다.

● 지문 후반부

지문 후반부는 주로 세 번째 문제와 관련이 있으며, 주로 요청 & 제안, 미래 행동에 대한 문제 유형이 제기된다.

3. What are the man asked to do?

(A) Complete his paperwork
(B) Submit a job application
(C) Train a new hire.
(D) Make a recommendation

➡ 요청 문제로, 세 번째 문제이므로 지문 후반부에서 단서가 제시된다.

세부 사항을 묻는 문제는 키워드를 적극적으로 활용해야 한다!

▶ 문제 내에서 시간, 장소, 고유명사, 숫자, 형용사는 지문에서 해당 문제를 풀이할 수 있는 단서와 함께 등장하는 대상으로 단서가 어디에서 제시될지 알려주는 나침반과 같은 역할을 한다. 이를 핵심어 즉, '키워드'라 지칭하며, 상대적으로 문제풀이를 수월하게 하기 위해 적극적으로 활용해야 하는 대상이다.

● **PART 3&4의 7대 키워드 – 시간 / 장소 / 고유명사 / 숫자 / 동사 / 형용사 / If절**

2. What advantage of Super Accounting does the man mention?

   지문에서 Super Accounting이 언급되는 부분에서 단서가 제시될 것임을 예측하며, 지문에서 Super Accounting이란 음성이 들리는 순간 반사적으로 단서 파악을 위해 집중해야 한다.

문제의 유형과 그 내용을 파악할 때 문장 중심의 긴 선지는 미리 읽어두어야 한다!

▶ PART 3&4는 지문을 다 듣고 난 후에 문제를 풀이하는 방식이 아니라 사전에 문제의 내용을 파악한 상태에서 지문을 들으며 실시간으로 문제를 풀이하는 방식이 효율적이다. 그러므로 지문을 들으면서 동시에 긴 선지의 내용을 파악하며 실시간으로 정답을 선별하는 것은 무리가 있다. 따라서 문장 중심의 선지는 미리 읽어보고 내용을 알아두는 것이 정답률 향상을 위해 효과적이다.

2. What advantage of Super Accounting does the man mention?

(A) It has a large storage capacity.
(B) It is much cheaper than other ones.

(C) It makes a job easier.

(D) It includes special features.

⇒ 음성을 듣기 전 위와 같은 선지가 등장하면 재빨리 어떤 내용인지를 키워드 중심으로 간단히 메모해 두는 전략이 효과적이다.

 풀이요령 ④

지문이 등장하지만 어차피 단서 파악의 관건은 단어이다!

▶ PART 3와 PART 4는 장문 듣기 영역으로 분류가 된다. 하지만 장문 듣기 영역이라고 많은 내용을 잘 이해해야만 문제를 수월하게 풀 수 있는 것은 아니다. 모든 듣기 영역은 정답 선택을 위한 결정적인 단어 한두 개를 파악하는 싸움이다. 선지를 읽을 때 가장 중요한 것은 지문에서 단서로 활용되어 우리에게 다시 주어지게 될 주요 단어 한두 개를 파악하는 작업이다.

2. What advantage of Super Accounting does the man mention?

(A) It has a **large** storage **capacity**.

(B) It is much **cheaper** than other ones.

(C) It makes a **job easier**.

(D) It includes **special features**.

3. What are **the man asked** to do?

(A) **Complete** his **paperwork**

(B) **Submit** a job **application**

(C) **Train** a new **hire**.

(D) Make a **recommendation**

⇒ 정답의 선택은 결국 지문에서 다시 주어지는 이 한두 개의 단어를 잡아내느냐의 싸움일 뿐이다.

Questions 1-3 refer to the following conversation.

1-2.mp3

W: Hi, Mr. Tylor. How's life? I'm under too much work pressure at work. I mean, I'm currently assisting in ❶ **financial planning** for Tanny's Pet Company. But I should prepare **tax returns**, payments and necessary paperwork for BK Corporation. Today is gonna be a long day, too.

M: Um... Ms. McGregor, ❷ have you ever used the Super Accounting? I think it'll help you work much more efficiently.

W: Well, I've never heard of that. What is that?

M: It is one of the newest accounting and taxation software. I've been using it for about a month. It will make it much easier for you to handle the tax database and to simplify tax administration.

W: Oh, thanks for the tip. ❸ I hired a **temporary worker** to start next week. Please **train her** quickly on the software. **Then, she can** enter the rest of the data, and I can return to my normal projects.

해석

여: 안녕하세요, Tylor 씨. 잘 지내요? 저는 업무 압박이 심해요. 그러니까, 지금 Tanny's Pet 사의 재정 계획 설립을 협업하고 있는데요. BK 사의 세금 신고, 세금 정산에 해당 서류 작업까지 다 준비해야 해요. 오늘 하루도 고되고 힘든 하루가 될 것 같습니다.

남: 음... McGregor 씨, Super Accounting이란 걸 사용해보신 적 있으세요? 그게 업무를 훨씬 더 효율적으로 할 수 있도록 도움을 줄 겁니다.

여: 음, 한 번도 들어본 적이 없어요. 그게 뭔가요?

남: Super Accounting은 최신 회계 및 세무 소프트웨어예요. 제가 한 달간 사용하고 있는데요. 이 소프트웨어가 세제 관련 자료를 다루고 세무 행정을 간소화시키는 것을 훨씬 더 수월하게 해줄 겁니다.

여: 오, 좋은 정보를 알려줘서 고마워요. 다음 주부터 일을 시작하게 되는 임시 직원 한 분을 채용했어요. 그녀가 그 소프트웨어를 잘 다룰 수 있도록 빠르게 훈련시켜 주세요. 그러면 그녀가 나머지 자료를 입력하면 되고, 저는 본래 담당하던 제 업무로 복귀하면 될 것이고요.

어휘 work pressure 업무 압박 currently 현재 assist in ~에 대한 도움을 주다 financial planning 재정 계획 수립 tax returns 납세 신고 paperwork 서류 작업 efficiently 효율적으로 handle 다루다, 취급하다 tax administration 세무 행정, 세제 업

무 temporary worker 임시 직원 the rest of ~의 나머지 return to ~로 복귀하다, ~로 돌아가다 normal 정상적인, 일반적인

1. Who most likely are the speakers? 화자들은 누구일 것 같은가?

(A) Software developers 소프트웨어 개발자
(B) Human resources experts 인사 전문가
(C) Computer technicians 컴퓨터 기술자
(D) Tax accountants 세무사

➡ 첫 번째 문제이므로 지문 초반부의 첫 남녀 간 대화 내용에 주목한다. 대부분의 경우 화자나 청자의 정체를 추측할 수 있을만한 관련 어휘나 표현을 통해 유추하는 방식으로 문제를 풀이해야 한다. 무엇보다 financial planning과 tax returns를 통해 화자들은 세무사임을 유추할 수 있다.

정답 (D)

2. What advantage of Super Accounting does the man mention?
남자가 Super Accounting에 관해 언급하는 장점은 무엇인가?

(A) It has a large storage capacity. 대규모 저장용량을 소유하고 있다.
(B) It is much cheaper than other ones. 가격이 다른 제품에 비해 훨씬 더 저렴하다.
(C) It makes a job easier. 업무를 더 수월하게 처리할 수 있도록 한다.
(D) It includes special features. 특별한 기능을 포함하고 있다.

➡ Super Accounting이란 키워드가 등장하였다. 따라서 남자의 대화 내용에서 Super Accounting이 등장한 이후 선지에서 파악했던 주요 단어가 그대로 언급 혹은 이와 유사한 단어로 제시되는지 판별해야 한다. 남자의 대화 내용을 통해 Super Accounting이 업무를 좀 더 수월하게 처리할 수 있도록 해준다는 문맥임을 이해할 수 있다.

정답 (C)

3. What is the man asked to do? 남자는 무엇을 요청받고 있는가?

(A) Complete his paperwork 서류 작업을 끝내다.
(B) Submit a job application 구직 신청서를 제출하다.
(C) Train a new hire 새로운 직원을 훈련시키다.
(D) Make a recommendation 추천서를 작성하다.

마지막 문제이므로 지문 후반부의 내용에 주목한다. 역시 2번과 마찬가지로 대화 후반부에 등장하는 여자의 마지막 대화 내용에서 선지에서 파악했던 주요 동사와 명사가 그대로 언급 혹은 이와 유사한 단어로 제시되는지 판별해야 한다. 지문 후반 여자의 대화 내용에서 a temporary worker / train / her를 통해 여자는 남자에게 새로 고용된 임시 직원의 교육을 당부하고 있음을 알 수 있다.

이상 PART 3&4에서 공통적으로 적용할 수 있는 풀이 요령에 대해 알아보았다. 예시문이나 내용들은 PART 3을 기준으로 살펴보았지만 PART 4의 내용도 화자의 수만 차이가 있을 뿐 지문의 흐름이나 그에 대응하는 문제 풀이요령은 PART 3과 거의 비슷하므로 PART 3의 내용을 응용하여 PART 4에도 동일하게 적용하면서 아래 PART 4의 문제들을 풀어보도록 하자.

Questions 4-6 refer to the following telephone message.   1-3.mp3

W: ❹ Hey! Billy, it's Sandra. It was so nice to meet you yesterday. I remembered the name of that store I was telling you about. **It's called Kitchen Source, and it's in Union Square.** ❺ It'd be a great place to replace some kitchen appliances that were in the lost box while moving to the new apartment. **It has a huge inventory, so I'm sure you'll be able to find everything you need.** ❻ It can be a bit expensive, **but it's very convenient to only have to visit one store. Call me if you need help with anything or if you just want to chat. Talk to you soon!**

해석

여: 안녕하세요, Billy 씨. 저는 Sandra에요. 어제 만나서 반가웠어요. 당신에게 말해주고자 했던 가게 이름이 기억났어요. Kitchen Source라고 불리는 가게인데요, Union Square에 위치하고 있어요. 당신이 새 아파트로 이사하는 동안에 분실한 상자 속에 들어있던 부엌용품들을 대체할만한 물건을 구매하기에 좋은 장소일 거예요. 재고가 엄청나게 많기도 해서 당신이 필요한 모든 것들을 찾을 수가 있을 거라고 확신해요. 약간 비쌀 수도 있지만 그럼에도 한 곳에서 필요한 물품을 모두 구매할 수 있기 때문에 굉장히 편리해요. 도움이 필요하거나 이야기를 나누고 싶으면 연락주세요. 또 이야기 나눠요!

어휘 kitchen appliances 부엌용품 inventory 재고 chat 이야기를 하다

4. What is the purpose of the phone call? 전화를 건 목적은 무엇인가?

(A) To ask about moving services 이사 서비스에 대해 문의하기 위해서
(B) To make an invitation 초청하기 위해서
(C) To arrange a meeting 회의 일정을 잡기 위해서
(D) To provide information 정보를 제공하기 위해서

→ 전화를 건 목적을 묻는 첫 번째 문제로 전화 메시지의 주제를 묻는 문제이다. 전화를 건 목적은 대개 지문 초반 화자의 인사말과 자기소개가 끝난 직후에서 등장한다. 따라서 화자가 Hey! Billy, it's Sandra. It was so nice to meet you yesterday.라고 이야기하며 인사말과 자기소개를 건 넨 직후 I remembered the name of that store I was telling you about.라고 말하는 부분을 통해 전화를 건 목적은 상대에게 이전에 언급했던 가게의 이름이 기억나 알려주고자 함임을 알 수 있다. 따라서 전화 메시지의 주제는 정보 제공에 해당된다고 할 수 있으므로 정답은 (D)가 된다.

정답 (D)

5. What change did Billy recently experience? Billy는 최근에 어떠한 변화를 겪었는가?

(A) He received a promotion. 그는 승진했다.
(B) He started a business. 그는 창업을 했다.
(C) He moved to a new house. 그는 새 집으로 이사를 했다.
(D) He was a victim of theft. 그는 도난사건의 피해자였다.

→ 최근에 Billy가 겪은 일에 대해 묻는 세부 사항 문제이므로 지문에서 Billy에게 최근에 발생한 일과 관련하여 선지의 주요 핵심어가 반복적으로 등장하거나 이와 유사한 어휘나 표현으로 바뀌어 제시되는 부분에 집중해야 한다. 화자는 It'd be a great place to replace some kitchen appliances that were in the lost box while moving to the new apartment.라며 Billy가 새로운 아파트로 이사하는 과정에서 부엌용품이 들어있던 상자를 분실한 사건에 대해 언급하고 있다. 따라서 정답은 (C)가 된다. 아울러 이것이 도난사건이라고 직접 밝힌 부분은 없으므로 a victim of theft, 즉, 도난사건의 피해자라는 내용을 정답으로 오해하지 않도록 주의하도록 한다.

정답 (C)

6. What does the speaker mention about Kitchen Source?
화자는 Kitchen Source에 대해 무엇을 언급하고 있는가?

(A) Its prices are not competitive. 가격이 저렴하지 않다.
(B) It has a limited selection. 제품 선택의 폭이 제한적이다.
(C) Its location is inconvenient. 이용하기 불편한 곳에 위치하고 있다.

(D) It is no longer in business. 더 이상 영업을 하지 않는다.

➡ Kitchen Source에 대해 언급된 내용을 묻는 마지막 문제이므로 지문 후반부에서 Kitchen Source라는 고유명사가 등장하는 부분을 중심으로 선지의 핵심어가 반복 혹은 유사한 내용으로 바뀌어 제시되는 내용에 집중해야 할 필요가 있다. 화자는 지문 초반부에서 It's called Kitchen Source, and it's in Union Square.라고 말하며 청자에게 알려주려던 가게의 이름이 Kitchen Source이고 Union Sqaure에 위치하고 있음을 밝히고 있으며 이후에 등장하는 내용은 대부분 Kitchen Source와 관련된 특징을 밝히고 있다. 화자는 지문 후반부에서 It can be a bit expensive라며 Kitchen Source에서 판매하는 제품의 가격이 그다지 저렴한 편은 아님을 알려주고 있다. 따라서 정답은 (A)가 된다.

정답 (A)

2장

PART 1
문제 유형별
풀이 요령

1인 사진

☑️ 출제 경향

1인 사진은 PART 1의 6문제 중 출제율이 가장 높은 유형이다. 주로 인물의 동작이나 외모적 특징이 묘사되는데, 선지에 '~하는 중이다'라는 의미의 현재 진행형(be + V-ing)이 압도적으로 많이 나오지만 간간히 현재 수동태, 현재완료 수동태, 그리고 There 구문이 가끔 등장하므로 이 구문의 빈출 표현들도 별도로 숙지하고 있어야 한다.

🚩 풀이요령 ①

1인의 개별적인 동작과 외모의 모습을
중점적으로 파악해야 한다!

▶ 1인 사진에서는 먼저 사진을 보자마자 그 인물의 외모와 동작을 재빨리 파악해야 한다. 외모는 주로 옷차림이나 장신구 등으로 묘사되며, 동작은 1인이 가장 중점적으로 행동하고 있는 모습에 주안점을 두어야 한다. 여기서 주의할 점은 철저하게 주관적인 판단이 개입된 묘사는 배제해야 한다는 사실이다.

◌ 주요 옷차림 및 장신구 정리

- **backpack** 등에 매는 가방
- **bow tie** 나비 넥타이
- **briefcase** 서류가방
- **cap** 야구 모자
- **coat** 코트
- **dress** 드레스

- earrings 귀걸이
- gown 가운
- jacket 재킷
- hair pin 머리핀
- hand bag 손가방
- hat 모자
- leather jacket 가죽 재킷
- long-sleeved shirt 긴팔 셔츠
- necklace 목걸이
- purse 지갑(여성)
- ring 반지
- sandals 샌들
- scarf(scarves) 스카프, 목도리
- shoes 일반적인 신발
- short-sleeved shirt 반팔 셔츠
- shorts 반바지
- skirt 치마
- slippers 슬리퍼
- sneakers 운동화
- striped blouse 줄무늬 블라우스
- striped shirt 줄무늬 셔츠
- suit 정장
- suitcase 옷가방
- suit jacket 정장 상의
- sweater 스웨터
- tie 넥타이
- tuxedo 턱시도
- wallet 지갑(남자)

2-1.mp3

(A) The woman is using an automated teller machine.
여자는 자동 현금입출금기를 사용하고 있다.

(B) The woman is withdrawing some money.
여자는 돈을 인출하고 있다.

(C) The woman is searching for a book in the library.
여자는 도서관에서 책을 찾고 있다.

(D) The woman is focusing on her laptop computer screen.
여자는 노트북 화면에 집중하고 있다.

해설

1인 사진이므로 우선 여자가 무슨 행동을 하고 있는지 살펴봐야 한다. 사진을 보니 여자가 가방을 맨 채 현금입출금기에 손을 대고 있다. 여기서 주의할 점은 섣불리 돈을 입금하거나 출금한다고 생각하지 말아야 하며, 최대한 객관적으로 판단이 가능한 범위 내에서만 정답을 선택해야 한다.

(A) 여자가 돈을 입금하는 건지 인출하는 건지 명확히 알 수는 없지만 일단 자동 현금입출금기를 사용하고 있으므로 정답이다.

(B) 사진만 보고 여자가 돈을 인출하고 있는지 아니면 돈을 입금하고 있는지를 판단할 수 없으므로 오답으로 소거한다. 연상을 해야 하거나 주관적 판단이 개입된 선지는 자주 접하는 오답 유형이다.

(C) 여자 주위에 책이 보이지 않고 여자가 있는 곳을 도서관이라 판단할 만한 객관적인 근거가 없으므로 오답으로 소거한다.

(D) 사진에 노트북이 나와 있지 않으므로 오답으로 소거한다. 여자가 화면에 집중하는 모습만 보고 선택할 수 있는 함정이므로 조심해야 한다.

어휘   automated teller machine 자동 현금입출금기   withdraw 인출하다

정답   (A)

Practice 1 ▶ 정답 및 해설은 320쪽   2-2.mp3

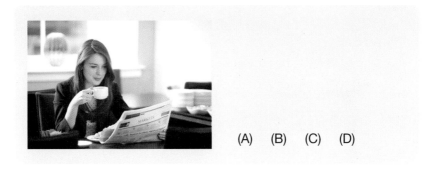

(A)   (B)   (C)   (D)

Practice 2 ▶ 정답 및 해설은 320쪽   2-3.mp3

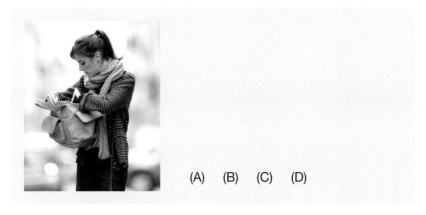

(A)   (B)   (C)   (D)

🚩 풀이요령 ❷

동사만 집중해서 들어도 정답을 알 수 있는 경우가 있다!

▶ 1인 사진 문제에서는 극히 예외적인 사례를 제외하곤 대부분 주어는 동일하게 제시되므로, 크게 신경 쓰지 않아도 된다. 다만 그 뒤에 나오는 동사를 집중해서 듣자. 동사만 정확하게 들어도 거의 정답을 골라낼 수 있는 경우가 있다.

(A) The man is using protective equipment.
남자는 보호 장비를 사용하고 있다.

(B) The man is holding a paintbrush.
남자는 도색용 붓을 들고 있다.

(C) The man is opening a can of paint.
남자는 페인트 통을 열고 있다.

(D) The man is painting a room white.
남자는 방을 흰색으로 도색하고 있다.

해설

먼저 남자가 무엇을 하고 있는지 재빨리 파악해야 한다. 남자가 서서 붓을 쥐고 있으며, 주변에는 페인트 통이 놓여 있다. 사진 파악이 대략 끝났으면, 1인 사진이므로 주어는 신경 쓰지 말고 그 뒤의 동사만 유심히 듣는다. 일단 PART 1에서는 최대한 객관적인 사실만을 정답으로 골라야 한다. 즉, 붓을 들고 있다고 해서 그것을 사용하고 있거나 그림을 그리고 있다고 유추 해석을 해선 안 된다.

(A) 동사 using이 쓰였지만 사용하고 있는지의 여부는 확실하지 않으므로 오답으로 소거한다.

(B) 동사 holding을 사용하여 붓을 들고 있다는 객관적인 사실을 묘사하고 있으므로 정답이다.

(C) 동사 opening이 쓰였지만 사진과 전혀 연관성이 없으므로 오답으로 소거한다.

(D) 동사 painting이 쓰였는데, 언뜻 보면 무언가를 그리는 동작으로 보이기는 하지만 정확히 판단할 수는 없으므로 오답으로 소거한다.

어휘 protective equipment 보호 장비 paintbrush 도색용 붓 a can of paint 페인트 통 paint 페인트를 칠하다, 도색하다

정답 (B)

Practice 3 ▶ 정답 및 해설은 320쪽 2-5.mp3

(A) (B) (C) (D)

Practice 4 ▶ 정답 및 해설은 321쪽 2-6.mp3

(A) (B) (C) (D)

🚩 풀이요령 ③

간혹 인물의 동작이 아닌 주위 사물의 상태나 상황이
정답으로 제시되는 경우도 있다!

▶ 극히 드문 사례이긴 하지만 간혹 인물의 동작이나 행동에 대한 설명이 아니라 주위 사물의 상태나 상황을 정답으로 제시하여 난도를 높이는 경우가 있다. 따라서 이에 대비하기 위해서 인물의 동작이나 행동 외에 주위 사물의 상태나 상황을 죽 훑어보는 훈련도 병행을 하면 많은 도움이 될 것이다.

2-7.mp3

(A) She is doing some grocery shopping at the outdoor market.
여자가 야외 시장에서 장을 보고 있다.

(B) Fresh produce has been stacked on the stand.
신선한 농산물이 진열대에 쌓여 있다.

(C) Food has been displayed in baskets.
식품이 바구니에 담겨 진열되어 있다.

(D) Some merchandise has been placed in the cart.
어떤 제품들이 카트 안에 놓여 있다.

해설

먼저 여자가 하고 있는 동작을 재빨리 파악해야 한다. 하지만 간혹 다른 상황 묘사를 정답으로 요구할 수도 있다. 즉 인물의 동작이나 외모의 특징도 중요하지만 이 부분에서 정답의 단서가 없다면 주위 상황을 묘사한 정답도 염두에 두어야 한다.

(A) 사진 속의 배경이 야외가 아니므로 outdoor market만 듣고도 오답으로 소거한다.

(B) 농산물이 신선한지는 확인할 길이 없으므로 fresh produce만 듣고도 오답으로 소거한다.

(C) 바구니 안에 들어 있는 식품은 보이지 않으므로 오답으로 소거한다.

(D) 어떤 제품이 카트 안에 놓여 있으므로 정답이다. 이처럼 1인 사진이지만 인물의 동작이나 외모와는 전혀 관련없는 선지가 정답으로 제시될 수도 있다는 점에 유의해야 한다.

어휘 do grocery shopping 장을 보다 outdoor market 야외 시장 fresh produce 신선한 농산물 be stacked on ~에 쌓이다 on the stand 진열대에 be displayed 진열되다

정답 (D)

Practice 5 ▶ 정답 및 해설은 321쪽 2-8.mp3

(A) (B) (C) (D)

Practice 6 ▶ 정답 및 해설은 321쪽 2-9.mp3

(A) (B) (C) (D)

2인 사진

☑ 출제 경향

2인 사진은 두 명이 등장하므로 사람들의 공통 동작이나 개별 동작에도 주의를 기울여야 한다. 주로 사람의 동작 묘사가 정답으로 나오지만, 사람과는 상관없는 사물의 위치나 상태에 대한 묘사가 정답으로 제시될 경우 난도가 높아질 수 있다. 묘사하는 대상이 다양하고 시제도 현재진행(be + V-ing), 현재진행 수동태(be being p.p.), 현재완료(have/has p.p.), 현재완료 수동태(have/has been p.p.) 등이 섞여 나오므로 동사의 형태를 잘 파악하며 들어야 한다.

▶ 풀이요령 ❶

인물들의 공통된 동작이나
상호 간에 벌어지는 행동에 주목해야 한다!

▶ 2인 사진이 나왔다면 일단 이 두 사람이 서로 무슨 행동을 취하고 있는가를 파악하고, 공통된 동작이 무엇인지 확인하는 작업이 먼저 선행되어야 한다. 2인 사진의 정답으로 가장 많이 제시된 문장이 바로 이 공통된 동작과 상호간의 행동에 관한 내용이었기 때문이다. 주어는 성별이 같을 경우 The men are / The women are / They are로, 성별이 다른 경우 The people are / They are / The couple is / Passengers are 등으로 동일하게 묘사된다. 따라서 이 역시 주어보다는 집단의 공통된 행동을 빠르게 파악할 수 있도록 '동사 + 목적어' 부분의 이해가 우선이다.

(A) They're framing some portraits.

그들은 초상화들을 액자에 넣고 있다.

(B) They're drawing their attention to some artworks.

그들의 시선이 예술 작품들에 쏠려 있다.

(C) They're dismantling a display in the art museum.

그들은 미술관의 전시물을 해체하고 있다.

(D) They're painting a picture on the pavement.

그들은 보도 위에서 그림을 그리고 있다.

해설

두 명의 남녀가 나란히 서서 벽에 걸린 액자들을 응시하고 있는 공통된 동작을 취하고 있다. 따라서 일단 이 공통된 동작을 염두에 두고 문제에 임한다.

(A) 두 사람이 그림을 보고 있는 중일 뿐, 액자에 넣고 있지는 않으므로 오답으로 소거한다.

(B) 사진 속 두 인물이 벽에 걸린 그림을 바라보고 있으므로 정답이다.

(C) 두 사람이 미술관에 있는 것은 맞지만 전시물을 분해하고 있지 않으므로 오답으로 소거한다.

(D) 단지 그림을 보고 있을 뿐, 그리는 상황이 아니고 보도 위도 아니므로 오답으로 소거한다.

어휘 frame 틀, 액자, 틀에 넣다 portrait 초상화 attention 주의, 주목 dismantle 분해하다 pavement 인도, 보도

정답 (B)

Practice 7 ▶ 정답 및 해설은 322쪽   2-11.mp3

(A)   (B)   (C)   (D)

Practice 8 ▶ 정답 및 해설은 322쪽   2-12.mp3

(A)   (B)   (C)   (D)

🚩 풀이요령 ❷

각자의 특징적인 행동이나 상태에 주목해야 한다!

▶ 사진을 보았을 때, 두 사람이 서로 공통된 동작을 보이지 않는다면 각자에 대한 상황 파악이 중요하다. 즉 두 사람이 각각 어떤 동작을 취하고 있는가를 파악하며 문제에 접근해야 한다. 해당 주어의 성별과 단/복수 형태에 따라 A man is / A woman is / A waitress is / One man is / One woman is / The man is / The woman is / One of the men(women) is 등과 같이 다양한 주어들이 등장하게 된다. 따라서 초반 주어 파악이 문제풀이의 절반을 차지한다.

(A) She is trying to reach an item.
그녀는 상품을 잡기 위해 팔을 뻗고 있다.

(B) She is assembling a bookshelf.
그녀는 책장을 조립하고 있다.

(C) She is serving a customer.
그녀는 손님의 시중을 들고 있다.

(D) She is stocking merchandise in a warehouse.
그녀는 제품을 창고에 쌓고 있다.

해설

두 사람이 공통된 동작을 보이지 않으므로 각자의 행동을 확인해 본다. 일단 여자가 물건을 잡기 위해 손을 뻗고 있고, 아이는 다른 곳을 응시하고 있다.

(A) 여자가 물건을 잡기 위해 손을 뻗고 있으므로 정답이다.

(B) 선반은 보이지만 책장이 아니고 조립하는 모습도 아니므로 오답으로 소거한다.

(C) 여자가 아이와 함께 장보는 모습의 사진이며, 손님의 시중을 들고 있는 모습이 아니므로 오답
으로 소거한다.

(D) 물건이 정리되어 있는 사진이지만 쌓고 있는 모습이 아니고 장소도 창고가 아니므로 오답으
로 소거한다.

어휘   reach 팔을 뻗다   item 물건, 상품   assemble 조립하다   bookshelf 선반   stock
~을 쌓다   merchandise 상품   warehouse 창고

정답   (A)

Practice 9 ▶ 정답 및 해설은 322쪽 2-14.mp3

(A)   (B)   (C)   (D)

Practice 10 ▶ 정답 및 해설은 322쪽 2-15.mp3

(A)   (B)   (C)   (D)

56 안 들려도 답이 보이는 PART 1234

03강

다수 사진

✔ 출제 경향

3인 이상이 등장하는 다수 사진을 대할 때도 2인 사진과 마찬가지로 일단 먼저 사진 속 인물들이 공통된 동작을 하고 있는지 또는 개별적인 동작을 하고 있는지를 확인해야 한다. 다수 사진은 사진의 특성상 인물들의 다양한 동작이 나올 수 있다는 점에 유념해야 하며, 그로 인해 PART 1에서는 비교적 까다로운 유형에 속한다.

🚩 풀이요령 ❶

비교적 크게 부각된 인물들의 공통된 동작을 살펴야 한다!

▶ 다수의 인물이 등장하긴 하지만 비교적 사진 속에서 크게 부각되어 있는 인물들이 2 ~ 3명 정도 나오게 마련이다. 이들이 어떤 동작을 취하고 있는지 먼저 파악해야 하며, 실제로 다수 사진에서도 주요 인물들의 공통된 동작이 정답으로 가장 많이 출제되었다.

EX 6

2-16.mp3

(A) People are dining at a restaurant.

　사람들이 식당에서 식사를 하고 있다.

(B) Cakes are being removed from an oven.

　케이크들이 오븐에서 꺼내지고 있다.

(C) A waitress is serving some customers.

　한 여자 종업원이 손님의 시중을 들고 있다.

(D) Some kitchen staff members are washing pots and pans.

　일부 주방 직원들이 그릇과 냄비를 세척하고 있다.

해설

식당에 종업원과 손님들로 보이는 사람들 다수가 등장하는 사진이다. 이 중 사진에서 가장 크게 부각되고 있는 사람은 두 명의 여자 종업원이다. 따라서 일단 크게 부각된 인물들의 공통된 특징을 살핀다.

(A) 사진 속의 사람들이 모두 식사를 하고 있지는 않으므로 오답으로 소거한다.

(B) 오븐에서 케이크를 꺼내고 있는 사람이 보이지 않으므로 오답으로 소거한다.

(C) 한 여자 종업원이 손님의 시중을 들고 있는 모습을 묘사하고 있으므로 정답이다.

(D) 몇몇 직원들과 그릇은 보이지만, 장소가 주방이 아니고 그릇과 냄비를 세척하는 사람들도 보이지 않으므로 오답으로 소거한다.

어휘　dine 식사하다　remove 제거하다　customer 손님, 고객

정답　(B)

Practice 11　▶ 정답 및 해설은 323쪽　　　　　　　　　　　　　2-17.mp3

(A)　(B)　(C)　(D)

Practice 12 ▶ 정답 및 해설은 323쪽   2-18.mp3

(A)   (B)   (C)   (D)

🚩 풀이요령 ②

개인별로 다양한 행동을 하고 있는 경우
개별적인 동작들까지 확인해야 한다!

▶ 다수 사진에서는 인물들의 다양한 동작이 나오는 경우가 많다. 따라서 이런 사진에서는 사진 속에 인물별로 어떤 동작들이 행해지고 있는지 파악해야 한다. 특히 이 경우에는 개별적인 동작을 묘사하는 경우가 많으므로 주어가 무엇인지도 살펴서 행위의 주체까지도 확실히 인지해야 한다.

EX 7   2-19.mp3

(A) A machine has been opened for repairs.

기계가 수리를 위해 열려 있다.

(B) They are looking into the microscope.

사람들은 현미경을 들여다보고 있다.

(C) Scientific equipment has been packed in crates.

과학 장비가 상자에 담겨 포장되어 있다.

(D) A man is wearing protective goggles.

한 남자가 보안경을 착용하고 있다.

해설

다수의 사람과 사물이 등장하는 사진이므로 사람들의 공통된 행동과 외모적 특징, 그리고 사물의 위치와 상태를 모두 확인한다. 확인 결과, 3명이 모두 하얀 가운을 입고 있거나 나란히 앉아있다는 정도가 공통된 사항일 뿐, 각기 다른 행동을 하고 있는 것을 확인할 수 있다. 따라서 이러한 문제 유형의 경우에는 주어까지도 유심히 들어야 한다.

(A) 기계나 수리하는 모습하고는 전혀 관련이 없으므로 A machine, repairs 등만 듣고도 오답으로 소거한다.

(B) 현미경을 들여다보는 사람은 한 사람뿐이므로 They, microscope만 듣고도 오답으로 소거한다.

(C) 상자에 담겨 있는 과학 장비를 볼 수 없으므로 packed만 듣고도 오답으로 소거한다. crates란 단어는 '나무 상자'란 뜻이지만 비교적 생소한 단어이므로 꼭 숙지해 놓도록 한다.

(D) 남자가 보안경을 쓰고 있는 모습을 묘사하고 있으므로 정답이다.

어휘 look into ~를 들여다보다 microscope 현미경 scientific equipment 과학용 장비 pack 포장하다 crate (운송용) 나무 상자 wear 착용하다 protective goggles 보안경

정답 (D)

Practice 13 ▶ 정답 및 해설은 323쪽   2-20.mp3

(A)   (B)   (C)   (D)

Practice 14 ▶ 정답 및 해설은 324쪽   2-21.mp3

(A)   (B)   (C)   (D)

🚩 풀이요령 ❸

다수의 인물이 등장하지만
다른 사물이나 배경에 대한 언급이 정답일 경우가 있다!

▶ 다수의 인물이 등장하므로 선지에는 항상 인물에 대한 묘사만 나올 것이라 예상하지만 간혹 PART 1의 난도를 높이는 방법으로 인물들과 전혀 연관 없는 다른 배경이나 사물에 대해 언급한 것이 정답일 경우가 있다.

(A) Both of them are standing in the auditorium.

　두 사람 모두 강당 안에 서 있다.

(B) All of the seats are not occupied.

　좌석이 다 차지는 않았다.

(C) They are leaning over the rail.

　사람들이 난간에 기대어 있다.

(D) Spectators are gathering around the performers.

　관람객들이 공연자들 주변에 모여 있다.

해설

다수의 사람들이 좌석에 앉아 정면을 응시하고 있고, 3명은 뒤의 난간 근처에 서 있는 모습을 볼수 있다. 일단 인물들의 공통된 행동이 있으므로 이 부분의 표현을 염두에 두되 딱히 정답이 보이지 않을 경우 인물과는 전혀 상관없는 배경이나 사물의 모습이 간혹 정답으로 제시되는 경우도있으므로 이 또한 주의를 기울여야 한다.

(A) 사진 속에서 두 사람이 아닌 세 사람이 서 있으므로 수가 일치하지 않아 오답으로 소거한다.

(B) 사진 앞부분이나 사람들 사이에 비어 있는 의자들이 있으므로 좌석이 다 차지 않았다고 묘사하여 정답이다. 이처럼 다수의 사람들과는 관련 없는 묘사가 정답일 수도 있다는 점에 유의한다.

(C) 난간에 기대어 있는지는 알 수 없으므로 오답으로 소거한다.

(D) 관람객들이 모여 있는 상태는 제대로 표현하고 있지만 공연자가 보이지 않으므로 오답으로소거한다.

어휘　auditorium 강당　occupy 차지하다, 점유하다　lean over ~에 기대다　rail 난간gather around ~주변에 모이다　performer 공연자

정답　(B)

Practice 15 ▶정답 및 해설은 324쪽

2-23.mp3

(A)   (B)   (C)   (D)

Practice 16 ▶정답 및 해설은 324쪽

2-24.mp3

(A)   (B)   (C)   (D)

출제 빈도 매회 평균 **1.6**개

사물 & 배경 사진

✅ 출제 경향

사물 / 배경 사진은 사물의 위치 및 배경의 상태가 묘사되는데, 위치나 상태가 제대로 묘사되더라도 이와 상관없는 사물 주어를 언급하여 오답을 유도하기도 한다. 수동태(be p.p.)나 현재완료 수동태(have/has been p.p.) 시제가 주로 나오며, 현재진행 수동태를 사용하여 행동이 진행 중인 것으로 묘사하는 함정을 조심해야 한다. 인물이 등장하지 않아 선지에서 주어나 동사의 표현들이 다양하게 제시될 수 있으므로 PART 1의 유형 중에선 가장 난도가 높은 유형에 속한다.

🚩 풀이요령 ❶

수동태 진행형이 나오면 일단 오답으로 소거해야 한다!

▶ 사물이나 배경사진에서 수동태 진행형이 정답이 되는 사례는 극히 드물다. 따라서 일단 사물 / 배경 사진에서 수동태 진행형이 나왔다면 일단 오답이라고 분류를 내놓고, 정답이 될 수 있는 일부 사례들만 별도로 숙지해 놓도록 하자.

 EX 9

 2-25.mp3

(A) A boat is floating on the water.

배 한 척이 물 위에 떠 있다.

(B) Some ships are unloading their passengers at a harbor.

몇몇 배들이 항구에서 승객들을 하선시키고 있다.

(C) Some sailboats are docked at a pier.

몇몇 요트들이 부두에 정박해 있다.

(D) Some boats are being tossed around by tough waves.

몇몇 배들이 거친 파도에 흔들리고 있다.

해설

태양이 내리쬐는 가운데 사람이 전혀 보이지 않는 부둣가에 배들이 나란히 정박해 있는 모습이다. 바다 멀리에서도 몇 척의 배들이 물 위에 떠 있는 모습이 보이지만 움직이고 있는지의 여부는 알 수가 없다.

(A) 배가 물 위에 떠 있는 상태를 묘사하고 있지만, 사진 속의 배가 한 척 이상이므로 주어의 수가 불일치하여 오답으로 소거한다.

(B) 사진에 보이지 않는 승객들을 언급하고 있으므로 오답으로 소거한다.

(C) 몇몇 요트들이 부두에 정박해 있는 상태를 묘사하므로 정답이다.

(D) be being tossed라는 수동태 진행형이 언급되었으므로 이것만 듣고도 오답으로 소거한다. 또한 거친 파도와는 관련이 없으므로 그 뒤에 나오는 tough waves를 듣고 추가적으로 오답임을 확인할 수 있다.

어휘 float on the water 물 위에 뜨다 unload (짐이나 승객을) 내리다 passenger 승객 harbor 항구 sailboat 범선, 요트 be docked at ~에 정박하다 pier 부두, 선착장 toss (파도가 배를) 심하게 흔들다 tough 거친 wave 파도

정답 (C)

Practice 17   ▶ 정답 및 해설은 325쪽

2-26.mp3

(A)　(B)　(C)　(D)

Practice 18   ▶ 정답 및 해설은 325쪽

2-27.mp3

(A)　(B)　(C)　(D)

🚩 풀이요령 ❷

실내에 있는 다양한 사물 표현들을 익혀 두어야 한다!

▶ 실내 정경의 사진 출제 비중은 절대적으로 높으며, 사진 내 각 사물들의 상태와 위치를 묘사하는 내용의 정답이 제시된다. 따라서 향후 접하게 될 실내 정경 사진에 대한 숙련도와 정답률을 향상시키기 위해 이번 기회에 내부 공간, 특히 방 안에서 자주 다뤄지는 주요 사물의 상태 관련 표현들을 종합적으로 숙지하도록 하자.

방이나 객실에서 자주 언급되는 사물

- **명사**
- armchair 안락의자
- artwork 삽화
- briefcase 서류 가방
- carpet 카펫
- columns 기둥
- clipboard 클립보드
- light 조명
- necklace 목걸이
- painting 벽에 걸린 그림
- picture / photograph 사진
- pillow 베개
- rug 깔개
- shutter 셔터, 덧문
- suitcase 여행 가방
- walkway 보도

- **명사**
- art piece 벽에 걸린 그림
- cabinet drawer 캐비닛 서랍
- ceiling lights 천정 조명
- file drawer 파일 서랍
- frame photograph 사진
- garden path 정원 경로
- light fixture 조명 기구

위치나 배열 관련 표현

- 소파, 의자, 그리고 쿠션의 상태 및 위치 관계
  - **Some stools** are positioned in front of a sofa.
    소파 앞에 등받이가 없는 의자들이 있다.

- Cushions have been laid on a sofa. 소파 위에 쿠션들이 놓여 있다.
- A sofa is unoccupied. 소파에는 사람이 착석하고 있지 않다.

▪ 벽에 걸린 거울 / 벽에 기대어 있는 그림

- There is a mirror hanging on the wall. 벽에 걸린 거울이 있다.
- There is a painting leaning against the wall. 그림 한 점이 벽에 기대어 있다.

▪ 천장에 매달린 등 / 테이블 위에 매달린 등

- There is a light fixture hanging from the ceiling. 천장에 등이 매달려 있다.
- The light fixture is suspended above the table.
  등이 테이블 위에 매달려 있다.

▪ 테이블에 놓인 꽃장식 / 테이블 주변에 놓인 의자들

- The centerpiece has been laid on the table. 테이블 위에 장식물이 놓여 있다.
- There is a flower arrangement on the table. 테이블 위에 꽃장식이 놓여 있다.
- A flower vase is centered on the table. 테이블 위 중앙에 꽃병이 놓여 있다.
- Some chairs have been grouped around the table.
  몇몇 의자들이 테이블 주변에 모여 있다.

▪ 커튼이 쳐진 창문

- The curtains in the room are closed. 방 안에 커튼이 드리워져 있다.
- The curtains in the room have been drawn. 방 안에 커튼이 드리워져 있다.

EX 10   2-28.mp3

(A) Some plastic containers are being washed.
몇몇 플라스틱 용기가 세척되고 있다.

(B) Plates are stacked in the cupboard.

찬장에 접시들이 쌓여 있다.

(C) The shelves have been stocked with products.

선반은 제품으로 가득 채워져 있다.

(D) Some wood has been stacked into piles.

몇몇 나무들이 쌓여 더미를 이루고 있다.

해설

사진을 보면 선반에 접시들이 쌓여 있고, 그 밑의 개수대가 있으며, 그 옆의 거치대에 여러 용기들이 있음을 알 수 있다.

(A) 수동태 진행형이 제시되었으므로 일단 오답으로 분류한다.

(B) be stacked in은 '~에 쌓여 있다'는 뜻이며, 찬장에 쌓인 접시들의 모습을 묘사하고 있으므로 정답이다.

(C) be stocked with는 '~에 가득 채워져 있다'의 뜻이며, 선반에 쌓여 있는 것은 접시일 뿐, 제품과는 거리가 있으므로 오답으로 소거한다.

(D)는 쌓여 있는 모습을 묘사하였지만 대상이 나무가 아니므로 오답으로 소거한다.

어휘 plastic container 플라스틱 용기 wash 세척하다, 씻다 be stacked in ~에 쌓이다 cupboard 찬장 be stocked with ~로 가득 채워지다 be stacked into piles ~가 쌓여 더미를 이루다

정답 (B)

Practice 19 ▶ 정답 및 해설은 325쪽

2-29.mp3

(A) (B) (C) (D)

(A)   (B)   (C)   (D)

🚩 풀이요령 ❸

주어가 사람이면 무조건 오답으로 분류해야 한다!

▶ 사람이 등장하지 않는 사물 / 배경 사진이므로 만약 행동의 주체를 나타내는 주어에 사람이 등장하는 선지가 있다면 주어만 듣고도 무조건 오답으로 분류한다.

EX 11   2-31.mp3

(A) Some people are seated on a bench.
몇몇 사람들이 벤치에 착석해 있다.

(B) Some cushions are being laid on a sofa.
몇몇 쿠션들이 소파 위에 놓이고 있다.

(C) The picture is hanging on the wall.
그림이 벽에 걸려 있다.

(D) Light fixtures have been mounted above the doorway.
조명 기구들이 현관 위에 설치되어 있다.

해설

사람이 등장하지 않는 사물사진으로, 거실에 소파와 등이 보이고 벽에는 그림이 걸려 있다. 사물 사진에서는 관련 없는 주어를 골라내고 현재진행 수동태를 주의한다.

(A) 주어 Some people을 듣자마자 오답으로 소거한다.

(B) 소파 위에 놓인 쿠션을 보고 오해하기 쉽다. 사물 사진이므로 사람이 쿠션을 올려놓는 동작을 묘사한 현재진행 수동태(be being laid)가 제시되었으므로 오답으로 소거한다.

(C) 벽에 걸려 있는 그림을 묘사하였으므로 정답이다.

(D) 조명기구가 소파 양옆과 천장에 있으나 현관이라고 말하여 위치묘사가 부적절하므로 오답으로 소거한다.

어휘 lay 놓다 hang 걸다, 매달다 light fixture 조명기구 mount 끼우다, 고정시키다 doorway 출입구

정답 (C)

Practice 21 ▶ 정답 및 해설은 326쪽

2-32.mp3

(A) (B) (C) (D)

(A)   (B)   (C)   (D)

🚩 풀이요령 ④

풍경 사진에서는 전체적인 구도나 배치 등을 확인해야 한다!

▶ 배경 사진에도 사물들이 등장하게 되지만 세세한 사물들의 특징보다는 그 사물들이 전체 배경과 어떤 조화와 구도를 이루고 있는지를 파악하는 작업이 중요하다. 따라서 다양한 구도를 나타내는 표현들을 먼저 숙지해 두도록 하자.

다양한 구도를 나타내는 표현 정리

1. 다양한 모습과 높이를 지닌 고층 건물 묘사

비슷한 구도의 고층건물들을 나타내는 다양한 표현들이 있으므로 이들도 모두 숙지해 두도록 하자.

- **There are** high-rise buildings of various heights.
  다양한 높이의 고층건물들이 있다.

- **There are** skyscrapers of various heights.
  다양한 높이의 고층건물들이 있다.

- **There are** skyscrapers lined up on both sides of the road.
  도로 양편에 고층 건물들이 줄지어 서있다.

- **There are** different types of buildings in the city.
  도시에 다양한 모습의 건물들이 있다.

- Buildings are overlooking the water. 건물들이 물가를 내려 보고 있다.

2. 종대 / 횡대 배열 형태

사물이 종대나 횡대 형태로 배열된 모습을 묘사하는 정답의 출제 비중은 매우 높다. 따라서 종대/횡대 배열과 관련된 표현들을 미리 익혀두도록 한다.

▪ 도로 / 거리 양 편에 주차된 자동차

- Cars are parked on both sides of the street.
  길거리 양쪽에 자동차들이 주차되어 있다.
- Cars are parked on either side of the street.
  길거리 양쪽에 자동차들이 주차되어 있다.
- Cars are parked on each side of the road.
  길 양쪽에 자동차들이 주차되어 있다.

✔ **주의** - either가 side와 함께 쓰일 때는 양쪽을 모두 의미한다.

▪ 도로 / 거리 한 편에 주차된 자동차

- Cars have been parked side by side. 자동차들이 일렬로 주차되어 있다.
- Cars are parked in a row. 자동차들이 일렬로 주차되어 있다.
- Cars have been parked next to each other.
  자동차들이 일렬로 주차되어 있다

▪ 종대 및 횡대 형태로 배열된 의자 / 좌석

종으로 한 줄은 line, 횡으로 한 줄은 row라고 표현하는데, 여러 줄의 종/횡대로 배열된 모습을 묘사할 때 be lined up in rows라는 표현이 자주 쓰인다. 이 때 up은 위로 향하거나 움직이는 동적인 모습만을 의미하는 것이 아니라 개별적 요소가 모이거나 뭉치는 경우에도 up으로 표현한다. 따라서 여럿이 모여 줄을 구성하는 line up에서도 up이 등장한다.

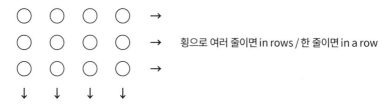

종으로 여러 줄이면 in lines / 한 줄이면 in a line

- **The chairs have** been lined up in rows.

  의자들이 여러 종대와 횡대 형태로 배열되어 있다.

3. 반원형 / 원형 배열 형태

난이도가 높아지는 경우, 사물의 배열 형태 중에서 횡대나 종대 형태가 아니라 상대적으로 익숙하지 않은 반원 혹은 원형의 형태로 배치된 사물의 모습과 이를 설명하는 표현이 정답으로 등장하기도 한다.

- **The chairs have** been arranged in a semicircle.

  의자들이 반원 형태로 배열되어 있다.

- **The chairs have** been arranged in a circle.

  의자들이 원형으로 배열되어 있다.

4. 쌓여 있는 상태

무엇인가를 쌓거나 혹은 무엇인가 쌓여있을 때 접하는 동사로는 stack과 pile이 있으며 stack은 pile에 비해 좀 더 반듯하게 쌓는다는 의미상의 차이가 있다. 아울러 stack과 pile이란 동사와 함께 잘 쓰이는 전치사구가 바로 on top of each other란 표현이다. 이는 직설적으로 서로 서로 위에 있다는 의미이므로 결과적으로 차곡차곡 쌓인 형태를 묘사할 때 항상 접하게 되는 전치사구가 된다.

- **The boxes have** been stacked on top of each other.

  상자들이 차곡차곡 쌓여 있다.

- **The cartons have** been piled on top of each other.

  상자들이 차곡차곡 쌓여 있다.

EX 12

2-34.mp3

(A) Some cars are driving up a hill.
몇몇 자동차들이 언덕을 오르고 있다.

(B) All the rooftops are covered with snow.
모든 지붕들이 눈으로 덮여 있다.

(C) A park is surrounded by waterfalls and canyons.
공원이 폭포들과 협곡들로 둘러싸여 있다.

(D) There are some houses situated on the hill.
몇몇 주택들이 언덕에 위치하고 있다.

해설

구름이 잔뜩 낀 하늘 아래 언덕 위로 촘촘히 모인 집들과 나무가 보이는 풍경 사진이다. 집이나 나무 등의 사물 묘사보다는 이들의 전체적인 구도나 배치 등을 우선적으로 확인해야 한다.

(A) 언덕이 보이기는 하지만 자동차들이 보이지 않으므로 오답으로 소거한다.

(B) 사진에 지붕이 보이므로 rooftops만 듣고 정답으로 오인할 수 있는 선지이다. 하지만 눈이 덮여있지 않으므로 오답으로 소거한다.

(C) 나무를 보고 공원을 연상하여 고를 수 있지만 폭포와 협곡이 없으므로 오답으로 소거한다.

(D) 몇몇 주택들이 언덕에 위치하고 있는 구도를 나타내고 있으므로 정답이다.

어휘 rooftop 지붕, 옥상 be covered with ~로 덮이다 be surrounded by ~로 둘러싸여 있다 waterfall 폭포 canyon 협곡 be situated on ~에 위치하다

정답 (D)

Practice 23 ▶ 정답 및 해설은 327쪽   2-35.mp3

(A)   (B)   (C)   (D)

(A)   (B)   (C)   (D)

3장

PART 2
문제 유형별
풀이 요령

When 의문문

☑ 출제 경향

When 의문문은 사람의 출발 / 도착 시점, 물건의 배송 / 수령 시점, 업무나 공사의 시작 / 종료 시점, 상점의 개점 / 폐점 시점, 회의나 발표의 시작 / 종료 시점, 각종 서류의 마감 / 제출 시점, 서비스나 보상의 이용 / 만료 시점, 어떤 사항에 대한 연락 시점, 어떤 일의 결정 / 완료 시점, 상품의 출시 시점 등을 묻는 질문들이 나온다. 이에 대한 답변으로는 과거 시점보다 미래를 의미하는 내용이 많이 출제된다. 질문의 요점이 명확하므로 PART 2의 문제유형 중에서는 난도가 낮은 편에 속한다.

🚩 풀이요령 ❶

선지에 시점이나 시간과 관련된 표현에 주목해야 한다!

▶ When 의문문은 시점이나 시간을 물어보는 질문의 특성이 명확하므로 일단 When 의문문을 들었다면 선지에 시점이나 시간 표현이 나오는지 주목해야 한다. 그리고 선지에 시점이나 시간 표현이 나왔다면 대부분 정답일 가능성이 높다.

● **대표적인 질문 유형**

- When does the vice president leave for Seoul?
  부사장님은 언제 서울로 떠나시나요?

- When do we expect to get reimbursed for our defective products?
  불량품에 대한 보상을 언제 받을 수 있나요?

- When should I the best time to call Mr. Chang?
  창씨에게 전화하는 가장 좋은 시간대는 언제인가요?

- When is the payment due? 지불 마감일은 언제인가요?

- When is the sales report due?

  영업 보고서의 마감시한이 언제인가요?

- When are you going to leave for vacation?

  언제 휴가를 떠날 예정인가요?

- When will the repairs be finished?

  언제 수리가 마무리되나요?

- When will our newest product be released?

  언제 최신 상품이 공개될까요?

- When will the new branch in London open?

  런던의 새 지점은 언제 개장하나요?

- When did you return the survey result?

  언제 설문조사 결과를 돌려주었나요?

시간이나 시점과 관련된 대표적인 답변 유형

- Soon, I think. 곧 떠나실 것이라 생각해요.

- After lunch. 점심식사 이후에요.

- Next Tuesday. 다음 주 화요일에요.

- Within two days. 이틀 안에요.

- In about a month. 대략 한 달 후에요.

- Anytime before 11 o'clock. 11시 이전의 아무 때나요.

- One hour from now. 지금부터 한 시간 후에요.

- Between 10 and 11. 10시에서 11시 사이에요.

- Not until Friday. 금요일에요.

- By the end of the month. 이번 달 말까지요.

- Anytime after Monday. 월요일 이후 언제든지요.

- By ten o'clock at the latest. 늦어도 10시까지요.

- Sometime next week. 다음 주 중에요.

- at 9 o'clock 9시에

- at the end of the month 월말에

- by Thursday 목요일까지

- by the end of today 오늘까지

- by the end of this week 이번 주 말까지

- on September 9th 9월 9일에

- this afternoon 오늘 오후에

- sometime next week 다음 주 중에

- next Wednesday 다음 주 수요일

- last Friday 지난 금요일에

- last year 작년에

- two months ago 두 달 전에

EX 1

3-1.mp3

When will our new product demonstration begin?
신제품 시연회는 언제 시작하나요?

(A) Yes, we can get there on time. 네, 우리는 그곳에 정시에 도착할 수 있어요.
(B) Near the convention center. 컨벤션 센터 근처에서요.
(C) After lunch. 점심식사 이후에요.

➡️ 의문사 When으로 물었으므로 일단 선지에 시간이나 시점의 표현이 나오는지 주목한다. (A)는 의문사 의문문에 대한 답변으로 쓰일 수 없는 Yes가 나왔으므로 듣자마자 오답으로 분류한다. (B)는 컨벤션 근처라는 특정한 장소를 제시하고 있으므로 Where 의문문에 적합한 답변이다. 결국 점심식사 직후라는 미래 시점을 언급한 (C)가 정답이다.

👆 한 가지만 더!

한 가지 유의할 점은 의문사 When에서 연상되는 time이 포함된 답변 (A)를 고르지 않도록 한다. 시연회가 시작하는 시점을 물었지만 정시에 도착할 수 있다고 말하는 어색한 답변이다.

어휘 demonstration 시연, 시위 on time 제 시간에

정답 (C)

Practice 1 ▶정답 및 해설은 328쪽

3-2.mp3

(A) (B) (C)

(A)   (B)   (C)

🚩 **풀이요령 ②**

When과 관련된 우회적인 답변에 유의해야 한다!

▶ When 의문문은 특정 어구만 듣고도 바로 정답을 선택할 수 있는 유형이므로 PART 2에서는 비교적 난도가 낮은 유형에 속하지만 최근에는 우회적인 답변이 많이 증가하고 있는 추세이므로 When 의문문에서 등장할 수 있는 우회적인 답변 형태도 충분히 숙지해 놓아야 한다.

● **대표적인 우회 답변 유형**

- When does the warranty of your air-conditioner expire?
   당신의 에어컨 보증기간 만료가 언제인가요?

  → I have lost all of my documents.
   제가 관련서류를 모두 잃어버렸어요.

- When is the shipment of the suit finished?
   그 양복의 선적이 언제 끝납니까?

  → It's delayed because of the traffic jam.
   교통 체증 때문에 지연되었어요.

- When will I be reimbursed for my tuition fee?
   수업료는 언제 환급받습니까?

  → Have refund application been approved?
   환급 신청서가 승인되었나요?

- When did you get all the teams to perform?
   공연할 팀들을 언제 모두 섭외하셨나요?

  → Ms. Lane was in charge of the work.
   그 일은 레인 씨가 담당했어요.

- When does the bus arrive to the airport?
  공항까지 가는 버스가 언제 도착하나요?

  → We can walk to the airport from here.
  공항까지는 여기서 걸어갈 수 있어요.

- When is the seminar scheduled? 그 세미나는 언제 예정되어 있습니까?
  → I'll call the manager. 관리인에게 물어볼게요.

EX 2   3-4.mp3

When did you last clean the heating unit filter?
난방기구의 필터를 마지막으로 청소한 것이 언제예요?

(A) I think it's 11 o'clock now. 현재 시각은 11시예요.
(B) Yes, it is available. 예, 그건 이용 가능합니다.
(C) Check with the personnel manager. 인사과장에게 문의하세요.

➡ 난방기구의 필터를 교체한 시점을 묻는 When 의문문이다. 마지막으로 청소한 과거 시점을 묻는 질문에 현재 시각이 11시라고 답변한 (A)는 오답이다. 또한 의문사 의문문의 답변으로 쓰일 수 없는 Yes / No 답변을 제시한 (B)도 정답이 될 수 없다. 따라서 인사과장에게 물어보라면서 우회적인 답변을 하고 있는 (C)가 정답이다. 시점을 제시했다고 하여 (A)를 정답으로 오인하지 않도록 각별히 주의하도록 하자.

어휘   personnel manager 인사과장

정답   (A)

Practice 3 ▶ 정답 및 해설은 328쪽   3-5.mp3

(A)   (B)   (C)

Practice 4 ▶ 정답 및 해설은 328쪽   3-6.mp3

(A)   (B)   (C)

Where 의문문

✔ 출제 경향

Where 의문문은 When과 마찬가지로 질문하는 대상이 명확하므로 PART 2의 여러 유형 중 비교적 난도가 낮은 유형에 속한다. 대부분 장소를 언급하는 표현이 정답으로 많이 제시되지만 간혹 우회적인 답변도 등장하므로 그 유형 패턴에 익숙해져야 한다.

🚩 풀이요령 ❶

선지에 장소나 위치를 나타내는 표현에 주목해야 한다!

▶ Where 의문문은 장소나 위치를 물어보는 질문의 특성이 명확하므로 일단 Where 의문문을 들었다면 선지에 장소나 위치 표현이 나오는지 주목해야 한다. 그리고 선지에 장소나 위치 표현이 나왔다면 대부분 정답일 가능성이 높다.

● 대표적인 질문 유형

- Where could I buy some office supplies?
  사무용품은 어디에서 구매할 수 있을까요?

- Where can we find the women's wear department?
  여성복 매장은 어디에 있나요?

- Where is your laptop computer?
  당신의 노트북 컴퓨터는 어디에 있나요?

- Where are the replacement parts that I ordered yesterday?
  제가 어제 주문한 교체용 부품은 어디에 있나요?

- Where is the company picnic going to be held this year?
  올해 회사 야유회가 열리는 곳이 어디입니까?

- Where can I register for the workshop?
  제가 워크숍을 어디에서 등록할 수 있나요?
- Where's the closest coffee shop?
  가장 가까운 커피숍이 어디에 있나요?

장소나 위치와 관련된 대표적인 답변 유형

- At Office King. 오피스 킹에서요.
- On the second floor. 2층에서요.
- In the Wallace Shopping Mall. 월리스 쇼핑몰에서요.
- There is a store at the intersection. 교차로에 상점이 있어요.
- You can find it on the company Web site. 회사 홈페이지에서 찾을 수 있어요.
- In the office. 사무실에서요.
- In the file cabinet. 서류함 안에요.
- In the drawer. 서랍 속에요.
- On the table. 탁자 위에요.
- On the wall. 벽에요.
- On the floor. 바닥에요.
- Around the desk. 책상 주변에요.
- Around the corner. 모퉁이 근처에서요.
- Around here. 이 근처에서요.
- From the accounting manager. 회계 담당자로부터요.
- Try the office supply store across the street.
  길 건너 사무용품점으로 가보세요.

EX 3   3-7.mp3

Where is the local job fair being held next week?
다음 주에 지역 취업 박람회는 어디에서 개최되나요?

(A) I think it's not fair at all. 저는 그건 매우 불공평한 것이라 생각해요.
(B) At the convention center located on Main Street.
    메인 스트리트에 위치한 컨벤션 센터에서요.
(C) At 10 o'clock. 10시에요.

→ 질문의 키워드는 Where, held이며, 다음 주에 있을 취업 박람회의 개최 장소에 대해 묻고 있다. (A)는 질문에서 나온 fair를 반복적으로 들려주는 동일어휘 반복 함정을 포함한 오답이다. (B)는 메인 스트리트에 위치한 컨벤션 센터라는 구체적인 장소를 언급하고 있으므로 정답이다. (C)는 시간을 언급하였으므로 When 의문문에 적합한 답변이다.

어휘   job fair 취업 박람회 be held 개최되다 fair 공평한, 공정한

정답   (B)

Practice 5   ▶ 정답 및 해설은 329쪽   3-8.mp3

   (A)   (B)   (C)

Practice 6   ▶ 정답 및 해설은 329쪽   3-9.mp3

   (A)   (B)   (C)

 풀이요령 ②

Where와 관련된 우회적인 답변에 유의해야 한다!

▶ Where 의문문은 When과 마찬가지로 특정 어구만 듣고도 바로 정답을 선택할 수 있는 유형이므로 PART 2에서는 비교적 난도가 낮은 유형에 속하지만 최근에는 우회적인 답변이 많이 증가하고 있는 추세이므로 Where 의문문에서 등장할 수 있는 우회적인 답변 형태도 충분히 숙지해 놓아야 한다.

대표적인 우회 답변 유형

- Where is the instruction manual for the new photocopier?
  새로운 복사기에 대한 설명서는 어디에 있나요?

  → Mr. Moore borrowed it this morning. 무어 씨가 오늘 오전에 빌려갔어요.

- Where have you left the office key? 사무실 열쇠를 어디에 뒀나요?
  → The department head has it. 부장님이 가지고 계세요.

- Where is the closest bank located? 가장 가까운 은행이 어디에 있나요?
  → You should check with Ms. Winston. 윈스턴 씨에게 한번 확인해 보세요.

- Where can I find a summary of marketing research?
  시장 조사에 대한 요약본은 어디에 있나요?
  → Mr. Porter is reading it now. 포터 씨가 지금 읽고 있어요.

- Where can I get a stapler? 스테이플러를 어디서 구할 수 있나요?
  → Why don't you go to the office supply store around the corner?
  모퉁이에 있는 사무용품점에 가보시겠어요?

EX 4   3-10.mp3

Where is the stockholders' meeting going to take place?
주주총회는 어디에서 열릴 예정인가요?

(A) I think they are still in stock. 그것들은 재고가 있을 거예요.
(B) Why don't you go to the conference hall on the third floor?
    3층에 있는 회의실로 가보시지 그러세요?
(C) It'll be about budget cuts. 예산 감축에 관한 것일 거예요.

질문의 키워드는 Where, meeting, take place이며, 주주총회의 개최 장소를 묻는 Where 의문문이다. 회의가 열리는 장소를 묻는 내용은 꾸준히 출제된 유형이므로 관련표현을 꼭 알아두 도록 하자. (A)는 질문에서 나온 stockholders의 일부인 stock을 반복적으로 들려주는 함정이 며, 질문과 관련이 없는 내용이므로 오답이다. (B)는 구체적인 장소나 위치 표현은 없지만 3층에 있는 회의실로 가보라며 간접적으로 질문에 답변을 하고 있으므로 정답이다. 이처럼 구체적인 장 소나 위치 표현이 없어도 이와 같이 질문에 대해 되물으며 대안을 제시하는 우회적으로 답변을 하는 추세가 늘어나고 있으므로 주의를 기울여야 한다. (C)는 회의가 예산 감축에 관한 것이라 답 하였으므로 주제나 안건을 묻는 What 의문문에 적합한 답변이다.

어휘 stockholders'meeting 주주총회 take place 일어나다, 발생하다 be in stock
재고가 있다 budget cuts 예산감축

정답 (B)

Practice 7 ▸정답 및 해설은 329쪽

3-11.mp3

(A)   (B)   (C)

Practice 8 ▸정답 및 해설은 330쪽

3-12.mp3

(A)   (B)   (C)

출제 빈도 매회 평균 **1.6**개

Who 의문문

☑ 출제 경향

Who 의문문은 구체적인 업무 담당자, 책임자, 결정권자, 행사 준비자, 행사 연설자, 회의 불참자, 직장 상사, 승진 대상자와 같은 특정인이나 특정 단체, 부서를 묻는 문제가 출제된다. Who 의문문에 대한 답변으로 개인의 이름과 직급이 많이 출제되며, 그밖에 직업이나 특정 회사, 부서, 단체를 나타내는 명사도 나온다.

🚩 풀이요령 ❶

선지에 특정인이나 직함을 나타내는 표현에 주목해야 한다!

▶ Who 의문문은 행위나 책임의 주체를 물어보는 특성이 명확하므로 일단 Who 의문문을 들었다면 선지에 특정인이나 직함, 부서를 가리키는 표현이 나오는지 주목해야 한다. 그리고 선지에 특정인이나 직함, 부서명이 나왔다면 대부분 정답일 가능성이 높다.

대표적인 질문 유형

- Who will reserve a table for three at the restaurant?
  레스토랑에 3명이 앉을 테이블은 누가 예약할 건가요?

- Who is visiting our headquarters today?
  오늘 누가 본사를 방문하나요?

- Who is responsible for the interview?
  면접을 누가 책임지고 있나요?

- Who will inform the staff about the new policies?
  누가 직원들에게 새로운 정책들을 알려줄 건가요?

- Who is organizing this promotion?

누가 이 홍보를 준비하나요?

- Who is in charge of the promotional campaign?

홍보 캠페인은 누가 담당하나요?

- Who should I talk to about the updated proposal?

최신 제안서에 대해 제가 누구와 이야기해야 하나요?

- Who is in the conference room now?

지금 누가 회의실에 있나요?

특정인이나 직함, 부서와 관련된 대표적인 답변 유형

▪ 사람의 이름을 언급

- Ms. Anderson, I think. 앤더슨 씨로 알고 있어요.
- I was told that Mr. Cooper is. 쿠퍼 씨가 할 것이라고 들었어요.
- Susan used it last time. 수전이 지난번에 그걸 사용했어요.
- Taylor can help you with that. 테일러 씨가 그것에 관해 당신을 도와줄 거예요.
- Everyone who brought the letter. 그 편지를 가져온 모든 사람들이요.

▪ 특정 직함을 언급

- All the managers. 모든 관리자들이요.
- Probably her assistant will. 아마 그녀의 비서가 할 것입니다.
- One of the secretaries. 비서들 중 한명이요.
- The personnel manager. 인사부장이요.

▪ 회사의 이름을 언급

- Beagle Consulting will. 비글 컨설팅에서요.
- It was the ABC Construction Company. ABC 건설 회사였어요.

▪ 부서의 이름을 언급

- The Human Resources Department. 인사과에서요.
- A man in the Marketing Department. 마케팅 부서에 있는 어떤 남자요.
- Someone in Accounting. 회계부의 누군가요.
- The project team. 프로젝트팀이요.

- The sales division. 영업부요.
- Call the technical support team. 기술지원부에 전화해보세요.

■ 자기 자신을 언급
- I'll do it right now. 제가 지금 당장 할게요.
- I'll take care of it. 제가 처리할게요.

EX 5   3-13.mp3

Who's going to take over Mr. Allen's position when he retires next
month? 앨런 씨가 다음 달에 은퇴하면 누가 그의 직책을 맡게 되나요?

(A) The company will take on a few new employees.
    회사는 신입사원을 몇 명 채용할 겁니다.
(B) Well, I'm very tired today. 근데, 저는 오늘 굉장히 피곤하네요.
(C) Someone in Marketing. 마케팅부에 있는 누군가가 맡을 거예요.

➡ 질문의 키워드는 Who, take over이며, 앨런 씨가 다음 달에 은퇴하면 누가 일을 넘겨받을 것
인지 묻는 Who 의문문이다. (A)는 질문에서 나온 take를 반복적으로 사용한 동일어 반복 함정과
질문의 position을 통해 연상할 수 있는 take on과 new employees를 이용한 연상어휘 함정
이 포함된 오답이다. 앨런 씨의 직책을 이어받을 사람을 묻는 질문에 회사의 신입사원 채용계획
에 대한 언급은 적절하지 않으므로 (A)는 답이 될 수 없다. (B)는 질문에서 나온 retires의 일부와
발음이 유사한 tired를 이용한 유사발음 함정이 포함된 오답이며, 질문과 관련 없는 내용이므로
오답이다. 따라서 someone이라는 대명사를 사용하여 마케팅부에 있는 누군가가 맡을 것이라
고 대답하는 (C)가 정답이다. 사람의 이름이나 직급뿐만 아니라 부서명도 Who 의문문의 답변이
될 수 있음을 꼭 기억해야 한다.

어휘   take over 넘겨받다, 인계받다   retire 은퇴하다   take on 고용하다, 채용하다

정답   (C)

Practice 9   ▸ 정답 및 해설은 330쪽   3-14.mp3

    (A)   (B)   (C)

(A)　(B)　(C)

🏴 풀이요령 ❷

선지에 인칭대명사가 나오면 무조건 오답이다!

▶ 인칭 대명사(he / she / they)는 앞서 언급한 특정인을 지칭하는 대명사이기 때문에 기본적으로 특정인에 대한 정보를 요구하는 Who 의문문에 대한 답변으로는 부적절하다. 따라서 Who / Whose 의문문에서 제시되는 인칭 대명사 선지가 나오면 오답으로 처리한다. 단, 인칭 대명사라 하더라도 이들이 구체적으로 누구를 지칭하는지 바로 알 수 있는 I, me, we와 같은 인칭 대명사는 정답으로 제시될 수 있다. 물론 you도 인칭 대명사이긴 하나 실제로 you가 Who 의문문에 따른 정답으로 등장하는 경우는 없는 만큼 you는 고려하지 않도록 한다.

EX 6　　　　　　　　　　　　　　　　　　　　　　3-16.mp3

Who submitted the quarterly budget report last week?
지난주에 분기별 예산 보고서를 제출한 자는 누구인가요?

(A) It would be me. 저를 말씀하시는 것 같네요.
(B) I think he did. 그가 했다고 생각해요.
(C) It will be held in New York tomorrow. 그건 내일 New York에서 개최됩니다.

예산 보고서를 제출한 자를 묻는 Who 의문문이다. Who 의문문에서 I, me, we 등의 인칭대명사는 정답으로 제시될 수 있는 만큼 (A)는 질문의 적절한 답변으로 볼 수 있다. 하지만 (B)는 he라는 대명사가 언급되었으므로 오답으로 분류한다. (C)는 New York에서 개최된다고 하므로 Where 의문문에 적합한 답변이다.

어휘   submit 제출하다   quarterly budget 분기별 예산 보고서

정답   (A)

Practice 11   ▶ 정답 및 해설은 331쪽   3-17.mp3

(A)   (B)   (C)

Practice 12   ▶ 정답 및 해설은 331쪽   3-18.mp3

(A)   (B)   (C)

 풀이요령 ❸

Who와 관련된 우회적인 답변에 유의해야 한다!

▶ Who 의문문도 사람 이름이나 직함, 부서명 등의 특정 어구만 듣고도 바로 정답을
선택할 수 있는 유형이므로 PART 2에서는 비교적 난도가 낮은 유형에 속한다. 또한
비교적 의문사 의문문 중에선 우회적인 답변의 비율이 낮은 편이므로 가장 쉽게 해결
할 수 있는 유형 중의 하나이기도 하다. 하지만 간혹 우회적인 답변이 등장하는 경우
도 있으므로 Who 의문문에서도 대표적인 우회적인 답변 유형을 몇 가지 살펴보도록
하자.

대표적인 우회 답변 유형

- Who has the documents that summarize the test results?
  누가 테스트 결과를 정리한 서류를 갖고 있나요?

  → Let's check it out. 한번 알아볼게요.

- Who's the keynote speaker at this seminar?
  이 세미나의 기조 연설자는 누구입니까?

→ Let me check the list. 명부를 살펴볼게요.

- Who's in charge of updating the staff's emergency contacts?
  직원들의 비상연락망에 대한 업데이팅을 누가 맡고 있나요?

  → It has not been decided yet. 아직도 결정되지 않았어요.

- Who's going to be the new supervisor for the Accounting
  Department? 누가 회계부의 새로운 관리자가 될 예정인가요?

  → They're still discussing yet. 그들은 아직 논의 중이에요.

- Whose turn is it to buy lunch? 이번엔 누가 점심을 살 차례입니까?

  → I already bought it last time. 저는 지난번에 샀어요.

- Who's going to take notes at next meeting?
  다음 회의에서 누가 메모를 할 겁니까?

  → I'll be on vacation then. 저는 그때 휴가를 갈 계획이에요.

- Who is writing a proposal for the project?
  누가 그 프로젝트에 대한 제안서를 작성하고 있습니까?

  → That assignment hasn't been given out. 그 과제가 주어지지 않았어요.

- Who is in charge of the conference? 누가 컨퍼런스 준비를 맡고 있습니까?

  → Unfortunately, it was cancelled. 아쉽게도 그건 취소되었어요.

- Who should I call to repair this printer?
  이 프린터를 수리하려면 누구에게 연락해야 합니까?

  → The phone number's on your desk. 전화번호가 당신 책상 위에 있어요.

EX 7

3-19.mp3

Who's going to interview the final job candidates?
누가 최종 취업 지원자들의 면접을 보나요?

(A) Actually, I'm in between jobs. 사실 저는 구직 중이에요.
(B) It hasn't been announced yet. 아직 발표되지 않았어요.
(C) You did a good job. 일을 아주 잘하셨어요.

누가 최종 취업 지원자들의 면접을 보기로 했는지 묻고 있다. (A)는 질문의 interview나 job candidates를 통해 연상 가능한 '구직 중'이란 표현(be in between jobs)을 이용한 연상어휘 함정이 포함된 오답이다. (B)는 아직 발표되지 않았다고 하며, 간접적인 답변을 하고 있으므로 정답이다. (C)는 질문의 job을 반복적으로 들려주는 동일어 반복 함정이 포함된 오답이다.

어휘   candidate 후보   be in between jobs 구직 중이다   ask + **목적어** + to do ~에게 …할 것을 요청하다

정답   (B)

Practice 13   ▶ 정답 및 해설은 331쪽   3-20.mp3

(A)   (B)   (C)

Practice 14   ▶ 정답 및 해설은 332쪽   3-21.mp3

(A)   (B)   (C)

Why 의문문

☑️ 출제 경향

Why 의문문은 회사 행사들, 즉 워크숍, 연수, 회의, 발표 등을 연기 / 취소하는 이유, 행사 불참 이유, 교통수단의 출발 / 도착 시간이 지연되는 이유, 상점이 빨리 개점 / 폐점하는 이유 등의 이유를 묻는 문제들이 출제된다. 신토익 이전에는 Because 답변이 오답으로 역이용 되는 경우도 있었으나 신토익 이후에는 Because 답변이 오답으로 역이용되는 사례가 극히 드물어졌다. 이는 Why 의문문에 따른 정답의 전반적인 난이도가 상승하면서 굳이 Because 답변을 오답으로 역이용해야 할 필요성이 사라지며 발생한 결과라 할 수 있다.

🚩 풀이요령 ❶

선지에 Because, Due to나 to부정사가 들렸다면
정답일 가능성이 매우 높다!

▶ '왜'라는 질문에 '~하기 때문에', 또는 '~하기 위해'라는 의미가 가장 유연하게 연결될 수 있으므로 이들을 나타내는 Because나 to부정사 표현에 유의하여 들어야 한다.

◉ 대표적인 질문 유형

- Why did the museum postpone the exhibition?

  박물관이 전시회를 왜 연기했나요?

- Why is our manufacturing plant closing early today?

  우리 제조 공장이 왜 오늘 문을 일찍 닫나요?

- Why do you need a memory card?

  왜 메모리 카드가 필요하세요?

- Why did you leave the office early?

  왜 일찍 사무실을 나섰나요?

- Why didn't you submit the budget report last week?

  왜 지난주에 예산 보고서를 제출하지 않았나요?

- Why has the workshop been delayed?

  왜 워크숍이 연기되었나요?

- Why didn't you finish the marketing report?

  왜 마케팅 보고서를 아직 끝내지 못했나요?

- Why haven't the samples been distributed yet?

  왜 견본이 아직 배포되지 않았나요?

- Why can't she access the production data?

  왜 그녀는 생산 자료에 접근할 수 없나요?

대표적인 답변 유형

- Because 답변 유형
  - Because I haven't read them. 왜냐하면 그것들을 아직 읽지 않았기 때문이에요.
  - Because it's going under renovation. 보수공사에 들어가기 때문이에요
  - Because of some problems in the process. 절차상의 문제 때문에요.

- to부정사 답변 유형
  - To check the wiring problems. 배선 문제를 점검하기 위해서요.
  - To discuss financial problems. 재무 문제를 논의하기 위해서요.
  - To avoid heavy traffic in the morning. 아침의 교통 체증을 피하기 위해서요.

- 기타 답변 유형
  - Due to the inclement weather. 악천후로 인해서요.
  - For the upcoming renovations. 곧 있을 보수공사 때문에요.
  - In order to fix a water leak. 누수를 수리하기 위해서요.

Why is the department store closed today?
오늘 백화점이 문을 닫은 이유가 뭔가요?

(A) Because it's a national holiday. 오늘이 국경일이기 때문이에요.

(B) No, it's not that close to our office.
아뇨, 우리 사무실에서 그리 가깝지 않아요.

(C) There is a new office supply store at the corner.
모퉁이에 새로운 사무용품점이 있어요.

질문의 키워드는 Why, closed이며, 백화점이 문들 닫은 이유를 묻고 있다. (A)는 Why라는 질문에 Because로 답변을 시작하고 있기 때문에 듣자마자 정답 후보로 선택한다. (B)는 의문사 의문의 답변으로 쓸 수 없는 No로 대답했으므로 오답이다. (C)는 질문에서 나온 store를 반복적으로 들려주는 동일어 반복 함정이 포함된 오답으로, 질문과 관련 없는 답변이다. 따라서 국경일이기 때문에 백화점이 문을 닫았다는 답변을 하고 있는 (A)가 정답이다.

어휘   department store 백화점   national holiday 국경일   office supply store 사무용품점

정답   (A)

Practice 15   ▶정답 및 해설은 332쪽   3-23.mp3

(A)   (B)   (C)

Practice 16   ▶정답 및 해설은 332쪽   3-24.mp3

(A)   (B)   (C)

🚩 풀이요령 ❷

Why와 관련된 우회적인 답변에 유의해야 한다!

▶ Why 의문문도 이유를 나타내는 특정 어구만 듣고도 바로 정답을 선택할 수 있는 유형이므로 PART 2에서는 비교적 난도가 낮은 유형에 속한다. 하지만 아래와 같이 Why와 관련된 대표적인 우회 답변들로 인하여 다소 난도가 높아지는 경우도 있으므로 평소에 꼭 대비를 해놓아야 한다.

● 대표적인 우회 답변 유형

- 잘 모르겠다는 유형
  - Why are the your quarterly performance so low?
    1분기 실적이 왜 그렇게 낮습니까?
    → I'm not really sure. 정말 확신할 수 없어요.

- 반문하는 유형
  - Why is the cafe so busy today? 오늘 카페가 왜 이리 분주합니까?
    → Have you checked the schedule yet?
      아직 행사 스케줄을 확인 못하셨나요?

  - Michael, did not you submit the paper yet?
    마이클, 너 그 서류를 아직 제출하지 않았니?
    → When is the deadline? 마감이 언제인데?

- 관련자나 관계자에게 물어보겠다는 유형
  - Why don't we invite Ms. Lee at today's seminar?
    이 씨를 비즈니스 만찬에 초대할까?
    → I'll email her to ask her intention.
      제가 그녀에게 이메일을 보내 의향을 물어볼게요.

  - Why was the fundraising event postponed?
    그 모금 행사가 연기된 이유는 무엇입니까?
    → I'll ask the event coordinator. 행사 담당자에게 물어볼게요.

• 해결책을 제시하는 유형

- Why isn't the fax working now?

  팩스기가 제대로 작동하지 않는 이유가 뭔가요?

  → You should check to see if it's unplugged.

    플러그가 콘센트에 제대로 꽂혀 있는지 여부를 살펴봐야 해요.

EX 9   3-25.mp3

Why did Mr. Livingstone leave the company?

리빙스턴 씨가 왜 퇴사했나요?

(A) No, you should leave now. 아뇨, 당신은 지금 떠나야 해요.
(B) From living expenses to education. 생활비에서 교육에 이르기까지요.
(C) I'll ask the Human Resources department. 인사부에 물어볼게요.

→ 리빙스턴 씨가 퇴사한 이유를 묻고 있다. (A)는 의문사 의문문에 No로 답변할 수 없으며, 지금 떠나야 한다는 내용 또한 퇴사 이유와 무관하므로 오답이다. (B)는 질문에서 나온 Livingstone 의 일부 어휘인 living을이용한 유사발음 함정이 포함된 오답이다. (C)는 자신은 모르겠으니 인사부에 물어본다며, 우회적인 답변을 취하고 있으므로 (C)가 정답이다.

어휘 leave the company 회사를 그만두다 living expenses 생활비 education 교육
Human Resources department 인사부

정답 (C)

Practice 17 ▶ 정답 및 해설은 333쪽   3-26.mp3

(A) (B) (C)

Practice 18 ▶ 정답 및 해설은 333쪽   3-27.mp3

(A) (B) (C)

 **풀이요령 ③**

Why don't you(we) ~?는 청유문의 형태이다!

▶ 무조건 Why로 시작한다고 하여 이유를 물어보는 질문으로 생각하면 안 된다. Why don't you나 Why don't we는 Why 의문문을 활용한 청유문으로, Let's ~와 비슷한 의미를 지니고 있다.

- Why don't we **do more market research?** 시장조사를 좀 더 다양하게 해볼까요?
  → That's a really good idea. 좋은 생각이야.

EX 10   3-28.mp3

If you haven't been there already, why don't you visit London in England?
거기 가보신 적이 없다면, 영국의 런던을 한번 방문해 보시는 게 어떠세요?

(A) That sounds like a great idea. 그거 아주 좋은 생각이네요.
(B) London is the capital of England. 런던은 영국의 수도예요.
(C) I hear that you're going on a business trip again.
     당신이 또 출장을 가야 한다고 들었어요.

▶ 런던 방문을 권유하는 Why don't you ~? 형태의 제안 의문문이다. (A)는 좋은 생각이라며 상대방의 제안을 받아들이고 있으므로 적절한 답변이다. (B)는 질문의 London과 England를 반복적으로 들려주는 동일어 반복 함정이 포함된 오답이며, (C)는 외국의 지명을 통해 연상할 수 있는 trip을 이용한 연상 어휘 함정이 포함된 오답이다.

어휘 capital 수도 go on a business trip 출장을 가다

정답 (A)

Practice 19   ▶정답 및 해설은 333쪽   3-29.mp3

(A)   (B)   (C)

Practice 20   ▶정답 및 해설은 333쪽   3-30.mp3

(A)   (B)   (C)

🚩 풀이요령 ❹

직접 답변이지만 일반 문장으로 설명하는 경우가 있다!

▶ '왜'라는 질문에 일반 문장으로 그 이유를 설명하는 경우가 있다. 따라서 이 경우에는 그 이유에 대해 합당한 이유가 되는지를 문장 속에서 파악하는 훈련이 필요하다.

● **대표적인 일반 문장 답변**

- Why will the plant be closed tomorrow?
  공장이 내일 문을 닫는 이유가 뭔가요?
  → We should inspect some machines. 일부 기계를 검사해야 합니다.

- Why has the flight been delayed? 비행기 출발이 지연된 이유는 뭔가요?
  → There are some technical problems. 기술적인 문제들이 있다고 하네요.

- Why didn't you attend the reception last Monday?
  지난 월요일에 있었던 환영만찬에 참석하지 못한 이유가 뭔가요?
  → I had an appointment with the dentist. 제가 치과 진료 예약이 있었어요.

- Why is the shop closed today? 오늘 상점이 문을 닫은 이유가 뭔가요?
  → Today is a holiday. 오늘은 공휴일이에요.

- Why did the museum postpone the exhibition?
  박물관이 전시회를 연기한 이유는 무엇인가요?
  → There is an annual event. 연례행사가 있어요.

Why are we still using the old version of the accounting software?
우리가 여전히 구형 회계 소프트웨어를 사용하는 이유가 뭔가요?

(A) Yes, it's useless. 네, 그건 쓸모가 없어요.
(B) It's too expensive to upgrade regularly.
정기적으로 갱신하는 비용이 너무 비싸서요.
(C) We offer our clients training and technical support.
우리는 고객들에게 교육과 기술 지원을 제공합니다.

➡ 여전히 구형 회계 소프트웨어를 사용하는 이유에 대해 묻고 있다. (A)는 질문에서 나온 using 의 파생어이자 발음이 유사한 useless를 이용한 유사발음 함정이 포함된 오답이다. (B)는 비록 Because나 Due to, 혹은 to부정사와 같은 이유를 나타내는 답변의 단서는 없지만 갱신하는 비용이 너무 비싸다고 하며, 질문에 대한 구체적인 이유를 제시하고 있다. 이처럼 이유를 나타내는 특정 표현이 함께 제시되지 않고, 문장의 의미 자체만으로 이유를 나타내는 경우가 있다. (C)는 질문의 software에서 연상할 수 있는 technical support를 이용한 연상어휘 함정이 포함된 오답이다.

어휘 accounting software 회계 소프트웨어 useless 쓸모없는, 소용없는 upgrade regularly 정기적으로 갱신하다 offer 제공하다 technical support 기술 지원

정답 (B)

Practice 21 ▶ 정답 및 해설은 334쪽   3-32.mp3

(A)   (B)   (C)

Practice 22 ▶ 정답 및 해설은 334쪽   3-33.mp3

(A)   (B)   (C)

출제 빈도 *매회 평균 1.9개*

What 의문문

☑ 출제 경향

What 의문문은 다양한 주제를 내포한 질문들이 출제되기 때문에 비교적 난도가 높은 유형이다. 전반적으로 특정 대상, 액수, 방법, 날씨, 견해, 향후 계획 등에 대한 질문이 많이 등장하며, 특히 What 다음에 나오는 명사나 동사가 답변을 고르는 핵심어이므로 이를 놓치지 않고 듣는 훈련이 병행되어야 한다.

🚩 풀이요령 ❶

<What + 명사 ~?>의 구조라면 '명사'가 핵심이다!

▶ 'What + 명사 ~?' 유형에서는 대부분 질문의 명사에서 유추할 수 있는 명사가 답을 결정하기 때문에 What 다음에 나오는 명사를 반드시 들어야 한다.

- What time does this flight depart?
  이 비행기는 몇 시에 출발하나요?
  → In about two hours. 약 두 시간 후에요.

- What papers do I need to bring on Wednesday?
  수요일에 어떤 서류를 가져가야 하나요?
  → The ones in the folder I gave you.
     제가 당신께 드린 폴더 안에 있는 것들이요.

- What amount was your net profit for the third quarter?
  3분기에 당신의 순이익은 얼마였나요?
  → Two thousand dollars. 2천만 달러요.

- What color would you like for the new design?

새로운 디자인에 어울리는 색으로 어떤 색상이 좋은가요?

→ Black would be great. 검은색이 좋겠네요.

- What kind of car would you like to buy?

어떠한 종류의 차를 구매하고 싶은가요?

→ Something that has plenty of room. 뭔가 공간이 넓은 차요.

EX 12　　　　　　　　　　　　　　　　　　　　3-34.mp3

What is the agenda for next Monday's meeting?
다음 주 월요일에 있을 회의 의제는 무엇입니까?

(A) After lunch. 점심식사 후에요.
(B) A new business plan. 새로운 사업 계획이요.
(C) In the conference room. 회의실에서요

⇒ 다음 주 월요일에 있을 회의 의제에 대해 묻는 What 의문문이다. What 다음에 제시된 agenda라는 명사에 집중한다. (A)의 점심식사 후라는 언급은 When 의문문에 대한 답변이며, (C)의 회의실이라는 언급은 Where 의문문에 대한 답변이다. 따라서 새로운 사업계획이라며 월요일 회의 의제를 소개하는 (B)가 정답이다. 이처럼 What 다음에 나온 명사에서 유추할 수 있는 명사가 정답으로 제시될 확률이 매우 높다.

어휘　agenda 의제, 안건, 논의사항　business plan 사업 계획

정답　(B)

Practice 23　▶ 정답 및 해설은 334쪽　　　　　　　　　　3-35.mp3

(A)　(B)　(C)

Practice 24　▶ 정답 및 해설은 335쪽　　　　　　　　　　3-36.mp3

(A)　(B)　(C)

\<What + 조동사 + 주어 + 동사 ~?\>, \<What + 동사 ~?\>의 구조라면 '동사'가 핵심이다!

▶ 'What + 조동사 + 주어 + 동사 ~?'나 'What + 동사 ~?' 유형에서는 What 다음에 나오는 동사에서 유추할 수 있는 대답이 나오므로 What 다음의 동사를 반드시 들어야 한다.

- What did Mr. Song say about the workshop?
  송 씨는 그 워크숍에 대해 뭐라고 하던가요?
  → He didn't mention about it. 그는 그것에 대해 언급이 없었어요.

- What happened to the printer in my office?
  제 사무실 프린터에 무슨 일이 생겼나요?
  → Joan borrowed it while you were away.
  당신이 안 계시는 동안 조안이 그것을 빌려갔어요.

- What is this jacket made of? 이 재킷은 무엇으로 만들었나요?
  → It's a hundred leather. 그건 100% 가죽으로 되어 있어요.

EX 13   3-37.mp3

What should we do with the old photocopiers?
낡은 복사기들을 어떻게 처리해야 할까요?

(A) Ten cents per copy. 한 부당 10센트요.
(B) Yes, it's still useful. 네, 그건 여전히 유용해요.
(C) They can be put in the storage room. 창고 안에 넣어두면 될 거예요.

→ 낡은 복사기들을 처리할 방법을 묻는 What 의문문이다. 설사 질문의 내용을 놓쳤다 하더라도 \<What + 조동사 + 주어 + 동사 ~?\>의 구조이므로 '동사'에 주목한다. do라는 동사가 쓰인 것으로 보아 무엇을 하겠냐는 의도라는 사실을 알 수 있다. (A)는 한 부당 10센트라고 하며, 가격을 언급하고 있으므로 무엇을 하겠냐는 질문과는 거리가 멀다. 또한 질문의 Photocopiers에서 연상 가

능한 copy를 이용하여 연상어휘 함정을 유도하고 있다. What으로 묻는 질문에서 Yes나 No 답변은 합당하지 않으므로 (B)도 오답이다. 따라서 창고 안에 넣어두면 된다는 (C)가 가장 적절한 답변이다.

어휘　photocopier 복사기　useful 유용한　storage room 창고

정답　(C)

Practice 25　▶ 정답 및 해설은 335쪽　　　　　　　　　　　　3-38.mp3

(A)　(B)　(C)

Practice 26　▶ 정답 및 해설은 335쪽　　　　　　　　　　　　3-39.mp3

(A)　(B)　(C)

 풀이요령 ③

의견 / 이유 등을 물었을 때의 답변 공식을 숙지해야 한다!

▶ '~은 어떻게 생각하나요?'나 '~은 왜 그런가요?' 등의 의견이나 이유 등을 묻는 what 의문문에서의 일반적인 답변 공식을 알아두면 문제 풀이에 훨씬 도움을 받을 수 있다. 대개 What do you think of ~?나 What did you think of ~?, 그리고 What if ~? 형태의 질문이 이에 해당한다.

● 빈출 표현

- What do(did) you think of ~　~에 대해 어떻게 생각하세요(했나요)?
- What if + S + V + ~?　S가 V하면 어떨까?

● **답변 공식 : 자신의 감정이나 느낌을 나타내는 표현이 정답일 가능성이 높다.**

- I was impressed. 감동받았어요.

- I wish ~. 나는 ~하기를 바래요.

- That's a good idea. 그거 좋은 의견이네요.

EX 14   3-40.mp3

What did you think of the president's speech?
사장님의 연설은 어땠어요?

(A) Please present your identification card. 신분증을 제시하세요.
(B) I was quite impressed. 아주 인상 깊었어요.
(C) He can speak Chinese well. 그는 중국어를 구사할 수 있어요.

사장님의 연설에 대한 견해를 묻는 What 의문문이다. (A)는 질문에서 나온 president와 발음
이 유사한 present를 이용한 유사발음 함정이 포함된 오답이다. (C)는 질문의 president를 he
로 대신하였으나 중국어를 잘한다는 질문과 상관없는 내용으로 답변하여 오답이다. 따라서 굉장
히 인상 깊었다며 사장의 연설에 대한 자신의 소감을 밝히고 있는 (B)가 정답이다. 이처럼 What
did you think ~로 연결되며 의견을 물어보는 질문에 대한 답변으로는 대부분 자신의 감정이나
느낌을 나타내는 표현을 정답으로 고르면 된다.

어휘   speech 연설 present 제시하다, 수여하다, 발표하다 identification card 신분증
be impressed 감명 받다

정답   (B)

Practice 27 ▶ 정답 및 해설은 336쪽   3-41.mp3

(A)   (B)   (C)

Practice 28 ▶ 정답 및 해설은 336쪽   3-42.mp3

(A)   (B)   (C)

간접적인 우회 답변에 유의해야 한다!

▶ What 의문문도 여느 의문문처럼 간접적인 우회 답변의 비율이 높은 편이다. 전체 What 의문문 중에서 대략 40% 가량 출제가 되고 있는 What 의문문의 간접 답변 형태를 알아보도록 하자.

● **지금은 알 수 없으니 확인해 보겠다는 답변**

- Let me check it. 한번 알아볼게요.
- I'll check it. 내가 알아볼게요.

● **여전히 진행 중이라는 답변**

- I'm still waiting for the answer. 답변을 기다리고 있는 중입니다.
- They'll decide tomorrow. 그들은 내일 결정할 겁니다.
- He hasn't finished the work. 그는 아직 일을 끝내지 못했어요.

● **알지는 못하지만 정보를 갖고 있다는 답변**

- I have the list for your request in my bag.
  내 가방에 당신이 요청한 리스트가 있습니다.

● **잘 모르겠다는 답변**

- I forgot what it's called. 그걸 뭐라고 부르는지 잊어버렸어요.
- I don't have the information about it. 그것에 대한 정보가 없어요.

● **반문하는 답변**

- Did you send e-mail them? 그들에게 이메일을 보냈습니까?
- Are you thinking of purchasing it? 당신은 그걸 구매할 의향이 있습니까?

What color necktie do you think suits me?
내게 어떤 넥타이가 어울린다고 생각합니까?

(A) This sweater is made of wool. 이 스웨터는 양모로 만들어졌어요.
(B) Yes, I'll present an award tonight. 네, 제가 오늘 밤에 상을 수여할 겁니다.
(C) Are you thinking of purchasing it? 당신은 그걸 구매할 의향이 있습니까?

'What + 명사 + ~?'의 구조이므로 '명사'에 주목한다. 무슨 색이냐는 질문이므로 색깔을 언급한 답변을 예상할 수 있다. 하지만 선지에는 색깔을 언급한 답변이 없으므로 우회적인 답변을 찾아 내야 한다. (A)는 무엇으로 만들어졌느냐는 질문에 어울리는 답변이므로 오답이며, (B)는 What 의문문에 나올 수 없는 Yes로 언급되어 있으므로 역시 오답이다. 따라서 그걸 구매할 의향이 있 느냐고 반문하며 간접적으로 답변하고 있는 (C)가 가장 적절한 답변이다.

어휘   suit 적합하다, ~에 어울리다   be made of ~로 구성되다, ~로 만들어지다   award 상

정답   (C)

Practice 29   ▶ 정답 및 해설은 336쪽   3-44.mp3

(A)   (B)   (C)

Practice 30   ▶ 정답 및 해설은 336쪽   3-45.mp3

(A)   (B)   (C)

How 의문문

✔️ 출제 경향

How 의문문은 How 뒤에 오는 말에 따라 물어보는 내용이 다르기 때문에 How만 듣고 정답을 고르기가 쉽지 않다. 따라서 How 뒤에 따라 오는 동사나 명사를 한 덩 어리로 묶어 듣는 연습을 해야 한다. 그 중에서 자주 출제되는 유형 3가지를 종류별 로 꼭 숙지해 놓아야 한다.

🚩 풀이요령 ❶

How 뒤에 따라오는 동사나 명사를 한 덩어리로 들어야 한다!

▶ How 의문문에선 How 뒤에 나오는 동사나 명사의 의미가 문제 해결의 열쇠가 될 수 있다. How 뒤에 동사와 명사가 나오는 표현들을 각각 살펴보도록 하자.

How + 조동사 + 주어 + 동사원형 ~?

가장 많이 출제되는 유형으로, 'How + 조동사 + 주어 + 동사원형 ~?'은 특정장소까지 가는 방법, 주문방법, 신청방법, 배송방법, 정보를 얻는 방법, 기계를 다루는 방법 등 구체적인 방법을 묻는 문 제로 출제된다.

- How can I get to the convention center? 컨벤션 센터까지 어떻게 가야 할까요?
    - → You should take the subway. 지하철을 타셔야 해요.
    - → Turn right at the corner. 모퉁이에서 우측으로 가세요.

- How do I use this new photocopier? 이 새로운 복사기는 어떻게 사용하나요?
    - → Let me show you. 제가 알려드릴게요.
    - → Please read the instruction manual. 설명서를 읽어보도록 하세요.

How + be동사 + 명사 ~?

'How + be동사 + 명사 ~?'는 주로 공연, 여행, 출장, 발표, 회의, 면접 등에 관해 묻는 질문으로 출제된다.

- How was your trip to Italy? 이탈리아 여행은 어땠나요?
  → It was really great. 정말 좋았어요.
  → I enjoyed my stay. 잘 지냈어요.

- How are the sales of air conditioners this week?
  이번 주 냉방기 매출은 어떠한가요?
  → They're kind of positive. 긍정적인 편이에요.
  → Unfortunately, they're not good. 안타깝게도 좋지 않아요.

EX 16   3-46.mp3

How do you usually buy the high gloss printing paper?
고광택 인쇄용지를 주로 어떻게 구입하시나요?

(A) The printer is out of ink now. 프린터 잉크가 다 떨어졌어요.
(B) Why don't you ask the head? 부장님한테 물어보시는 게 어때요?
(C) Yes, I've received the bill. 네, 저는 청구서를 받았어요.

➡ 질문의 키워드는 How, buy, printing paper이며, 고광택 인쇄용지를 어떻게 구입하는지를 묻는 How 의문문이다. 'How + 조동사 + 주어 + 동사원형 ~?' 유형으로 구체적인 방법을 묻고 있다. 따라서 How do you usually buy까지는 한 덩어리로 듣도록 해야 한다. '~을 어떻게 구입하나요?'의 의미이므로, 잉크가 다 떨어졌다는 (A)와 Yes라고 답변한 (C)는 정답이 될 수 없다. 특히 (A)는 질문에서 나온 printing과 발음이 유사한 printer를 이용한 유사발음 함정이 포함된 오답이다. 또한 (C)는 질문에서 나온 buy에서 연상되는 단어 bill을 이용한 연상 어휘 함정이 포함된 오답이다. 따라서 부장님한테 물어보라고 우회적인 답변을 제시한 (B)가 정답이다. 반문형 답변은 결과적으로 자신은 모른다는 내용을 내포하고 있다. 이처럼 How 의문문은 그 뒤의 동사나 명사까지만 파악해도 어느 정도 질문의 의도는 파악할 수 있다.

어휘   high gloss 고광택 printing paper 인쇄용지 out of ink 잉크가 떨어진 bill 계산서, 청구서

정답   (B)

Practice 31 inline ▶ 정답 및 해설은 337쪽

3-47.mp3

(A)   (B)   (C)

Practice 32 ▶ 정답 및 해설은 337쪽

3-48.mp3

(A)   (B)   (C)

 풀이요령 ❷

'How + 빈도부사(long / much / many / far / often)의 표현에 유의해야 한다!

▶ 의문사 How를 내세워 단독으로 그 방법에 대해 물어보는 경우가 많지만 How 다음에 long, many, much, far, soon, often 등을 활용하여 그 빈도수를 나타내는 표현도 종종 등장한다. 따라서 이들 표현과 어울리는 답변 유형들을 충분히 숙지해야 한다.

● How long ~? 얼마나 오랫동안 ~하나요?

구체적인 소요 시간, 기간, 또는 마감 시한을 물어볼 때 쓰는 의문문이다.

- How long does it take to process a business loan application?
  사업대출을 처리하는데 소요되는 시간이 얼마나 되나요?

  → I think it'll take at least 3 days. 최소한 3일은 걸릴 것 같아요.

  → About two hours. 약 2시간 정도요.

  → Four to five days. 4~5일 정도요.

  → Just over two weeks. 2주 이상 걸려요.

- How long have you worked at the department store?
  이 백화점에서 얼마동안 근무했나요?

→ For six months. 반 년 동안이요.

→ Over a year. 1년이 넘었네요.

→ Since I graduated from college. 대학을 졸업한 이후부터 근무해왔어요.

→ After I graduated from college. 대학을 졸업한 직후부터 근무해왔어요.

→ As soon as I graduated from college. 대학을 졸업하자마자 근무해왔어요.

● **How many / much ~? 얼마나 많이 ~하나요?**

직접 또는 간접적으로 수량을 물어볼 때 쓰는 의문문이다.

- How many employees do we need for the new marketing project?
  새로운 마케팅 프로젝트를 위해 필요한 직원은 몇 명인가요?

  → About 10, I think. 제 생각엔 대략 10명 정도요.

  → Only a few. 아주 소수예요.

  → As many as possible. 최대한 많이요.

  → Almost three times as many as last time.
  지난 번 채용했던 인원보다 거의 세 배 더 필요해요.

- How much did you pay for the new laptop computer?
  새로운 노트북 컴퓨터는 얼마를 주고 구입했나요?

  → About 700 dollars if my memory serves me right.
  기억이 맞다면 700달러일 겁니다.

  → Less than the original price. 정가보다 싸게요.

  → Half the original price. 정가의 절반에 샀어요.

  → As much as we did for the old one. 이전 노트북 컴퓨터와 동일해요.

  → Twice as much as I paid the last time.
  이전에 지불한 액수에 두 배 정도 되요.

● **How often ~? 얼마나 자주 ~하나요?**

직접 또는 간접적으로 빈도를 물어볼 때 쓰는 의문문이다.

- How often should I take this medicine?
  이 약은 얼마나 자주 복용해야 하나요?

  → Once a week. 일주일에 한 번이요.

  → Three times a day. 하루에 세 번이요.

→ Every three days. 삼일마다 한 번씩이요.

→ Every Friday. 금요일마다 복용해요.

→ On Mondays. 월요일마다 복용해요.

→ Whenever it's necessary. 필요할 때마다 복용해요.

How far ~? ~까지 거리가 얼마나 되나요?

주로 교통 수단을 통해 소요되는 시간을 물어보는 의문문이다.

- How far is the construction site from the airport?
  공항에서 공사현장까지 거리가 얼마나 되나요?

  → Only a mile away. 1마일 떨어져 있어요.

  → It usually takes half an hour by foot. 도보로 대개 30분 거리예요.

  → It's a ten-minute drive. 운전해서 10분 거리예요.

  → It's a twenty-minute ride by taxi. 택시 타고 20분 거리예요.

  → About thirty minutes by bus. 버스 타고 30분 거리예요.

EX 17

3-49.mp3

How long would it take to get your report done?
보고서를 마무리하는 데 시간이 얼마나 걸릴까요?

(A) About an hour. 대략 한 시간이요.
(B) It's about 40 pages long. 보고서는 40페이지 분량이에요.
(C) The sale ended last week. 할인 판매는 지난주에 종료되었어요.

보고서를 마무리하는 데 소요되는 기간에 대해 묻는 How long 의문문이다. (B)는 숫자로 답변하였으나 보고서의 분량에 관한 것은 질문에 적절한 답변이 아니다. (C)는 질문에서 나온 done에서 연상할 수 있는 ended를 이용한 연상어휘 함정이 포함된 오답이다. 따라서 대략 1시간이라는 소요시간을 밝히고 있는 (A)가 정답이다.

어휘 get ~ done ~를 마무리하다

정답 (A)

Practice 33 ▶정답 및 해설은 337쪽 3-50.mp3

(A)　(B)　(C)

Practice 34 ▶정답 및 해설은 338쪽 3-51.mp3

(A)　(B)　(C)

🚩 풀이요령 ❸

간접적인 우회 답변에 유의해야 한다!

▶ How 의문문도 직접적인 답변보다는 잘 모르겠다거나 다른 사람에게 물어 보거나 다른 수단을 이용하라는 등의 우회적 답변에 대한 출제 비중이 늘어나고 있으므로 이와 관련된 표현들을 별도로 숙지해 두어야 한다.

잘 모르겠다는 답변

- How do I get to the airport from here? 여기에서 공항에 어떻게 갈 수 있니?
  → Sorry. I'm not from around here. 미안해. 나는 이곳이 처음이야.

- How long are you planning on renting this office?
  얼마나 오랫동안 이 사무실을 빌릴 계획입니까?
  → I'm not sure of my future plans. 저는 아직 계획이 없어요.

- How often do you visit the square? 얼마나 자주 이 광장을 방문하니?
  → I don't remember well. 저는 기억이 잘 나지 않아요.

다른 사람에게 물어보라는 답변

- How do I get the password? 이 암호를 어떻게 알죠?
  → You'd better ask Mr. Hong. 홍 씨에게 물어보세요..

- How can I get some more brochure? 이 브로셔를 어떻게 더 얻을 수 있을까요?
  - → Ms. Corner takes care of that. 코너 씨가 처리해줄 겁니다.

- How do I contact the plumber? 그 배관공에게 어떻게 연락합니까?
  - → Wait a minute. I'll call my manager.
    잠깐만 기다리세요. 제 매니저에게 물어볼게요.

다른 수단을 이용하라는 답변

- How can I arrange a tour of the city? 도시 투어는 어떻게 예약하나요?
  - → Here's a phone number in this brochure.
    이 브로셔에 전화번호가 있습니다.

- How did you make this soup? 이 수프를 어떻게 만들었습니까?
  - → Here's a copy of the recipe. 여기 레시피 사본이 있습니다.

- will I need to renew my safety certification?
  안전 인증을 얼마나 자주 갱신해야 합니까?
  - → It's probably in the employee handbook.
    아마도 직원 핸드북에 있을 겁니다.

- How long will the discounted event last?
  그 할인 이벤트는 얼마나 오랫동안 지속됩니까?
  - → Let's check the flyer. 전단지를 확인하세요.

반문형

- How long does it take to become a flight attendant?
  항공 승무원이 되려면 어느 정도의 시간이 걸립니까?
  - → Are you interested in flying a plane? 당신은 비행기 타는 거 좋아해요?

- How are the sales of mobile phones this month?
  이번 달 휴대폰 매출은 어떤가요?
  - → Have not you seen the statistics for it yet?
    그것에 대한 통계수치를 아직 못 봤나요?

이미 완료되었거나 기간이 지났다는 답변

- How **was** your job interview? 취업 면접은 어땠나요?

  → I thought the interview date was tomorrow.
    제가 알기론 면접 날짜가 내일이에요.

- How often do you go to a friend's house in Chicago?
  시카고에 있는 친구 집에는 자주 놀러가나요?

  → He has already moved to New York. 그는 이미 뉴욕으로 이사를 떠났어요.

EX 18   3-52.mp3

How can we get to the Beagle Pharmaceutical Company?
비글 제약사에 어떻게 가면 될까요?

(A) Yes, I'm on medication. 네, 저는 지금 약을 복용하고 있어요.
(B) Actually, I've never been there. 사실, 저는 그곳에 가본 적이 없어요.
(C) Most pharmacies are closed today. 대부분의 약국이 오늘 문을 닫았어요.

➡ 비글 제약사까지 가는 방법을 묻는 How 의문문이다. (A)와 (C)는 모두 질문의 pharmaceutical을 통해 연상 가능한 medication과 pharmacies를 이용한 연상어휘 함정이 포함된 오답이다. 따라서 그곳에 가본 적이 없다며 우회적으로 자신도 모른다는 사실을 밝히고 있는 (B)가 정답이다.

> **어휘** pharmaceutical 제약의 be on medication 약물 치료를 받고 있다, 약을 복용하고 있다 pharmacy 약국

> **정답** (B)

Practice 35 ▶ 정답 및 해설은 338쪽   3-53.mp3

(A)   (B)   (C)

Practice 36 ▶ 정답 및 해설은 338쪽   3-54.mp3

(A)   (B)   (C)

평서문

☑ 출제 경향

의문사를 집중해서 들어야 하는 의문사 의문문과 달리 평서문은 문장 전체를 들어야 하기 때문에 PART 2에서는 난도가 가장 높은 유형에 속한다. 또한 의문문과는 달리 무엇을 물어보는지에 대한 명확한 개념 파악이 어려울 수 있다. 따라서 평서문의 다양한 유형별로 적절한 답변의 종류를 알아보도록 하자.

🚩 풀이요령 ❶

사실 전달의 내용은 추가 정보를 요구하거나
부정의 답변이 정답으로 등장할 수 있다!

▶ 평서문이 단순히 사실을 전달하는 내용이라면 반문을 하면서 추가 정보를 요구하거나 부정의 답변이 정답으로 등장할 확률이 높다.

EX 19   3-55.mp3

The plant manager will be away on vacation soon.
공장장은 조만간 휴가를 갈 겁니다.

(A) Yes, he did. 예, 그가 했어요.
(B) Who's covering for him? 누가 그의 일을 대신 하나요?
(C) I planted it yesterday. 나는 그걸 어제 심었어요.

➥ 공장장이 조만간 휴가를 갈 거라는 객관적인 사실을 전하고 있다. (A)는 시제도 맞지 않고 문맥상으로도 어색하다. (B)는 공장장이 휴가를 가게 되면 그의 일을 누가 대신 하냐며 반문을 하고 있으므로 (B)가 정답이다. (C)는 plant라는 단어를 사용함으로써 동일어 반복 어휘 함정을 포함

한 오답이다.

정답 (B)

Practice 37 ▶ 정답 및 해설은 339쪽   3-56.mp3

(A)   (B)   (C)

Practice 38 ▶ 정답 및 해설은 339쪽   3-57.mp3

(A)   (B)   (C)

🚩 풀이요령 ②

불만이나 문제점을 제시하는 유형은
동의를 하거나 해결책을 제시하는 답변이 정답이다!

▶ 무엇을 할 수 없다거나 어떤 점이 문제라는 등의 상황을 제시하는 유형은 주로 그의 말에 동의를 하거나 해결책을 제시하는 답변이 정답으로 등장한다.

EX 20   3-58.mp3

I couldn't find any printing paper in the office.
사무실에서 인쇄용지를 전혀 찾을 수가 없네요.

(A) He ordered a paperback yesterday.
　　그가 어제 페이퍼백 한 권을 주문했어요.
(B) You can find some in the supply closet. 비품 창고에 좀 있어요.
(C) Yes, when should we meet? 네, 언제 만날까요?

사무실에 인쇄용지가 없다면서 간접적인 해결책을 요구하고 있다. (A)는 paper를 반복하면서 혼동을 주고 있지만 문맥과는 전혀 연관성이 없다. (B)는 인쇄용지가 비품 창고에 좀 있다는 답변으로, 적절한 해결책을 제시하고 있다. (C)는 전혀 엉뚱한 답변이 제시되었다. 따라서 정답은 (B)이다.

> **어휘** supply closet 비품 창고

> **정답** (B)

Practice 39 ▶ 정답 및 해설은 339쪽   3-59.mp3

   (A)   (B)   (C)

Practice 40 ▶ 정답 및 해설은 340쪽   3-60.mp3

   (A)   (B)   (C)

 풀이요령 ❸

요청이나 제안을 할 때에는
주로 감사나 긍정, 또는 부정의 표현이 정답으로 제시된다!

▶ 요청이나 제안을 나타낼 때가 있다. 이런 말을 들었을 때에는 주로 감사하다는 고마움의 표시나 긍정, 또는 부정의 표현이 정답으로 적절하다.

EX 21   3-61.mp3

Please join us for a reception after the international conference.
국제회의가 끝난 후에 저희 환영 만찬에 참석해 주세요.

(A) Thanks for inviting me. 초청해주셔서 감사합니다.
(B) No, I can't agree with you. 아뇨, 저는 당신에게 동의할 수 없어요.
(C) We ran out of expenses. 우리는 비용이 다 떨어졌어요.

➡ 국제회의가 끝난 후 환영 만찬에 참석해달라는 요청문이다. 이 경우에는 주로 감사하다거나 긍정의 표현이 정답을 등장한다. (A)가 바로 그러한 표현이므로 정답으로 적합하다. (B)나 (C)는 문맥상 어울리지 않으므로 오답이다.

어휘 join 참여하다, 참가하다 international conference 국제회의

정답 (A)

Practice 41 ▶정답 및 해설은 340쪽   3-62.mp3

(A)   (B)   (C)

Practice 42 ▶정답 및 해설은 340쪽   3-63.mp3

(A)   (B)   (C)

🚩 풀이요령 ④

다양한 감정 표현을 할 때에는
동의나 부정, 또는 추가 정보의 표현이 정답으로 제시된다!

▶ 놀라움이나 슬픔, 기쁨 등의 감정이 섞인 표현을 들었다면 이에 동의하거나 부정하는 표현, 혹은 그와 관련된 추가 정보를 답변으로 제시할 수 있다.

3-64.mp3

We're very impressed with the performance of the second quarter. 2분기의 실적에 굉장히 감명을 받았어요.

(A) Well, it's not that good. 음, 그 정도까지 좋은 건 아니에요.
(B) Yes, we will. 네, 우리는 그럴 겁니다.
(C) I'd be sure to do that. 꼭 그리 하겠습니다.

➡ 2분기의 실적에 감명을 받았다며 놀라움의 감정 표현을 나타내고 있다. 따라서 이에 동의하거나 부정하는 표현, 혹은 이에 대해 추가 정보를 제공하는 표현 등을 답변으로 떠올릴 수 있다. (A)는 감명을 받을 정도까지 좋은 것은 아니라며 화자의 의견에 다소 부정적인 의견을 제시하고 있으므로 서로 어울리는 답변이다. 하지만 (B)와 (C)는 모두 화자의 표현에 어울리지 않는 답변들이다.

어휘 impress 감명시키다, 감동을 주다 performance 실적, 공연, 연주

정답 (A)

Practice 43 ▶ 정답 및 해설은 340쪽

3-65.mp3

(A) (B) (C)

Practice 44 ▶ 정답 및 해설은 341쪽

3-66.mp3

(A) (B) (C)

08 강

일반 의문문
(Do동사 / be동사 / Have동사 / 조동사(Could / Should / Would / Can / Will))

✓ 출제 경향

일반 의문문은 Do, Have, Will, Should, Can 등의 조동사 뒤에 '주어 + 동사'가 이어지거나 Are, Is 등의 be동사 뒤에 분사나 형용사, 그리고 Have(Has)로 시작하는 현재완료형 뒤에 '주어 + 과거분사'가 이어지는 구문으로 출제된다. be동사를 이용한 의문문에서는 주로 어떤 문제에 대한 점검이나 해결책, 어떤 일에 대한 부탁, 행사 참가 여부, 특정인과의 통화 가능 여부, 불분명한 정보에 대한 확인, 상대방의 기호 등을 묻는 유형으로 출제되며, 조동사를 이용한 의문문에서는 서류 작성 여부, 특정 서류나 자료의 검토 여부, 숙박 / 비행기 / 진료 예약 설정 여부, 특정 제품 수령 여부, 교통편의 합승 여부, 계약서 서명 여부, 그리고 주문한 제품의 배송 및 도착 여부 등을 묻는 유형으로 출제된다. Yes / No로 답변이 가능한 문제유형이지만 최근에는 Yes / No를 생략한 우회 답변 형태가 정답으로 많이 등장하고 있으므로 우회 답변의 유형 등을 최대한 많이 익혀놓는 훈련이 필요하다.

🚩 풀이요령 ❶

간접적인 우회 답변에 주의해야 한다!

▶ 일반 의문문은 평서문과 마찬가지로 PART 2의 전체 유형 중 난도가 비교적 높은 유형에 속한다. 그 이유 중의 하나가 우회적인 간접 답변이 많이 등장하기 때문인데, 이러한 간접 답변의 유형을 평소에 많이 익혀놓아야 한다.

● 대표적인 우회 답변의 예

- Did you send the invitation to Mr. Cole this morning?
  오늘 아침에 콜 씨에게 초대장을 보냈나요?

  → I forgot to send it. 잊고 있었어요.

- Did your manager like your proposal?

  당신의 상관이 제안서를 좋아했나요?

  → I haven't seen him since I submitted it.

    저는 제가 그것을 제출한 이후로 그를 보지 못했습니다.

- Does the manager know that I'm coming?

  그 매니저는 내가 온다는 사실을 알고 있습니까?

  → I told him to expect you. 저는 그에게 당신을 기다리고 있다고 말했어요.

- Will she get the guest speaker some tea?

  그녀가 초청 연사에게 차를 대접할 건가요?

  → He only drinks coffee. 그는 오로지 커피만 마셔요.

- Could we meet for our project tomorrow?

  내일 우리의 프로젝트를 위해 만날 수 있을까요?

  → I'll leave for New York for visiting my client.

    저는 고객을 방문하기 위해 뉴욕으로 가야 해요.

- Could you give me a keynote speech at that seminar?

  그 세미나에서 기조연설을 좀 해주시겠습니까?

  → When is it held? 언제 개최되는데요?

- Can I guide you to travel to New York?

  제가 뉴욕 여행에 대한 안내를 해드릴까요?

  → I have been to New York many times. 저는 뉴욕을 여러 번 다녀왔어요.

- Can you email me the presentation for the project now?

  지금 그 프로젝트에 대한 발표 자료를 이메일로 보내 주시겠어요?

  → I have to go out for a client meeting right now.

    저는 지금 고객 미팅 때문에 나가봐야 해요.

- Hasn't the date been set for the merger?

  합병날짜는 정해지지 않았나요?

  → We're still talking about it. 여전히 논의 중이에요.

- Have you seen our company's new logo?

  회사의 새로운 로고를 봤나요?

  → It has been displayed in the lobby. 직원 휴게실에 전시되어 있어요.

- Aren't you going to the rock concert with your colleagues?
직장 동료들과 함께 록 공연을 보러 가지 않나요?

→ I'm still thinking about it. 여전히 생각 중이에요.

EX 23 3-67.mp3

Have the plumbers fixed the leaky drain pipes?
배관공들이 물이 새는 배수관을 고쳤나요?

(A) No, his name is Rick. 아뇨, 그의 이름은 릭이에요.
(B) They need at least another week. 그들은 최소 일주일이 더 필요해요.
(C) Please get me some cold water. 제게 시원한 물 좀 가져다주세요.

⇒ 배수관을 고쳤는지에 대한 질문에, Yes / No가 아닌 다른 답변으로 정답을 제시하고 있다. (A)는 일단 주어가 서로 다르다. 질문의 주어는 the plumbers이지만 (A)에서는 his name을 주어로 사용하고 있다. 따라서 문맥상 전혀 맞지 않는 답변이며, 질문의 leaky와 답변의 Rick의 발음이 유사하다는 점을 노린 유사 발음 함정도 포함되어 있다. (B)는 최소 일주일이 더 필요하다는 표현으로 아직 안 고쳤다는 답변을 대신 전하고 있으므로 정답이다. (C)는 질문의 leaky라는 단어를 통해 연상할 수 있는 water를 내세워 혼동을 주고 있는 연상어휘 함정이 있으며, 문맥상으로도 어울리지 않는다.

어휘   plumber 배관공 leaky 물이 새는 at least 적어도

정답   (B)

Practice 45 ▸ 정답 및 해설은 341쪽 3-68.mp3

(A)   (B)   (C)

Practice 46 ▸ 정답 및 해설은 341쪽 3-69.mp3

(A)   (B)   (C)

be동사, do 동사, have 동사 뒤의 동사나 과거분사를
확실히 인지해야 한다!

▶ 일반의문문은 주로 be동사나 do 동사, 그리고 have 동사로 시작이 된다. 하지만 정작 중요한 건 이들 뒤에 나오는 동사 및 과거분사이다. 문장의 의미가 이 표현에서 시작되기 때문이다. 물론 동사 뒤의 키워드까지 파악하면 금상첨화지만 일단 be동사나 do 동사, 그리고 have 동사 뒤의 동사나 과거분사만이라도 확실히 인지할 수 있다면 정답의 단서를 쉽게 찾을 수 있다.

🔘 대표적인 질문 유형

- Did you have a dental appointment yesterday?
  어제 치과 예약이 있었지요?

- Have you called the apartment manager about the leaky roof?
  물이 새는 지붕과 관련해서 아파트 관리자에게 연락했어요?

- Can I give you a hand with that box?
  제가 저 상자를 운반하는 것을 도와드릴까요?

- Should we update the company's telephone directory?
  회사의 전화번호부를 갱신해야 할까요?

- Can you tell me how to get to Lakeside Hotel?
  레이크사이드 호텔에 가는 방법을 알려주시겠어요?

- Can you send me a copy of the reports?
  보고서 사본을 보내줄 수 있어요?

- Should we change delivery companies?
  배달 업체들을 바꿔야 할까요?

EX 24   3-70.mp3

Do you want to join us for dinner after work?
오늘 퇴근 후에 저희와 저녁식사를 함께 하실래요?

(A) Please help yourself. 많이 드세요.
(B) Thanks, but I have to work overtime tonight.
　　감사합니다만, 전 오늘 야근을 해야 합니다.
(C) What would you recommend? 무엇을 추천해 주시겠어요?

➡ 퇴근 후에 저녁 식사를 함께 할 수 있는지의 여부를 묻는 일반 의문문으로, Do 뒤에 나오는 동사에 집중한다. want라고 물었으므로 권유 정도의 의미로 보면 되는데, 음식을 마음껏 먹으라고 권하는 (A)와 추천할 만한 것을 묻는 (C)는 질문의 want에 대한 답변으론 부적절하다. 따라서 고맙다는 표시로 thanks라고 말한 후, 야근을 해야 한다며 정중히 거절하는 (B)가 정답이다. 이처럼 일반 의문문은 다른 표현은 놓치더라도 최소한 be동사나 do동사, 그리고 have 동사 뒤의 동사나 과거분사만 확실히 인지한다면 대강의 의미는 유추가 가능하다.

어휘　help oneself (음식을) 마음껏 드세요　work overtime 야근하다

정답　(B)

Practice 47 ▶ 정답 및 해설은 342쪽   3-71.mp3

(A)　(B)　(C)

Practice 48 ▶ 정답 및 해설은 342쪽   3-72.mp3

(A)　(B)　(C)

Could나 Would로 시작하는 요청류의 질문은
수락이나 거절의 답변이 정답일 가능성이 높다!

▶ Could you ~? 또는 Would you ~?로 시작하는 질문이 나올 경우 대부분 ~을 하자는 요청의 의미를 담고 있다. 이러한 질문에는 그 요청을 수락하거나 거절하는 답변이 대부분 정답이다.

● 대표적인 질문 유형

- Would you mind reparing the computer tomorrow?
  내일 컴퓨터를 수리해주실 수 있으세요?

- Would you like to join us for lunch at noon?
  12시에 같이 점심식사 하실래요?

- Could you give me a ride to the rail station?
  저 좀 기차역까지 태워주실 수 있나요?

- Could you see the movie this weekend?
  이번 주말에 영화 볼 수 있니?

EX 25   3-73.mp3

Would you like to join us for dinner tonight?
오늘 밤에 저녁식사를 저희와 함께 하시겠어요?

(A) I already had lunch. 저는 이미 점심식사를 했어요.
(B) Sure, what time should I come? 좋습니다, 몇 시에 가면 될까요?
(C) No, I didn't have any dessert. 아뇨, 저는 후식은 안 먹었어요.

➡ 오늘 밤에 저녁식사를 함께 하자고 제안하는 일반의문문이다. (A)는 저녁식사 제안에 대해 점심식사를 언급하므로 오답이다. (B)는 제안에 대해 흔쾌히 수락하는 Sure란 답변과 함께 방문 시간에 대해 묻고 있으므로 적절한 답변이다. (C)는 dinner를 통해 연상이 가능한 dessert를 이용한 연상어휘 함정이 포함된 오답이다.

어휘 join 참여하다, 참가하다 dessert 후식

정답 (B)

Practice 49 ▶ 정답 및 해설은 342쪽   3-74.mp3

(A)   (B)   (C)

Practice 50 ▶ 정답 및 해설은 343쪽   3-75.mp3

(A)   (B)   (C)

부가 의문문

☑ 출제 경향

부가 의문문은 평서문 뒤에 붙어서 평서문의 내용을 확인하는 역할을 한다. 부가 의문문만 들으면 평서문의 주어와 시제를 파악할 수는 있지만 의미를 파악할 수 없다. 따라서 부가 의문문 앞의 문장을 놓치지 않고 들어서 내용을 이해하는 것이 중요하다. 부가 의문문에 대한 답변으로는 긍정하는 의견이나 부정하는 의견, 간접적으로 말하는 답변 등 다양한 답변 형태가 가능하므로 대표적인 답변 유형들을 최대한 많이 익혀놓도록 해야 한다.

● 대표적인 질문 유형

- Ms. Anderson has just started in the personnel department, hasn't she? 앤더슨 씨는 막 인사과에서 근무하기 시작했어요, 그렇지 않나요?

- Jane finished the market analysis report, right?
  제인 씨는 시장분석 보고서를 끝냈죠, 그렇지요?

- The financial reports will be available before the presentation, won't they? 발표 전에 재정 보고서가 이용 가능하겠지요, 그렇지 않을까요?

- You're familiar with this regulation, aren't you?
  당신은 이 규정에 대해 잘 알죠, 그렇지 않아요?

- You're going to the lab safety training session today, right?
  오늘 실험실 안전 연수회에 가실 거죠, 그렇죠?

- You are still interested in participating in the conference, aren't you? 아직도 그 회의에 참여하는 데 관심이 있죠, 그렇지 않나요?

- You ordered food for the workshop, didn't you?
  워크숍에 필요한 음식을 주문했죠, 그렇지 않나요?

- It is mandatory for us, isn't it?
  그것은 우리들에게 의무적이에요, 그렇지 않아요?

대표적인 답변 유형

- Yes, I think she has. 네, 그런 것 같아요.

- Yes, Jane is copying them now. 네, 제인이 지금 복사하고 있어요.

- Yes, but I need to review it anyway. 네, 그렇지만 그것을 검토해봐야 해요.

- No, it's not due yet. 아뇨, 아직 마감시한이 안 되었어요.

- No, she needs more time. 아뇨, 그녀는 시간이 더 필요해요.

- No, I have other plans. 아니요, 다른 계획들이 있습니다.

- No, I'll contact the caterer tomorrow morning.
  아니요, 제가 내일 아침에 출장 뷔페 업자에게 연락하겠습니다.

- That's right. 맞아요.

 풀이요령 ❶

부가의문문의 시제는 정답의 시제와 거의 관련이 없다!

▶ 부가 의문문에 붙는 시제는 평서문의 시제에서 도출되는데, 이때 부가 의문문의 시제가 같다고 하여 정답으로 오인하지 않도록 유의해야 한다.

EX 26   3-76.mp3

He received the latest update about the negotiations, didn't he?
그가 협상에 대한 최근 소식을 전달받았죠, 그렇지 않나요?

(A) I haven't heard yet. 아직 들은 바 없어요.
(B) He didn't receive it yet. 그는 아직 그것을 받지 못했어요.
(C) Yes, that's right. 네, 괜찮습니다.

⇒ 과거 시제의 평서문이 등장했고, didn't he?라는 부가 의문문으로 마무리하고 있다. 하지만 부가 의문문과 시제가 일치한다고 하여 (B)를 정답으로 고르지 않도록 유의해야 한다. 결국 협상에 대한 소식을 전달받았느냐는 질문에, 아직 들은 바 없다는 답변을 하고 있는 (A)가 가장 유연한 답변이다.

어휘   negotiation 협상

정답   (A)

Practice 51   ▶ 정답 및 해설은 343쪽   3-77.mp3

(A)   (B)   (C)

Practice 52   ▶ 정답 및 해설은 343쪽   3-78.mp3

(A)   (B)   (C)

🚩 풀이요령 ②

부가 의문문에 대한 정답 유형은 Yes나 No가 압도적으로 많다!

▶ 신토익 이후 출제된 부가 의문문에 대한 정답 유형을 보면 Yes나 No로 시작하는
답변 형태가 압도적으로 많다. 물론 무조건 Yes나 No가 들렸다고 하여 정답으로 확
신하는 건 무리이지만 일단 선지에서 Yes나 No가 들렸다면 유력한 정답 후보로 염
두에 두는 것이 하나의 요령이다.

EX 27   3-79.mp3

This model is out of stock, isn't it?
이 모델은 재고가 다 떨어졌어요, 그렇지 않나요?

(A) Yes, it is. 네, 맞습니다.
(B) Every Thursday morning. 매주 목요일 오전이요.
(C) I'm handling that. 제가 그걸 다루고 있어요.

➡ 재고가 다 떨어지지 않았느냐는 질문에 Yes로 긍정을 표현하는 (A)가 정답이다. (B)와 (C)는 각

각 When과 Who 의문문에 어울리는 답변 유형이다.

> **어휘** out of stock 재고가 떨어지다 handle 취급하다, 다루다

> **정답** (A)

Practice 53 ▶ 정답 및 해설은 344쪽   3-80.mp3

(A)   (B)   (C)

Practice 54 ▶ 정답 및 해설은 344쪽   3-81.mp3

(A)   (B)   (C)

🚩 풀이요령 ❸

부가 의문문과 관련된 우회적인 답변에 유의해야 한다!

▶ 부가 의문문은 형태만 다를 뿐 내용상으로는 평서문의 질문 유형과 흡사하다. 따라서 별도의 유형으로 생각하기 보다는 평서문의 연장선상에서 우회적인 답변들을 파악하는 것이 유리하다.

EX 28   3-82.mp3

There are opera tickets available for the last show, right?
마지막 오페라 공연 티켓이 남아 있죠, 그렇죠?

(A) I got my ticket through e-ticketing. 저는 인터넷을 통해 표를 구매했어요.
(B) Let me check. 확인해보겠습니다.
(C) The music was quite impressive. 음악이 상당히 훌륭했어요.

◦ 마지막 오페라 공연 티켓을 구매할 수 있는지 확인하는 부가 의문문으로, 부가 의문문 right 만 들어서는 내용을 이 해할 수 없으므로 평서문을 잘 들어야 한다. (A)는 질문에서 나온 ticket 을 반복 사용하여 티켓을 구한 방법을 말하므로 How 의문문에 적합한 답변이다. (B)는 확인해보 겠다고 대답하여 자신은 아는 바가 없음을 간접적으로 밝히고 있으므로 정답이다. (C)는 질문의 opera에서 연상될 수 있는 music을 이용한 연상어휘 힘징이 포힘된 오답이다.

어휘 available 이용이 가능한, 구매가 가능한 through ~을 통해 quite 꽤, 상당히 impressive 인상적인

정답 (B)

Practice 55 ▶ 정답 및 해설은 344쪽   3-83.mp3

(A)   (B)   (C)

Practice 56 ▶ 정답 및 해설은 344쪽   3-84.mp3

(A)   (B)   (C)

선택의문문

✔️ 출제 경향

선택 의문문은 크게 두 가지 형태로 나뉜다. 하나는 'Which 의문문' 형태이며, 다른 하나는 'A or B' 형태이다. 각각의 형태에 따라 구사할 수 있는 전략이 조금 다르므로 모두 숙지해 두도록 한다. 대개 지불 수단의 선택, 오전 / 오후나 오늘 / 내일과 같은 시간의 선택, 주문 방식의 선택, 교통편의 선택, 배송 일정 선택 등에 대한 문제가 출제된다.

1 Which + 의문문

먼저 'which + 의문문'에서 유의할 점들을 살펴보도록 하자.

🚩 풀이요령 ❶

Which 의문문의 선지에서 either, neither, both, whichever, anything 등이 들리면 무조건 정답이다!

▶ 몇 개 중에 골라야 하는 질문의 성격상 둘 다 택하는 답변, 둘 중 하나를 택하는 답변, 둘 다 부정하는 답변 모두 정답이 될 수 있다. 따라서 그러한 표현을 대변하는 either, both, neither가 선지에 나와 있다면 정답으로 선택할 수 있다.

EX 29   3-85.mp3

Which photograph should we use for next month's advertising campaign?
다음 달 광고에 어떠한 사진을 사용해야 할까요?

(A) It is an effective way to advertise. 그것이 광고에 효과적인 방법이에요.
(B) Either would be fine. 둘 중 어느 것이든 다 좋아요.
(C) I'll be sure my camera is ready. 제 카메라는 확실하게 준비가 되었어요.

⇒ 다음 달 광고에 어떠한 사진을 사용해야 할지 묻는 Which 의문문이다. 이에 그것이 광고에 효과적인 방법이라 말하는 (A)는 사진 선택과 무관한 내용이자 질문의 advertising과 파생어 관계인 advertise를 이용한 유사발음 함정이 포함된 오답이다. 카메라 준비가 되었다는 (C) 역시 사진 선택과 관련이 없는 내용일 뿐만 아니라 질문의 photograph를 통해 연상할 수 있는 camera를 이용한 연상어휘 함정이 포함된 오답에 해당한다. 따라서 둘 중 어느 사진이든 다 좋다고 대답하며 양자 긍정 답변을 제시하고 있는 (B)가 정답이다.

어휘   photograph 사진 advertising 광고 effective 효과적인 advertise 광고하다

정답   (B)

Practice 57   ▶ 정답 및 해설은 345쪽   3-86.mp3

(A)   (B)   (C)

Practice 58   ▶ 정답 및 해설은 345쪽   3-87.mp3

(A)   (B)   (C)

🚩 풀이요령 ❷

Which 의문문의 선지에서 'the ~ one'이 들리면
정답을 가능성이 매우 높다!

▶ 'Which + 명사'로 질문하는 경우에 one이 포함된 답변이 정답으로 제시되는 경우가 많다. 따라서 'Which + 명사'로 물어봤고, 선지에 one이 있다면 그 선지를 일

단 정답으로 잡아 놓도록 하자.

EX 30 3-88.mp3

Which suitcase will you buy for your business suit?
당신의 정장을 넣을 옷가방을 어떤 것으로 구매할 거예요?

(A) I bought it last week. 지난주에 그걸 구매했어요.
(B) The black leather one. 검은색 가죽 옷가방이요.
(C) For my business trip to Hong Kong. 홍콩 출장을 위해서요.

➡ 어떤 옷가방을 선택할 것인지 묻는 Which 의문문이다. 구매 시점 및 구매 목적을 묻는 질문이 아니므로 (A)와 (C)는 모두 오답으로 처리해야 한다. 검은색 가죽으로 된 옷가방이라며 자신이 원하는 옷가방을 구체적으로 설명하고 있는 (B)가 정답이다. 또한 이처럼 'Which + 명사'로 물어보고 선지에 one이 제시되었다면 대부분 정답이므로 만약 정확한 정답을 모르겠다면 이 선지를 정답으로 체크하는 것도 하나의 요령이다.

| 함정 분석 | 어느 옷가방을 살 것인지를 묻는 질문에 그것을 지난주에 샀다고 답한 (A)를 고르지 않도록 한다. 질문에서는 특정 가방을 지정하지 않았으나 답변에서는 it으로 답변하여 적절하지 않다. 'which + 명사'로 묻는 질문에는 one이 포함된 답변이 주로 정답으로 출제된다는 것도 꼭 기억하자.

어휘   suitcase 옷가방 business suit 정장 leather 가죽 business trip 출장

정답   (B)

Practice 59 ▶ 정답 및 해설은 345쪽 3-89.mp3

(A)   (B)   (C)

Practice 60 ▶ 정답 및 해설은 346쪽 3-90.mp3

(A)   (B)   (C)

2 A or B

선택 의문문의 또 하나의 유형은 바로 'A or B' 유형이다. 즉, 문장에 'A or B'가 제시되어 선택을 요구하는 유형이다. 이 유형은 or가 두 개의 명사를 연결하는 단순 선택 의문문과 or가 '동사 + 목적어'를 앞뒤로 연결하는 복합 선택의문문으로 나뉠 수 있다. 또한 질문에 쓰인 표현을 다른 표현으로 패러프레이징하여 답변할 수 있으므로 주의해서 들어야 한다.

 풀이요령 ❶

질문 중간에 '단어 + or + 단어'가 언급이 된 경우
Yes와 No 선지는 무조건 오답이다!

▶ 선택의문문은 질문의 특성상 중간에 or라는 단서가 항상 들어가게 된다. 따라서 문장 중간에 or가 들렸다면 선택의문문으로 보고 정답을 유추해야 한다.

EX 31   3-91.mp3

Would you like to pay in cash or by credit card?
현금으로 계산하시겠어요, 아니면 신용카드로 계산하시겠어요?

(A) That'll be $48.60 with tax. 세금 포함해 48달러 60센트입니다.

(B) Neither. Do you accept personal checks?
둘 다 아니에요. 개인수표도 받으시나요?

(C) Yes, we regularly check the quality of the food in the stores.
네, 저희는 정기적으로 가게 음식의 품질을 점검하고 있어요.

➡ 문장 중간에 or가 있으므로 현금과 신용카드 중 어느 지불 수단으로 결제를 할 것인지 묻는 선택의문문임을 알 수 있다. (A)는 How much 의문에 적절한 대답이며, (C)는 선택의문문에서 대부분 오답으로 처리되는 Yes란 답변이 등장하고 있다. 현금과 신용카드 모두 거절하는 양자 부정의 답변인 Neither에 이어 개인수표란 새로운 지불 수단을 제안하고 있는 (B)가 정답이다.

어휘   in cash 현금으로   by credit card 신용카드로   personal check 개인수표
regularly 정기적으로

정답   (B)

대표적인 단순 선택 의문문 유형

- Are you moving to the new office on Tuesday or Wednesday?
  새로운 사무실로 화요일에 이사를 가나요, 아니면 수요일에 가나요?

- What color would you like for the product design, red or blue?
  제품 디자인에 어울리는 색상으로는 빨간색과 파란색 어떤 색이 좋을까요?

- Would you like to meet the new client in the seminar room or the
  board room?
  새 고객을 세미나실에서 만나실 건가요, 아니면 이사회 실에서 만나실 건가요?

대표적인 답변 유형

- 둘 중 하나를 선택하는 답변
  - It'd be nice to move on Wednesday. 수요일에 가는 게 좋겠네요.
  - We're not in a hurry to do it. 서두르지 않아도 돼요.
  - I think I have it here. 제가 갖고 있는 것 같습니다.

- 둘 다 부정하는 답변
  - Neither. Next Monday. 둘 다 아니에요. 다음 주 월요일이에요.

- 둘 다 긍정하는 답변
  - I'm OK with either. 나는 둘 다 좋아요.

- 반문하는 답변
  - Well, how about black? 검정색은 어때요?
  - Why don't you ask them? 그들에게 물어보지 그래요?

- 모르거나 확인해보겠다는 답변
  - Let me check. 제가 한번 알아볼게요.
  - Well, I'm not sure. 저는 잘 몰라요.

- 상대방의 선택을 유도하는 유형
  - Whichever is more convenient for you. 어느 쪽이든 당신이 편한 대로 하세요.

Practice 61 ▶ 정답 및 해설은 346쪽   3-92.mp3

(A)   (B)   (C)

Practice 62 ▶ 정답 및 해설은 346쪽   3-93.mp3

(A)   (B)   (C)

풀이요령 ②

질문의 내용이 패러프레이징된 정답에 유의해야 한다!

▶ 간혹 질문의 일부 내용이 패러프레이징되어 선지에 제시될 경우가 있다. 이 때에는 대부분 패러프레이징된 선지가 정답이다.

EX 32   3-94.mp3

Are you going to start working right away, or are you going to be off for a while? 당신은 곧바로 일을 시작할 예정이에요, 당분간 쉴 예정이에요?

(A) I think he starts in 30 minutes.
제가 생각하기에는 그가 30분 내에 시작할 거 같아요.
(B) Yes, that food was delicious. 네, 그 음식은 정말 맛있군요.
(C) I'm going on vacation first. 나는 우선 휴가를 갈 계획이야.

⇒ 곧바로 일을 시작하는지, 당분간 쉬는지에 대한 선택 의문문이다. (A)는 얼핏 들으면 어울리는 답변처럼 들리지만 주어가 다르므로 유의해야 한다. (B)는 문맥상 전혀 연관성이 없는 답변이다. 따라서 일단 휴가를 가려고 한다는 (C)가 정답인데, 질문의 be off라는 표현이 선지에서 go on vacation으로 패러프레이징되어 제시되어 있음을 알 수 있다.

140 안 들려도 답이 보이는 PART 1234

| 어휘 | be off 쉬다　delicious 맛있는　go on vacation 휴가를 가다 |

| 정답 | (C) |

Practice 63　▶ 정답 및 해설은 347쪽　　　　　　　　　　3-95.mp3

(A)　(B)　(C)

Practice 64　▶ 정답 및 해설은 347쪽　　　　　　　　　　3-96.mp3

(A)　(B)　(C)

 풀이요령 ❸

'문장 + or + 문장'은 Yes나 No 답변이 가능하다!

▶ 선택 의문문의 유형 중 가장 난도가 높은 유형에 속하는 것이 바로 '문장 + or + 문장' 유형이다. 문장 중간에 or가 나오기 때문에 자칫 or를 놓칠 경우 질문의 유형을 파악하기 어려워진다. 이 유형에서의 특징은 '단어 + or + 단어'와 달리 Yes나 No 답변도 가능하다는 점이다. 따라서 선지에 Yes나 No가 나왔다고 하여 섣불리 오답으로 분류하지 않도록 유의해야 한다.

대표적인 복합 선택 의문문 유형

- Do you have a fax number, or should I write it down for you?
  팩스 번호를 갖고 있나요, 아니면 제가 적어드려야 하나요?

- Would you like me to help with the market analysis report or can you do it yourself?
  시장 분석 보고서 작성을 도와드릴까요? 아니면 혼자서 할 건가요?

- Is Mr. Wilson going to give the marketing presentation tomorrow or should I do it?

내일 윌슨 씨가 마케팅 발표를 하나요, 아니면 제가 해야 하나요?

EX 33   3-97.mp3

Have you filled the position of personnel manager, or are you still looking for someone?

인사부장 직책에 충원을 했나요, 아니면 여전히 찾고 계신가요?

(A) Yes, we hired someone yesterday. 네, 우리는 어제 어떤 사람을 채용했어요.
(B) I'm almost done with it 그건 거의 다 끝났어요.
(C) I personally sent him an e-mail. 나는 그에게 개인적으로 메일을 보냈어요.

➡ 인사부장을 맡을 인력을 채용했는지, 아니면 아직 못 구했는지에 대한 질문이다. (A)는 Yes라고 말하며 어떤 사람을 채용했다고 하므로 적절한 답변이다. or가 들어갔지만 '문장 + or + 문장'에서는 Yes나 No 답변이 가능하다는 사실에 유념해야 한다. (B)는 문맥이 맞지 않으므로 오답이며, (C)는 질문의 personnel과 유사한 personally를 이용한 유사발음 함정이 포함된 오답이다.

어휘 personnel manager 인사부장 hire 고용하다, 채용하다 personally 개인적으로

정답 (A)

Practice 65 ▶ 정답 및 해설은 347쪽   3-98.mp3

(A)   (B)   (C)

Practice 66 ▶ 정답 및 해설은 348쪽   3-99.mp3

(A)   (B)   (C)

4장

PART 3
문제 유형별
풀이 요령

세부 사항

☑ 출제 경향

세부 사항 문제는 의문사(What, When, Where, Who, Why, How)로 묻는 문제를 의미하며, PART 3의 문제 유형 중 가장 많이 출제되는 유형이다. 이중에서도 특히 What으로 물어보는 유형이 전체 세부 사항 문제 중 약 70%에 이를 정도로 What 유형이 압도적으로 많이 출제되고 있다. 질문에서 화자의 성별과 키워드(① 인명, 장소, 회사명 ② 숫자, 시간, 기간 ③ 동사 ④ If절)를 찾는 게 중요하다.

● 세부 사항을 묻는 질문

- When will the company move to the new building?
  회사는 언제 새 건물로 이사할 것인가?

- Where is the new main office building?
  새로운 본사 건물의 위치는 어디인가?

- Who's going to meet Ms. Smith tomorrow?
  내일 스미스 씨를 만나는 사람은 누구인가?

- What can the woman receive if she buys the camera?
  카메라를 사면 여자는 무엇을 받을 수 있는가?

- Why does the man say he cannot help the woman?
  남자는 왜 여자를 도울 수 없다고 말하는가?

- How does the woman usually commute?
  여자는 대개 어떻게 통근하는가?

화자의 성별과 문제의 키워드를 파악하고,
그 키워드와 관련된 부분을 집중해서 들어야 한다!

▶ 세부 사항 문제는 대개 문제에서 언급된 화자의 대화에 정답의 단서가 숨어 있기 때문에 화자의 성별이 중요한 정답의 단서가 된다. 화자의 성별을 파악한 후에는 문제의 키워드를 찾는다. 그리고 지문을 들으며 그 키워드와 관련된 부분에 집중하는 것이 가장 핵심적인 요령이다. 키워드는 인명, 회사명, 장소, 숫자, 시간, 기간, 동사 등 의문사 뒤에서 언급된 특정명사나 동사를 꼽을 수 있다.

EX 1

4-1.mp3

What does the man say about the delivery truck?
남자는 배송 트럭에 대해 무엇이라 언급하는가?

(A) It was bought recently. 최근에 구매되었다.
(B) It may be stuck in traffic. 교통 체증에 갇혀 있다.
(C) It broke down in the middle of the road. 도로 한복판에서 고장 났다.
(D) It may have taken the wrong way. 잘못된 곳으로 갔을지도 모른다.

➡ 먼저 지문의 음성을 듣기 전에 화자의 성별과 문제의 키워드를 파악해야 하며, 선지까지 읽을 필요는 없다. 화자의 성별은 남자이며, 문제의 키워드는 the delivery truck 정도로 꼽을 수 있다. 따라서 대화 중 남자가 배송 트럭에 대해 언급하는 내용에 집중한다.

해석

W: Hello! My name is Lee Thompson, and I'm calling from Cosmopolitan Style Magazine. I'd like to check on a package that was supposed to be delivered to us today. I was told to call this office.

M: Cosmopolitan Style Magazine? Please hold on. Let me check the status of your shipment. Ah, it should be on its way now, ma'am. Maybe the delivery truck is caught in traffic now. You know, rush hour at this time of day is unbelievable. But just to make sure, why don't you call our warehouse supervisor? The number is 857-3239.

W: Thanks. I'll do that right away.

여: 안녕하세요, 제 이름은 리 톰슨이고 <코스모폴리탄 스타일 매거진>에서 연락드려요. 오늘 저희에게 배송 예정이었던 소포에 대해 확인하고 싶어서요. 여기로 전화해서 알아보라고 하더라고요.

남: <코스모폴리탄 스타일 매거진>이라고요? 잠시만 기다려 주세요. 제가 물품의 배송 현황을 확인해보도록 할게요. 아, 지금 배송 중에 있네요, 고객님. 아마 배송 트럭이 교통 체증으로 인해 지체되는 것 같습니다. 아시겠지만, 하루 이맘 때 러시아워는 정말 끔찍하거든요. 하지만 혹시 모르니, 저희 물류창고 담당자에게 연락을 해보시겠습니까? 연락처는 857-3239입니다.

여: 감사합니다. 바로 연락해볼게요.

어휘 be caught in traffic 교통체증에 걸리다 warehouse 창고

일단 질문에서 남자가 말한 내용을 물었으므로 남자의 대화에서 단서를 찾아야 한다. 지문 중반부의 남자의 대화 중 Maybe the delivery truck is caught in traffic now.라고 하며, delivery truck에 대해 언급을 하고 있다. 따라서 남자는 배송 트럭이 교통 체증으로 인해 지체되고 있는 상황을 말하고 있음을 알 수 있다. 선지를 보니 (B)에서 caught in traffic을 stuck in traffic이라는 유사 표현으로 바꾸어 놓았음을 알 수 있다. 따라서 정답은 (B)이다.

정답 (B)

Practice 1 ▶정답 및 해설은 348쪽   4-2.mp3

How does the woman help the man?

(A) By giving him a ride
(B) By explaining a location to him
(C) By providing a map
(D) By rescheduling an appointment

Practice 2 ▶정답 및 해설은 349쪽   4-3.mp3

Where is Mr. White now?

(A) Atlanta
(B) Boston
(C) New York
(D) Los Angeles

요청 & 제안

☑ 출제 경향

요청이나 제안 사항을 묻는 질문은 주로 3문제 중 2, 3번 문제로 출제된다. 요청이나 제안 유형은 문제를 미리 익히고 요청이나 제안을 하는 주요 패턴을 알면 의외로 정답의 단서를 찾기 쉬운 유형이다.

● 요청 및 제안을 하는 질문

- What does the man ask for?

  남자는 무엇을 요청하는가?

- What does the man ask the woman to do?

  남자는 여자에게 무엇을 하라고 요청하는가?

- What is the woman asked to do?

  여자는 무엇을 하라고 요청받는가?

- What does the man offer to do?

  남자는 무엇을 해주겠다고 제안하는가?

- What does the man suggest?

  남자는 무엇을 제안하는가?

- What does the woman suggest the man do?

  여자는 남자에게 무엇을 하라고 제안하는가?

● 요청 및 제안을 하는 빈출 패턴

- How about V-ing? / Why don't you V ~? ~하는 것이 어때요?
- You can / would V ~. ~할 수 있습니다.
- Would you V ~? ~하시겠어요?
- I'll V ~ / Let me ~. ~할게요.

풀이요령

질문에 있는 화자의 성별을 파악한 후
지문의 후반부에서 정답의 단서를 찾아야 한다!

▶ 일반적으로 요청이나 제안을 하는 당사자가 어떤 성별인지를 먼저 확인해야 한다. 그래야 그 화자의 성별에 초점을 맞춰 대화를 들을 수 있다. 또한 일반적으로 대화의 흐름상 남에게 무언가 해달라고 요청하거나 제안하는 유형은 서두에서 상황 설명을 충분히 한 후, 대개 대화 막바지에 요청이나 제안을 하게 마련이다. 따라서 요청이나 제안 유형이 나왔다면 일단 대화 후반부 주변에서 정답의 단서가 나올 것이라고 예상하면 된다.

EX 2   4-4.mp3

What does the woman offer to do?
여자는 무엇을 제안하는가?

(A) Reschedule the meeting 회의 일정 재조정하기
(B) Give the man a ride 남자에게 차편 제공하기
(C) Make an appointment for the man 남자를 위해서 예약하기
(D) Send a mechanic 정비사 보내기

요청 및 제안에 대한 내용은 질문의 키워드보다는 요청이나 제안을 하고 있는 화자의 성별이 가장 중요하다. 따라서 이 문제유형이 나오면 해당 화자의 성별을 파악한 후 대화 후반부에 우선 집중한다. 여자가 제안을 하고 있다. 따라서 대화 후반부에 나오는 여자의 대화에 집중한다.

해석

M: Hi. I'm having lots of problems with my car. I looked under the hood, but I can't seem to find the problem.

W: What kinds of problems are you having with it?

M: The gears are sticking when I try shifting from second to third gear.

W: Okay, how about if I make room for you to come in tomorrow so that I can have one of my mechanics look at it?

남: 안녕하세요, 제 차에 문제가 좀 많아요. 보닛을 열고 확인해봤는데 뭐가 문제인지 모르겠어요.

여: 어떤 문제가 발생하나요?

남: 2단에서 3단으로 기어를 변경할 때 잘 들어가지 않는 것 같아요.

여: 알겠습니다. 제가 고객님께서 내일 방문하시는 걸로 예약해서, 저희 정비사 한 명에게 점검하도록 하는 것은 어떨까요?

> **어휘**　stick 꼼짝하지 않다　shift (기어를)바꾸다

차에 문제가 있다고 말하는 남자에게 여자가 대화 말미에 how about if I make room for you to come in tomorrow so that I can have one of my mechanics look at it?이라고 제안하고 있다. 여자의 대화에서 make room for you to come in tomorrow와 one of my mechanics look at it이 여자의 제안 사항이며, 여자는 남자에게 내일 오는 것으로 예약한 후 정비사가 남자의 자동차를 점검할 수 있도록 하자고 제안하므로 (C)가 정답이다.

> **| 함정 분석 |** 여자의 마지막 대화 so that I can have one of my mechanics look at it?에 등장한 단어 mechanic을 듣고 정답을 (D)로 혼동하지 않도록 한다. 정비사에게 남자의 차를 점검하도록 하겠다는 것일 뿐 정비사를 보내는 것이 아니므로 (D)는 오답이다.

정답　(C)

Practice 3　▶ 정답 및 해설은 349쪽　　　　　　　　　　4-5.mp3

What does the woman suggest the man do?

(A) Repair a computer
(B) Close the store
(C) Deposit some money
(D) Come back another time

What does the man offer to do?

(A) E-mail some files
(B) Copy some résumés
(C) Call the woman's secretary
(D) Print out some documents

미래 행동

✅ 출제 경향

화자가 앞으로 하게 될 행동이나 추후 발생할 일에 대해 묻는 미래 행동 문제는 3문제 중 주로 마지막 문제로 출제되며, 미래 행동을 묻는 질문에는 대부분 do later 또는 do next가 나온다.

● 미래 행동을 묻는 질문

What will the speakers do later?
화자들은 나중에 무엇을 할 것인가?

What will the woman most likely do next?
여자는 이후에 무엇을 할 것 같은가?

What does the woman say she will do?
여자는 무엇을 할 것이라고 말하는가?

What is the man going to do next?
남자는 다음에 무엇을 할 것인가?

What is the man planning to do next?
남자는 다음에 무엇을 할 계획인가?

● 미래 행동을 말하는 주요 패턴

- I'll + V~. / I'm going to V~. / S + be V-ing. ~할 것입니다.
- Would you V~? ~하시겠어요?
- I plan to V~. / I'm planning to V~. ~할 계획입니다.
- Let's + V~. ~하도록 합시다.

📢 풀이요령

지문의 마지막 대화에서 미래 행동에 대한 단서를 찾아야 한다!

▶ 미래 행동은 그야말로 앞으로 화자가 이렇게 할 것이라는 의지가 담겨 있다. 따라서 주로 지문은 이러한 향후 계획을 언급하고 마무리되는 게 일반적인 흐름이다. 따라서 미래 행동에 대한 질문이 나왔다면 지문의 마지막 대화에 주목한다. 하지만 LC의 특성상 마지막 대화가 언제인지를 예측하기는 어렵다. 대화의 턴수가 적게는 3개, 많게는 8개까지 나열되는 경우가 많기 때문이다. 따라서 대화의 턴수가 3개를 넘어가면서부터 미래 행동을 암시하는 주요 패턴들이 언제 등장하는지 주목하며 들어야 한다.

EX 3   4-7.mp3

What will the man probably do next?
남자는 이후에 무엇을 할 것 같은가?

(A) Buy a flight ticket 항공권 구매하기
(B) Issue a full refund 전액 환불을 해주기
(C) Give the woman a call 여자에게 전화하기
(D) Locate the woman's computer 여자의 컴퓨터 찾아오기

the man과 do next를 통해서 남자가 앞으로 할 행동에 대해 묻고 있음을 알 수 있다. 따라서 남자의 마지막 대화에서 정답의 단서를 찾을 수 있다.

해석

W: Hi. I'd like to collect my laptop computer, but I lost my ticket.

M: No problem. We have everything recorded here by name and phone number. So I just need your ID and phone number.

W: Sure. My name is Hilary Duff. My number is 926-7399. I dropped it off on Monday and was told to return on Wednesday.

M: Okay, here it is. Yes, you brought a black tablet laptop computer to be serviced. Could you wait for a minute? I'll get your laptop computer right away.

여: 안녕하세요, 제 노트북 컴퓨터를 찾으러 왔는데요, 확인증을 분실해서요.

남: 괜찮습니다. 저희 쪽에 성함과 전화번호에 따라 모든 내용이 기록되어 있습니다. 그러니 저는
고객님의 신분증과 연락처만 알면 됩니다.

여: 알겠습니다. 제 이름은 힐러리 더프이고, 전화번호는 926-7399예요. 월요일에 제 노트북 컴퓨
터를 맡겼고 수요일에 찾으러 오라는 말을 들었어요.

남: 알겠습니다, 여기 있네요. 맞아요, 수리 받으려고 검은색 태블릿 노트북 컴퓨터를 맡긴 분이시
군요. 잠시만 기다려 주시겠습니까? 제가 고객님의 노트북 컴퓨터를 바로 가지고 오겠습니다.

어휘   record 기록하다   drop~off ~을 맡기다   locate 설치하다, ~의 정확한 위치를 찾아내
다

수리한 노트북 컴퓨터를 찾으러 왔다는 여자에게 남자는 마지막에 I'll get your laptop
computer right away.라고 대답하며 여자의 노트북 컴퓨터를 가지고 오겠다고 하였다. 남자
의 대화에서 get your laptop computer가 남자의 미래 행동을 파악할 수 있는 핵심표현이며,
남자는 자신이 가서 여자의 노트북 컴퓨터를 가져다줄 것이라고 하므로 선지에서 Locate the
woman's computer로 바꾸어 표현한 (D)가 정답이다.

| **함정 분석** | 여자의 대화 중 My number is 926-7399. I dropped it off on Monday and
was told to return on Wednesday.를 듣고 (C)로 혼동하지 않도록 한다. 여자의 기록을 찾기
위해 전화번호를 말한 것일 뿐, 여자에게 연락할 것이 아니므로 (C)는 오답이다.

정답   (D)

Practice 5   ▶ 정답 및 해설은 351쪽   4-8.mp3

What will the man probably do next?

(A) Give the woman his cell phone number
(B) Use the rental store's Web site
(C) Come to the book rental store with his overdue book
(D) Visit another book rental store

What will the woman probably do next?

(A) Meet with an editor
(B) Photocopy an article
(C) Send an e-mail
(D) Make a phone call

출제 빈도 매회 평균 **2.7**개

문제점

✓ **출제 경향**

문제점을 찾는 유형은 대화 초반부에 문제 상황에 대해 언급하고 이에 대한 해결책이
나 대안을 후반부에 제시하는 흐름으로 전개된다. 그리고 화자가 직접 문제점에 대해
이야기하거나 첫 번째 화자가 질문을 던지고 두 번째 화자가 그에 대해 응답하며 문
제점을 언급하기도 한다. 따라서 대개 문제점이나 걱정에 대한 정답의 단서는 처음
두 대사에서 파악해야만 한다.

● **문제점을 묻는 질문**

- What is the problem?

  문제가 무엇인가?

- What is the woman's problem?

  여자의 문제는 무엇인가?

- What problem does the man mention?

  남자가 언급한 문제는 무엇인가?

- What problem are the speakers addressing?

  화자들은 다루고 있는 문제는 무엇인가?

- What problem are the speakers discussing?

  화자들이 이야기하는 문제는 무엇인가?

- Why are the speakers concerned?

  화자들은 왜 염려하는가?

- What is the man concerned about?

  남자가 무엇에 대해 염려하는가?

- What is the man disappointed with?

  남자는 무엇에 대해 실망하는가?

대화 초반부의 처음 두 대사에서 정답의 단서를 찾아야 한다!

▶ 문제점도 요청이나 제안 등과 마찬가지로 대개 대화에서 말하는 사람이 문제점을 제시하기 마련이다. 따라서 문제에서 언급된 화자의 성별을 파악하는 것을 일단 1순위로 고려해야 한다. 화자의 성별을 파악하였다면 해당 화자에 초점을 맞춰 대화를 듣는다. 문제점은 대개 대화의 처음 두 대사에서 대부분 제시되므로 문제점에 관한 문제가 등장하면 처음 두 대사에 무조건 주목해야 한다.

EX 4   4-10.mp3

What is the problem?
문제가 무엇인가?

(A) A piece is missing. 부품이 없어졌다.
(B) The wrong item was delivered. 다른 제품이 배송되었다.
(C) The machine is not working properly. 기계가 제대로 작동하지 않는다.
(D) The computer screen is damaged. 컴퓨터 화면이 파손되었다.

the problem을 통해 어떤 문제점에 대해 묻고 있는 유형이라는 사실을 알 수 있다. 대개 문제점은 대화 초반부, 해결책은 후반부에 제시되므로 문제점을 파악하기 위해선 대화 초반부에 주목해야 한다.

해석

W: Hello. Technical Support Service. How can I help you?

M: Hi. I bought a new laptop computer yesterday. I'm working on it now, but I can't seem to get it to play some image files. Is there anything wrong with my laptop computer?

W: Well, sir, I think I can handle that for you. First of all, can you give me the model name and its serial number, please? It's written on the back of your laptop computer.

여: 안녕하십니까, 기술 지원 부서입니다. 무엇을 도와드릴까요?

남: 안녕하세요, 제가 어제 새로운 노트북 컴퓨터를 구매했어요. 지금 사용 중인데 일부 이미지 파일을 작동시킬 수 없는 것 같아서요. 제 노트북 컴퓨터에 무슨 문제라도 생긴 건가요?

여: 알겠습니다. 그 문제라면 제가 도와드릴 수 있겠네요. 우선, 모델명과 그에 따른 일련번호를 알려주시겠습니까? 그건 고객님 노트북 컴퓨터의 뒷면에 표기되어 있습니다.

어휘 work on ~에 대해 작업하다, ~을 사용하다 **get ~ to do** ~이 …하도록 하다 **laptop computer** 노트북 컴퓨터 **handle** 다루다, 처리하다 **serial number** 일련번호

➡ 남자는 어제 노트북 컴퓨터를 구입했다고 말한 후 but I can't seem to get it to play some image files. Is there anything wrong with my laptop computer?라며 이미지 파일을 작동시킬 수 없다고 전하면서 노트북 컴퓨터의 기능상의 문제점을 지적하고 있다.

|**함정 분석**| 여자의 대화 Is there anything wrong with my laptop computer?만 듣고 (A)나 (D)로 혼동하지 않도록 한다. 이미지 파일이 작동되지 않는 것일 뿐, 외형적으로 문제가 있는 것은 아니므로 답이 될 수 없다.

정답 (C)

Practice 7 ▶ 정답 및 해설은 352쪽   4-11.mp3

What's the man's problem with the item?

(A) It is of poor quality.
(B) It is the wrong color.
(C) It has a bad design.
(D) It is the wrong size.

Practice 8 ▶ 정답 및 해설은 352쪽   4-12.mp3

What problem does the woman mention?

(A) A bill has an unexpected fee.
(B) The wrong photocopiers were delivered.
(C) Some photocopiers were delivered late.
(D) There are some broken parts.

05 강

출제 빈도 *매회 평균* **2.6**개

시각 정보 파악

☑️ 출제 경향

신유형이 도입된 시험부터 대화 내용과 각종 시각 정보를 연계해서 푸는 유형이 새롭게 추가되었는데, 매회 평균 2~3개가 출제될 정도로 비중이 높은 편이다. 화자의 의도 파악 문제가 3문제 나오면 시각 정보 파악 문제는 2문제, 화자의 의도 파악 문제가 2문제 나오면 시각 정보 파악 문제는 3문제가 나오게 된다. 기존 유형은 문제만 참고하면 되었지만, 이 유형은 시각 정보까지 훑어보아야 하므로 신속성이 무엇보다 요구되는 유형이다.

◎ 시각 정보 출제 유형

- **표** – 워크숍/회의/강연/세미나/일정표, 영화/공연 시간표, 가격표, 순위표, 건물 안내표 등
- **그래프 / 차트** – 매출 실적, 회원 수, 기온/온도/강수량 변화, 작업 공정 단계 등
- **약도** – 회사/공장/상점/행사장으로 가는 약도
- **지도** – 실내 지도, 지하철/버스 노선도, 길거리에 관한 지도
- **문서** – 영수증, 주문송장, 쿠폰, 할인혜택 목록, 구인자격 목록 등

1〉 도표 & 목록

🚩 풀이요령 ①

선지에서 제시된 항목이 아닌 다른 항목이 지문에서
언급이 된다면 그것이 정답의 단서가 된다!

▶ 시각 정보 파악 유형에서 도표나 목록이 제시될 경우 일단 선지와 함께 대조해 보

아야 한다. 선지에 제시된 항목에 대해서는 지문에서는 언급이 되지 않고, 도표나 목록 중 선지에 제시되지 않은 항목들이 지문에서 언급이 된다. 그리고 지문에서 선지에 제시되지 않은 항목이 언급이 된다면 그 항목을 정답으로 선택하면 된다.

EX 5

4-13.mp3

Departure City	Status	Expected Time of Arrival
San Francisco	On time	10:00 A.M.
Toronto	On time	11:15 A.M.
Seoul	Delayed	1:25 P.M.
Boston	Landed	9:30 A.M.

Look at the graphic. Which city is Mr. White traveling from?
도표를 보시오. 화이트 씨는 어느 도시에서 올 것 같은가?

(A) San Francisco 샌프란시스코
(B) Toronto 토론토
(C) Seoul 서울
(D) Boston 보스턴

➡ 화이트 씨가 어느 도시에서 출발해서 오는지를 묻고 있다. 목록을 보니 주요 도시의 명칭과 비행 상태, 그리고 도착 예정 시간 등이 언급되어 있다. 선지에 도시 이름이 적혀 있으므로 대화에서 화이트 씨의 출발지를 가늠할 수 있는 단서는 도시 이름이 아니라 비행 상태 또는 도착 예상시간을 통해 제시될 거라는 예측을 할 수 있다. 따라서 화이트 씨의 이름이 언급되는 부분을 중심으로 비행 상태나 도착 예정 시간에 관한 내용을 집중해서 들어야 한다. 그리고 듣는 도중에 언급이 되는 비행 상태나 도착 예정 시간이 정답의 단서가 된다.

해석

M: I've just checked Blue Sky Airline's official Web site. I don't think Mr. White will be arriving on time.

W: Yeah, I heard most domestic and international flights to Philadelphia have been a little delayed because of the snowstorm coming from the north.

M: Well, we should leave to pick him up later then.

W: You know what? The radio says the traffic is terrible today. So I think we should leave now.

M: Okay. Why don't we have lunch at the airport? There's a takeout sandwich shop in the airport terminal.

남: 제가 막 블루 스카이 항공사의 공식 웹사이트를 살펴봤는데요. 화이트 씨가 제시간에 도착할 수 없을 것 같네요.

여: 맞아요, 저도 필라델피아로 오는 대부분의 국내선과 국외선 비행기들이 북쪽 지역에서 불어 오는 눈보라로 인해 약간 지연되었다고 들었어요.

남: 그러면 화이트 씨를 모시러 나중에 출발해야겠네요.

여: 있잖아요, 라디오에서 오늘 교통 정체 현상이 심하다고 하더라고요. 그래서 지금 출발해야 할 것 같아요.

남: 그래요. 점심은 공항에서 먹는 것이 어떨까요? 공항 청사에 포장 전문 샌드위치 가게가 있어 요.

어휘   on time 제 시간에 domestic 국내의 pick up 줍다, 데리러 가다

⇒ 지문을 들어보면 목록에서 도시 이름 외에 표시된 항목 중 유일하게 delayed가 언급이 되었 으므로 목록을 통해 지연된 비행기의 출발지를 쉽게 확인할 수 있다. 이처럼 도표나 목록이 제시 될 경우에는 선지의 항목 외에 지문에서 들리는 부분이 정답의 주요 단서가 된다. 좀 더 내용 파 악을 해보면, 대화 초반부에 남자가 화이트 씨는 제 시간에 도착하지 못할 것임을 밝히자, 이어서 여자가 I heard most domestic and international flights to Philadelphia have been a little delayed because of the snowstorm coming from the north.라며 국내선과 국외선 비행기들이 북쪽 지역에서 불어오는 눈보라로 인해 비행기가 지연되는 구체적인 이유를 언급하 고 있다. 공항의 비행기 일정표에서 현재 지연된 비행기는 서울에서 오는 국제선 비행기뿐임을 파악할 수 있다.

정답   (C)

Practice 9 ▶ 정답 및 해설은 353쪽 4-14.mp3

Meeting Room 100	
Time	Event
9:00 A.M.	Management Meeting
10:00 A.M.	Training Session
11:00 A.M.	
1:00 P.M.	Human Resources Meeting

Look at the graphic. What event is Ms. Hwang in charge of?

(A) Management meeting
(B) Training session
(C) Human resources meeting
(D) Marketing seminar

Practice 10 ▶ 정답 및 해설은 354쪽 4-15.mp3

Bella Bistro Today's Lunch Menu	
Beverage	Main Dish
Soda - $1.00	Apple Salad - $5.00
Coffee - $1.50	Potato Salad - $6.00
Lemonade - $2.00	Strawberry - $7.00
Green Tea - $2.50	Tuna Sandwich - $8.00

Look at the graphic. How much does the woman's dish cost?

(A) $5.00
(B) $6.00
(C) $7.00
(D) $8.00

2> 지도 & 약도

🚩 풀이요령 **2**

지문에서 near, next to, across 등의 위치를 나타내는
전치사(구)에 집중해야 한다!

▶ 시각 정보가 약도나 지도로 제공되었다면 일단 문제에 제시된 장소를 숙지하고 지문을 들으면서 방향이나 위치를 나타내는 전치사(구)에 집중해야 한다. 그리고 약도나 지도 위에 선을 그어가며 음성에서 흘러나오는 대로 방향을 파악해 나간다.

EX 6   4-16.mp3

DOWNTOWN SUBWAY MAP
West Pine Street ● → Rosetown Avenue ● → Harder Road ● → Telegraph Street ● → Oakland Junction ●

Look at the graphic. What station does the woman say the man should get off at?
시각 정보를 참조하시오. 여자는 남자에게 어느 역에서 내리라고 언급하는가?

(A) Wine Pine Street 와인 파인 거리
(B) Rosetown Avenue 로즈타운 가
(C) Harder Road 하버 로
(D) Telegraph Street 텔레그래프 거리

시내 지하철역 지도와 연계해서 남자가 하차해야 하는 역이 어디인지 묻는 시각 정보 연계 문제이다. 따라서 대화 내용에서는 남자에게 내리라고 한 역의 이름이 구체적으로 드러나지 않을 것임을 짐작하며 들어야 한다. 대화 내용에서는 정작 내려야 할 역의 다음 역이 어디라는 식으로 간접적인 단서를 제공할 뿐이다. 그 단서는 지문에서 언급된 역의 이름과 시각 정보를 연계하여 정답을 파악할 수 있게 된다.

M: Excuse me. I'm really sorry to bother you but I need to get to Ferris County Medical Center. I have a very important doctor's appointment. Could you tell me which subway station I should get off at?

W: Sure, no problem. Well, the next stop will be Rosetown Avenue and you'll get off at the stop after that. I can't remember the name of it, but it's definitely the stop right after Rosetown Avenue.

M: I have a route map for Downtown Subway. Um... let me see.

W: Once you get to your stop, you will probably need to take a taxi. I've heard that there are heavy thunderstorms in the area and it would be a mile walk in the rain.

남: 실례합니다. 번거롭게 해드려서 정말 죄송합니다만, 제가 Ferris County Medical Center 를 가야 합니다. 굉장히 중요한 진료 예약이 있어서요. 제가 어느 지하철 역에서 내려야 하는 지 알려주실 수 있으신가요?

여: 물론입니다. 다음 역이 Rosetown Avenue 역이니 당신은 Rosetown Avenue 다음 역에서 내리면 됩니다. 역 이름은 기억이 나질 않지만 Rosetown Avenue 바로 다음 역에서 내려야 한다는 것은 분명해요.

남: 제가 시내 지하철역 지도를 가지고 있어요. 음... 한 번 볼게요.

여: 일단 당신이 내려야 하는 역에 도착하면, 아마 택시를 타셔야 할 겁니다. 그 지역에 강한 뇌우 가 있다고 들었는데, 모르긴 몰라도 빗속에서 1마일은 족히 걸어야 할 겁니다.

시내 지하철역 지도

West Pine Street ● → Rosetown Avenue ● → Harder Road ● → Telegraph Street ● → Oakland Junction ●

어휘　bother ~를 번거롭게 하다　get to ~로 가다　doctor's appointment 진료 예약
get off at ~에서 내리다　definitely 분명히, 명백히　route map 안내용 지도　once 일단
~하면　probably 아마도　take a taxi 택시를 타다　thunderstorms 뇌우　a mile walk
1마일 도보

지각 정보 연계 문제에서는 시각 정보가 한 가지만 제시되는 유형과 시각 정보가 두 가지 이상 등장하는 유형이 있다. 시각 정보가 한 가지만 제시되는 경우에는 정답에 해당되는 단서 전후에 위치하는 정보에 집중해야 문제를 수월하게 풀이할 수 있다. 반면에 시각 정보가 두 가지 이상 등장하는 경우에는 선지에서 제시된 정보를 배제한 나머지 정보를 파악한 후 이를 대화 내용에서 집중적으로 노려 들어가야 문제 풀이에 필요한 단서를 상대적으로 용이하게 파악할 수 있

다. 해당 문제에서는 지하철역의 이름이라는 한 가지 정보만 제시되고 있고 문제에선 남자가 하차해야 하는 지하철역의 이름을 묻고 있으므로 남자가 하차해야 하는 지하철 역 전후에 등장하는 지하철역의 이름을 파악하는데 집중해야 한다. 여자는 대화 중반부에서 Well, the next stop will be Rosetown Avenue and you'll get off at the stop after that.이라며 남자에게 Rosetown Avenue 역 다음 역에서 하차해야 함을 언급하고 있다. 따라서 시내 지하철 역 지도에서 Rosetown avenue 역 다음 역은 Harder Road 역임을 파악할 수 있으므로 정답은 (C)가 된다.

정답 (C)

Practice 11 ▸ 정답 및 해설은 355쪽   4-17.mp3

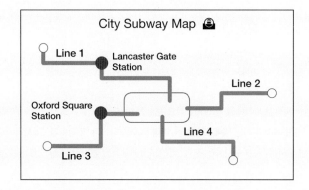

Look at the graphic. Which subway line will the woman most likely take?

(A) The Subway Line 1
(B) The Subway Line 2
(C) The Subway Line 3
(D) The Subway Line 4

Look at the graphic. Which exhibition hall will the woman visit?

(A) East Exhibition Hall
(B) West Exhibition Hall
(C) North Exhibition Hall
(D) South Exhibition Hall

3> 그래프 & 파이

📢 풀이요령 ③

그래프나 파이를 나타내는 시각정보는
최상급이나 서수, 혹은 수량과 관련된 언급에 단서가 있다!

▶ 그래프나 파이는 그 정보의 특성상 증감, 점유율, 선호도 등의 내용을 담고 있으므로 그러한 내용을 표현하는 수량 표시, 수치, 혹은 최상급, 비교급, 그리고 서수 등에 대한 언급을 통해 정답의 단서를 찾을 수 있다. 따라서 시각 정보에 그래프나 파이가 제시되었다면 지문을 들으며 위에서 언급한 내용과 관련된 표현에 주목해야 한다.

4-19.mp3

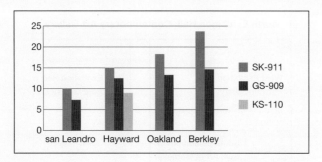

Look at the graphic. Which branch will the man probably visit?

도표를 참조하시오. 남자는 어떤 지점을 방문할 것 같은가?

(A) San Leandro 산 레안드로
(B) Hayward 헤이워드
(C) Oakland 오클랜드
(D) Berkley 버클리

➡ 남자가 방문할 지점이 어느 도시에 있는지 묻는 시각 정보 연계 문제이며, 막대그래프는 각 지점의 제품 재고 현황을 나타내고 있다. 따라서 상품의 모델명이나 각 제품의 재고 수량을 파악함으로써 남자가 방문할 도시를 찾아야 한다.

해석

M: Hi, I'm here to buy a new digital camera. Could you please recommend a good one for me?

W: I think KS-110 camera is outstanding. But I'm afraid that KS-110 cameras are currently out of stock. They are very popular among photographers. Naturally, they are selling like hot cakes.

M: Could you please tell me when I can buy the camera?

W: We put in an order this morning, so we'll have them in stock in two days, I mean, Thursday. If you leave your number, I'll call you as soon as they arrive.

M: Um... actually, tomorrow is my cousin's birthday, and I wanna give him the camera for his birthday present. So I have to buy one today. What am I going to do? It's a disaster.

W: In that case, I'll take a quick look on the stock database of some branches in the nearby cities. Please wait for a few minutes.

남: 안녕하세요, 저는 새로운 디지털 카메라를 구매하려고 왔는데요. 괜찮은 카메라 하나 추천해 주실 수 있으세요?

여: 저는 KS-110이 훌륭하다고 봅니다. 하지만 죄송하게도 KS-110 카메라는 현재 재고가 동난 상태입니다. 그 카메라가 사진가들 사이에서 굉장히 인기가 좋습니다. 당연히 날개 돋친 듯이 팔리고 있지요.

남: 언제 그 카메라를 구매할 수 있을지 알려주실 수 있나요?

여: 저희가 오늘 오전에 주문을 넣었으니 이틀 정도 있으면, 그러니까 목요일에는 물건이 있을 겁니다. 연락처를 남겨주시면 제품이 입고되자마자 연락을 드리겠습니다.

남: 음... 사실 내일이 제 사촌의 생일이라 그에게 그 카메라를 생일선물로 주고 싶어요. 그래서 오늘 꼭 카메라를 구매해야 해요. 어쩌면 좋을까요? 정말 큰일이네요.

여: 그렇다면, 제가 인근 도시들의 몇몇 지점의 재고 데이터베이스를 빨리 살펴볼게요. 잠시만 기다려 주세요.

> **어휘** outstanding 뛰어난, 우수한 currently 현재 be out of stock 재고가 동이 나다 naturally 자연히 sell like hot cakes 날개 돋친 듯이 팔리다 put in an order 주문을 하다, 주문을 넣다 leave one's number ~의 연락처를 남기다 in that case 그런 경우라면, 그렇다면 take a quick look 재빨리 살펴보다 nearby 근처에 있는

⇒ 선지에서 지점의 명칭이 언급되었으므로 지문에서는 지점의 명칭이 제시되지 않을 거라고 예측할 수 있다. 대화 초반부에서 대화의 중심이 되는 카메라 제품은 KS-110임을 알 수 있으며, 남자는 대화 후반부에서 tomorrow is my cousin's birthday, and I wanna give him the camera for his birthday present. So I have to buy one today.라고 하며 오늘 필히 카메라를 구매해야 한다는 의사를 밝히고 있다. 이에 여자는 In that case, I'll take a quick look on the stock database of some branches in the nearby cities.라고 하며 자신이 인근 도시들의 몇몇 지점의 재고 데이터베이스를 빨리 살펴보겠다고 말한다. 대화에서 제품의 재고 수량에 대한 정보는 제공된 바 없고, 도표에서는 KS-110 제품의 재고를 보유하고 있는 유일한 지점이 헤이워드임을 확인할 수 있으므로 (B)가 정답이다.

정답 (B)

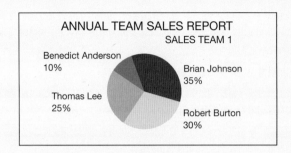

Look at the graphic. Who will most likely be promoted to Head of Sales?

(A) Brian Johnson
(B) Robert Burton
(C) Thomas Lee
(D) Benedict Anderson

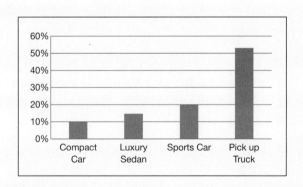

Look at the graphic. Which product will probably be sold at a lower price this year?

(A) Compact Car
(B) Luxury Sedan
(C) Sports Car
(D) Pickup Truck

화자의 의도 파악

✓ 출제 경향

매회 평균 2~3문제가 출제되는 화자의 의도 파악 문제는 특정 표현이 지닌 사전적 / 표면적 의미가 아닌, 화자가 해당 표현을 통해 의도하고 있는 숨은 의미가 무엇인지를 묻는 문제이다. 화자의 의도를 파악할 수 있는 가장 궁극적인 단서는 해당 표현의 앞뒤 대화에서 제시된다.

● 화자의 의도를 묻는 질문

- What does the man mean when he says, "Look at all these cars"?
  남자가 "Look at all these cars"라고 말할 때 의미하는 바는 무엇인가?

- What does the woman imply when she says, "I was just about to go to the cashier"?
  여자가 "I was just about to go to the cashier"라고 말할 때 암시하는 바는 무엇인가?

🚩 풀이요령

의도 파악 문장의 전후 문장에 정답의 단서가 있다!

▶ 먼저 해당 표현의 의미를 이해한 후 각각의 선지가 제시하는 상황이 무엇인지 파악한다. 화자의 의도를 이해하기 위한 단서는 해당 표현의 앞뒤 대화에서 제시된다. 의도 파악 문제는 지문의 특정 문장의 숨은 의미가 무엇인가를 묻는 문제이다. 예를 들어 "I'm off duty tomorrow."라고 한다면, 이 문장 자체로는 그 숨은 의미를 파악하기가 쉽지 않다. 하지만 문장 앞에서, "What time can you come to the office tomorrow? (내일 몇 시에 출근하세요?)"라는 문장이 나왔다면, 결국 내일 나는 쉬는 날이기 때문에 사무실에 나올 수 없다는 의미를 유추할 수 있다. 따라서 의도 파악

문제는 먼저 지문을 듣기 전에 의도 파악에 해당하는 문장을 숙지하고 그 전후 문장을 놓치지 말고 유심히 들어야 올바른 의미를 파악할 수 있다.

EX 8

4-22.mp3

Why does the man say, 'I think that's a large increase"?
남자가 "I think that's a large increase"라고 언급한 이유는 무엇인가?

(A) To refuse the woman's budget proposal
여자의 예산 제안을 거절하기 위해서

(B) To indicate that the revenue is greater than expected
수익이 예상보다 크다는 점을 언급하기 위해서

(C) To express that the news he has just heard is good
그가 방금 들은 소식이 좋다는 점을 표현하기 위해서

(D) To suggest that a local tax increase is not appropriate
지방세 인상이 부적절하다는 점을 제시하기 위해서

화자의 의도를 파악하기 위한 결정적인 단서는 해당 표현이 등장하는 앞뒤 대화에서 언급되며, 대화의 문맥을 파악하면 그 의도를 알 수 있다. 따라서 I think that's a large increase의 앞뒤 대화에 주의를 기울여야 한다. 그런데 RC하고는 달리 LC는 음성을 들어야 하는 입장이므로 이 말이 언제 나올지 가늠하기는 쉽지 않다. 하지만 문제에서 남자의 대화라고 언급하였으므로 일단 상대방인 여자의 대화마다 집중해서 들어야 한다. 또한 의도 파악 문장의 앞 문장에서도 단서가 보이지 않는다면 그 뒤 문장에 초점을 맞춰 단서를 찾아내야 한다.

해석

M: Ms. Morgan, how was the budget meeting with the board members yesterday? We should ask them for some assistance with our department's workload as well.

W: The board of directors decided to provide $400,000 for the Marketing Department. That's up 25 percent from last year.

M: I think that's a large increase! Uh... Do you happen to know how the department head will spend the new funds?

W: The department head has already agreed that the majority of the budget be used to hire several new graphic designers and digital advertising professionals. You know, she expects them to help to decrease our workload next year.

남: 모건 씨, 어제 이사진과의 예산 회의는 어땠어요? 우리는 그분들에게 우리 부서의 작업량에 대한 지원 요청도 해야 해요.

여: 이사회에서 우리 마케팅 부서에 작년 대비 25%가 인상된 40만 달러의 예산을 제공하기로 결정했어요.

남: 예산이 크게 늘었네요! 음… 혹시 부장님이 새 예산을 어디에 쓰려고 하는지 알고 계신가요?

여: 부장님은 이미 예산의 상당 부분을 몇몇 그래픽 디자이너들과 디지털 광고 전문가들의 채용에 투입하는 것에 동의하셨어요. 있잖아요, 부장님은 그들이 내년도 우리 작업량을 감소시키는 데 도움을 줄 것으로 생각하고 있어요.

어휘 ask A for B B에게 A를 요청하다   expect A to do A에게 ~할 것을 기대하다
workload 작업량

— 여자가 이사회에서 우리 마케팅 부서에 작년 대비 25%가 인상된 40만 달러의 예산을 제공하기로 결정했음을 밝히고 있으며, 이에 남자가 I think that's a large increase!라며 예산이 많이 늘었다는 반응을 보이고 있다. 여자가 작년 대비 예산이 25%나 증가했다고 전달한 소식에 남자가 "I think that's a large increase!"라고 말한 것은 궁극적으로 예산 증액이 반갑고 좋은 소식이라는 의도에서 언급된 표현임을 가늠할 수 있다. 예산 증액에 대해 반갑고 좋은 소식이라는 의도에서 언급된 표현이므로 정답은 (C)로 볼 수 있다.

| 함정 분석 | I think that's a large increase!만 듣고 수익의 증가로 생각해 (B)로 혼동하지 않도록 유의해야 한다. 마케팅 부서에 제공되는 예산의 증가일 뿐, 수익의 증가가 아니므로 (B)는 오답이다.

정답 (C)

Practice 15 ▶ 정답 및 해설은 359쪽   4-23.mp3

What does the man mean when he says, "can you see all these cars on the highway?"

(A) He is concerned about traffic congestion.
(B) He wants to introduce new cars to customers.
(C) He is surprised by a multiple-vehicle accident.
(D) He is complimenting innovative car designs.

What does the woman imply when she says, "But I mistakenly took my printer up already."?

(A) She is ready to move the printer.
(B) She printed documents for the conference already.
(C) She doesn't like to use an old printer.
(D) She needs to use the printer.

출제 빈도 매회 평균 **2.4**개

장소

✓ 출제 경향

PART 3의 장소를 물어보는 유형 중 난도가 낮은 문제는 장소가 직접적으로 언급되는 경우도 있으나 대부분은 대화 장소와 관련된 어휘를 통해 장소를 추측해야 하므로 장소와 관련된 표현에 주의를 기울여야 한다.

● 장소를 묻는 질문

- Where most likely are the speakers?

  화자들은 어디에 있는 것 같은가?

- Where is the conversation taking place?

  대화는 어디에서 벌어지고 있는가?

- Where does the conversation take place?

  대화는 어디에서 벌어지는가?

- Where does the conversation most likely take place?

  대화는 어디에서 벌어지는 것 같은가?

- Where is the conversation most likely taking place?

  대화는 어디에서 벌어지고 있는 것 같은가?

🚩 풀이요령

대화가 이루어지는 장소에 대한 단서는
대화 초반부에 제시된다!

▶ 대화가 이루어지는 장소나 장소와 관련된 표현은 대화 초반부에 제시되는데, 이때 빠지기 쉬운 함정은 화자가 근무하는 곳을 대화가 이루어지는 장소로 혼동하는 것이

다. 치과 의사인 화자가 공항에서 대화하고 있다면 대화 장소는 치과가 아니라 공항이다. 화자의 근무지와 대화 장소는 별개일 수 있으므로 혼동하지 않도록 유의한다.

EX 9

Where most likely are the speakers?

화자들은 어디에 있는 것 같은가?

(A) In a real estate office 부동산 중개업소
(B) In a courtroom 법정
(C) In the Personnel Department 인사과
(D) In a law office 법률사무소

대화가 시작되기 전 질문을 먼저 읽는다. 화자들이 있는 곳, 즉, 대화가 발생하고 있는 장소를 묻는 질문으로, 대화 초반부에 장소를 추측할 수 있는 표현에 집중해야 한다.

해석

M: Ms. Collins, have you seen the Clinton file regarding his lawsuit? I thought it was in my office.

W: Oh, yes, Mr. Baker. I was going through it to make some adjustments. Mr. Clinton called and wanted to make sure that we update his new work address.

M: Right. I heard something about him being transferred to a new branch office. Can you get it back to my office as soon as possible, please?

남: 콜린스 씨, 클린턴 씨 소송 사건과 관련된 파일 본 적 있어요? 제 사무실에 있었던 것 같은데요.

여: 아, 네, 베이커 씨, 수정해야 할 부분이 좀 있어서 제가 검토하고 있었어요. 클린턴 씨께서 전화하셔서 자신의 새 직장 주소를 변경해주길 원하셨거든요.

남: 그랬군요. 클린턴 씨가 새로운 지사로 전근 갔다는 이야기를 들은 것 같아요. 가능한 빨리 제 사무실로 가져다 주시겠어요?

어휘 regarding ~에 관하여 go through 검토하다 adjustment 수정 transfer 옮기다, 전근시키다

대화 초반부에 남자는 여자에게 Ms. Collins, have you seen the Clinton file regarding his lawsuit? I thought it was in my office.라고 물어보고 있다. 남자의 대화에서 Clinton file regarding his lawsuit이 장소를 추측하는 핵심표현이며, 남자는 클린턴 씨 소송사건과 관련된 파일을 봤는지를 물어보고 있으므로 법률사무소임을 알 수 있다. 따라서 (D)가 정답이다.

| **함정 분석** | 여자의 대화에서 언급된 his new work address와 남자의 대화 I heard something about him being transferred to a new branch office.를 듣고 (A)를 혼동해서는 안 된다. 클린턴 씨의 소송 파일에서 그의 직장 주소를 변경해야 한다는 내용이므로 부동산 중개업소라는 (A)는 오답이다.

정답   (D)

Practice 17   ▶정답 및 해설은 360쪽   4-26.mp3

Where does the conversation most likely take place?

(A) At a government office
(B) At a bus terminal
(C) At an airport
(D) At a travel agency

Practice 18   ▶정답 및 해설은 361쪽   4-27.mp3

Where most likely are they?

(A) In a university classroom
(B) In a home improvement store
(C) In an office
(D) In a public library

주제 & 목적

☑ 출제 경향

대화의 주제나 목적을 묻는 문제는 지문에 딸린 세 문제 중 주로 첫 번째 문제로 출제된다. 또한 주제나 목적 문제에 대한 단서는 대화 초반부에 다뤄지는 중심 소재에서 찾을 수 있다.

● 주제를 묻는 질문

- What are the speakers discussing?
    화자들은 무엇에 관해 논의하고 있는가?

- What are the speakers mainly discussing?
    화자들은 주로 무엇에 관해 논의하고 있는가?

- What are the speakers talking about?
    화자들은 무엇에 대해 이야기하고 있는가?

- What are the speakers mainly talking about?
    화자들은 주로 무엇에 관해 이야기하고 있는가?

- What is the conversation mainly about?
    대화는 주로 무엇에 관한 내용인가?

- What is the main topic of the conversation?
    대화의 주요 주제는 무엇인가?

■ 풀이요령

대화의 주제나 목적은 주로 지문의 초반부에 제시된다!

▶ 대화의 주제나 목적은 주로 지문의 초반부에 제시되므로 주제나 목적 문제가 나오

면 화자들의 첫 번째나 두 번째 대화에서 주제를 파악할 수 있는 핵심어를 찾는 것이 중요하다.

EX 10

4-28.mp3

What are the speakers mainly discussing?
화자들은 주로 무엇에 대해 논의하고 있는가?

(A) A new traffic sign 새로운 교통 표지판
(B) A package delivery 소포 배달
(C) A business luncheon 비즈니스 오찬
(D) A shipping contract 배송 계약

화자들이 무엇을 논의하는지를 묻고 있으므로 대화의 주제를 묻는 문제이다. 주제에 대한 단서는 대화 초반부에 제시되므로 첫 번째 또는 두 번째 대화에서 중심소재를 파악해야 한다.

해석

M: Hi, there. Is this James Keller's office? I have three packages for him.

W: Well, he went out to lunch and will be back in half an hour or so.

M: Oh, actually, I need someone to sign for this delivery. Could you sign here, please?

W: Sure, no problem. You can leave the packages here, and I'll give them to Mr. Keller when he returns to the office after lunch.

남: 안녕하세요, 여기가 제임스 켈러 씨의 사무실인가요? 그분 앞으로 소포가 세 개 와 있어요.

여: 켈러 씨는 점심식사를 하러 나갔는데요, 아마 30분 후에 돌아올 겁니다.

남: 사실 제가 누군가 소포를 수령했다는 서명이 필요합니다. 여기에 서명을 해주실 수 있나요?

여: 네, 물론이에요. 여기에 소포들을 두고 가세요, 그러면 그가 식사 후에 사무실로 돌아왔을 때 제가 이 소포들을 그에게 전달하겠습니다.

어휘　package 포장물, 소포　sign 서명하다

대화 초반부에 남자가 Hi, there. Is this James Keller's office? I have three packages for him.이라고 하며 제임스 켈러 씨 앞으로 세 개의 소포가 와 있음을 알리고 있다. 남자의 대화 중 핵심어 three packages for him을 통해 소포 배송이 중심 소재임을 파악할 수 있다. 따라서 유사한 내용인 (B) A package delivery가 정답이다.

| 함정 분석 | 여자의 대화 he went out to lunch를 듣고, (C)로 혼동하지 않도록 한다. 제임스 켈러 씨가 점심 식사를 하느라 자리를 비웠다는 언급은 있지만 이 대화의 주제라고 볼 수 없으므로 오답이다.

정답 (B)

Practice 19 ▶ 정답 및 해설은 361쪽 4-29.mp3

What is the conversation mainly about?

(A) The opening of a new branch office
(B) Imported products
(C) The reorganization of a company
(D) An upcoming meeting

Practice 20 ▶ 정답 및 해설은 362쪽 4-30.mp3

What are the speakers mainly discussing?

(A) A meeting schedule
(B) A job interview
(C) A keynote speech
(D) A training program

09강

출제 빈도 매회 평균 **1.6**개

화자의 정체

✓° 출제 경향

화자의 직업이나 소속을 묻는 문제 유형은 대화가 벌어지는 장소를 통해 단서를 잡을 수도 있으므로 지문의 첫 두 대화에서 나누는 대화를 통해 어떤 장소나 주제로 대화를 나누고 있는지 파악하는 데에 주력한다.

● **화자의 정체를 묻는 질문**

- Who is the woman?

  여자는 누구인가?

- Who most likely is the man?

  남자는 누구일 것 같은가?

- Who are the speakers?

  화자들은 누구인가?

- What is the man's occupation?

  남자의 직업은 무엇인가?

- What most likely is the woman's profession?

  여자의 직업은 무엇인 것 같은가?

🚩 풀이요령

화자의 정체에 대한 단서는 대화 초반부에 제시된다!

▶ 지문에서 직업이나 소속의 명칭이 직접 언급되기도 하지만, 직업과 관련된 단서를 통해 유추해야 하는 문제가 주로 출제된다. 따라서 초반부에 화자의 정체와 관련된 어휘나 표현을 놓치지 않아야 한다. 또한 질문에서 직업을 의미하는 말로 job이 아닌

occupation이나 profession이 제시되기도 한다는 점에 유의한다.

EX 11

Who most likely is the man?
남자는 누구일 것 같은가?

(A) A bank teller 은행 창구 직원
(B) A deliveryman 배달부
(C) A salesclerk 판매 직원
(D) A painter 화가

남자가 누구인지를 묻는 질문이므로 대화 초반부에 제시되는 남자의 정체에 대한 단서를 찾는다. 특히 질문에 부사 most likely, probably가 있으면 단서를 통해 직업을 유추해야 하는 질문이다.

해석

W: Excuse me. Do you carry small book shelves? I'd prefer wall-mounted units but hope they are not that expensive. I don't want to spend more than about 100 dollars.

M: Yes, ma'am. We have some bookshelves at that price and below. Why don't you check out our new catalog? We have a big range of classic and modern bookcases in lots of sizes and colors, so you'll be sure to find what you need.

W: Well, this brown bookshelf has a natural feel and doesn't occupy a large space. May I see it?

M: Yes, ma'am. Let's go into the display room. Please follow me.

여: 실례합니다만, 소형 책장을 판매하시나요? 벽에 고정시킬 수 있는 형태를 원하는데, 너무 비싸지 않았으면 좋겠고요. 100달러가 넘지 않았으면 해요.

남: 네, 고객님. 저희는 그 정도 가격이나 그 이하 가격의 책장들을 가지고 있습니다. 저희의 새로운 제품 소개책자를 보시는 건 어떠세요? 저희는 다양한 크기와 색상의 고전적이고 현대적인 디자인을 지닌 책장들을 많이 보유하고 있어서 원하시는 것을 찾으실 수 있을 겁니다.

여: 이 갈색 책장은 자연의 느낌을 주고 공간도 많이 차지하지 않네요. 제가 한번 봐도 될까요?

남: 물론입니다, 고객님. 전시실로 가시죠. 저를 따라 오세요.

어휘 wall-mounted 벽에 고정된 a range of 다양한 occupy 차지하다

→ 여자의 대화 carry small book shelves와 남자의 대화 We have some book shelves를 통해 남자가 책장을 판매하는 판매원임을 파악할 수 있으므로 (C)가 정답이다. 대화 초반부에 여자가 Do you carry small book shelves?라고 묻고, 남자가 We have some bookshelves at that price and below. Why don't you check our new catalog?라고 대답한다.

| **함정 분석** | 남자가 언급한 in lots of sizes and colors나 여자의 대화 중 this brown bookshelf has a natural feel을 듣고 (D)로 혼동하지 않도록 한다. 책장의 크기와 색상을 말한 것이므로 남자가 화가라는 (D)는 오답이다.

정답　(C)

Practice 21　▶ 정답 및 해설은 362쪽　　　　　　　　4-32.mp3

Who is the man?

(A) A reporter
(B) A fashion designer
(C) An author
(D) A salesperson

Practice 22　▶ 정답 및 해설은 363쪽　　　　　　　　4-33.mp3

Who most likely is the man?

(A) A repair person
(B) A real estate agent
(C) An engineer
(D) A sales representative

5장

PART 3
지문 유형별
풀이 요령

사내 업무

✓ 출제 경향

토익은 비즈니스 업무를 다루는 내용을 주요 소재로 삼는 시험이기 때문에, PART 3 에서도 사내 업무와 관련된 대화가 가장 많이 출제된다. 회의 자료 검토 여부 확인, 보고서 작성 여부 확인, 마케팅 및 제품 홍보에 대한 회의, 업무 마감시한 연장 요청, 프레젠테이션이나 프로젝트 준비 및 일정 확인, 회의 지연이나 취소, 세미나 또는 회사 행사 참석 여부 확인, 업무상의 문제점을 이야기하고 이에 대한 해결책이나 아이디어 제시와 관련된 대화 등이 주로 출제된다.

● 사내 업무 관련 빈출 표현

사내 업무를 주로 다루기 때문에 이와 관련된 전문용어들도 많이 등장할 수밖에 없다. 따라서 이와 관련된 어휘부터 충분히 숙지해 두도록 하자.

- **직책**
- branch manager 지점장
- client 고객
- contractor 계약자
- coworker, colleague 직장 동료
- customer representative 고객관리 담당자
- employee 직원
- employer 고용주
- full time employee 정규 직원
- new employee(hire, recruit, comer) 신입사원
- president 사장, 회장
- receptionist 접수계원
- sales representative 영업 직원
- secretary 비서

- staff 전체 직원
- temporary employee(worker) 임시 직원

- **부서**
- Accounting Dept 회계부
- Customer Service Dept 고객관리부
- Human Resources Dept, Personnel Dept 인사부
- Marketing Dept 마케팅부
- Maintenance Dept 관리부
- Production Dept 생산부
- Sales Dept 판매부, 영업부

- **경영, 공장, 건설**
- branch 지점
- due date, deadline 마감시한
- factory, plant 공장
- factory equipment 공장 설비
- headquarters 본사
- inventory 재고
- manufacturer 제조업자
- market research 시장 조사
- market share 시장 점유율
- merge with ~와 합병하다, ~와 통합하다
- shipping 배송, 발송
- turnover 생산량

- **회의, 발표**
- alternative 대안
- approve 승인하다
- attend a conference 회의에 참석하다
- attendee 참가자
- be in a conference 회의 중이다
- by majority 다수에 의해, 다수결의

- conference 회의
- decision making 의사 결정
- staff meeting 직원회의
- hold a conference 회의를 개최하다
- marketing strategy 마케팅 전략
- meet sales goals 판매 목표를 달성하다
- organize a conference 회의를 준비하다
- presentation 발표
- reference material 참고 자료

- **보고서, 서류**
- annual report 연간 보고서
- confidential 기밀의
- inventory report 재고 현황 보고서
- market analysis report 시장 분석 보고서
- monthly report 월간 보고서
- review 검토하다
- sales report 영업 보고서, 판매 보고서
- submit, turn in 제출하다

- **출장**
- arrange a hotel 호텔 예약하다
- be on a business trip 출장 중이다
- book a ticket for ~의 표를 예약하다
- flight 비행기, 비행 편
- make a reservation for ~을 예약하다
- pack a bag 짐을 싸다
- receipt 영수증
- reconfirm one's reservation ~의 예약을 재확인하다
- reimburse 환급하다
- take a business trip, go on a business trip, be out of town 출장가다

● **지문 초반부:** 남녀의 관계, 대화 장소, 대화의 목적이나 주제 파악

> **M:** Hi, Ms. Smith. I'm sorry I missed the staff meeting yesterday. Can you tell me what I missed?
>
> **W:** No problem, Mr. Cole. ❶, ❷ At the meeting, I announced that we will be having extended store hours during the holiday season.

➡ 지문 초반부는 대개 남녀가 주고받는 첫 번째 대화로 분류할 수 있다. 주고받는 대화의 상황으로 미루어 남녀가 어떤 관계인지, 대화하는 장소는 어디인지, 무슨 상황에 대해 대화를 나누는지 등에 대한 대략적인 상황 파악이 가능하다.

● **지문 중반부:** 초반부의 상황에 대한 부연 설명 혹은 추가 문제 제기

> **M:** That's probably a good idea with the rush of holiday shoppers. Will working extra hours be a requirement?

➡ 지문 중반부는 지문 초반부에서 주고받은 첫 번째 대화 이후에 나오는 1~2개의 대화 부분에 해당한다. 주로 초반부에서 벌어졌던 상황에 대해 부연 설명을 하거나 추가적인 문제점을 제기하는 단계이다.

● **지문 후반부:** 화자들이나 상대방이 해야 할 일, 화자들의 요청 사항이나 미래에 해야
　　　　　　 할 일

> **W:** ❸ We are making it optional and will hire temporary employees to achieve our sales goal for this holiday season.

➡ 지문 후반부에선 대화를 마무리하는 단계이므로 앞서 논의되었던 내용을 바탕으로 앞으로 해야 할 일이나 요청 사항 등이 주로 언급된다.

해석

남: 안녕하세요, 스미스 씨. 제가 안타깝게도 어제 직원회의를 놓쳤어요. 제가 어제 회의에서 놓친 내용이 뭔지 알려주실 수 있나요?

여: 물론이에요, 콜 씨. 어제 회의에서 저는 연휴 기간 동안 우리가 매장 영업시간을 연장할 것이라고 발표했어요.

남: 연휴 고객들이 많이 몰릴 것이므로 그건 좋은 생각이네요. 그런 데 초과 근무를 하는 것은 필수 사항인가요?

여: 우리는 그걸 선택 사항으로 할 것이고, 연휴 기간에 매출 목표를 달성하기 위해 임시 직원들을 채용할 계획이에요.

어휘 staff meeting 직원회의 extended 연장된 store hours 매장 영업시간 holiday season 연휴 기간 rush 급격한 증가, 쇄도 extra hours 추가 시간 requirement 요구, 필수 사항 optional 선택적인 temporary worker 임시 직원 achieve 이루다, 달성하다 sales goal 매출 목표

1. Who most likely is Ms. Smith? 스미스 씨는 누구일 것 같은가?

(A) A customer 고객
(B) A store manager 매장 관리자
(C) A marketing agent 마케팅 직원
(D) A seasonal employee 임시 직원

➡ 대화 초반부에서 남자가 여자에게 Hi, Ms. Smith라고 인사하는 부분을 통해 스미스 씨가 여자 대화자임을 알 수 있다. 이어서 여자가 At the meeting, I announced that we will be having extended store hours during the holiday season.이라고 하며 회의에서 매장 영업시간의 연장을 발표했다고 밝히고 있으므로 여자는 매장 관리를 담당하는 사람임을 짐작할 수 있다. 따라서 (B)가 정답이다.

어휘 seasonal employee (바쁜 시즌에 고용하는) 임시 직원

정답 (B)

2. Why are the business hours changing? 영업시간이 변경되는 이유는 무엇인가?

(A) Sales have decreased sharply. 매출이 급격하게 하락했다.
(B) There is a shortage in workers. 인력이 부족하다.
(C) The holiday season will start soon. 조만간 연휴가 시작된다.

(D) An annual sale will be held. 연례 할인 행사가 실시된다.

➡ 영업시간이 변경되는 이유에 대해 묻고 있으므로 대화에서 영업시간 변경에 대한 내용이 소개되는 부분에 집중해야 한다. 여자가 남자에게 At the meeting, I announced that we will be having extended store hours during the holiday season.이라고 하며 회의에서 연휴 기간 동안 매장 영업시간을 연장할 계획임을 발표했다고 전한다. 따라서 영업시간이 변경되는 이유는 연휴 때문이므로 (C)가 정답이다.

어휘　decrease 감소하다, 하락하다　shortage 부족　annual sale 연례 할인 행사

정답　(C)

3. What will the woman probably do next? 여자는 이후에 무엇을 할 것 같은가?

(A) Hire some new employees 신입 직원들을 채용한다.
(B) Visit a store 매장을 방문한다.
(C) Set a new goal 새로운 목표를 정한다.
(D) Return some merchandise 제품을 반품한다

➡ 여자의 미래 행동에 대해 묻고 있으므로 여자의 마지막 대화에 집중하되, 특히 동사를 명확하게 이해해야 한다. 대화 말미에 여자가 We are making it optional and will hire temporary employees to achieve our sales goal for this holiday season.이라고 하며 임시 직원을 채용할 계획임을 밝히고 있다. 따라서 여자가 앞으로 할 일은 신입 직원을 채용하는 것이므로 (A)가 정답이다.

어휘　hire 고용하다, 채용하다　set 정하다, 결정하다　return 반환하다, 반품하다

정답　(A)

1. Why did Ms. Anderson send a message to the man?

(A) Her passport is missing.

(B) Her conference in Ottawa ended late.

(C) Her presentation is not ready.

(D) Her flight has been canceled.

2. When is the meeting with the clients?

(A) Tonight

(B) Tomorrow morning

(C) The day after tomorrow

(D) Next week

3. According to the man, how will Ms. Anderson travel to New York?

(A) By plane

(B) By train

(C) By car

(D) By bus

4. What is the man asked to do?

(A) Make a flight reservation
(B) Order some office supplies
(C) Provide the woman with some information
(D) Give the woman a ride to the airport

5. Where is the head office located?

(A) In Ireland
(B) In Canada
(C) In Mexico
(D) In England

6. What does the man advise the woman to do?

(A) Avoid taking the highway
(B) Cancel a meeting
(C) Go quickly to the airport
(D) Hire additional truck drivers

상품 & 서비스

✔️ 출제 경향

상점이나 식당, 병원 등을 배경으로 하는 상품이나 서비스와 관련된 대화가 많이 출제된다. 주문 상품의 주문 확인 및 취소 요청, 배송 상황 문의, 배송 중 발생한 문제점에 관한 대화, 청구된 영수증의 오류 사항에 관한 대화, 상품이나 서비스에 대해 문의할 경우 직접 매장에 방문할 것을 요청하는 대화, 병원 예약이나 공연 예매를 확인하고 다른 시간으로 변경하는 내용의 대화가 출제된다.

● 상품 및 서비스 관련 빈출 표현

사내 업무를 주로 다루기 때문에 이와 관련된 전문용어들도 많이 등장할 수밖에 없다. 따라서 이와 관련된 어휘부터 충분히 숙지해 두도록 하자.

- **식당**
- **atmosphere** 분위기
- **beverage** 음료
- **caterer** 출장연회업자
- **meal** 식사
- **menu** 메뉴
- **order** 주문하다; 주문
- **refreshments** 다과류
- **reserve a seat** 좌석을 예약하다
- **take an order** ~을 주문받다
- **vegetarian** 채식주의자

- **쇼핑**
- **be sold out** 매진되다
- **brand-new** 신형의, 갓 나온

- bulk buying 대량구매
- cashier 계산원, 계산대
- cash register 금전 출납기, 계산대
- clearance sale 재고정리 세일
- convenience store 편의점
- coupon 쿠폰
- customer 고객
- defective 결함 있는
- delivery 배달
- department store 백화점
- discount store 할인점
- exchange 교환하다
- free of charge, complimentary 무료의, 공짜의
- go shopping 쇼핑을 가다
- grand opening 신장개업
- guarantee 보증서; 보증하다
- in stock 재고에 있는
- inventory 재고
- not for sale 비매품
- outdoor shop 밖에 있는 가게
- out of stock 재고가 없는
- potential customer 잠재 고객
- purchase 구입; 구입하다
- reasonable price 저렴한 가격
- recall 회수하다
- refund 환불; 환불하다
- return 반품하다
- seasonal store 계절 할인
- shopping mall 쇼핑몰
- take back 반환하다
- under warranty 보증 받는

- used 중고의
- voucher 상품권, 쿠폰
- warranty 보증서
- warranty period 보증 기간

- **공연, 콘서트**
- admission price, admission fee 입장료
- concession stand 매점
- intermission (공연의) 막간, 휴식 시간
- performance 공연
- selection of pieces 엄선된 작품들
- switch seats 자리를 바꾸다
- theater 극장
- ticket 표
- ticket counter 매표소

- **은행**
- apply for a loan 대출을 신청하다
- bank clerk, teller 창구 직원
- banker 은행원
- become due 만기가 되다
- close a bank account 계좌를 폐쇄하다
- have withdrawals made automatically 자동이체시키다
- make a deposit 입금하다
- make a withdrawal from bank account 계좌에서 돈을 인출하다
- open a bank account 계좌를 개설하다
- sign 사인하다, 서명하다
- signature 서명
- transaction 거래
- transfer 계좌이체하다, 송금하다
- withdraw 돈을 인출하다

📑 지문의 전개 및 예시

5-4.mp3

● **지문 초반부:** 상품 및 서비스의 종류, 장소 제시

> **M:** Hey, Jane. ❶ Do you like comedies? I've heard there's a new black comedy at the Piccadilly 21 Theater. So, I'm going to see the new play with Steve on Friday night.

➡ 지문 초반부에선 대화를 통해 논의되고 있는 상품 및 서비스의 종류 등을 파악할 수 있으며 그 상품이나 서비스에 대한 첫 번째 화자의 의향 등이 추가로 제시되기도 한다.

● **지문 중반부:** 화자의 의견에 대한 상대방의 부가 의견, 문제점 제시

> **W:** I tried several times to get a ticket before, but whenever I got there, the tickets were already sold out. ❷ It was really disappointing, because I was so looking forward to seeing the play.
>
> **M:** According to the newspaper, the play will be presented six times a day from this Friday. ❸ So you should call the theater again and see about getting tickets. Ah, hey, why don't you join us?

➡ 초반부에서 제시된 상품 및 서비스에 대한 상대방의 입장이나 의견, 혹은 현재 지니고 있는 문제점 등이 제시된다.

● **지문 후반부:** 문제 해결 방법이나 권유, 요청 사항 제시

> **W:** Sure, that would be great. Let's go to the theater on Friday, then. We'll be sure to purchase show tickets online or over the phone in advance this time.

➡ 지문 초, 중반부에서 제시된 문제점을 해결할 수 있는 방법과 더불어 상대방에 대한 권유나 요청 사항 등이 제시된다.

남: 제인, 코미디 좋아해요? 저는 새로운 세태 풍자 희극이 피카디리 21 극장에서 공연 중이라고 들었어요. 그래서 이번 주 금요일 밤에 스티브와 함께 연극을 보려고 해요.

여: 저도 전에 티켓을 구하려고 몇 번 시도했는데, 극장에 갈 때마다 티켓이 이미 매진되더라고요. 너무 보고 싶었던 연극이어서 낙담할 수밖에 없었어요.

남: 신문에서 보니 그 연극이 이번 금요일부터 하루에 6차례 공연한대요. 그러니 극장에 다시 연락해 티켓 구입에 대해 알아보세요. 그냥 저희랑 함께 가는 것이 어때요?

여: 좋아요. 그럼 금요일에 함께 가요. 이번에는 꼭 인터넷이나 전화로 사전 예매해서 가도록 해요.

어휘 sold out 다 팔린, 매진된 disappointing 실망스런, 좌절하는 in advance 미리

1. What are they talking about? 그들은 무엇에 대해 대화하는가?

(A) A movie festival 영화제
(B) A company outing 회사 야유회
(C) A new funny play 재미있는 새 연극
(D) A newspaper review 신문평론

➡ 질문의 키워드는 What, talking about이며, 화자들이 이야기하는 것이 무엇인지 묻는 주제문제이다. 따라서 대화 초반부에서 다루고 있는 내용을 파악하는 것이 중요하다. 남자가 대화 시작과 함께 Do you like comedies? I've heard there's a new black comedy at the Piccadilly 21 Theater.라고 하므로 대화는 세태풍자희극에 대한 내용이 될 것임을 유추할 수 있다.

어휘 company outing 회사 야유회

정답 (C)

2. Why was the woman disappointed? 여자가 낙담한 이유는 무엇인가?

(A) Performances have been postponed. 공연이 연기되었다.
(B) She had to work overtime. 그녀는 야근을 해야만 했다.
(C) Show tickets were unavailable. 표를 구매할 수 없었다.
(D) Her colleagues were very busy. 그녀의 직장 동료들이 매우 바빴다.

➡ 질문의 키워드는 Why, woman, disappointed이며, 여자가 낙담한 이유를 묻는 세부 사항 문제이다. 키워드 disappointed가 언급되는 대화에서 단서를 찾아야 하며, 여자의 대화에서 파

악하는 것이 바람직하다. 여자는 남자에게 It was really disappointing, because I was so looking forward to seeing the play.라며 연극을 보고 싶었지만 티켓이 매번 매진되어 볼 수 없었기 때문에 낙담했다고 밝히고 있다. 따라서 키워드 disappoint가 포함된 문장에서 단서를 찾아야 한다. 지문에 나온 sold out을 (C)에서 Show tickets were unavailable로 바꾸어 표현하였다.

어휘 performance 공연, 연주 postpone 연기하다 colleague 동료

정답 (C)

3. **What does** the man suggest **the woman do?** 남자가 여자에게 제안한 것은 무엇인가?

(A) **See another play** 다른 연극을 볼 것
(B) **Contact some colleagues** 몇몇 직장동료들에게 연락할 것
(C) **Read a newspaper** 신문을 읽어볼 것
(D) **Call the theater and ask about the ticket** 극장에 전화해 티켓에 대해 물어볼 것

➡ 질문의 키워드는 man, suggest이며, 남자가 여자에게 제안하는 내용을 묻는 문제이다. 남자가 제안한 내용을 묻고 있으므로 남자의 대화에서 단서를 찾는 것이 바람직하다. 남자는 마지막 대화에서 So you should call the theater again and see about getting tickets.라고 하며, 극장에 전화해서 티켓 구입에 대해 알아보라고 제안하고 있다.

| **함정 분석** | 남자의 대화 According to the newspaper, the play will be presented six times a day from this Friday.에서 newspaper만 듣고 (C)를 고르지 않도록 한다. 남자가 신문에서 본 내용을 언급하는 내용이며, 남자가 여자에게 제안한 것과는 관련이 없으므로 답이 될 수 없다.

어휘 contact 접촉하다, 연락하다 theater 극장

정답 (D)

7. Why is the woman calling?

(A) To make a reservation
(B) To invite a friend to dinner
(C) To cancel a reservation
(D) To order takeout

8. What is the problem?

(A) No tables are available at the requested time.
(B) The business closes at 5 o'clock.
(C) The dinner price is not reasonable.
(D) The restaurant does not take reservations.

9. What does the man suggest?

(A) Checking for cancellations later
(B) Trying another location
(C) Utilizing their call ahead seating service
(D) Coming another day

10. Where most likely is the conversation taking place?

(A) At a supermarket
(B) At a furniture store
(C) At an electronics store
(D) At a clothes store

11. What does the man say is going on at the store?

(A) Maintenance work
(B) A grand opening sale
(C) A clearance sale
(D) A special promotion

12. What does the woman request?

(A) The newest laptop
(B) The cheapest laptop
(C) The lightest laptop
(D) The smallest laptop

시설 & 사무기기

☑ 출제 경향

시설 및 사무기기와 관련된 대화로는 고장 및 수리 일정에 관한 대화가 가장 많이 출제되고, 그밖에 시설 및 사무기기 교체로 인한 주의사항 전달, 사무기기 주문, 작동법이나 설치법에 대한 문의, 수리 기술자 파견 등에 관한 대화가 나온다. 먼저 시설 및 사무기기와 관련된 빈출 표현을 알아보도록 하자.

● 시설 및 사무기기 관련 빈출 표현

▪ 사무실
- annex, wing 별관, 부속 건물
- blueprint 설계도면
- business hours 영업시간
- estimate 견적, 견적서
- floor plan 평면도
- fully equipped 시설이 완비된
- fully furnished 가구가 완비된
- maintenance 보수, 관리
- office automation(OA) 사무 자동화
- office complex 사무 단지
- office hours 업무 시간
- office space 사무 공간
- remodel 리모델링하다
- renovation 수리, 개보수, 개조
- work overtime, put in extra hours 초과근무하다
- workstation 작업대, 근무 장소

- **사무기기**
- **air-cleaner** 공기청정기
- **air conditioner** 에어컨
- **binder** 바인더
- **board room** 중역회의실, 이사회실
- **bulb** 전구
- **cleaning supplies** 청소용품
- **cooling system** 냉방 시설
- **copy machine, photocopier** 복사기
- **copy paper** 복사 용지
- **copy room** 복사실
- **cubicle** 회사에서 사용하는 칸막이
- **decoration** 장식
- **electrician** 전기공
- **file cabinet** 서류 보관함
- **flower arrangement** 꽃 장식, 꽃꽂이
- **fluorescent light** 형광등
- **folder** 서류 폴더
- **heating system** 난방 시설
- **humidifier** 가습기
- **lightning** 조명
- **mail room** 우편실
- **make a copy** 복사하다
- **mechanic** 기계공, 수리공
- **office equipment** 사무기기
- **office supply** 사무용품
- **paper shredder** 종이 분쇄기
- **plumber** 배관공
- **renovation** 수리, 보수 공사
- **repairman** 수리공
- **rug** 양탄자

- security guard 경비원
- stationery 문구류
- storeroom 창고
- supply room 비품실
- technician 기술자
- water cooler 냉각기, 정수기

- **사무용품**
- computer terminal 컴퓨터 단말기
- correction tape 수정 테이프
- elastic(rubber) band 고무줄
- eraser 지우개
- glue 풀, 접착제
- glue stick 딱풀
- high lighter 형광펜
- marker 마커
- mechanical pencil 샤프
- paper clip 페이퍼 클립
- pencil case 필통
- peripherals 컴퓨터 주변기기
- projector 프로젝터, 영사기
- ruler 자
- scissors 가위
- stapler 스테이플러
- stationery 문구류
- thumb tack 압정
- whiteout 수정액

지문의 전개 및 예시

5-7.mp3

● **지문 초반부:** 주문한 물품이나 서비스에 대한 문제 제기

> M: Hi, this is Jerry Sandman in the board room. ❶ Yesterday, a service repairman fixed a projector here, but it's still making a loud noise while we're using it. Well, I haven't been totally satisfied with the repair service we received.

➡ 지문 초반부에선 주로 상대방에게 주문한 물품이나 서비스에 대한 문제점이나 불만 사항 등이 제시된다.

● **지문 중반부:** 제기된 문제점에 대한 문의 및 해결 방법 제시

> W: Hmm, that could be caused by several reasons. ❷ Can you please tell me the service request number that the manufacturing company gave you? Then I'd be happy to call and ask them to come by later today to have a look at it again.

➡ 지문 중반부에선 제기된 문제점에 대해 여러 정보들을 파악하고 문의한 후 해결 방안을 제시한다.

● **지문 후반부:** 문의 내용 답변 및 요청

> M: Thanks a lot. The number is 7767, but I think I'll be out of the board room for a couple of hours after lunch. ❸ I'd really appreciate if the repairman gets here before that.

➡ 지문 후반부에선 문의한 내용에 대해 답변하거나 다른 요청 사항 등을 언급하며 대화를 마무리한다.

해석

남: 안녕하세요? 저는 이사회실에서 근무하는 제리 샌드맨이라고 합니다. 어제 서비스 수리공이
    이곳에 있는 영사기를 수리했는데요. 여전히 사용 중에 큰 잡음이 납니다. 우리가 어제 받은
    수리 서비스는 만족할 만한 수준이라고 할 수가 없네요.

여: 그런 현상은 여러 가지 이유로 발생될 텐데요. 저에게 제조회사에서 준 서비스 요청 번호를 알
    려주시겠어요? 그러면 제가 그 회사에 연락해서 오늘 오후 에 영사기를 다시 살펴보러 와달라
    고 요청할게요.

남: 고마워요. 번호는 7767이에요. 그런데 제가 점심식사 이후에 두어 시간 정도 이사회실을 비울
    예정이거든요. 수리공이 그 이전에 와줄 수 있으면 좋겠어요.

어휘 boardroom 이사회실 projector영사기 make a loud noise 큰 소음을 내다

1. What does Jerry say happened yesterday?
제리는 어제 무슨 일이 일어났다고 말하는가?

(A) A service repair was made. 서비스 수리가 이뤄졌다.
(B) A new technician was hired. 새로운 기술자가 채용되었다.
(C) Some ordered goods arrived. 주문품들이 도착했다.
(D) Some office furniture was rearranged. 사무가구가 재배치되었다.

➡ 질문의 키워드는 Jerry, happened, yesterday이며, 제리가 어제 무슨 일이 일어났다고 말
했는지를 묻는 문제이다. 제리의 대화에서 단서를 찾아야 하며, 키워드 yesterday가 언급된 문
장을 놓치지 않아야 한다. 대화 초반부에 남자는 자신이 제리라고 밝힌 후, Yesterday, a service
repairman fixed a projector here라며 어제 수리공이 영사기를 수리했다고 이야기하고 있다.
따라서 어제는 서비스 수리를 받았음을 알 수 있으므로 정답은 (A)이다.

어휘 rearrange 재배치하다, 재배열하다

정답 (A)

2. What does the woman ask for? 여자는 무엇을 요청하고 있는가?

(A) A late fee 연체료
(B) A service request number 서비스 요청번호
(C) A tracking number 추적번호
(D) The date of the dental appointment 치과예약 날짜

➡ 질문의 키워드는 the woman, ask이며, 여자가 무엇을 요청하는지 묻는 문제이다. 문제에서

여자가 요청하는 내용을 묻고 있으므로 여자의 대화에서 단서를 찾아야 한다. 남자는 어제 수리공이 영사기를 수리했지만 여전히 소리가 난다고 말하였고, 이에 여자가 Can you please tell me the service request number that the manufacturing company gave you?라며 서비스 요청번호를 묻고 있다. 따라서 정답은 (B)이다.

어휘   track 흔적, 추적하다

정답   (B)

3. What does the man ask the woman to do?
남자는 여자에게 무엇을 해달라고 요청하는가?

(A) Pay the repair charge 수리비를 지불할 것
(B) Call an emergency meeting 긴급회의를 소집할 것
(C) Replace an old projector 오래된 영사기를 교체할 것
(D) Have the repairman come before lunch 점심식사 전에 수리공이 오도록 할 것

➡ 질문의 키워드는 the man, ask, the woman이며, 남자가 여자에게 무엇을 요청하는지 묻는 문제이다. 남자가 요청하는 내용이므로 남자의 대화에서 단서를 찾아야 하며, 세 문제 중 마지막 문제이므로 대화 후반부에 집중해야 한다. 특히 동사를 주의하며 듣는다. 여자가 오늘 다시 영사기를 봐달라는 요청을 하겠다고 말하자, 남자는 점심식사 이후에 이사회실을 비울 예정이라고 밝히고, I'd really appreciate if the repairman gets here before that.이라며 자신이 이사회실을 비우기 전에 수리공이 방문할 수 있도록 해달라고 요청하고 있으므로 (D)가 정답이다.

| 함정 분석 | 남자의 대화 Yesterday, a service repairman fixed a projector here, but it's still making a loud noise while we're using it.을 듣고 (C)를 고르지 않도록 한다. 수리 후에도 소리가 나서 수리공이 다시 살펴볼 것이므로 영사기를 교체한다는 (C)는 오답이다.

어휘   replace 대체하다, 교체하다

정답   (D)

13. Who most likely is the man?

(A) An accountant
(B) An architect
(C) A bank clerk
(D) A technician

14. What is the woman's problem?

(A) She recently argued with one of her colleagues.
(B) Her computer broke down.
(C) She needs some reference material to finish her project.
(D) She lost some documents because of the technical support team.

15. What does the woman request that the man do?

(A) Install a new program
(B) Invite her to an international seminar
(C) Attend a meeting instead of her
(D) Repair her computer by tomorrow

16. What does the man want to know about?

(A) Transferring photos to a computer
(B) Editing some photo files
(C) Installing a new computer program
(D) Downloading anti-virus software

17. Why can't the woman help him until later?

(A) She has to show a client a property.
(B) She has to visit a print shop.
(C) She has to participate in a meeting.
(D) She has too many e-mails to send.

18. What will the man probably do next?

(A) Contact another colleague
(B) Look for help on-line
(C) Wait until tomorrow
(D) Visit a store for assistance

출장 & 여행

☑️ 출제 경향

출장 몇 여행과 관련된 내용으로는 출장/여행 일정, 출장/여행 일정, 출장지/여행지에서의 추천 활동, 출장/여행 기간 동안 업무 담당자 및 업무 처리 방법에 관한 내용, 출장/여행으로 인한 회의 연기나 회의 강행에 관한 내용이 가장 많이 출제되고 그 밖에 여행사 직원의 여행 상품 소개 및 홍보, 객실을 예약(수속)하며 자세한 대실 일정, 가격, 방의 종류 및 특징을 언급하는 지문이 등장하기도 한다. 먼저 출장 및 여행과 관련된 빈출 표현을 알아보도록 하자.

◉ 출장 및 여행 관련 빈출 표현

- airfare 항공료
- alternative route 대체로, 우회로
- amusement park 놀이 공원
- baggage claim 수하물 찾는 곳
- be bound for ~행의
- be good for ~간 유효한
- boarding pass 탑승권
- business trip 출장
- cabin 기내
- cabin crew 기내 승무원
- check-in counter 탑승 수속 창구
- commute 통근하다
- concourse 공항 중앙 홀
- connecting flight 경유 비행기
- crash ~에 추락하다, 충돌하다
- customs clearance 세관 통과(통관)

- customs declaration form 세관 신고서
- dashboard 계기판
- declare 신고하다
- derail ~를 탈선하다
- destination 목적지, 행선지
- detour 우회하다, 우회로
- disembarkation card 입국 신고서
- embarkation card 출국 신고서
- estimated Time of Arrival (ETA) 도착 예정 시간
- estimated Time of Departure (ETD) 출발 예정 시간
- fare (교통) 요금
- ferry 여객선
- flat tire 펑크 난 타이어
- flight attendant 기내 승무원
- garage 차고 / 차량 정비소
- give a ride / lift 차를 태워주다
- have a flat tire 자동차 바퀴가 펑크 나다
- immigration 출입국 관리
- itinerary 여행 일정(표)
- jet lag 시차 피로
- jet lagged 시차 적응으로 인해 피곤한
- lavatory 기내 화장실
- lay over ~를 경유하다
- mechanic 자동차 수리공
- median strip 중앙 분리대
- memorial (특히 석조) 기념물
- nontransferable 양도(양수) 불가한
- overhead compartment 머리 위 선반
- overhead rack 머리 위의 선반
- overpass 고가도로
- pull in 차를 세우다 / 기차가 역에 들어오다

- pull over (차를 세우기 위해) 차를 길가에 대다
- quarantine 검역 / 검역소
- rear-view mirror 백미러
- round trip 왕복 여행
- runway 활주로
- steering wheel 핸들
- stop over ~를 경유하다
- stopover, layover 경유지
- time zone 표준시간대
- tow (선박, 차량을) 견인하다. 끌다
- traffic lane 차선
- transfer 갈아타다, 환승하다
- transferable 양도(양수) 가능한
- transit 통과, 변화
- transmission 변속장치
- travel agency 여행사
- underpass 지하도
- valid 유효한
- waiting list/waitlist 대기자 명단
- windshield 앞 유리

🔖 지문의 전개 및 예시

5-10.mp3

● **지문 초반부:** 출장/휴가와 관련된 특정 직원, 회사 업무 또는 사내 행사에 대한 구체적인 정보 제시

> **M:** Ms. Bell, ❶ do you know if Stephanie will be back from her vacation in time to make it to the corporate strategy meeting Tuesday?
>
> **W:** I know her vacation isn't finished until Tuesday, so ❷ she will come back to work on Wednesday.

⇒ 지문 초반부에서는 남녀 대화자가 주고받는 대화의 상황으로 미루어 남녀가 어떤 관계인지, 대화하는 장소는 어디인지, 어떠한 상황에 대해 대화를 나누는지 등에 대한 대략적인 상황 파악이 가능하며 아울러 특정 대화자의 출장/휴가에 관한 기본적인 정보와 이로 인해 제약을 받게 되는 회사 업무 또는 사내 행사에 관한 정보가 제시되는 부분이기도 하다.

● **지문 중반부:** 출장으로 인한 성과, 출장/휴가로 인해 지장을 받는 회사 업무 또는 사내 행사와 연관된 문제점 및 해결책 모색

> **M:** Actually, Mr. Jordan was supposed to return to work after a week long vacation today. But he phoned in to say yesterday his connecting flight in Boulder was delayed due to heavy snow. ❷ He won't be in at all Tuesday, either.

⇒ 지문 중반부에서는 주로 특정 출장으로 인한 성과에 대해 전달 또는 논의하거나 출장/휴가로 인해 제약을 받게 되는 회사 업무 또는 사내 행사와 관련된 예기치 못한 문제점을 제기하고 해결책을 모색하는 단계라 할 수 있다.

● **지문 후반부:** 출장/휴가로 인해 돌출된 문제점의 해결책과 실천에 관한 세부적인 정보 제시

> **W:** In that case, let's postpone the meeting until Thursday or even early next week. We have no choice but to reschedule the meeting at the earliest date possible. ❸ I think all we can do is to go over these market analysis reports before the end of the day.

⇒ 지문 후반부에서는 출장/휴가에서의 복귀 일정, 출장/휴가로 인한 업무상의 공백, 제약받는 사내 행사에 대한 조치, 발생한 문제점에 대한 해결책, 그리고 이를 실행하기 위한 세부적인 정보가 등장한다.

해석

남: Bell씨, Stephanie 씨가 화요일에 있을 회사 전략 회의에 늦지 않게 돌아올 것인지 알고 있습니까?

여: 제가 알기론 그녀의 휴가가 화요일에 끝납니다. 그러니 그녀는 수요일에 업무 복귀를 할 겁니다.

남: 사실, Jordan씨도 일주일간의 휴가를 마치고 오늘 회사로 복귀하기로 되어있었죠. 그런데 Jordan씨가 어제 전화를 해서 Boulder에서 환승 비행기가 폭설로 인해 출발이 지연되었다고 이야기하더라고요. Jordan씨도 화요일에 절대 회사에 올 수가 없게 되었어요.

여: 그런 상황이라면, 회의를 목요일이나 아니면 차라리 다음 주 초로 연기하도록 합시다. 우리는 회의를 최대한 가까운 시일 내로 연기하는 것 외에는 할 수 있는 것이 없습니다. 제 생각엔 우리가 할 수 있는 것은 퇴근 전까지 이 시장 분석 보고서를 검토하는 것뿐이네요.

> **어휘** be back from one's vacation ~가 휴가에서 복귀하다 in time 시간에 맞춰, 늦지 않게 strategy meeting 전략회의 not ~until ~가 되어서야 ~하다 come back to work 일에 복귀하다, 직장으로 복귀하다 actually 사실은, 실제로는 be supposed to ~하기로 되어있다 return to work 일에 복귀하다, 직장으로 복귀하다 a week long vacation 일주일간의 휴가 phone in to say 전화 걸어서 이야기하다 connecting flight 환승 비행기 be delayed ~이 지연되다 due to ~를 이유로, ~에 기인하여 heavy snow 폭설 either 역시, 또한 not ~ at all 전혀 ~하지 않다, 전혀~가 아니다

1. On what day was the meeting supposed to be held?
회의는 무슨 요일에 열리기로 되어있었습니까?

(A) Tuesday 화요일
(B) Wednesday 수요일
(C) Thursday 목요일
(D) Saturday 토요일

➡ 회의가 원래 열리기로 한 요일이 언제였는지 묻는 첫 번째 문제이므로 대화 초반에 제시되는 구체적인 요일에 집중해야 한다. 남자는 대화 초반 do you know if Stephanie will be back from his vacation in time to make it to the corporate strategy meeting Tuesday?라며 Stephanie 씨가 화요일에 있을 회사 전략 회의에 늦지 않게 복귀 가능한지 여부를 묻고 있다. 따라서 회의는 화요일에 열릴 것임을 알 수 있으므로 정답은 (B)가 된다.

> **어휘** be supposed to V ~하기로 되어 있다

> **정답** (B)

2. Why will the meeting be postponed? 회의가 연기된 이유는 무엇인가?

(A) Some designs are incomplete. 일부 디자인들이 마무리되지 않았다.
(B) Some participants can't come. 일부 참석자들이 참석할 수 없다.
(C) Some equipment has been out of order. 일부 장비가 고장이 났다.

(D) Some employees have quit their job. 일부 직원들이 퇴사를 했다.

⇒ 회의가 연기된 이유에 대해서 묻고 있으므로 사전에 선지의 내용과 주요 키워드를 이해한 후 대화에서 제시되는 연기 이유와 부합하는 내용을 노려 들어야 한다. 여자는 she will come back to work on Wednesday.라며 그녀가 수요일에 업무 복귀를 한다는 점을 밝히고 있으며 이어서 남자가 He won't be in at all Tuesday, either.라고 언급하는 부분을 통해 회의가 있는 화요일에 참석해야 할 일부 사람들이 회의에 참석하지 못하게 된다는 점을 알 수 있다. 따라서 정답은 (B)가 된다.

어휘   postpone 연기하다   incomplete 불완전한, 미완의   out of order 고장이 난

정답   (B)

3. What does the woman suggest doing today? 여자는 오늘 무엇을 하자고 제안하는가?

(A) Calling another branch of the store 회사의 다른 지점에 연락한다.
(B) Delivering some packages 수화물을 배송한다.
(C) Postponing construction 공사를 연기한다.
(D) Reviewing some reports 보고서들을 검토한다.

⇒ 여자가 남자에게 오늘 하자고 제안하는 것을 묻는 마지막 문제이므로 대화 후반 여자의 대화 내용에서 동사와 명사를 중심을 단서를 파악해야 한다. 대화 후반 여자는 I think all we can do is to go over these market analysis reports before the end of the day.라고 언급하며 남자에게 시장 분석 보고서를 검토할 것을 제안하고 있다. 따라서 정답은 (D)가 된다.

어휘   branch 지점   deliver 배송하다

정답   (D)

19. Where does the woman probably work?

    (A) At a zoo
    (B) At a veterinarian
    (C) At a transit company
    (D) At a travel agency

20. What does the man want to do?

    (A) Find out when his department is moving
    (B) Discuss economic slowdown impacts
    (C) Make a hotel reservation for his vacation
    (D) Purchase an airline ticket in advance

21. What is the man concerned about?

    (A) Returning some books late
    (B) Sending a wrong ticket
    (C) Canceling a meeting
    (D) Being late for an event

22. What are the speakers mainly discussing?

  (A) An online travel site
  (B) A scheduling conflict
  (C) A relocation project
  (D) A vacation plan

23. What does the woman ask the man to do?

  (A) Discuss some prices
  (B) Recommend a city tour
  (C) Finalize a schedule
  (D) Take some photographs

24. According to the man, who should the woman speak to?

  (A) An acquaintance
  (B) A city resident
  (C) A travel agent
  (D) A hotel employee

약속 & 일정

✔ 출제 경향

약속 및 일정 관련 소재에서는 회의 / 발표 / 면접 / 교육 / 훈련 / 공사 / 작업 일정, 진료, 항공권 및 식당 예약을 비롯하여 특정 서비스 예약에 관한 내용을 다루는 지문이 가장 자주 출제되는 편이며 그 밖에 공연 일정이나 사내 / 외부 강좌 일정에 대한 내용을 다루는 지문이 종종 등장한다. 먼저 약속 및 일정과 관련된 빈출 표현을 알아보도록 하자.

● 약속 및 일정 관련 빈출 표현

- accommodations 숙박시설
- adjourn a meeting 휴회하다
- amenities 부대시설, 편의시설
- baggage 수화물
- board room 중역[임원] 회의실
- book a room 방을 예약하다
- call a meeting 회의를 소집하다
- check in 입실수속을 밟다
- check out 퇴실 수속을 밟다
- come to[reach, arrive at] a conclusion 결론에 도달하다
- complimentary coffee service 무료 커피 서비스
- concierge 호텔 콘시어쥐, 호텔 접수계 직원
- condo 콘도
- conference agenda 회의 안건
- confirm the reservation 예약을 확인하다
- continental breakfast 호텔에서 제공하는 아침식사
- delegation 대표단

- desk clerk 프론트 데스트 직원
- doorman 도어맨
- double (=twin) 2인용 객실
- down payment 계약금
- dressing room 탈의실
- fitness center 헬스장
- four star 최고급 호텔
- front(information, registration) desk 프론트 데스크
- fully equipped 시설이 완비된
- fully furnished 가구 시설이 완비된
- hotel courtesy shuttle 호텔 셔틀버스
- housekeeper 객실 청소 직원
- housekeeping 객실청소
- ice bucket 얼음통
- key deposit 열쇠 보증금
- keynote speaker 기조 연설자
- keynote speech 기조연설
- laundry service 세탁 서비스
- lodge 산장
- luggage 수화물
- maid 객실 청소 직원
- make a reservation for a room at a hotel 호텔방을 예약하다
- meeting room 소회의실
- minutes 회의록
- ocean-view room 바닷가가 보이는 객실
- panel discussion 공개토론회
- panelist (토론, 회의) 공개토론자
- podium 연단
- porter 짐꾼
- preside (회의를) 주재하다
- presidential suite 고급 객실

- **pros and cons** 찬반양론
- **put up at a hotel** 호텔에 투숙하다
- **reasonable price** 저렴한 가격, 적당한 가격
- **reception desk** 프론트 데스크
- **rent and utility bills** 임대료와 공과금 청구서
- **rental agreement** 임대 계약서
- **reservation slip** 예약전표, 예약증
- **room number** 객실호수
- **room service** 객실 식사 서비스
- **room tax** 투숙료에 붙는 세금
- **security deposit** 보증금
- **sheet** 시트
- **single** 1인용 객실
- **stay overnight** 하룻밤을 묵다
- **suite** 호텔 객실
- **service charge** 봉사료, 팁
- **tip** 봉사료, 팁
- **utility rate** (전기, 수도 등의) 공공요금
- **wake up call** 아침에 잠을 깨워주는 콜서비스
- **walk-in** 예약 없이 오는

📇 지문의 전개 및 예시　　　　　　　　　　5-13.mp3

● **지문 초반부:** 일정을 논의해야 하는 구체적인 행사나 상황에 대한 정보 제시

> W: ❶ I can't believe we've received over 100 applications for just two accounting positions.

➥ 지문 초반부에서는 일정을 논의해야 하는 구체적인 행사나 상황에 대한 정보가 등장한다.

● **지문 중반부:** 행사나 상황에 따른 특징과 문제점 제기 및 일정과 시간 조정

> M: Yes, that's quite a response. ❷ We need to review the applications and select the ten strongest candidates to invite for upcoming interviews. I think there must be way too much work to get done such as arranging interview schedules and contacting references. ❷ Could you meet me at 11 o'clock tomorrow?

⇨ 지문 중반부에서는 행사나 상황에 따른 특징과 문제점을 언급하며 구체적인 일정 혹은 시간을 조정하는 내용이 등장한다.

● **지문 후반부:** 최종적인 일정 혹은 시간의 결정 및 행사 관련 추가 정보 제시

> W: Sure, no problem. I think we should only consider those who have a degree in Accounting and some computer knowledge.
> M: Yes, but ❸ what really matters most is their work experience after all. We have to fill our accounting positions with the most qualified applicants as soon as possible.

⇨ 지문 후반부에서는 행사의 최종적인 일정 또는 시간이 언급되며 이후 행사와 관련된 추가적인 정보를 제시한다.

해석

여: 회계직에 두 명을 구인하는데 100명이 넘는 지원자들을 접수했다는 사실이 정말 놀랍네요.

남: 그렇죠, 아주 놀라운 반응입니다. 우리는 지원서들을 검토하고 면접을 볼 10명의 최종 후보자들을 선택해야 합니다. 저는 면접 일정을 잡는 것과 이력서 사실 확인과 같은 할 일이 굉장히 많다고 생각합니다. 저와 내일 11시에 만날 수 있겠습니까?

여: 좋습니다, 문제될 것 없습니다. 제 생각엔 우리는 회계학 학위와 컴퓨터 운영지식을 지닌 사람들만 면접대상자로 고려하면 될 듯합니다.

남: 네, 그렇지만 결국 가장 중요한 것은 그들의 직장 경력입니다. 우리는 최대한 빨리 회계직에 제일 적격인 지원자들을 구인해야만 합니다.

어휘 accounting position 회계직, 경리직 quite a response 엄청난 반응 select ~을 선택하다 strongest candidates 제일 우수한 후보자들 invite ~를 초청하다 upcoming 앞으로 다가올 way too much 아주 많은 such as ~과도 같은 arrange interview

schedules 면접 일정을 잡다 contact references 이력 사항이 사실인지 직접 관련 인물(처)
에 연락하여 확인하다 consider ~을 고려하다 those who ~하는 사람들 computer
knowledge 컴퓨터 관련 지식 what really matters most 제일 중요한 것은, 제일 문제가
되는 것은 after all 결국 fill A with B A를 B로 채우다 most qualified applicants 가장
적격인 지원자들

1. Why is the woman surprised? 여자가 놀란 이유는 무엇인가?

(A) A quarterly earning has declined. 분기별 수익이 하락했다.
(B) Some employees have been laid off. 일부 직원들이 해고되었다.
(C) An accounting report has not completed yet. 회계 보고서가 아직 작성되지 않았다.
(D) There are more applicants than she expected. 생각보다 많은 지원자들이 있다.

➡ 여자가 놀란 이유에 대해 묻고 있으므로 대화 초반 여자의 대화 내용에서 선지와 부합하는
단서를 파악해야 한다. 여자는 대화 시작과 함께 I can't believe we've received over 100
applications for just two accounting positions.라고 언급하는 부분을 통해 여자는 회계직
두 명을 구인하는데 100명이 넘는 사람들이 지원했다는 점에 놀라고 있음을 알 수 있다. 따라서
정답은 (D)가 된다.

어휘 quarterly earning 분기별 수익 decline 하락하다, 거절하다 lay off 해고하다
complete 종료하다, 마무리하다

정답 (D)

2. Why will the speakers meet tomorrow? 화자들이 내일 만나는 이유는 무엇인가?

(A) To send formal invitations 공식 초청장을 발송하기 위해서
(B) To discuss investment issues 투자 안건에 대해 논의하기 위해서
(C) To make a presentation 발표를 하기 위해서
(D) To go over job applications 취업 지원서를 검토하기 위해서

➡ 화자들이 내일 만나야 하는 이유에 대해서 묻는 문제이므로 대화 전반부에서 내일, 즉,
tomorrow라는 시점이 등장하는 부분을 중심으로 단서를 파악해야 한다. 남자는 We need
to review the applications and select the ten strongest candidates to invite for
upcoming interviews.라며 지원서를 검토하고 그 중 10명의 면접 대상자를 선별해야 한다는
점을 밝히고 있다. 이어서 Could you meet me at 11 o'clock tomorrow?라며 여자에게 내일
오전 11시에 만날 수 있는지 여부를 묻고 있다. 따라서 화자들은 지원서의 검토와 면접자 선정을
위해 내일 만나고자 함을 알 수 있으므로 정답은 (D)가 된다.

어휘 formal invitation 정식 초대장 issue 문제점, 안건, 발행 job application 구직 지원서

정답 (D)

3. According to the man, what is the most important qualification?

남자에 따르면, 가장 중요한 자격요소는 무엇인가?

(A) Accounting degree 회계 학위
(B) Time management skills 시간 관리 능력
(C) Work experience 직장 경력
(D) Computer literacy 컴퓨터 활용 능력

➡ 남자가 언급하고 있는 가장 중요한 자격 요소를 묻는 마지막 문제이므로 대화 후반부에 등장하는 남자의 대화 내용에서 자격 요소를 언급하는 명사를 중심으로 단서를 파악해야 한다. 남자는 대화 말미에서 what really matters most is their work experience after all.이라고 말하며 궁극적으로 가장 중요한 것은 바로 직장경력임을 밝히고 있다. 앞서 여자는 학위에 치중했지만 결과적으로 제일 중요한 자격요소는 직장경력이라는 반전이 있으므로 이에 주의해야 할 필요가 있다. 따라서 정답은 (C)가 된다.

어휘 qualification 자격 degree 학위 management 경영, 관리 skill 기술 literacy 지식, 활용 능력

정답 (C)

25. What is the topic of the conversation?

(A) A promotion opportunity
(B) A client meeting
(C) A company presentation
(D) A recruitment plan

26. When will the speakers probably meet each other on Tuesday?

(A) In the morning
(B) At noon
(C) In the afternoon
(D) In the evening

27. What does the man ask the woman to do?

(A) Contact him by phone
(B) Give an email address
(C) Talk to her director
(D) See him after meeting

28. What does the woman want to do?

   (A) Go back to work
   (B) Call a meeting
   (C) Have a day off
   (D) Receive a promotion

29. What will happen on Wednesday?

   (A) An evaluation will be performed.
   (B) Some clients will visit a plant.
   (C) A meeting will be held.
   (D) New staff will be introduced.

30. What problem does the man mention?

   (A) A lack of attendance at a meeting
   (B) The health of the office staff
   (C) The cleanliness of the workplace
   (D) Incorrect information on a report

3인 대화

☑️ 출제 경향

3인 대화는 주로 남자 1명에 여자 2명, 혹은 여자 1명에 남자 2명의 구성으로 대화가 진행된다. 3인 대화라고는 하지만 대부분의 대화 내용은 두 남녀를 중심으로 전개되며 대화 중반이나 후반 다른 한 사람의 대화 내용이 한 번 정도 추가되는 정도이므로 실제로는 두 남녀의 2인 중심의 대화와 큰 차이가 없다. 현재 PART 3에서 3인 대화는 총 2개 지문이 출제되고 있다. 문제에서 men, women과 같이 복수의 동일한 성별 대화자들을 지칭하는 주어가 보이면 3인 대화 지문이 등장하게 된다.

📃 지문의 전개 및 예시

5-16.mp3

● **지문 초 / 중반부:** 두 화자 사이에 특정 안건에 대해 논의하는 대화 내용 제시

> **M:** ❶ Of all the feedback we get from hotel guests, the most common comment is that the lighting in our suites isn't bright enough for reading or working.
>
> **W1:** That's right, Mr. Wilson. ❶ I often hear that from guests when they check out. Do you think it's time we did something about it?
>
> **M:** For attracting more business customers, I think we definitely should do something.

➡️ 지문 초 / 중반부에선 주로 두 화자 사이에 특정 안건에 대해 논의하는 대화 내용이 제시된다. 이 때 두 대화자가 특정 안건에 대해 반대하거나 대립하기 보다는 같은 의견을 지니거나 이를 해결하기 위해 의견을 모으고 수렴하는 입장을 지닌다.

- **지문 중반부:** 특정 안건에 대한 효과적인 해결책 또는 이를 해결할 수 있는 정보 언급

> **W1: ❷** Maybe we should purchase some lamps to go on the desks in all the suites. I think it is the only measure to resolve the problem rapidly.

➡ 특정 안건에 효과적인 해결책을 제시하거나 이를 해결할 수 있는 인물 / 회사 / 서비스에 대한 정보를 언급한다. 지문 중반부에서 새로운 대화자가 등장하는 경우 이때는 주로 다른 대화자와 함께 안건에 대한 해결책을 제시하는 역할을 담당한다.

- **지문 후반부:** 해결책이나 조치에 대한 보완 내용 또는 향후 이를 실현하기 위한 구체적 내용 제시

> **W2: ❷** That sounds like a good idea. That's what I was about to suggest. But we'll need to get approval from headquarters for such a big spend, though.
>
> **M: ❸** How about I draw up a proposal and present it at the next meeting at the headquarters?

➡ 대화 후반부에서는 해결책이나 조치에 대해 보완해야 할 내용 또는 대화 이후에 이를 실현하기 위해 해야 할 구체적인 내용이 제시된다. 새로운 대화자가 대화 후반부에 등장하는 경우에는 대부분 새로운 대화자가 해결책의 내용을 보완하거나 안건을 다루기 위한 적임자로서 등장한다.

해석

남: 호텔 투숙객들에게 받는 모든 의견 중에서, 가장 흔한 언급은 객실 조명이 독서를 하거나 일하기에 충분히 밝지 않다는 점이에요.

여1: 맞아요, Wilson 씨. 저도 투숙객들이 퇴실할 때 그 이야기를 자주 들어요. 이 점에 대해 조치를 해야 할 때가 된 것일까요?

남: 더 많은 비즈니스 고객들을 유치하는 것이 목표이니, 확실히 뭔가 해야 한다고 생각해요.

여1: 아마도 모든 객실의 책상에 비치할 램프를 구매해야 할 것 같아요. 저는 이 방법이 문제점을 빠르게 해결할 수 있는 유일한 대책이라고 생각해요.

여2: 좋은 생각이에요. 저도 그리 제안하려고 했었어요. 하지만 그렇게 많은 지출을 하려면 본사에서 승인을 받아야 할 거예요.

남: 제가 제안서를 작성해서 다음 본사 회의에서 제출하는 것이 어때요?

어휘 feedback 피드백, 의견 common 흔한, 공통의 comment 논평, 언급 lighting 조명 bright 밝은 check out 퇴실하다 attract 끌어들이다, 유치하다 customer 고객 definitely 분명히, 확실히 purchase 구매하다 lamp 램프, 등 approval 승인 headquarters (*pl.*) 본사 spend 비용, 경비 draw up (세심한 계획이 필요한 것을) 만들다, 작성하다 proposal 제안, 제의 present 제출하다, 발표하다 meeting 회의

1. Where do the speakers most likely work? 화자들은 어디에서 일할 것 같은가?

(A) At an electrical store 전기 기구점

(B) At a hotel 호텔

(C) At a conference venue 회의 장소

(D) At a furniture company 가구 회사

➡ 화자들의 직장을 묻는 첫 번째 문제이므로 대화 초반 화자들의 직장이 직접 언급되거나 이를 유추할 수 있는 관련 어휘가 등장하는 부분에 초점을 맞춰야 한다. 화자는 대화 시작과 함께 Of all the feedback we get from hotel guests, the most common comment is that the lighting in our suites isn't bright enough for reading or working.이라며 호텔 투숙객들에게 받는 모든 피드백 중에서 가장 흔한 언급이 객실 조명이 독서를 하거나 일하기에 충분히 밝지 않다는 점임을 언급하고 있다. 이어서 남자가 I often hear that from guests when they check out.이라며 투숙객들이 퇴실할 때 그 이야기를 자주 듣고 있음을 밝히고 있다. 무엇보다 hotel guests와 check out을 통해 화자들의 직장은 호텔임을 추측할 수 있으므로 정답은 (B)가 된다.

어휘 venue 장소

정답 (B)

2. What does the women suggest? 여자는 무엇을 제안하는가?

(A) Cleaning some rooms 몇몇 객실들을 청소한다.

(B) Buying some lamps 램프를 구매한다.

(C) Calling a technician 기술자에게 연락한다.

(D) Replacing some equipment 일부 장비를 교체한다.

➡ 여자들이 제안하는 내용을 묻고 있으므로 여자들의 대화 내용이 언급되는 부분에서 동사와 명사를 중심으로 단서를 파악해야 한다. 한 여자가 Maybe we should purchase some lamps to go on the desks in all the suites.라며 모든 객실의 책상에 비치할 램프를 구매해야 한다고 제안하고 있다. 이어서 또 다른 여자가 That sounds like a good idea. That's what I was about to suggest.라며 좋은 생각이라고 동의한 후 자신도 그렇게 제안하고자 했다는 내용을 밝히고 있다. 따라서 여자들은 램프 구매를 제안하고 있음을 알 수 있으므로 정답은 (B)가 된다.

> **어휘** replace 대체하다, 교체하다

> **정답** (B)

3. What will the man probably do next? 남자는 이후에 무엇을 할 것 같은가?

(A) Request a payment 지불을 요청한다.
(B) Look at a brochure 상품 소개 책자를 본다.
(C) Get customers feedback 고객들에게 의견을 받는다.
(D) Writing a document 문서를 작성한다.

➡ 남자의 미래 행동에 대해 묻고 있으므로 마지막 대화 내용에서 동사와 명사를 중심으로 단서를 파악해야 한다. 남자는 대화 말미에서 How about I draw up a proposal이라며 자신이 제안서를 작성하는 것이 어떠할지에 대해 묻고 있다. 따라서 남자는 이후에 제안서를 작성할 것이라 유추할 수 있으므로 정답은 (D)가 된다.

> **어휘** document 문서

> **정답** (D)

31. What does the woman ask Mr. Porter about?

(A) Contacting a client

(B) Accessing a data server

(C) Giving support

(D) Using a copy machine

32. What does the woman need to do today?

(A) Complete her paperwork

(B) Practice a presentation

(C) Send an email

(D) Upload some sales data

33. What does Mr. Parker offer to do for the woman?

(A) Make some copies

(B) Repair her computer

(C) Give some information

(D) Help with her presentation

34. Where is the conversation taking place?

(A) At a college
(B) At a hotel
(C) At a museum
(D) At a convention center

35. According to the man, what does the business need?

(A) Better budgeting
(B) Interior renovation
(C) Short-term help
(D) Profitability improvement

36. What do the speakers probably do next?

(A) Reduce personnel expenses
(B) Purchase new desks
(C) Change normal hours
(D) Produce a job description

6장

PART 4
문제 유형별
풀이 요령

세부 사항

☑️ 출제 경향

PART 4에서도 세부 사항을 묻는 문제는 가장 많이 출제되는 문제 유형으로, 일반적으로 세 문제 중 1~2문제는 꼭 출제가 된다. 지문에 나오는 구체적인 정보를 묻는 질문이므로 질문을 반드시 먼저 읽고 문제에 제시된 키워드(① 인명, 장소, 회사명을 비롯한 명사 ② 숫자, 시간, 기간 ③ 동사 ④ If절)를 염두에 두고 들어야 한다.

● 세부 사항을 묻는 질문

- When is the work going to be completed?

  일이 언제 끝나는가?

- Where did Mr. Hughes work previously?

  휴스 씨는 이전에 어디에서 일했는가?

- Who is Isabella?

  이사벨라는 누구인가?

- What can be found on the Web site?

  웹사이트에서 무엇을 찾을 수 있는가?

- Why are employees requiring a change?

  직원들은 왜 변화를 요구하는가?

- How can the listeners have a new phone?

  청자들은 어떻게 새 전화기를 받을 수 있는가?

🚩 풀이요령

문제의 키워드를 파악하고,
그 키워드와 관련된 부분을 집중해서 들어야 한다!

▶ PART 3과 마찬가지로 PART 4도 지문을 들으며 그 키워드와 관련된 부분에 집중하는 것이 가장 핵심적인 요령이다. 키워드는 인명, 회사명, 장소, 숫자, 시간, 기간, 동사 등 의문사 뒤에서 언급된 특정명사나 동사를 꼽을 수 있다.

EX 1

6-1.mp3

According to the speaker, what can listeners find on the conference Web site?
화자에 따르면, 청자들은 이 토론회 웹사이트에서 무엇을 찾을 수 있는가?

(A) Research reports 연구 보고서
(B) An evaluation form 평가 양식
(C) Registration confirmation 등록 확인
(D) A program schedule 프로그램 일정표

➡ 청자가 토론회 웹사이트에서 찾을 수 있는 것을 묻고 있으며, 키워드는 the conference Web site이다. 지문에서 키워드가 포함된 문장이 단서를 제시하므로 반드시 키워드를 염두에 두고 들어야 한다.

해석

M: Welcome to the 5th annual Research Forum. I am sure this forum will help you find some solutions to environmental problems. We have many prominent researchers and experts from around the world. Before I introduce our plenary speaker, I have an important reminder about the small-group sessions on the program. Due to limited space, advanced registration was required to participate in the small groups. You should have found tickets in your welcome kit for each session you registered for. If not, you'll want to check the Web site to confirm that you are indeed registered.

남: 제 5차 연례 연구 토론회에 오신 것을 환영합니다. 저는 이 토론회가 여러분이 환경 문제에 대한 해결책을 찾는 데 도움을 드릴 것이라고 확신합니다. 저희는 전 세계의 유명한 연구원과 전문가들을 모셨습니다. 기조 연설자를 소개하기에 앞서 프로그램의 소그룹 회의와 관련해 한 가지 중요한 유의사항을 알려드리겠습니다. 제한된 공간 사정으로 인해 소그룹 회의에 참석하기 위해서는 사전 등록이 요구되었습니다. 여러분은 받으신 초청 키트에서 본인이 등록한 각 회의의 티켓을 미리 찾아두셨어야 합니다. 그렇지 않으면, 웹사이트에서 본인이 실제로 등록이 되어 있는지 확인해봐야 할 것입니다.

어휘   annual 연례의, 해마다의 prominent 유명한, 뛰어난 reminder (잊지 않게 하기 위한) 주의, 상기시키는 것 due to ~ 때문에 participate in ~에 참가하다 kit(특정 목적의 도구, 장비) 세트, 용구상자 confirm 확인하다, 확정하다

질문의 키워드인 the conference Web site와 관련된 표현을 주의 깊게 들어본다. 지문을 보면 맨 마지막 문장에서 Web site가 언급이 되어 있음을 확인할 수 있다. 화자는 토론회에 참석한 사람들에게 유의사항을 전하다가, 지문 후반 If not, you'll want to check the Web site to confirm that you are indeed registered.라고 하며 회의 티켓이 없다면 웹사이트에서 등록을 확인해야 한다고 언급하고 있다. 웹사이트에서 실제로 등록했는지의 여부를 확인하라고 하였으므로 청자는 웹 사이트에서 등록 확인을 할 수 있다. 따라서 (C)가 정답이다.

| 함정 분석 | 키워드만 기억하고 지문을 들었다면 어렵지 않게 답을 찾을 수 있다. 지문 초반부 We have many prominent researchers and experts from around the world.를 듣고 research를 이용한 함정 (A)를 고르지 않도록 한다. 질문과 상관없는 내용이므로 (A)는 오답이다.

정답   (C)

Practice 1   ▶ 정답 및 해설은 378쪽   6-2.mp3

What is being offered today only?

(A) A gift voucher
(B) A discount on certain items
(C) A free gift with any purchase
(D) Delivery service

Practice 2   ▶ 정답 및 해설은 378쪽   6-3.mp3

According to the announcement, what will begin this afternoon?

(A) Renovations
(B) The replacement of some equipment
(C) An inspection
(D) Repairs

요청 & 제안

☑ 출제 경향

요청이나 제안을 하는 질문은 세 문제 중 주로 3번 문제로 출제된다. 그리고 요청이나 제안 유형의 성격상 PART 4에서도 지문의 맨 후반부에 등장한다. 요청이나 제안의 질문을 미리 익히고 그 주요 패턴을 익혀놓으면 단서를 쉽게 찾을 수 있다.

🔘 요청 & 제안 사항을 묻는 질문

- What does the speaker suggest? 화자는 무엇을 제안하는가?
- What does the speaker suggest the listeners do?
  화자는 청자들에게 무엇을 제안하는가?
- What does the speaker ask the listeners to do?
  화자는 청자들에게 무엇을 요청하는가?
- What are the listeners asked to do?
  청자는 무엇을 요청받는가?

🔘 요청 & 제안 사항을 말하는 주요 패턴

- We ask you to V~. ~할 것을 요청합니다.
- You are required to V~. 반드시 ~해야 합니다.
- I suggest that you V~. ~할 것을 제안합니다.
- You are asked to V. ~할 것을 요청받습니다.

🚩 풀이요령

요청이나 제안은 지문의 맨 후반부 두 문장에서 제시된다!

▶ PART 3에서도 그랬지만 PART 4에서도 요청이나 제안 유형은 지문의 맨 후반부에 등장하게 된다. 초중반부에 문제점이나 상황에 대해 설명하고 마지막에 요청이나 제안을 하며 마무리하는 형태가 지문의 흐름상 가장 자연스럽기 때문이다. 그런데 READING과는 달리 지문의 맨 마지막 부분이 어디인지를 가늠할 수 없으므로 대략 5 ~ 6문장 정도가 흘러간 후부터 요청이나 제안에 많이 쓰이는 구문에 초점을 맞춰 집중적으로 듣는다.

EX 2

6-4.mp3

What does the speaker suggest the listener do?
화자는 청자에게 무엇을 제안하는가?

(A) Check out a Web site 웹사이트 확인하기
(B) Try on a new skirt 새로운 치마 입어보기
(C) Come in to the store 상점 방문하기
(D) Fill out a application form 신청서 작성하기

⇒ 화자가 청자에게 제안하는 내용을 묻고 있으므로 지문 후반부에 요청이나 제안에 많이 쓰이는 주요 표현에 집중하되, 특히 동사를 놓치지 않는 것이 중요하다.

해석

M: Hello, Ms. Isabella Choi. This is Charles Winston calling from Arman Women's Wear. I know that you are one of our regular customers. It is always a pleasure serving you. You will be pleased to know that starting today, we are having a special sale on all women's skirts. If you buy one, you will get a second one in a different color free. This is a fantastic deal considering that one skirt alone retails for more than eighty dollars. This is a limited sale taking place only on Sunday. I am sure you will be interested, so please drop by.

남: 안녕하세요, 이사벨라 최 씨. 저는 아르망 여성복의 찰스 윈스턴이라고 합니다. 귀하는 저희 매장의 단골 고객이십니다. 귀하를 손님으로 맞이하는 일은 언제나 즐거운 일이고요. 오늘부터 모든 여성용 치마에 대해 특별 할인 판매가 있다는 사실을 접하시면 기쁘실 것입니다. 하나를 구입하시면 다른 색상으로 하나를 무료로 드립니다. 치마 한 벌이 80달러 이상에 판매된다는 사실을 고려할 때 아주 환상적인 할인 행사입니다. 이번 행사는 일요일에만 진행되는 한정 행사입니다. 고객님께서 관심을 가지실 것이라 생각하며 저희 매장에 한번 방문하셔서 둘러보셨으면 합니다.

어휘   regular customer 단골손님   considering ~을 고려하면   drop by 들르다

➡ 여성용 치마의 특별 할인 판매에 대해 소개하고, 지문 말미에 화자는 청자에게 I am sure you will be interested, so please drop by.라고 하며 관심이 있으면 직접 매장으로 방문하라고 제안하고 있다. 화자는 청자에게 매장에 방문하라고 제안하였으므로 please drop by를 Come in to the store로 바꾸어 제시한 (C)가 정답이다.

| 함정 분석 | 지문 중반부 You will be pleased to know that starting today, we are having a special sale on all women's skirts.에서 skirts를 듣고 (B)로 혼동하지 않도록 한다. 치마에 대한 특별 할인 판매를 소개하는 내용이며, 청자에게 새로운 치마를 입으라고 제안하는 내용은 아니므로 (B)는 오답이다.

정답   (C)

Practice 3   ▶ 정답 및 해설은 379쪽   6-5.mp3

What does the speaker ask the listeners to do tomorrow?

(A) Attend a meeting
(B) Be available at work
(C) Conduct a thorough audit
(D) Arrive at work early

Practice 4   ▶ 정답 및 해설은 380쪽   6-6.mp3

What are customers invited to do?

(A) Call a consultant
(B) Request a brochure
(C) Visit the head office
(D) Enjoy some special benefits

화자의 의도 파악

☑️ 출제 경향

PART 4에서 화자의 의도 파악 문제는 PART 3과 마찬가지로 시각 정보 파악 문제가 3문제 나오면 화자의 의도 파악 문제는 2문제, 시각 정보 파악 문제가 2문제 나오면 화자의 의도 파악 문제는 3문제가 나오게 된다. 특정 표현의 사전적 / 표면적 의미가 아니라, 화자가 해당 표현을 통해 의도하는 뜻이 무엇인지를 묻는 문제이다. 일단 제시된 해당 표현의 의미가 무엇인지 직관적으로 이해해보고 각각의 선지가 제시하는 상황이 무엇인지 파악한다. 그리고 해당 표현의 앞뒤 담화를 듣고 해당 표현의 원래 의미가 어떤 상황으로 묘사되었는지를 유추해 내야 한다.

● 화자의 의도를 묻는 질문

What does the speaker mean when he says, "It was finished in just 12 months"?

화자가 "It was finished in just 12 months"라고 말할 때 의미하는 바는 무엇인가?

What does the speaker imply when she says, "nobody was available to receive them"?

화자가 "nobody was available to receive them"이라고 말할 때 암시하는 바는 무엇인가?

🚩 풀이요령

의도 파악 문장 앞뒤에 나온 문장에
대부분 정답의 단서가 있다!

▶ 의도 파악 문제는 해당 문장의 단순한 의미만으로는 문제 해결이 어렵다. 따라서 반드시 다른 문장들의 도움을 받아야 하는데, 가장 단순하고 확실한 방법은 의도 파

악으로 제시된 문장의 앞뒤 문장에 집중하는 것이다. 그런데 LC의 특성상 해당문장이 언제 등장할지는 알 수 없으므로 지문 첫 문장부터 해당 문장이 등장할 때까지 관심을 기울이며 들어야 한다.

EX 3

What does the man mean when he says, "So here's the thing"?
남자가 "So here's the thing"이라고 말하는 의미는 무엇인가?

(A) He wants to change the meeting date. 그는 회의 날짜를 변경하길 원한다.
(B) He wants to show another model. 그는 다른 모델을 보여주길 원한다.
(C) He wants to give some instructions. 그는 지시사항을 전달하길 원한다.
(D) He wants the employees to fill out a form.
그는 직원들이 서류를 작성하길 원한다.

➡ 먼저 해당 표현의 의미를 정확하게 파악한다. 'here's the thing'은 '내가 하려는 말은 이것이다'라는 뜻임을 기억해야 한다.

해석

M: Okay, now let's talk about the next item. I heard we experienced many customer complaints regarding our new mobile phone, the BK-1123. The head of Customer Service told me the majority of our customers have been dissatisfied with the batteries for the BK-1123, causing many angry complaints. Many reported that their batteries usually get overheated and stop working after they use their phones for several hours. So here's the thing. Mr. Preston, I think it would be good if you and your staff came up with some solutions for the problem regarding the batteries.

남: 좋아요, 그러면 다음 논의 사항에 대해 이야기합시다. 우리의 신상 휴대전화 BK-1123에 관한 고객들의 많은 불만사항을 접하고 있다고 들었어요. 고객 관리 부장이 제게 우리 고객 대부분이 BK-1123의 충전지에 대해 만족하지 못하고 있으며, 이것이 많은 강력한 불만사항들을 초래하고 있다고 말했습니다. 많은 고객들이 휴대전화를 몇 시간 사용하면 대체로 충전지가 과열되면서 작동하지 않는다고 전합니다. 그러니 이렇게 합시다. 프레스턴 씨, 당신과 직원들이 이 충전지 문제에 대한 해결책을 찾아내는 것이 좋을 것 같습니다.

어휘 majority 다수 overheat 과열되다 come up with (아이디어 · 해결책 등을)찾아내다, 제시하다

6장 PART 4 문제 유형별 풀이 요령 **239**

→ 화자는 많은 고객들이 휴대전화를 몇 시간 사용하면 충전지가 과열되면서 작동하지 않는다고 신고를 한다는 내용을 지적하고 있으며, 이어서 So here's the thing이라고 말한 후 프레스턴 씨에게 문제에 대한 해결책을 찾아내는 것이 좋을 것 같다는 지시를 전달하고 있다. 남자가 So here's the thing.이라고 말한 것은 문제에 대한 해결책을 찾으라는 지시사항을 전달하겠다는 의도에서 언급된 표현임을 가늠할 수 있으므로 (C)가 정답이다.

| **함정 분석** | the majority of our customers have been dissatisfied with the batteries for the BK-1123을 듣고 고객들이 신상품에 대한 불만이 많아 다른 모델을 보여주려는 것이라고 생각하여 (B)를 고르지 않도록 한다. 문제점을 해결할 수 있는 방안을 찾으라고 지시하였으며 다른 모델에 대한 언급은 없으므로 (B)는 오답이다.

정답   (C)

Practice 5   ▶ 정답 및 해설은 380쪽   6-8.mp3

What does the speaker imply when he says, "the grand opening is in two weeks"?

(A) He wants the listener to reserve a table.
(B) The new restaurant should be redesigned.
(C) A hiring decision should be made quickly.
(D) A construction project must be completed within two weeks.

Practice 6   ▶ 정답 및 해설은 381쪽   6-9.mp3

Why does the speaker say, "They are not what the client is expecting"?

(A) To indicate surprise at a decrease in sales
(B) To express disapproval of a design
(C) To break a contract with a client
(D) To ask employees to keep up with the latest trends

출제 빈도 *매회 평균 2.4개*

시각 정보 파악

☑ 출제 경향

PART 4에도 파트 3처럼 지문의 내용과 시각 정보를 연계해 푸는 유형이 새롭게 추가되었다. PART 3과 마찬가지로 화자의 의도 파악 문제가 3문제 나오면 시각 정보 파악 문제는 2문제, 화자의 의도 파악 문제가 2문제 나오면 시각정보 파악 문제는 3문제가 나오게 된다. 또한 이 유형은 지문을 듣기 전에 문제와 시각 정보를 먼저 읽고 단서를 예상해두는 것이 중요하다.

◉ 시각 정보 출제 유형

- **표** – 일정표, 시간표, 가격표, 순위표, 주문서 등
- **약도** – 회사 / 공장 / 상점 / 행사장으로 가는 약도
- **지도** – 실내 지도, 노선도, 길거리 지도
- **문서** – 영수증, 주문송장, 쿠폰, 할인혜택 목록, 구인자격 목록 등
- **그래프 / 차트** – 매출 실적, 회원 수, 기온 / 온도 / 강수량 변화, 작업 단계 / 공정 단계 등

1> 도표 & 목록

🚩 풀이요령 ①

선지에서 제시괸 항목이 아닌 다른 항목이
지문에서 언급이 된다면 그것이 정답의 단서가 된다!

▶ 시각 정보 파악 유형의 정답 공식은 PART 3과 크게 다르지는 않다. PART 4에서도 시각 정보 파악 유형에서 도표나 목록이 제시될 경우 일단 선지와 함께 대조해 보

아야 한다. 선지에 제시된 항목에 대해서는 지문에서는 언급이 되지 않고, 도표나 목록 중 선지에 제시되지 않은 항목들이 지문에서 언급이 된다. 그리고 지문에서 선지에 제시되지 않은 항목이 무엇인가 언급이 된다면 그 항목을 정답의 단서가 된다.

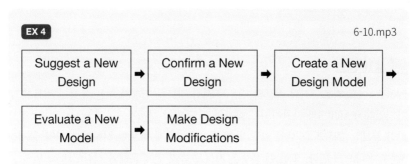

Look at the graphic. According to the speaker, In which step is the newly added step located?
도표를 보시오. 화자에 따르면 새로 추가된 과정은 몇 번째 단계인가?

(A) The first step 첫 번째 단계
(B) The second step 두 번째 단계
(C) The third step 세 번째 단계
(D) The fourth step 네 번째 단계

먼저 문제를 읽고, 핵심어를 파악한다. 질문을 보니 최근에 추가된 과정을 묻고 있고, 특히 시점 표현 recently를 기억해야 한다. 따라서 지문에서 최근 소식을 설명하는 부분에서 단서를 찾으려고 해야 한다. 도표의 내용을 살펴보면 디자인의 전체 과정을 보여주고 있다. 또한 선지에서는 그러한 과정이 순서대로 나열되어 있다. 따라서 지문에서는 새로 추가된 과정이 몇 번째 단계인지 알려주는 내용이 나올 거라 예상할 수 있다.

해석

M: Hello, everyone. There is some great news I want to share with you before starting the meeting. Thanks to the design team's outstanding product designs, our new line of home appliances outsold all of our competitors' brands combined last quarter. I really appreciate your dedication and hard work! Now, we're here to discuss our newly revised product design process. As you can see from this flowchart, we have recently added a step between

"Suggest a New Design" and "Create a New Design Model", which means you must get approval from the board of directors before creating your new design model. This new process will help the Product Design Department work more productively and efficiently.

남: 안녕하세요, 여러분. 회의를 시작하기에 앞서 여러분과 공유하고 싶은 기쁜 소식이 있습니다. 디자인팀의 뛰어난 제품 디자인 덕분에 우리가 새로 출시한 가전제품의 지난 분기 매출이 경쟁 업체들의 모든 브랜드의 총 매출을 능가했습니다. 여러분의 헌신과 노고에 진심으로 감사드립니다! 이제, 우리는 최근 새롭게 개선된 제품 디자인 과정에 대해 논의하고자 모였습니다. 이 공정표에서 볼 수 있듯이, 우리는 최근에 "새로운 디자인 제안" 단계와 "새로운 디자인 모델 제작" 단계 사이에 새로운 단계를 추가했는데, 이는 여러분이 새로운 디자인 모델을 제작하기에 앞서 이사진으로부터 필히 승인을 받아야 하는 단계가 되겠습니다. 이 새로운 과정이 우리 제품 디자인부가 좀 더 생산적이고 효율적으로 일할 수 있도록 도움을 줄 것입니다.

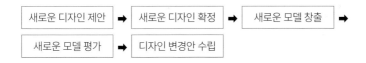

어휘 outsell ~보다 더 많이 팔다 competitor 경쟁자 combine 결합하다 revise 변경하다 approval 승인 productively 생산적으로

➡ 지문 중반부 we have recently added a step between "Suggest a New Design" and "Create a New Design Model"에서 최근에 "새로운 디자인 제안" 단계와 "새로운 디자인 모델 제작" 단계 사이에 새로운 과정을 추가했다는 내용이 언급되고 있다. 이를 통해 새로 추가된 과정은 Suggest a New Design과 Create a New Design Model이라는 두 단계 사이에 위치하고 있음을 알 수 있다. 도표에서 두 단계의 사이에 위치한 단계를 선지에서 확인하면 (B)가 정답이다.

| 함정 분석 | 5단계 과정을 소개하는 공정표를 통해 지문에서는 추가된 단계를 직접적으로 말하기보다는 몇 번째 단계인지 순서를 밝히거나 또는 어떤 단계 사이에 위치하는지를 말해줄 것임을 예상할 수 있다. 지문을 듣기 전에 질문과 시각 정보를 미리 읽고 무엇을 집중해서 들어야 하는지 파악하는 것이 중요하다.

정답 (B)

Practice 7 ▸ 정답 및 해설은 382쪽 6-11.mp3

Keynote Speeches	
Presenter	Time
Dr. Andrew Kim	1:00 P.M. - 1:20 P.M.
Dr. Isabella Choi	2:00 P.M. - 2:20 P.M.
Break	3:00 P.M. - 3:30 P.M.
Dr. David Kiesling	4:00 P.M. - 4:20 P.M.

Look at the graphic. When will Dr. Kiesling be making his presentation?

(A) 1:00 P.M.
(B) 2:00 P.M.
(C) 3:00 P.M.
(D) 4:00 P.M.

Practice 8 ▸ 정답 및 해설은 383쪽 6-12.mp3

Franklin Fresh Market 30% Discount This Weekend!	
Sale Item	Store location
Fresh Produce	Fremont
Dairy Products	San Jose
Beverages	Cupertino
Baked Goods	Oakland

Look at the graphic. At which store location is the announcement being made?

(A) Fremont
(B) San Jose
(C) Cupertino
(D) Oakland

2> 지도, 약도

🚩 풀이요령 ❷

지문에서 close to, next to, opposite, across 등의
위치를 나타내는 전치사(구)에 집중해야 한다!

▶ 시각 정보가 약도나 지도로 제공되었다면 일단 문제에 제시된 장소를 숙지하고 지문을 들으면서 방향이나 위치를 나타내는 전치사(구)에 집중해야 한다. 그리고 약도나 지도 위에 선을 그어가며 음성에서 흘러나오는 대로 방향을 파악해 나간다.

EX 5   6-13.mp3

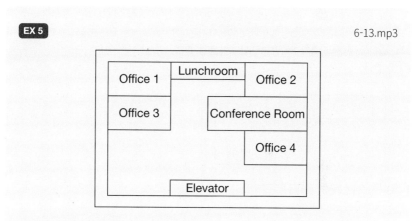

Look at the graphic. Which office belongs to the speaker?
도표를 참조하시오. 화자의 사무실은 어느 것인가?

(A) Office 1 사무실 1
(B) Office 2 사무실 2
(C) Office 3 사무실 3
(D) Office 4 사무실 4

화자의 사무실 위치를 묻는 시각 정보 연계 문제이므로 메시지에서는 구체적인 사무실 번호가 절대 언급되지 않는다. 따라서 메시지에서는 사무실까지 가는 길 안내나 사무실, 회의실, 휴게실, 엘리베이터와의 상대적인 위치 관계에 관한 내용이 단서로 제시될 것임을 짐작할 수 있다.

해석

M: Hello, Marsha. It's Michael. I'm sorry to bother you. When we spoke earlier this morning, I requested the travel expense report released by the Sales Department last month, but I just remembered that I'm taking a few days off. I won't have a chance to review the report until I return. Please just put the report on top of the stack of papers on my desk by the time I return on Thursday. In addition, my new office is the corner on the third floor. To get here, exit the elevator and start heading toward the lunchroom. My office is on the left, directly across from the conference room. If you get to the lunchroom, you've gone too far.

남: 안녕하세요, 마샤 씨. 마이클이에요. 번거롭게 해서 죄송해요. 우리가 오늘 이른 오전에 이야기했을 때, 제가 지난달 영업부가 제출한 출장 경비 보고서를 요청했었는데요, 하지만 제가 곧 휴가를 간다는 사실이 방금 기억났어요. 제가 복귀하기 전까지는 그 보고서를 검토할 수가 없겠네요. 제가 목요일에 복귀할 때까지 그 보고서를 제 책상 위에 쌓인 서류 위에 그냥 놔두세요. 또한, 제 새로운 사무실은 3층 모퉁이에 위치하고 있어요. 여기에 오시려면 엘리베이터를 나와서 구내식당 쪽으로 향하셔야 합니다. 제 사무실은 바로 회의실 맞은편에 있는, 좌측에 있습니다. 구내식당까지 가시면 너무 많이 가신 겁니다.

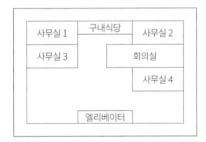

어휘 bother 번거롭게 하다, 귀찮게 하다 travel expense 여행 경비 release 발표하다, 공개하다 Sales Department 영업부 take a few days off 며칠 쉬다 review 검토하다 stack 더미, 무더기 in addition 덧붙여, 또한 exit 나가다, 탈출하다 head toward ~를 향해 가다 directly 곧장, 똑바로 across from ~로부터 맞은편 lunchroom 구내식당 go too far 너무 많이 가다

➡ 예상대로 화자는 메시지 후반부에서 To get here, exit the elevator and start heading toward the lunchroom. My office is on the left, directly across from the conference room. If you get to the lunchroom, you've gone too far.라고 하며 사무실까지 가는 길을 상세히 안내하고 있다. 화자는 새로운 사무실이 엘리베이터를 나와서 구내식당 쪽으로 가다 보면 좌측의 회의실 맞은편에 있다고 전한다. 이를 통해 화자의 사무실은 3번 사무실임을 알 수 있

으로 (C)가 정답이다. 참고로 토익에 나오는 길 안내는 일부 내용을 놓치더라도 그 위치를 알려주는 결정적인 단서가 항상 제시된다. 이 문제에서도 다른 부분은 놓쳤다 해도 directly across from the conference room 하나만 들으면 정답을 찾을 수 있다.

정답   (C)

Practice 9   ▶정답 및 해설은 383쪽   6-14.mp3

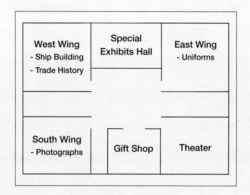

Look at the graphic. Which area is closed today?

(A) The West Wing
(B) The East Wing
(C) The Theater
(D) The Special Exhibits Hall

Shopping mall	Parking Lot
Area 1	Area 2

Seaport Avenue

Area 3	Area 4
Train Station	**Local Seaport**

Look at the graphic. Where most likely is the new hotel located?

(A) Area 1
(B) Area 2
(C) Area 3
(D) Area 4

3> 그래프 & 파이

▶◀ 풀이요령 ③

그래프나 파이를 나타내는 시각정보는 최상급이나 서수,
혹은 수량과 관련된 언급에 단서가 있다!

▶ 그래프나 파이는 그 정보의 특성상 증감, 점유율, 선호도 등의 내용을 담고 있으므로 그러한 내용을 표현하는 수량 표시, 수치, 혹은 최상급, 비교급, 그리고 서수 등에 대한 언급을 통해 정답의 단서를 찾을 수 있다. 따라서 시각 정보에 그래프나 파이가 제시되었다면 지문을 들으며 그와 같은 최상급이나 서수, 혹은 수량과 관련된 표현에 주목해야 한다.

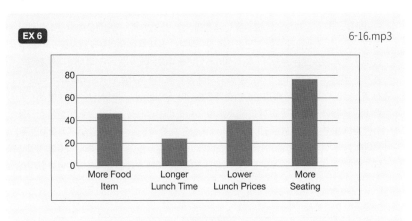

EX 6　　　　　　　　　　　　　　　　　　　　　　　　6-16.mp3

Look at the graphic. Which suggestion will the company take?
도표를 참조하시오. 회사는 어떠한 제안을 택할 것인가?

(A) More Food Items 더 많은 음식 가짓수
(B) Longer Lunch Time 점심시간 연장
(C) Lower Lunch Prices 더 저렴한 점심 식사 가격
(D) More Seating 더 많은 자리

↪ 그래프를 통해 회사가 어떠한 제안을 선택할 것인지 묻는 시각 정보 연계 문제이다. 그러나 공

지에서는 구체적으로 어떠한 제안을 선택할 것인지 그 내용이 직접 언급될 리 만무하다. 공지에서는 구체적인 제안과 대응하는 정보, 즉 사람들이 몇 번째로 선호하는 제안이고 얼마나 많은 사람들이 선호하는 제안인지에 관한 정보가 문제 풀이의 단서로 제시될 수 있음을 사전에 짐작할 수 있다.

해석

M: Good morning. It's great to see you all. I personally want to thank you ladies and gentlemen for participating in the survey for assembly line workers. Everyone in the room responded in a timely fashion, and that is a testament to your dedication to our company. You are what makes our company one of the best in the business. At Turbo Machine Works, we're committed to employee satisfaction. We received a lot of suggestions on how to improve our factory's cafeteria, so let's take a look at those results now. Um… we'd all like a larger luncheon area, but we just can't afford an expansion right now. We can, however, address the second-most popular suggestion. So we'll start working on that immediately. And as a token of our thanks, everyone who filled out a survey will receive a voucher for a free lunch.

남: 안녕하십니까? 이렇게 여러분 모두를 만나 뵙게 되어 반갑습니다. 개인적으로 생산조립 라인에서 근무하는 직원들을 위한 설문조사에 참여해주신 신사 숙녀 여러분께 감사를 드리고 싶습니다. 방에 있는 모든 분들이 시의적절하게 답변해 주셨는데, 이는 우리 회사에 대한 헌신의 증거라 생각합니다. 여러분이 바로 우리 회사를 업계 최고의 회사로 만들고 있습니다. 터보 머신 웍스는 직원 만족을 위해 최선을 다하고 있습니다. 우리는 공장 구내식당의 개선 방안에 관한 제안을 많이 받았는데, 이제 그 결과를 보도록 하겠습니다. 음… 우리 모두가 점심 식사를 위한 보다 넓은 공간을 원할 겁니다. 그러나 지금은 이를 확장할 여력이 없습니다. 하지만 두 번째로 인기가 많은 제안을 시행할 수 있습니다. 그래서 우리는 그 작업을 즉시 착수할 것입니다. 그리고 감사의 표시로, 설문조사를 작성한 모든 분들에게 무료 점심 식사 교환권을 드리겠습니다.

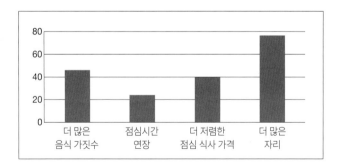

어휘   personally 개인적으로   participate in ~에 참여하다   survey 설문조사   respond 답변하다   in a timely fashion 시의적절하게   testament 증거   dedication 헌신   be committed to ~에 전념하다, ~에 헌신하다   satisfaction 만족   suggestion 제안   afford ~을 할 여력이 되다   expansion 확장, 확대   address ~을 다루다, ~을 취급하다   immediately 즉시   as a token of our thanks 감사의 표시로   fill out 기입하다, 작성하다   voucher 교환권, 쿠폰

화자는 공지 후반부에서 We can, however, address the second-most popular suggestion. So we'll start working on that immediately.라고 하며 두 번째로 가장 많이 선호하는 제안을 즉시 시행할 수 있다는 내용을 언급하고 있다. 그래프를 보면 직원들이 두 번째로 가장 많이 선호하는 제안은 바로 더 많은 음식 가짓수임을 알 수 있으므로 (A)가 정답이다.

| 함정 분석 | 지문 후반부의 we'd all like a larger luncheon area에서 a larger luncheon area를 바꾸어 표현한 (D) More seating을 고르지 않도록 한다. 이어진 문장에서 구내식당을 확장할 수 없다고 말하여 두 번째 제안을 시행하겠다고 하므로 (D)는 오답이다. 시각 정보 연계 문제에서 두 번째로 뽑힌 선택사항이 정답으로 나오기도 하므로 주의를 기울여야 한다.

정답   (A)

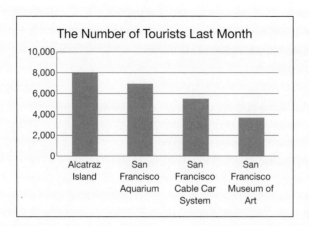

Look at the graphic. For which place does the speaker suggest discounted admission?

(A) Alcatraz Island
(B) San Francisco Aquarium
(C) San Francisco Cable Car System
(D) San Francisco Museum of Art

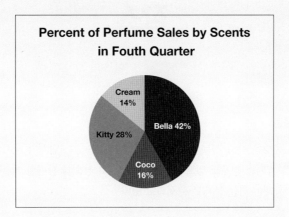

Look at the graphic. What will be the scent of the special product?

(A) Bella
(B) Coco
(C) Kitty
(D) Cream

출제 빈도 **매회 평균 2.4개**

장소

☑️ 출제 경향

장소를 묻는 유형은 주로 지문 초반부에 장소를 알 수 있는 단서가 제시되며, 장소가 직접적으로 언급되는 경우도 있으나, 대부분은 대화 장소와 관련된 어휘나 표현을 통해 장소를 추측해야 하는 문제로 출제되고 있다.

● 장소를 묻는 질문

- Where is the speaker?
  화자는 어디에 있는가?

- Where most likely are the listeners?
  청자들은 어디에 있는 것 같은가?

- Where is the talk taking place?
  담화는 어디에서 이뤄지고 있는가?

- Where is the talk probably being made?
  담화는 어디에서 이뤄지고 있는 것 같은가?

- Where does this announcement take place?
  이 발표는 어디에서 이뤄지는가?

- Where is this announcement being made?
  이 안내방송은 어디에서 이뤄지고 있는가?

- Where would the speech most likely be heard?
  이 연설은 어디에서 들을 수 있는가?

🚩 풀이요령

담화 중 언급되는 장소는 대부분 지문 초반부에 제시된다!

▶ PART 4의 담화 중 장소에 대한 언급은 주로 지문 초반부에 제시된다. 먼저 화자가 담화의 목적을 설명하면서 자연스럽게 담화 장소가 노출되기 때문이다. 이때 장소가 직접적으로 언급이 될 수도 있지만 장소를 추정할 수 있는 간접적인 표현이나 어구들이 등장할 수 있다. 따라서 장소에 대한 문제가 나오면 지문 초반부에서 장소와 관련된 어구에 집중해야 한다.

EX 8   6-19.mp3

Where is this announcement taking place?
이 안내방송은 어디에서 이뤄지고 있는가?

(A) In a stationery store 문구점
(B) In a lecture hall 강의실
(C) In a warehouse 창고
(D) In a department store 백화점

➡ 안내방송이 나오는 장소를 묻는 질문으로 지문 초반부에 직접적으로 언급된 장소나 장소를 추측할 수 있는 표현을 찾아야 한다.

해석

W: Attention, all customers. Today is the start of our annual back-to-school sale. We are offering discounts on all items related to school, from clothes to books to stationery to computers and hardware. All laptops are 40% off. Book bags and notebooks are 50% off. There is something here for everyone, from kindergarteners to college students! You won't see these kinds of low prices again until this August! Whatever you are looking for, our salespeople will be happy to help you find it. Thanks for shopping at Semons!

여: 고객 여러분께 알립니다. 오늘은 연례 신학기 맞이 할인 판매가 실시되는 날입니다. 의류에서 도서, 문구류, 그리고 컴퓨터와 하드웨어에 이르기까지 학교와 관련된 모든 물품을 할인 판매합니다. 모든 노트북 컴퓨터는 40% 할인되며, 가방과 공책은 50% 할인해 드립니다. 또한 유치원생부터 대학생에 이르기까지 모든 학생들이 이용할 수 있는 물품이 이곳에 있습니다! 올해 8월까지는 이와 같은 저렴한 가격에 판매되는 물품을 볼 수 없을 것입니다. 저희 판매 사원들이 여러분께서 원하시는 것은 무엇이든 찾을 수 있도록 도와드립니다. 저희 세몬스를 찾아 주셔서 감사합니다!

어휘 annual 연례의 stationery 문구류

⇒ 지문 초반부 Today is the start of our annual back-to-school sale.에서 신학기 맞이 할인 판매가 벌어지는 장소의 안내문임을 알 수 있다. 이어 We are offering discounts on all items related to school, from clothes to books to stationary to computers and hardware.라며 다양한 종류의 상품을 판매한다고 하였으므로 백화점임을 추측할 수 있다. annual back-to-school sale, offering discounts, clothes to books to stationary to computers and hardware가 정답을 찾는 핵심 표현이며, 안내방송이 나오는 장소는 백화점 이므로 (D)가 정답이다.

| **함정 분석** | 지문 초반부 We are offering discounts on all items related to school, from clothes to books to stationery to computers and hardware.에서 stationary를 듣고 (A)로 혼동하지 말아야 한다. 문구류뿐만 아니라 도서, 의류, 컴퓨터 등을 판매하므로 문구점 이라 볼 수 없다.

정답 (D)

Practice 13 ▶정답 및 해설은 388쪽 6-20.mp3

Where most likely is the speaker?

(A) In a garden
(B) In a local shop
(C) On a trail by a river
(D) On a mountain

Practice 14 ▶정답 및 해설은 388쪽 6-21.mp3

Where does this announcement take place?

(A) At a photo studio
(B) In a Chinese restaurant
(C) At a public educational facility
(D) In a manufacturing factory

주제 & 목적

✓ 출제 경향

주제나 목적을 묻는 문제는 지문에 딸린 세 문제 중 주로 첫 번째 문제로 출제된다. 지문 초반부 화자의 인사말과 자기소개 직후 다뤄지는 중심 소재가 주제가 될 가능성이 높으므로 자기소개 부분 다음에 특히 집중해야 한다.

● 주제를 묻는 질문

What is the speaker mainly talking about?
화자는 주로 무엇에 대해 이야기하는가?

What is the main topic of this talk?
이 담화의 주제는 무엇인가?

What is the announcement about?
안내방송은 무엇에 관한 내용인가?

What is the subject of the announcement?
안내방송의 주제는 무엇인가?

What is being announced?
무엇이 공지되고 있는가?

What is being advertised?
무엇이 광고되고 있는가?

▶ 풀이요령

주제나 목적은
주로 지문 초반부의 자기 소개 이후에 제시된다!

▶ 주제나 목적을 물어보는 유형은 대개 지문 초반부에 제시되며, 담화 초반부에 화자의 인사말과 자기소개 이후에 제시되는 중심소재를 파악해야 한다.

EX 9   6-22.mp3

What is the main topic of this talk?
이 담화의 주제는 무엇인가?

(A) Discussing the relocation of a plant 공장 이전 논의하기
(B) Advertising some job openings 구인 공고
(C) Announcing a new partnership 새로운 제휴 관계 발표하기
(D) Introducing a new employee 신입 직원 소개하기

대화가 시작되기 전에 질문을 먼저 읽는다. main topic을 통해서 주제를 묻는 문제임을 알 수 있다.

해석

M: Good morning, everyone. I'm James Carter, your personnel director. The first thing I would like to do today is introduce you all to our newest recruit, Mr. John Morris. Mr. Morris has been hired as an international sales manager. He joins us from the LK Telecom Corporation. He worked there for twelve years, and he assessed and analyzed consumers' buying habits in North America and Europe. Recently, we have initiated plans to develop new car audio products in partnership with some firms in Germany. We are confident that his expertise in this field will be beneficial in helping us to assess which of our models will be favored by consumers in European countries.

남: 안녕하세요, 여러분. 저는 인사 담당 이사인 제임스 카터입니다. 오늘 제가 우선적으로 하고 싶은 일은 새로 채용된 존 모리스 씨를 여러분에게 소개하는 것입니다. 모리스 씨는 해외 영업 담당자로 채용이 되었습니다. 그는 LK 텔레콤 사에서 근무하다가 입사했고요. 그곳에서 12년 간 북미와 유럽에서의 소비자 구매 습관을 평가하고 분석하는 업무를 담당했습니다. 최근에 우리 회사는 독일에 있는 회사들과 제휴를 맺어 새로운 자동차 오디오 제품을 개발하는 계획을 실시했습니다. 우리는 이 분야에서 그의 전문성이 유럽 지역의 소비자들은 어떠한 우리 모델을 선호할 것인지 평가하는 데 도움을 줄 수 있을 것 이라 확신합니다.

어휘 personnel director 인사 담당 이사 recruit 신입 사원 assess 평가하다 analyze 분석하다 initiate 착수시키다 confident 확신하는 expertise 전문기술 beneficial 이로운 favor 호의를 보이다, 관심을 갖다

→ 화자는 인사말 직후 The first thing I would like to do today is introduce you all to our newest recruit, Mr.John Morris.라며 새로 채용된 존 모리스라는 사람을 소개하고 있다. introduce – our newest recruit를 통해 지문의 주제는 새로운 직원의 소개임을 파악할 수 있다. 지문의 newest recruit를 유사 표현인 new employee로 바꾸어 제시한 (D)가 정답이다.

| **함정 분석** | 담화 중반부 Recently, we have initiated plans to develop new car audio products in partnership with some firms in Germany.를 듣고 (C)로 혼동하지 않도록 한다. 최근 제휴를 맺은 것은 맞지만 제휴를 발표하기 위한 담화라고 볼 수 없으므로 오답이다.

정답 (D)

Practice 15 ▸ 정답 및 해설은 389쪽   6-23.mp3

What is this advertisement about?

(A) A Modern dance show
(B) A healthy lifestyle
(C) A sports science course
(D) A workout program

Practice 16 ▸ 정답 및 해설은 389쪽   6-24.mp3

What kind of service is being advertised?

(A) Rental cars
(B) Airport transportation
(C) Ticket reservations
(D) City tours

미래 행동

☑ 출제 경향

화자나 청자가 앞으로 하게 될 행동이나 추후 발생할 일에 대해 묻는 미래 행동 문제의 출제 비중이 그리 크지는 않은 편이다. 세 문제 중 주로 마지막 문제로 출제되며 따라서 주로 지문 후반부에 언급이 될 가능성이 매우 높다. 미래 행동을 묻는 질문에는 대부분 do later 또는 do next가 나온다.

● 미래 행동을 묻는 질문

What will the speaker do next?
화자는 이후에 무엇을 할 것인가?

What will the listeners do later?
청자들은 나중에 무엇을 할 것인가?

What will happen next?
이후에 어떤 일이 벌어지는가?

● 미래 행동을 말하는 주요 패턴

▪ **I'll + V~. / I would like to V~. / S + be V-ing.** ~할 것입니다.

▪ **Why don't we V~?** ~하는 것이 어때요?

▪ **I plan to V~. / I'm planning to V~.** ~할 계획입니다.

▪ **Let's V~.** ~하도록 합시다.

▪ **Let me V~.** ~하겠습니다.

지문 후반부에서
미래 행동을 나타내는 주요 구문 패턴에 집중해야 한다!

▶ 미래 행동에 대한 암시는 주로 지문 후반부에 나오며, 그 유형의 특성상 미래 행동을 나타내는 주요 패턴들이 등장하게 된다. 크게 화자가 무엇을 하겠다는 I'll ~, I would like to ~, I plan to ~, Let me ~류의 패턴이며, 또 하나는 함께 무엇을 하자는 Let's ~나 Why don't we ~? 패턴 등이 있다.

EX 10   6-25.mp3

What will the audience members probably do next?
청자들은 이후에 무엇을 할 것 같은가?

(A) Have dinner 저녁 식사하기
(B) Go over an agenda 안건 검토하기
(C) Meet one another 서로 만나기
(D) Watch a presentation 발표 관람하기

⇒ 문제의 do next를 통해 청자들의 미래 행동을 묻는 질문이라는 사실을 알 수 있다.

해석

W: Hello, everyone, and welcome to the International Conference. Each year, we have more participants coming from farther away. This year, we have over 60 international participants. Over the next four days, we will hear from more than 20 different speakers presenting their latest works. There will also be many discussions, presentations, and even video conferences. First, I would like to invite you to the hotel's banquet room for some light refreshments and an informal meet-and-greet session. Dinner will be held later this evening in the hotel dining room at 8 P.M.

여: 여러분, 안녕하세요, 국제 컨퍼런스에 오신 것을 환영합니다. 해마다 저희 행사에 참석하기 위해 먼 곳에서 오시는 분들이 늘어나고 있습니다. 올해는 60 개국이 넘게 참가해 주셨습니다.

앞으로 4일간, 20명 이상의 연설자로부터 그들의 최신 연구에 대해 들어볼 예정입니다. 또한 여러 토론과 발표, 화상 회의도 준비되어 있습니다. 우선 여러분을 호텔 연회장으로 모셔 가벼운 다과와 함께 비공식적인 만남과 환영의 행사를 갖고자 합니다. 만찬은 저녁 8시에 호텔 식당에서 열릴 예정입니다.

어휘 participant 참가자 banquet 연회 informal 비공식적인, 편안한 **meet-and-greet session** 만남과 환영 행사

➡ 화자는 질문 말미에 First, I would like to invite you to the hotel's banquet room for some light refreshments and an informal meet-and-greet session.이라며 우선 호텔 연회장에서 환영 행사를 가질 것임을 밝히고 있다. 환영 행사가 열릴 것이라는 내용을 통해 청자들은 우선 만남의 시간을 보낼 것임을 알 수 있으므로 an informal meet-and-greet session을 meet one another라는 유사 표현으로 바꾸어 제시한 (C)가 정답이다.

| **함정 분석** | 지문 중반부 Over the next four days, we will hear from more than 20 different speakers presenting their latest works.에서 발표를 들을 것이라고 하여 (D)를 선택하지 않도록 한다.

정답 (C)

Practice 17 ▸ 정답 및 해설은 390쪽 6-26.mp3

What will probably happen next?

(A) A new employee will be introduced.
(B) A business luncheon will begin.
(C) A farewell speech will be given.
(D) A lifetime achievement award will be presented.

What will the speaker probably do next?

(A) Take an order
(B) Serve a drink
(C) Bring a bill
(D) Introduce a menu item

08 강

출제 빈도 매회 평균 **1.8**개

화자나 청자의 정체

☑ 출제 경향

화자나 청자의 신분이나 직업을 묻는 문제는 직업명이 직접적으로 언급되는 경우보다 직업을 나타내는 표현을 통해 유추하는 문제가 자주 출제되므로 직업이나 분야와 관련된 어휘와 표현을 놓치지 않아야 한다.

◦ 화자의 정체를 묻는 질문

- Who most likely is the speaker? 화자는 누구일 것 같은가?
- Who is speaking? 누가 공지하고 있는가?
- Who is making this broadcast? 누가 이 방송을 하고 있는가?

◦ 청자의 정체를 묻는 질문

- Who most likely is the listener?
  청자는 누구일 것 같은가?
- Who is the intended audience for the announcement?
  안내문의 청자는 누구인가?
- Which department do the listeners work in?
  청자들은 어느 부서에서 일하는가?

🚩 풀이요령

화자나 청자의 정체에 대한 단서는
지문 초반부 두 문장 내외에서 제시된다!

▶ 화자나 청자가 누군지 파악하려면 지문이 처음 시작하자마자 두 문장이 핵심이다.

이 두 문장을 통해 대부분 화자나 청자가 누구인지 드러나게 된다.

6-28.mp3

Who most likely is the speaker?
화자는 누구일 것 같은가?

(A) A event organizer 행사 준비자
(B) A professional athlete 프로 운동선수
(C) A transportation officer 교통경찰
(D) A radio reporter 라디오 방송 보도자

➡ 화자의 정체를 묻는 문제이다. 지문 초반부에 제시되는 화자의 정체에 대한 직/간접적인 단서를 놓치지 않아야 한다.

해석

W: Good morning, Riverside! This is Kate Kim with RVSW Radio's morning traffic report. The time is 10 o'clock on a bright sunny Saturday morning. If you are heading to the ball game at River Stadium today, try to avoid Highway 15. Due to the weekend construction, traffic will be backed up for at least an hour as only one lane is open until 6 P.M. today. In addition, the city festival at Center Park is today. It is best to take public transportation if you are going there as some streets will be blocked off. However, by 6 P.M. tonight, all of the streets will be open and clear again.

여: 리버사이드 주민 여러분, 안녕하십니까! RVSW 라디오 방송국의 오전 교통 방송을 담당하는 케이트 김입니다. 현재 시각은 오전 10시이며, 맑고 화창한 토요일 아침입니다. 오늘 리버 경기장에서 열리는 야구 경기를 보러 가시는 분들은 15번 고속도로는 피하셔야겠습니다. 주말 공사로 인해 저녁 6시까지 한쪽 차선만 이용해야 하므로 최소 1시간 정도 지체될 것입니다. 또한 오늘은 중앙 공원에서 시 축제가 열리는 날입니다. 일부 도로는 차량 통행이 제한될 것이므로 이 공원에 가실 분들은 대중교통편을 이용하시는 것이 가장 좋은 방법인 듯합니다. 하지만 오늘 저녁 6시 경에는 모든 도로가 다시 원활하게 소통될 것입니다.

어휘 head to ~로 향하다 avoid 피하다 be backed up 막히다 block off 막다, 폐쇄하다

➡ 지문 초반부 인사말에 이어, 화자는 This is Kate Kim with RVSW Radio's morning traffic report.라며 자신이 라디오 교통방송을 담당하는 케이트 김임을 밝히고 있다. 지문 초반부에 제

시된 자기소개에서 쉽게 정답을 찾을 수 있다. 따라서 radio와 report가 선지에 그대로 제시된 (D)가 정답이다.

| **함정 분석** | 정답을 쉽게 찾을 수 있는 문제이지만, 지문 후반부 It is best to take public transportation if you are going there as some streets will be blocked off.에서 transportation을 듣고 (C)를 고르지 않도록 한다. 지문에 등장한 표현을 선지에 그대로 제시한 함정이 있으므로 조심해야 한다.

정답 (D)

Practice 19 ▶ 정답 및 해설은 391쪽   6-29.mp3

Who most likely is the audience of this announcement?

(A) Customer service representatives
(B) Shopping customers
(C) Recently relocated employees
(D) Attendees at a marketing seminar

Practice 20 ▶ 정답 및 해설은 392쪽   6-30.mp3

Who most likely are the listeners?

(A) Potential investors
(B) Conference participants
(C) Employees
(D) Board members

출제 빈도 *매회 평균* **1.6**개

문제점

✅ 출제 경향

문제점을 묻는 문제는 지문에 딸린 세 문제 중 첫 번째나 두 번째 질문으로 주로 출제된다. 대체로 지문 초반부에 화자가 문제 상황을 설명하고, 후반부에 이에 대한 해결책을 제안하는 것이 일반적인 문장의 흐름이 되기 때문에 지문 초반부 두 문장이 정답의 단서를 찾는 핵심이 된다.

문제점을 묻는 질문

- What problem does the speaker mention?
  화자는 어떤 문제를 언급하는가?

- What problem is the speaker discussing?
  화자는 어떤 문제를 논의하는가?

- What is the problem?
  문제점이 무엇인가?

- What problem is mentioned?
  어떤 문제점이 언급되는가?

🚩 풀이요령

지문 초반부의 인사말과 화자 소개 이후의 두 문장에
문제점이 제시된다!

▶ 담화의 흐름은 대체로 지문 초반부에 문제점이 언급이 되고 후반부에 이에 대한 해결책을 제시하는 패턴으로 흘러가므로 문제점에 대한 문제가 나왔다면 지문 초반부 화자의 인사말 및 자기 소개 이후에 언급되는 부분에 주의를 기울여야 한다.

EX 12

6-31.mp3

What problem does the speaker mention?

화자는 어떤 문제를 언급하는가?

(A) Some renovations are not finished yet.
   보수공사가 아직 마무리되지 않았다.

(B) An incorrect order was placed. 잘못된 주문이 이뤄졌다.

(C) Information on an invoice was inaccurate. 송장의 정보가 부정확하다.

(D) A product was damaged during delivery. 제품이 배송 중에 파손되었다.

→ What problem을 통해 지문에서 다루는 문제점을 묻는 질문이라는 사실을 알 수 있다.

해석

M: Good afternoon, Mr. Keller. This is James Carter calling from London Furniture. Actually, we are scheduled to deliver a new bed to your home this afternoon. But I'm afraid to tell you that there was a mistake, and the wrong bed was delivered to us from our warehouse yesterday. We're very sorry about this mix-up. We will have the bed that you ordered in two days' time. So, Mr. Keller, we should set up a new delivery time for Wednesday. Please call me as soon as possible to discuss this matter. My extension is 1123. We sincerely apologize for the inconvenience this might cause you. Have a great day!

남: 안녕하세요? 켈러 씨. 저는 런던 가구점에서 근무하는 제임스 카터입니다. 사실, 저희가 오늘 오후 고객님께 새 침대를 배달하기로 되어 있었습니다. 하지만 죄송스럽게도 착오가 생겨 어제 창고에서 다른 침대가 저희에게 배송되었습니다. 이런 혼동을 일으킨 것에 대해 대단히 죄송합니다. 고객님께서 주문하신 침대는 이틀이면 확보할 수 있습니다. 그래서 켈러 씨, 수요일로 새로운 배송 시간을 정하고자 합니다. 이 문제를 논의하고자 하므로 최대한 빨리 제 게 연락을 주십시오. 제 내선 번호는 1123입니다. 고객님께 끼쳐드린 불편에 대해 진심으로 사과드립니다. 좋은 하루 보내세요!

어휘 warehouse 창고 mix-up 혼동 set up 마련하다 extension 내선, 구내전화 inconvenience 불편 cause 야기하다, 초래하다

→ 인사말에 이어, 화자는 But I'm afraid to tell you that there was a mistake, and the wrong bed was delivered to us from our warehouse yesterday.라고 하며 착오로 인해 창고에서 다른 침대가 도착했음을 밝히고 있다. the wrong bed was delivered가 핵심단서이

며, 이를 통해 화자가 말하는 문제점은 잘못된 제품 배송 또는 잘못된 주문 처리에 관한 것임을 알 수 있다. 따라서 (B)가 정답이다.

> **| 함정 분석 |** the wrong bed was delivered to us from our warehouse yesterday.를 듣고 다른 곳으로 배송되었다고 생각하여 (C)로 혼동하지 않도록 한다. 창고에서 주문과 다른 상품이 도착했음을 언급하는 내용이므로 송장의 정보가 잘못된 것이 아니다.

정답 (B)

Practice 21 ▶ 정답 및 해설은 392쪽　　　　　　　　6-32.mp3

What is the problem?

(A) The bathroom is out of order.
(B) The technicians have not arrived.
(C) The water sprinklers have been activated.
(D) The employees can't access the intranet.

Practice 22 ▶ 정답 및 해설은 393쪽　　　　　　　　6-33.mp3

What is the problem?

(A) Some equipment is broken.
(B) A new product is not available.
(C) The company went bankrupt.
(D) An order has been canceled.

7장

PART 4
지문 유형별
풀이 요령

공지 & 안내

☑️ 출제 경향

PART 4에서는 공지나 안내를 담은 지문이 가장 많이 출제되는데, 주로 회사 내부나 기내, 혹은 영화관이나 전시회장이 배경이 되는 경우가 대다수이다. 공지나 안내의 내용은 사내 행사, 설문 조사 결과 공유, 시스템 변경으로 인한 당부 사항처럼 회사에서 일어나는 소식을 전하거나, 비행기의 출발 지연 안내 또는 행사 시간 변경에 대한 내용이 주류를 이루는데, 크게 사내 공지와 공공장소 공지로 나눌 수 있다. 먼저 사내 공지의 경우, 초반에 화자의 이름과 근무 부서를 밝히고 공지의 이유나 목적을 밝힌 후 구체적인 전달 사항을 제시한다. 그밖에 공공장소에서의 공지에는 인사말과 자기 소개 후, 변경 내용과 준수해야 할 유의사항, 혹은 제안이나 권고를 하는 세부적인 내용을 제시하는 것이 일반적인 흐름이다.

● 공지 및 안내 관련 빈출 표현

▪ 사내 공지

- 업무 관련 공유

▫ **addition** 추가
▫ **conduct a survey** 설문조사를 하다
▫ **customer information** 고객 정보
▫ **customer survey** 고객 설문조사
▫ **express dissatisfaction** 불만을 표하다
▫ **give feedback** 의견을 주다
▫ **improve** 개선시키다, 향상시키다
▫ **insufficient** 불충분한
▫ **make an effort** 노력하다
▫ **sales figure** 판매 수치

- satisfied 만족스러운
- share the results 결과를 공유하다
- suggestion 제안
- take a look at ~을 보다
- take charge of ~을 책임지다

- 신제품 출시

- become familiar with ~에 익숙해지다
- encourage 권장하다, 장려하다
- expand 확장하다
- feature 특징을 갖다
- notify 알리다
- presentation 발표자
- publicize 홍보하다
- release 출시하다
- upcoming 곧 있을, 다가오는

- 사내 시설 보수

- closure 폐쇄
- inspect 점검하다
- install 설치하다
- maintenance 유지 보수
- mechanical 기계적인
- renovate 개조하다
- technical support team 기술지원팀

- 회사 공지 사항

- address 처리하다, 해결하다
- application 지원서, 신청서
- budget cut 예산 삭감
- employee training 직원 교육
- expense 비용

- give permission 허용하다, 승인하다
- identify 확인하다
- increase sales 판매를 늘리다
- issue 문제, 사안
- lack of staff 직원 부족
- participant 참가자
- receipt 영수증
- reduce costs 비용을 절감하다
- reimbursement 상환
- replacement 후임
- resign 사직하다
- stock 재고
- training session 교육, 연수
- timecard 근무 카드
- time sheet 근무 시간표
- turn in 제출하다
- urgent business 급한 업무

- **공공장소공지**
- aboard 탑승한
- book a flight 비행기를 예약하다
- board a flight 비행기에 탑승하다
- boarding pass 탑승권
- business hours 영업시간
- confirm the reservation 예약을 확인하다
- convenience 편리
- delay 지연
- instruction 안내 사항
- miss the flight 비행기를 놓치다
- on time 제시간에
- refreshments 다과

- reservation 예약
- service representative 서비스 직원
- shortly 곧
- take off 이륙하다
- waiting list 대기자 명단

ᆘ 지문의 전개 및 예시

7-1.mp3

● **지문 초반부:** 화자의 직책 및 주제, 목적 제시

> ❶, ❸ Let me start by discussing the new positions opening up at the company.

➡ 회사에 새로 생기는 자리에 대해 논의하고자 한다며 공지를 하는 목적을 설명하고 있다.

● **지문 중반부:** 공지의 배경이나 세부 사항 등 제시

> We would like to hire in-house first. Then, we will look outside if there are not enough in house candidates. ❷ As you know, Ms. Jennifer Nelson, the sales director, is leaving in a month. So we will be recruiting for that position from within the company. The next position available is floor manager. Our floor manager, Andrew Kim, will be leaving at the end of the month. Both these positions require at least a bachelor's degree, but a master's is preferable.

➡ 사내에서 인원을 충원할 것이나, 후보자가 많지 않으면 외부에서도 찾을 예정이라고 정하며, 영업 이사와 매장 책임자가 퇴사하게 되어 후임자가 필요하다는 입장을 밝히고 있다. 또한 이 두 직책은 최소 학사학위 이상을 원하지만 석사학위 소지자가 더 좋다는 세부 의견을 밝히고 있다.

● **지문 후반부:** 요청 사항이나 연락처, 또는 미래의 행동 등 제시

❸ If you are interested, please send us your résumé by Wednesday. By Friday, we will let you know if you are in contention for the job or not.

➡ 수요일까지 이력서를 보내야 하며, 금요일까지 후보자 자격 여부를 알려주겠다고 함으로써 요청사항이나 미래의 행동 등에 대해 언급하고 있다.

해석

우선 회사에 새로 생기는 자리에 대해 논의하는 것으로 시작할까 합니다. 먼저 사내에서 인원을 충원할 것이며, 사내 후보자가 많지 않으면 외부에서 찾아볼 예정입니다. 아시다시피, 영업 이사이신 제니퍼 넬슨 씨가 한 달 후에 퇴사하게 되었습니다. 따라서 저희는 사내에서 후임을 충원할 예정입니다. 그 다음으로 필요한 직책이 매장 책임자입니다. 현 책임자인 앤드류 김 씨는 이달 말에 퇴사할 예정입니다. 이 두 직책은 최소 학사 학위를 필요로 하며, 석사 학위 소지자이면 더욱 좋습니다. 관심이 있으신 분은 수요일까지 이력서를 보내주십시오. 금요일까지는 후보자 자격 여부에 대해 알려드리도록 하겠습니다.

어휘 in-house 사내에서, 회사 내부에서 candidate 후보자, 지원자 within the company 사내에서, 회사 내부에서 floor manager 매장관리자 bachelor's degree 학사 학위 preferable 선호되는 be in contention for ~을 얻기 위해 다투다

1. What is the topic of the talk? 담화의 주제는 무엇인가?

(A) The selection of a new director 새로운 이사 선출
(B) Qualifications of candidates 지원자의 자격 요건
(C) Information about available jobs 구직 정보
(D) A colleague's recent promotion 동료의 최근 승진

➡ 화자는 담화 초반부에 Let me start by discussing the new positions opening up at the company.라며 구직 중인 직책에 대해 말하려고 한다. discussing the new position을 통해 지문의 주제가 구직 정보임을 알 수 있으므로 정답은 (C)이다.

| **함정 분석** | 담화 후반부에 Both these positions require at least a bachelor's degree, but a master's is preferable.을 듣고 (B)를 고르지 않도록 한다. 자격 요건은 구직 소개에 다뤄지는 부수적인 정보이므로 중심 소재로 오해하지 않도록 주의한다.

selection 선택, 선출 qualification 자격, 자질 candidate 후보(자) colleague 동료

정답 (C)

2. What is stated about Ms. Jennifer Nelson?
제니퍼 넬슨 씨에 대해 언급된 것은 무엇인가?

(A) She has been there the longest. 그녀는 제일 오랫동안 근무했다.
(B) She will be gone in a month. 그녀는 한 달 후에 퇴사한다.
(C) She recently moved. 그녀는 최근에 이사했다.
(D) She has relevant experience. 그녀는 관련경력이 있다.

➡ 화자가 As you know, Ms.Jennifer Nelson, the sales director, is leaving in a month.라고 말하며 제니퍼 넬슨 씨가 한 달 뒤에 퇴사할 것임을 밝히는 부분을 통해 정답은 (B)임을 알 수 있다. 아울러 leaving in a month를 선지에서는 will be gone in a month.라는 유사 표현으로 바꾸어 표현하였다.

어휘 relevant 관련된, 적절한

정답 (B)

3. Who most likely is the speaker? 화자는 누구일 것 같은가?

(A) A radio news broadcaster 라디오뉴스 진행자
(B) A salesperson 영업 사원
(C) A personnel manager 인사 담당자
(D) A receptionist 접수 직원

➡ 지문 시작과 함께 화자가 Let me start by discussing the new positions opening up at the company.라며 회사의 채용에 대해 이야기하고, 지문 말미에 If you are interested, please send us your resume by Wednesday.라며 사내 구직 채용에 관해 관심이 있으면 이력서를 보내라고 언급하는 부분을 통해 화자는 인사 담당자임을 유추할 수 있다.

어휘 salesperson 영업 사원 receptionist 접수원

정답 (C)

1. Who most likely is the listener?

   (A) A distributor
   (B) A corporate accountant
   (C) A potential employee
   (D) A sales manager

2. What is the purpose of the message?

   (A) To follow up on an earlier request
   (B) To confirm an appointment
   (C) To describe an upcoming meeting
   (D) To arrange a new product demonstration

3. What should the listener do for more information?

   (A) Ask for a brochure
   (B) Talk to the sales director
   (C) E-mail Ms. Thatcher
   (D) Contact Mr. Clinton

4. What is the announcement about?

   (A) A new exhibition
   (B) Security system renewal
   (C) Annual membership fee
   (D) Technology advancements

5. Where is the announcement being made?

   (A) A modern art seminar
   (B) An art museum
   (C) An amusement park
   (D) A computer technology fair

6. What are the cards needed for?

   (A) Using public transportation
   (B) Paying for admission
   (C) Accessing financial data
   (D) Opening doors

출제 빈도 **매회 평균 0.8개**

방송

☑ 출제 경향

방송에 관한 지문은 크게 두 가지 형태로 나눌 수 있다. 일기예보와 교통방송인데, 교통 방송에서는 도로나 다리 공사로 인한 교통 체증 소식을 전하며 우회로를 소개하거나 대중교통 이용을 권장하는 내용 등을 다루며, 일기예보에서는 기상 안내와 주의 사항을 전하는 내용 등이 주로 포함된다.

● 방송 관련 빈출 표현

- 일기 예보
- **affect** 영향을 미치다
- **be expected to** ~이 예상되다
- **below zero** 영하
- **blizzard** 눈보라
- **chilly** 차가운, 추운, 쌀쌀한
- **cloudy** 구름 낀, 흐린
- **cold** 쌀쌀한, 추운
- **drizzle** 이슬비
- **freezing** 굉장히 추운
- **gusty wind** 돌풍
- **heavy rain(fall)** 폭우
- **high winds** 세찬 바람
- **hot and humid** 날이 덥고 건조한
- **lightening** 번개
- **overcast** 구름이 잔뜩 낀
- **partly cloudy** 일부 흐린, 다소 구름이 낀
- **presently** 현재

- rain shower 소나기
- rainy 비가 오는
- snowfall 강설
- storm 폭풍
- sunny and clear 날이 맑고 화창한
- thunderstorm 천둥, 번개, 뇌우
- unseasonably 계절에 맞지 않게, 때 아니게
- weather advisory 기상 통보(주의보)
- weather repot 일기예보
- wet weather 비가 내리는 궂은 날씨
- windy 바람이 부는

- **교통방송**
- accident 사고
- alternate route 우회로
- be closed down 폐쇄되다
- be held up 막히다
- be stuck in traffic 차가 막혀 있다
- clear up 해소되다
- commuter 통근자
- construction 공사
- damaged 훼손된
- downtown 시내에
- due to ~ 때문에
- highway 고속도로
- lane 차선
- motorist, driver 운전자
- public transportation 대중교통
- reopen 재개통되다
- road, route 도로
- special traffic report 긴급 교통 방송
- traffic accident 교통사고

- traffic congestion 교통 혼잡
- traffic jam 교통 정체
- traffic report 교통 방송

- 뉴스
- be against ~에 반대하다
- block 막다
- celebration 기념, 축하 행사
- city council 시 의회
- city councilman 시 의회 의장
- critic 비평가
- environment 환경
- expert 전문가
- implement 시행하다
- local 지역의
- plan 계획하다
- population 인구
- postpone 연기하다
- resident 주민
- review 논평
- severe 심각한
- specialized 전문화된
- spokesperson 대변인
- Stay tuned. 채널 고정하세요.

📑 지문의 전개 및 예시   7-4.mp3

● **지문 초반부:** 방송의 종류 및 현재 상황 설명

Good afternoon listeners. This is your on-the-hour Weather and Traffic Update. ❶ We're experiencing heavy rain and thunderstorms throughout the metropolitan area today.

➡ 방송의 특성상 지문 시작과 더불어 인사말, 방송의 종류 및 진행자가 소개된다. 그 후에는 교통 상황이나 현재 날씨 등에 관한 설명이 이어진다.

● **지문 중반부:** 교통의 정체 이유나 세부적인 날씨 예보

❷ There are high surf advisories for the coast. **There are many power lines and trees down in Monterey County and several accidents have been reported on I-501 and Highway. It is anticipated that tomorrow will be cloudy but dry.**

➡ 지문 중반부에서는 교통방송이라면 현재 정체되는 이유, 일기예보라면 좀 더 세부적인 날씨의 상황 및 예보가 이어지게 된다.

● **지문 후반부:** 당부나 요청 사항 또는 방송을 마무리하는 멘트 제시

❸ Until then the city authorities are requesting that people who do not have to travel stay indoors and do not drive.

➡ 지문 후반부에서는 앞으로 교통 상황과 날씨에 대해 주의 사항 등을 당부하는 설명으로 마무리된다.

해석

청취자 여러분, 안녕하십니까? 여러분의 날씨 및 교통 정시 방송입니다. 오늘 대도시 전역에 걸쳐 천둥 번개를 동반한 폭우가 내리고 있습니다. 해안에는 높은 파도에 대한 주의보가 내려졌습니다. 몬테레이 지역에서는 많은 전선과 나무들이 쓰러져 있으며 501번 주간 고속도로와 68번 고속도로에서 몇몇 사고들이 보고되었습니다. 내일은 흐리지만 건조한 날씨가 이어질 것으로 예상되고 있습니다. 시 당국에서는 그때까지 굳이 외출할 필요가 없는 시민들은 자택에 머물며 차량 운행을 자제해주길 요청하고 있습니다.

어휘 on-the-hour 정시에 thunderstorm 뇌우 throughout ~전체에 걸쳐 metropolitan 대도시의, 수도의 surf (밀려드는) 파도 advisories (기상 등의) 경보, 주의보 power line 전선 anticipate 예견하다, 예고하다 authorities 당국, 공공기관

1. What is the forecast for today? 오늘 일기예보는 어떠한가?

(A) A torrential rain 폭우
(B) Partly cloudy 부분적으로 흐림
(C) A big snowstorm 심한 눈보라
(D) Warm and sunny 온화하고 화창함

➡ 질문의 키워드는 forecast, today이며, 오늘의 일기예보를 묻는 질문이다. 따라서 키워드 today가 포함된 문장에서 단서를 찾아야 한다. 세 문제 중 첫 번째 문제이므로 지문 초반부에 단서가 제시되는 것이 일반적이다. 화자는 날씨 및 교통 방송이라 알리고, 이어서 We're experiencing heavy rain and thunderstorms throughout the metropolitan area today.라며 오늘 대도시 지역에 폭우가 내리고 뇌우가 치고 있음을 전달하고 있다. 따라서 정답은 (A)이다. 지문에서 제시된 heavy rain이 선지에서는 torrential rain으로 바꾸어 표현되었음을 주의한다.

| **함정 분석** | 지문 후반부 It is anticipated that tomorrow will be cloudy but dry.에서 cloudy를 듣고 (B)로 혼동하지 않도록 한다. 질문은 오늘의 날씨를 묻고 있으며, 내일 날씨가 흐릴 것으로 예상된다고 하였으므로 (B)가 오답이다.

어휘   forecast 일기예보 torrential rain 폭우 snowstorm 눈보라

정답   (A)

2. What is happening along the coast? 해안가에서 어떠한 일이 벌어지고 있는가?

(A) Several boats are ready to set sail. 몇몇 배들이 출항할 준비가 되었다.
(B) People are restoring the damage. 몇몇 사람들이 피해를 복구하고 있다.
(C) Waves are very dangerous. 파도가 굉장히 위험하다.
(D) Some people are taking vacations. 몇몇 사람들이 휴가를 보내고 있다.

➡ 질문의 키워드는 happening, along the coast이며, 해안가에서 일어나고 있는 일을 묻고 있다. 키워드 coast를 놓치지 않고 들어야 하며, 언급되는 부분을 중심으로 단서를 파악해야 한다. 화자가 There are high surf advisories for the coast.라며 해안가에 높은 파도 주의보가 내려졌다고 말하고 있으므로, 해변가에 치는 파도가 굉장히 위험한 상태임을 알 수 있다. 키워드 the coast가 포함된 문장이 단서이므로 특히 주의해서 들어야 한다.

어휘   be ready to do ~할 준비를 하다   restore 회복하다, 복구하다

정답   (C)

3. What are the residents asked to do? 주민들은 무엇을 하라고 요청받는가?

(A) Use public transit 대중교통을 이용할 것
(B) Stay off roads 운전을 하지 말 것
(C) Go to work early 일찍 출근할 것
(D) Put off taking a vacation 휴가를 연기할 것

➡ 질문의 키워드는 residents, asked이며, 주민들에게 요청되는 것을 묻고 있다. 마지막 문제이므로 지문 후반부에 화자가 주민들에게 요청하는 내용이 무엇인지를 집중해서 들어야한다. 화자는 지문 말미에서 Until then the city authorities are requesting that people who do not have to travel stay indoors and do not drive.라며 시 당국에서 주민들에게 외출과 운전을 하지 말도록 당부하고 있음을 밝히고 있다. 지문에서 제시된 do not drive가 선지에서는 stay off roads로 바꾸어 표현되었다.

어휘   resident 거주민 stay off 삼가다, 멀리 하다 put off 연기하다

정답   (B)

7. Who probably is the speaker?

(A) A government official
(B) A journalist
(C) A radio broadcaster
(D) A librarian

8. According to the broadcast, why is a new building being constructed?

(A) The local officials want to draw more tourists from abroad.
(B) The old building has been torn down over time.
(C) The existing building is too small.
(D) Government offices begin relocating soon.

9. What will listeners most likely hear next?

(A) Entertainment news
(B) A local traffic report
(C) A weather report
(D) A classic music program

10. Where should the listeners expect delays?

    (A) On the outer road
    (B) On highway 22
    (C) Near the train station
    (D) In the suburbs

11. What caused the delay?

    (A) A traffic accident
    (B) The celebrating of Christmas Eve
    (C) Heavy traffic
    (D) A closed exit

12. What does the speaker recommend?

    (A) Driving at reduced speeds
    (B) Listening for news updates
    (C) Taking another road
    (D) Calling the police

인물 소개

✔️ 출제 경향

인물 소개 지문에서는 분야별 전문가, 연설자 또는 발표자, 또는 회사의 은퇴 직원이나 시상식의 시상자 등이 소개되며, 주로 초청 인사의 이름, 활동 분야, 수상 경력, 업적 등을 나열하거나, 연설자나 발표자의 소개와 함께 그들이 이야기할 주제, 은퇴를 앞두고 있는 직원의 공로, 업적 등을 제시한다.

● 인물 소개 관련 빈출 표현

▪ **회사 행사**
- annual convention 연례 총회
- awards ceremony 시상식
- banquet 연회, 회식
- caterer 출장연회업자
- catering service 출장연회업
- closing ceremony 폐막식
- compensation 보상
- employee of the month 이달의 직원상
- employee of the year 올해의 직원상
- farewell party 환송 파티
- great turnout 많은 참가자
- going-away party 환송 파티
- host 진행자; 진행하다
- opening ceremony 개막식, 개관식
- organize a party 파티를 준비하다
- reception dinner 환영 만찬

- sign autographs 서명하다
- welcoming party 환영 파티
- year-end party 연말 파티

• 시상식
- address 연설하다, 다루다
- analytical 분석적인
- announcement 발표
- be famous for ~로 유명하다
- be nominated for ~의 후보로 지명되다
- give a warm welcome 환대하다
- in the field of ~의 분야에서
- most of all 무엇보다도
- note 주목하다
- officially 공식적으로
- outstanding 뛰어난
- participant 참가자
- prestigious 명망 높은
- prominent figure 저명한 인물
- receive an award 상을 받다
- specialize in ~을 전문으로 하다
- well-known 유명한
- win an award 상을 타다

• 특정 인물 소개
- advance 발전
- analysis 분석
- assign 배당하다
- attention 알려 드립니다
- at the right time 제때에, 적절한 시기에
- be suited for ~에 적합하다
- by the end of ~말까지
- come forward 앞으로 나오다

- confident 확신하는
- contribute to ~에 기여하다
- discovery 발견
- do well 잘하다
- educational background 학력
- employee 직원
- emphasize 강조하다
- get favorable reviews 호평을 받다
- honor 영예를 주다
- introduce 소개하다
- manage 관리하다, 감독하다
- on behalf of ~을 대신하여
- operation 운영
- opportunity 기회
- particular 특별한
- perfect fit 적임, 완벽하게 맞는 것
- personnel 인사과
- promotion 승진
- proudly present 자랑스럽게 소개하다
- recognize 인정하다
- recommend 추천하다
- retirement 은퇴
- select 선택하다
- suitable 적합한
- thank you for coming. 와 주셔서 감사합니다.
- We're delighted to ~하게 되어서 기쁘다

⌐≣ 지문의 전개 및 예시

7-7.mp3

● **지문 초반부:** 인사말, 인물 소개 및 결정 사항 안내

Thank you for attending this board meeting on such short notice. ❶ I want to tell you that I have decided to offer the sales director position to Mr. John Taylor.

⇒ 지문 초반부에서는 인사말과 더불어 인물에 대한 간단한 소개가 이어진다.

● **지문 중반부:** 소개 인물의 약력 및 근황 등을 설명

Mr. Taylor has eight years of experience in a marketing executive position. Additionally, he worked as Director of Sales Strategy at Amoled, a worldwide cosmetic company. So I think he is the best choice for the opening position. ❷ After Mr. Talyor completes his one-week training session, ❸ he will move to the headquarters in Paris.

⇒ 지문 중반부에서는 초반부에 언급이 된 인물에 대해 좀 더 자세한 약력과 근황 등을 제시한다. 인물이 활동하는 분야에 따라 다소 전문적인 어휘들이 등장할 수 있으므로 관련 어휘 학습을 평소에 충분히 해두어야 한다.

● **지문 후반부:** 소개 인물에 대한 희망 사항 및 향후 일정 안내

He is expected to help his company increase its sales. I really look forward to working with him as quickly as possible.

⇒ 지문 후반부에서는 소개한 인물에 대해 기대하는 바와 간단한 향후 일정 등을 안내하고 마무리된다.

해석

급한 통보에도 불구하고 이렇게 이사회에 참여해 주신 여러분께 감사드립니다. 저는 영업 이사로 존 테일러 씨를 영입하기로 결정했음을 알리고자 합니다. 테일러 씨는 마케팅 임원으로 8년간 근무한 경력이 있습니다. 또한 세계적인 화장품 회사인 아몰레드 사에서 판매 전략 이사로 근무하기도 했습니다. 따라서 저는 그가 영업 이사로 적격인 인물이라고 판단했습니다. 테일러 씨는 일주일 동안의 연수를 마치면 파리에 있는 본사로 발령 받게 될 것입니다. 그는 회사의 매출을 증가시키는 데 도움이 될 것으로 기대됩니다. 저는 최대한 빨리 그와 함께 업무를 볼 수 있길 희망합니다.

어휘 board meeting 이사회 on such short notice 급한 통보에도 sales director 영업이사 opening position 공석인 자리[직책] training session 연수 headquarters 본사

1. What is the purpose of the talk? 담화의 목적은 무엇인가?

(A) To discuss plans to raise salary 연봉인상 계획 논의
(B) To present an award 상의 수여
(C) To introduce a new employee 새로운 직원 소개
(D) To announce a change in personnel 인사 이동 발표

➡ 질문의 키워드는 What, purpose, talk이며, 담화의 목적을 묻는 문제이다. 담화의 목적과 주제에 대한 단서는 지문 초반부에 언급되는 것이 일반적이다. 초반부에 다뤄지는 중심 소재를 파악해야 한다. 화자는 이사회에 참석한 청자들에게 인사말을 하고, 이어서 I want to tell you that I have decided to offer the sales director position to Mr. John Taylor.라며 존 테일러 씨를 영업 이사로 결정했음을 발표하고 있다. 새로 영입한 존 테일러 씨를 소개하는 내용이므로 정답은 (C)이다.

어휘 raise 올리다, 인상하다 present 선물; 제출하다, 증정하다; 현재의, 참석한 personnel 직원, 인사(과)

정답 (C)

2. How long is Mr. Taylor's training session? 테일러 씨의 연수 기간은 얼마나 되는가?

(A) One week 1주
(B) Two weeks 2주
(C) Eight weeks 8주
(D) Several years 몇 년

➡ 질문의 키워드는 How long, Mr. Talyor's training session이며, 테일러 씨의 연수 기간을 묻는 세부 사항 문제이다. 테일러 씨가 연수를 받을 것임을 미리 예상할 수 있고, 지문을 들을 때 기간에 초점을 맞춰야 한다. 세부 사항 문제는 질문에서 제시되는 키워드가 포함된 문장에서 단서를 찾아야 하므로, Mr. Tayor 또는 training session이 언급되는 부분에 집중한다. 테일러 씨의 경력을 소개하고 그가 영업 이사로 적격이라고 말한 뒤, After Mr. Talyor completes his one-week training session이라고 하며 테일러 씨가 일주일간 연수를 받을 것임을 언급하고 있다. 키워드 training session을 주의해서 들었다면 답을 쉽게 찾을 수 있는 문제이다.

어휘 training session 훈련 기간, 연수 기간

정답 (A)

3. Where is the main office located? 본사의 위치는 어디인가?

(A) Detroit 디트로이트
(B) Seoul 서울
(C) Paris 파리
(D) Amsterdam 암스테르담

➡ 질문의 키워드는 Where, main office이며, 본사의 위치를 묻는 세부 사항 문제이다. 선지에 도시의 이름이 제시되므로, 본사의 위치는 구체적인 도시 이름으로 언급될 것임을 미리 예상할 수 있다. 지문 후반부에 화자는 he will move to the headquarters in Paris.라고 말하며 그가 연수 후에 파리에 있는 본사에 갈 것임을 밝히고 있다. 따라서 정답은 (C)이며, 지문의 headquarter가 질문에서는 main office로 바꾸어 표현되었다.

어휘 locate 위치하다

정답 (C)

13. Where is the presentation taking place?

   (A) At an award ceremony
   (B) At a financial institution
   (C) At a community library
   (D) At a film festival

14. What is the topic of the lecture?

   (A) How to manage money well
   (B) How to reduce tax payments
   (C) How to write a book
   (D) How to operate a computer server

15. According to the speaker, what will be available on the Web site?

   (A) A recording file of the lecture
   (B) A schedule of upcoming accounting seminars
   (C) The date of bill payments
   (D) Ms. Thompson's contact information

16. What is the purpose of the talk?

    (A) To welcome a new employee
    (B) To launch a new product
    (C) To advertise a new laptop
    (D) To announce an award winner

17. What type of business do they work at?

    (A) An electronics company
    (B) An architectural firm
    (C) A delivery company
    (D) An office supply store

18. What is the audience going to do next?

    (A) They will be waiting for the next guest.
    (B) They will listen to a speech by Ms. Johns.
    (C) They will attend a staff meeting.
    (D) They will have lunch with Ms. Johns.

전화 메시지

☑ 출제 경향

전화 메시지는 크게 음성 메시지와 자동 안내 메시지인 녹음 메시지로 나뉜다. 비교적 PART 4의 지문 중 빈도 수가 높은 편이다. 하지만 메시지는 성격상 흐름의 어느 정도 담화의 순서가 정해져 있기 때문에 다른 지문보다도 어떤 내용이 전개될 것이라는 점에 대해서 예측하기가 용이하다는 장점이 있다.

● 전화 메시지 관련 빈출 표현

- be delayed = be backed up = be congested 길이 막히다, 정체되다
- break room 휴게실
- construction crew 공사 인력
- cover letter 자기소개서
- detour = make a detour = take an alternate route = take another route = reroute 우회하다; 우회로
- driving directions = driving instructions 운전해서 가는 길 안내
- extensive use 과도한 사용
- floor plan 평면도
- get through ~을 통과하다, ~을 해결하다, ~와 연락하다
- have difficulty / problem / trouble V-ing ~하는데 어려움을 겪다
- heavy call volume 전화 폭주
- hiring manager 채용 담당자
- inquire 문의하다
- inquiry / inquiries 문의사항
- interchange 교차로
- location = branch 지점, 지사
- pass an inspection 검열을 통과하다

- power outage = power failure 정전
- renew the contract 계약을 갱신하다
- renovate 수리하다, 보수하다
- residence 거주지
- resident 거주민
- residential area 주거지역, 주택가
- resign = step down 물러나다
- resolve 해결하다
- restore 복귀하다, 재건하다
- resume 이력서, 재개하다
- road maintenance 도로 보수 작업
- rush hour 출/퇴근 혼잡 시간대
- stall 꼼짝 못하게 하다, 움직이지 않다
- stay on the line 전화를 들고 기다리다
- supply closet 비품실
- technical support 기술지원
- The Employee of the Year Award 올해의 우수 직원상
- traffic congestion = traffic jam = heavy traffic 교통체증
- unseasonably 계절에 맞지 않는
- waterfront 부둣가, 선창가

▣ 지문의 전개 및 예시   7-10.mp3

● **지문 초반부:** 인사말 및 자기 소개, 그리고 메시지의 목적 등 언급

Hello. I'm calling to leave a message for Mr. Wrightson. ❶ This is Lisa Wick from Marlowe's Carpet and Flooring.

⟶ 전화 메시지의 초반부에는 우선 메시지를 남기는 사람이 인사말과 더불어 자기 소개를 하고, 메시지를 남기게 된 목적 등을 언급하는 것이 가장 일반적인 흐름이다.

● 지문 중반부: 용건의 세부 내용 및 문제점 제시

❷ We were scheduled to deliver and install some carpeting in your store early tomorrow morning, but during the thunderstorm this morning, a telephone pole and an electric transformer came down, and they're blocking the road from our factory. We simply can't move our trucks until the pole and transformer are cleared. **I'm sorry for the inconvenience; I hope it doesn't affect your business!**

➡ 이제 중반부부터는 전달하고자 하는 용건의 세부 내용과 문제점 등을 설명하며, 간단한 사과의 표현이 덧붙여지기도 한다.

● 지문 후반부: 요청 사항 및 마무리 인사

❸ Please call me when you get this message, **and we can reschedule a time convenient for you.** ❸ You know my cell phone number. Thank you.

➡ 후반부에는 메시지를 받으면 연락을 달라는 말과 함께 어떤 조치를 취하겠다는 언급까지 제시되는 경우도 있다. 그리고 마지막엔 메시지를 마치는 인사로 마무리된다.

해석

안녕하세요, 저는 라잇선 씨를 위한 메시지를 남기고 있습니다. 저는 말로우 카펫 앤 플로링의 리사 웍입니다. 저희가 내일 오전 일찍 고객님의 상점에 카펫을 배송하고 설치할 예정이었지만, 오늘 아침에 뇌우가 일어나는 바람에 전신주가 쓰러지고 전기 변압기가 떨어져 공장에서 나가는 도로를 막았습니다. 전신주와 변압기가 제거될 때까지는 저희 트럭을 움직일 수가 없습니다. 불편을 끼쳐드려 죄송합니다. 저는 이 일이 고객님의 사업에 영향을 주지 않기를 바랍니다! 이 메시지를 받으시면 제게 연락을 주십시오. 저희는 고객님께서 편리한 시간을 다시 잡아드리겠습니다. 제 휴대전화 번호를 아실 겁니다. 감사합니다.

어휘 be scheduled to do ~할 예정이다 install 설치하다 carpeting 카펫, 깔개 thunderstorm 뇌우 telephone pole 전신주 electric transformer 변압기 inconvenience 불편 affect 영향을 미치다 reschedule 일정을 다시 잡다 convenient 편리한

1. What **type of** business **does the caller** work for?
전화를 건 사람은 어떤 회사에서 근무하는가?

(A) A clothing company 의류 회사
(B) A trucking company 운송 회사
(C) A carpet manufacturer 카펫 제조 회사
(D) A cable television service 케이블 TV 서비스 회사

➡ 질문의 키워드는 What, business, work for이며, 화자가 근무하는 회사에 대해 묻고 있으므로 메시지 초반부에서 화자가 다니는 회사가 어떤 업종의 회사인지 직접적으로 언급하는 부분 또는 이를 추측할 수 있는 업종 관련 어휘나 표현이 등장하는 부분에 초점을 맞춰야 한다. 화자는 메시지 초반부에 This is Lisa Wick from Marlowe's Carpet and Flooring.이라고 하며 이름과 함께 자신이 근무하는 말로우 카펫 앤 플로링이라는 회사명을 밝히고 있다. 이를 통해 화자는 카펫 제조 회사에 근무하는 사람임을 알 수 있으므로 (C)가 정답이다.

어휘 manufacturer 제조업자, 제조 회사

정답 (C)

2. What does the woman imply when she says, "they're blocking the road form our factory."?
여자가 "they're blocking the road from our factory."라고 말할 때 의미하는 바는 무엇인가?

(A) She cannot enter her factory. 공장으로 들어갈 수가 없다.
(B) She will take another road. 다른 길을 택할 것이다.
(C) She lost her ways to a shop. 상점으로 가는 길을 잃었다.
(D) A delivery will be delayed. 배송이 지연될 것이다.

➡ 여자가 "they're blocking the road from our factory."라고 말한 것의 의미를 묻는 문제인데, 이 상황을 설명하는 이유는 이 말의 전후 문맥을 통해 파악해야 한다. 앞서 화자는 We were scheduled to deliver and install some carpeting in your store early tomorrow morning, but during the thunderstorm this morning, a telephone pole and an electric transformer came down이라고 하며 카펫 배달 및 설치를 못하게 된 천재지변의 상황을 알리고 있다. 이어 "they're blocking the road from our factory."라고 하며 전신주와 전기 변압기가 공장에서 나가는 길을 막았다고 말한 후 We simply can't move our trucks until the pole and transformer are cleared.라고 하며 전신주와 변압기가 치워질 때까지 배송 트럭을 움직일 수 없는 문제를 전한다. 따라서 여자가 "they're blocking the road from our factory."라고 말한 것은 카펫의 배송이 지연된다는 사실을 알리기 위한 설명이므로 (D)가 정답이다.

| 함정 분석 | 화자의 의도를 묻는 문제는 단순히 문장의 뜻을 골라서는 안 된다. 공장에서 나가는 길을 막았다고 해서 (A)로 혼동하지 않도록 한다. 도로가 막혔다는 말과 함께 트럭을 움직일 수 없다고 했으므로 배송이 지연될 것을 말하고 있다. 화자의 의도 문제는 해당 문장의 앞뒤 문장까지 듣고 의미를 파악하는 것이 중요하다.

어휘 lose one's way ~가 길을 잃어버리다 delivery 배달, 배송

정답 (D)

3. What **does** the speaker suggest the listener do?
화자가 청자에게 제안하는 것은 무엇인가?

(A) Pay a fee in advance 선불로 비용을 지불한다.
(B) Call her mobile phone 여자의 휴대전화로 연락한다.
(C) Present a serial number 제품의 일련번호를 제시한다.
(D) Cancel an order 주문을 취소한다.

➡ 질문의 키워드는 What, the speaker, suggest이며, 화자가 청자에게 요청하거나 제안하는 내용을 묻는 문제는 지문 종료 전 3문장 내외에서 '동사 + 목적어' 중심으로 단서를 파악하는 것이 현명하다. 화자는 지문 말미에서 Please call me when you get this message라고 하며 이 메시지를 확인하면 답신 전화를 달라고 요청하고 있다. 메시지 종료 직전 화자는 You know my cell phone number.라고 하며 청자가 자신의 휴대전화 번호를 알고 있는 상태까지 확인한다. 따라서 정답은 휴대전화로 연락을 달라는 의미의 (B)가 정답이다.

어휘 in advance 미리, 앞서서 cancel 취소하다

정답 (B)

19. Who is Samantha Fox?

    (A) An event planner
    (B) A volunteer
    (C) A local artist
    (D) A curator

20. Why is the speaker calling?

    (A) To confirm an appointment
    (B) To report a problem
    (C) To ask someone to join an organization
    (D) To provide some information

21. What should the listeners do if they have questions?

    (A) Send an e-mail
    (B) Contact Ms. Fox
    (C) Go to the community center
    (D) Talk to the person in charge

22. Where does the speaker most likely work?

    (A) A local farm
    (B) A sandwich shop
    (C) A restaurant
    (D) A trucking company

23. What does the speaker say the problem is?

    (A) A delivery truck has broken down.
    (B) Some equipment was severely damaged.
    (C) Some employees called in sick this morning.
    (D) An order has not been delivered yet.

24. Why does the speaker say, "We open in an hour!"?

    (A) To ask for time off
    (B) To ask a customer to return later
    (C) To explain the seriousness of the situation
    (D) To cancel an order

출제 빈도 매회 평균 0.4개

광고

☑ 출제 경향

광고는 특정 제품이 지닌 특징이나 장점, 그리고 제품을 구입하는 방법, 특정 제품보다는 회사나 가게에서 판매하는 전체 제품에 대한 할인, 필요한 인력을 고용하기 위한 구체적인 지원 사항이나 제품 구매 방법에 대한 내용을 다루는 광고 지문의 출제 빈도가 높다.

● 광고 관련 빈출 표현

- **accessible** 접근하기 쉬운, 접근성이 좋은
- **annual sale** 연례 세일
- **award winning** 수상한 경력이 있는
- **back to school sale** 신학기 세일
- **be on sale** 할인하다
- **bonus gift** 사은품
- **brand-new** 새로운
- **carnival = festival** 축제
- **caterer** 출장 연회 요리사
- **catering service** 출장 연회 서비스
- **certified** 공인된, 자격을 갖춘
- **charity** 자선, 자선단체
- **clearance sale** 재고정리 세일
- **compromise** 절충하다
- **corporate functions = corporate events** 회사 모임
- **deal / bargain** 거래
- **discount = price reduction = good deal** 할인, 할인행사
- **donate** 기부하다

- donor 기부자
- dozens of 많은
- durable = sturdy = strong 내구성이 강한
- end-of-year sale 연말 세일
- enhance 높이다, 강화하다
- exceptional service 뛰어난 서비스
- expired 효력이 다 된, 기간이 지난
- facilitate 촉진시키다, 증진시키다
- family function 가족 모임
- fitness center = gym = exercise room 체육관, 헬스클럽
- for all budgets 다양한 예산에 적합한
- free access = free admission 무료입장
- furniture / furnishing 가구
- hospitality 환대
- go into effect = come into effect = take effect 효력을 발생하다, 유효하다
- limited time only 한정 기한
- mandatory 의무적인, 필수적인
- mark down 할인하다
- musical instrument 악기
- must-have item 필수 품목
- nutrition expert 영양 전문가
- office-supply store = stationery store 사무용품점
- on-the-job training 실습 훈련
- price estimate 가격 견적서
- proceeds 수익금
- prospective applicant 지원자
- public transportation = public transit 대중교통
- quote 견적, 견적서
- raffle ticket 추첨권, 복권
- reasonable = affordable = competitive 저렴한
- reliable = trustworthy 믿을만한
- round trip airfare 왕복 항공료

- special discount 특가 판매, 특별 할인
- specialize in ~에 전문이다
- special offer 특가판매, 할인 행사
- travel package 여행 상품
- up to 최대 ~에 이르는
- valid = effective 유효한
- void 무효의
- wait staff 서빙 직원
- year-round 한 해 동안

⌶☰ 지문의 전개 및 예시

7-13.mp3

● **지문 초반부:** 광고하려는 구체적인 상품과 서비스 또는 할인 행사에 대한 소개

Hello, San Jose residents! ❶ Are you looking for new electric home appliances for your home? Best Choice will be having our biggest sales of the year next week!

➡ 광고 초반부에는 인사말 및 광고의 화자나 청자의 정체에 관련된 정보가 제시된 후 구체적으로 광고하려는 상품이나 서비스를 소개하는 내용이 등장한다. 광고 중에서 가장 많이 등장하는 소재인 할인 행사 광고의 경우, 할인 이유와 할인 행사 기간에 관한 정보가 언급되는 부분이다.

● **지문 중반부:** 광고 상품 / 서비스 또는 할인 행사에 대한 구체적인 정보 제시

You can save 40% on major and small home appliances such as flat TVs, DVD players, home theater systems, refrigerators, washing machines, dish washers, dryers, and more! ❷ Best Choice in-home service professionals also offer next day free installation service for all home appliances you purchase. If you don't know much about the home appliances we sell, don't worry about it at all! Our friendly and knowledgeable electrical sales staff is always available to help you to find any product that fits all of your needs.

→ 광고 중반부에서는 광고 중인 상품 / 서비스의 특징이나 타사 제품에 비해 월등한 장점을 상세히 소개하며, 할인 행사의 경우 할인 제품 및 할인율과 같은 구체적인 할인 행사 정보를 다룬다.

● **지문 후반부:** 광고 중인 상품 / 서비스의 구매 방법이나 매장 위치를 비롯한 구매에 필요한 기타 정보 제공

Best Choice is located at 909 Riverview Road in San Jose, at the intersection of North First Street and South Winchester Street. ❸ The sale starts on Monday and ends on Friday. So don't miss our unbelievable deals!

→ 광고 후반부에서는 광고 중인 상품 / 서비스를 구매하기 위한 방법에 대한 안내, 매장 위치 및 매장까지 오는 방법이나 교통수단에 대한 안내, 인터넷 구매인 경우 자사 홈페이지에 대한 소개와 같이 구매에 필요한 필수 정보를 제공한다.

해석

안녕하십니까, San Jose 시 주민 여러분들! 새로운 가전제품들을 찾고 계십니까? Best Choice 는 다음 주 연중 최대 할인 판매를 시행합니다. 여러분은 평면 TV, DVD 플레이어, 홈 시어터 시스템, 냉장고, 세탁기, 식기 세척기, 건조기같은 크고 작은 가전제품들을 40% 할인된 가격으로 구입할 수 있습니다. 또한 Best Choice의 가구 방문 서비스 전문가들은 여러분이 구입하신 모든 가전제품에 대해 익일 무료 설치 서비스를 제공해드립니다. 만약 여러분께서 저희가 판매하는 가전제품들에 대해 잘 모르셔도 전혀 걱정하지 마십시오. 저희의 친절하고 박식한 판매 직원들이 여러분의 요구를 충족시키는 제품을 찾으실 수 있도록 도와드리고자 항상 대기하고 있습니다. Best Choice는 San Jose 지역의 North 1번가와 South Winchester가가 교차하는 Riverview 도로 909번지에 위치하고 있습니다. 할인 판매는 월요일부터 시작해서 금요일에 끝납니다. 저희의 이 놀라운 할인 판매 기회를 놓치지 마세요!

어휘

electric home appliances 가전제품 major and small home appliances 크고 작은 가전제품들 flat TV 평면 티비 home theater system 홈시어터 시스템 refrigerator 냉장고 washing machine 세탁기 dryer 건조기 in-home service professional 가정 방문 서비스 전문가 next day free installation service 익일 (가전제품) 설치 서비스 home appliances 가전제품 If you don't know much about 여러분이 ~에 대해서 잘 모르다면 friendly 우호적인, 친절한 knowledgeable 박식한, 아는 것이 많은, 식견 있는 electrical sales staff 가전제품 판매 직원 available 이용 가능한, 구매 가능한 fit all of your needs 여러분의 요구를 충족시키다 be located at ~에 위치하다, ~에 자리하다 at the intersection of ~의 교차 지점에 unbelievable 믿기지 않는

1. What **is being** advertised? 광고 중인 것은 무엇인가?

(A) Kitchen appliances 주방용품
(B) Consumer electronics 가전제품
(C) Diet products 체중감량제품
(D) Office supplies 사무용품

➡ 광고 중인 상품을 묻는 첫 번째 문제이며 광고하는 상품이나 서비스의 정체는 지문 초반부에서 직접적으로 제시된다. 화자가 광고 초반 Are you looking for new electric home appliances for your home?이라고 언급하는 부분을 통해 광고하고자 하는 상품이 가전제품임을 알 수 있다. 따라서 정답은 (B)가 된다.

어휘 consumer 소비자, 고객

정답 (B)

2. What service **is being** provided to the customers?
고객에게 어떠한 서비스가 제공되는가?

(A) Installation 설치
(B) Training 교육 훈련
(C) Cleaning 청소
(D) Repairs 수리

➡ 고객에게 제공되는 서비스에 대해 묻는 문제이므로 광고에서 상품이나 서비스 또는 할인 행사에 관한 가장 많은 상세 정보가 제시되는 광고 중반부에서 해당 서비스를 언급하는 명사를 노려 들어야 한다. 화자는 광고 중반부에서 Best Choice in-home service professionals also offer next day free installation service for all home appliances you purchase.라며 구매한 가전제품을 다음 날 무료로 설치해주는 서비스를 제공한다는 점을 밝히고 있다. 따라서 정답은 (A)가 된다.

어휘 installation 설치

정답 (A)

3. When **does** the sale begin? 판매 행사는 언제 시작하는가?

(A) On Monday 월요일
(B) On Wednesday 화요일
(C) On Friday 금요일
(D) On Saturday 토요일

➡ 행사를 언제 시작하는지 묻는 마지막 문제이며, 대부분 행사 시점은 주로 광고 초반과 후반에서 등장하므로 이 부분에서 행사가 시작하는 요일을 집중적으로 노려 들어가야 한다. 화자는 광고 말미에서 The sale starts on Monday and ends on Friday.라고 말하며 행사는 월요일부터 금요일까지 시행된다는 점을 밝히고 있다. 따라서 정답은 (A)가 된다.

정답 (A)

Practice 9 ▶ 정답 및 해설은 403쪽   7-14.mp3

25. What is being advertised?

    (A) A restaurant
    (B) A travel agency
    (C) A clothing shop
    (D) A Web site designer

26. What is the celebration for?

    (A) The tenth anniversary of their opening
    (B) The opening of a new location
    (C) The introduction of a new product
    (D) The winning of an award

27. What is offered only through the Web site?

    (A) New designs
    (B) Technical descriptions
    (C) Discount coupons
    (D) Driving directions

28. What does the speaker encourage the listeners to do?
    (A) Make a purchase at a new store
    (B) Sample a new product
    (C) Apply for a membership
    (D) Visit a new Web site

29. What will be offered to the listeners if they sign up before December 10th?
    (A) A raffle ticket
    (B) A bonus gift
    (C) A discount coupon
    (D) A free membership

30. According to the speaker, why should listeners go to the service desk by the entrance?
    (A) To get a refund
    (B) To receive a gift
    (C) To submit a form
    (D) To return a product

출제 빈도 매회 평균 **0.4개**

견학 & 관광

☑ 출제 경향

견학이나 관광에 관한 소재는 주로 단체로 관광하기에 앞서, 또는 공장의 시설 견학
에 앞서 견학의 주제, 일정 및 주의해야 할 사항들을 공지하는 관광 및 견학과 관련된
담화문이나 연설문이 출제된다.

견학 & 관광 관련 빈출 표현

- activity 활동
- amazing 놀라운
- ancient 고대의
- appreciate 감상하다
- architecture 설계
- art gallery 화랑
- artworks 예술품
- attraction 명소
- beautiful / gorgeous 아름다운
- be famous for ~로 유명하다
- breathtaking 숨이 멎을 만큼 멋진, 놀라운
- castle 성
- collection 수집, 전시회
- continue on 지속하다, 계속하다
- cultural 문화의
- custom 전통, 관습
- customary 전통의, 관습의
- depart 출발하다
- elegant 우아한

- enormous 거대한, 엄청난
- exception 예외
- exciting energetic 신이 나는, 활기찬
- exhibition 전시회
- extensive 포괄적인, 종합적인
- fascinating 매혹적인, 매력적인
- front entrance 정문
- heritage 유산, 유물
- highlight 최고, 강조; 강조하다, 돋보이다
- historical relics 역사 유물
- laboratory 실험실
- legend 전설
- lobby 로비, 휴게실
- local 지역 사람, 지역의
- location 장소
- magnificent 멋진, 훌륭한, 웅장한
- manufacturing plant 제조공장
- map 지도
- monument 기념물, 유적
- museum 박물관
- original state 원래 상태
- permit 허가증, 허가하다
- Please be aware that ~라는 점에 유의해주세요
- popular 인기가 많은, 유명한
- postcard 엽서
- prevalent 널리 퍼진, 만연한
- proceed 진행하다, 가다
- prohibit 금지하다
- protective gear / safety gear 보호 장비
- rare 보기 드문, 희귀한
- recommend 추천하다

- reconstructed 재건된
- relax 긴장을 풀다, 편안하게 쉬다
- restored 회복된, 복구된
- ritual 의식, 제사
- scenery 경치가 좋은
- scenic 경치가 좋은
- shopping district 쇼핑 구역
- show someone around 안내하다, 구경시켜주다
- sit back 편안하게 앉다
- souvenir 기념품
- speak up 크게 말하다
- suggest 제안하다
- superb 뛰어난, 우수한
- surroundings 환경
- unbelievable 믿기지 않는
- visible 시각적인, 보이는
- visitor pass 방문객을 위한 통행권
- voucher 상품권, 이용권
- waterfront 해변의, 해안의

▟☰ 지문의 전개 및 예시   7-16.mp3

● **지문 초반부:** 가이드의 소개, 청자의 정체 및 해당 견학 / 관광의 개요 제시

Hello, everyone, I'm Lena Tang. ❶, ❷ Thank you for joining our morning tour here at the National Shanghai Art Museum. The museum is famous for its large collection of rare cultural pieces and now houses over 120,000 precious historical relics. Today's tour is very special as we will be focusing only on the Ching Dynasty Artifacts section of the museum.

➡ 견학 / 관광 관련 지문의 초반부에서는 가이드의 인사말과 소개와 청자의 정체가 먼저 언급이 되며 이어서 견학 / 관광 장소와 견학 / 관광의 구체적인 대상을 포함한 견학 / 관광에 대한 기본적인 개요가 제시된다.

● **지문 중반부:** 견학 / 관광의 특징을 비롯한 관련 세부 정보 제시

❷ From 9 to 11, we'll see its rich and high-quality collection of the ceramics, paintings, and calligraphy of the Ching Dynasty. I hope you will feel the beauty of the East during the tour. Our tour will take about two hours.

➡ 견학 / 관광 관련 지문의 중반부에서는 주로 견학 / 관광의 일정과 특징, 그리고 견학 / 관광 참여자가 직접 참여할 수 있는 행사나 활동에 대한 소개와 같은 정보가 등장한다.

● **지문 후반부:** 견학 / 관광 참여자에 대한 요청 / 권고 / 제안 사항 및 주의사항 그리고 부가 정보를 언급

❸ Please be aware that flash photography is not allowed because flashes may cause damage to the work over time if UV is not properly filtered. The artifacts you will see are extremely delicate; please do not touch any of them. You will notice that many of the vases are not encased in glass or behind a screen. Be very careful walking around the artifacts. OK. Let's have a good time!

➡ 견학 / 관광 관련 지문의 후반부에서는 견학 / 관광 참여자들에게 요청 / 권고 / 제안하는 내용, 주의해야 할 사항, 견학 / 관광 시 주어지는 선물이나 혜택, 그리고 기념품을 구매하거나 가볍게 휴식 및 식사를 할 수 있는 장소와 관련된 세부 정보가 제시된다.

여러분, 안녕하세요. 저는 Lena Tang이라고 합니다. 저희 국립 상하이 예술 박물관 오전 견학에 참가해 주셔서 감사합니다. 이 박물관은 다량의 희귀 문화재를 보유한 것으로 유명하며 현재 12만점에 달하는 귀중한 역사 유물을 보관하고 있습니다. 오늘 견학은 청나라 시대의 공예품만을 둘러볼 예정이므로 매우 특별한 시간이 될 것입니다. 우리는 오전 9시부터 11시까지 청나라의 고품격의 다양한 도자기, 그림, 그리고 붓글씨를 감상할 예정입니다. 저는 여러분이 관람하시는 동안 동양의 미를 느끼실 수 있길 바랍니다. 우리의 견학은 대략 두 시간이 소요될 것입니다. 카메라 촬영 시 발생하는 빛에서 자외선이 필터를 통해 제대로 차단되지 않으면 이것이 유물에 악영향을 미치기 때문에 사진 촬영은 허가하지 않습니다. 여러분이 관람하시게 될 공예품들은 대단히 세심한 주의가 필요한 유물들이므로 절대 만지지 않도록 주의하여 주십시오. 여러분께서 보시다시피 많은 공예품들이 유리로 싸여 있지 않을 뿐더러 칸막이도 설치되어 있는 않은 것을 알 수 있습니다. 그러므로 공예품 주변을 걸으실 때 주의하여 주시기 바랍니다. 자, 여러분, 즐거운 시간되시기 바랍니다!

어휘 be famous for ~로 유명하다 collection 수집, 전시회 rare 보기 드문, 희귀한 cultural 문화의 house 수용하다 precious 귀중한 historical 역사적인 relics 유물 focus on ~에 집중하다 Ching Dynasty 청나라 artifact 공예품 section 구역, 영역, 구획 rich 풍부한, 많은 ceramics 도자기 calligraphy 붓글씨 Please be aware that ~라는 점에 유의해주세요 allow 허용하다 cause 초래하다 properly 적절하게, 알맞게 filter 거르다 extremely 매우 delicate 민감한 notice 알다, 파악하다 vase 화병 encase 케이스에 넣다

1. Who **probably is** speaking? 화자는 누구일 것 같은가?

(A) A store clerk 점원
(B) A travel agent 여행사 직원
(C) A photographer 사진가
(D) A tour guide 견학 안내원

➡ 화자의 정체에 대해 묻는 첫 번째 문제이므로 지문 초반 화자의 정체를 유추할 수 있는 관련 어휘나 표현을 파악하는 것이 중요하다. 화자는 담화 초반 Thank you for joining our morning tour here at the National Shanghai Art Museum.이라며 박물관 오전 견학에 참여해준 점에 감사하고 있다. 이어서 화자가 Today's tour is very special as we will be focusing only on the Ching Dynasty Artifacts section of the museum.이라며 오늘 견학은 청조의 공예품을 살펴보는 것임에 집중할 것이라 밝히고 있다. 따라서 이를 통해 화자는 견학을 이끄는 가이드임을 유추할 수 있으므로 정답은 (D)각 된다.

2. What will the listeners do in the morning? 청자들은 오전에 무엇을 할 것인가?

(A) Have a meal 식사를 한다.
(B) Purchase souvenirs 기념품을 구매한다.
(C) Appreciate artworks 예술품을 감상한다.
(D) Attend a photography class 사진 수업에 참석한다.

➡ 청자들이 오전에 할 일에 관해 묻는 문제이므로 담화에서 키워드인 오전, 즉, morning 혹은 오전에 준하는 구체적인 시각이 등장하는 부분을 중심으로 단서를 파악해야 한다. 화자는 담화 중반부에서 From 9 to 11, we'll see its rich and high-quality collection of the ceramics, paintings, and calligraphy of the Ching Dynasty.라며 오전 9시에서 11시까지 청나라의 다양한 문화재를 감상할 것이라 언급하고 있다. 따라서 정답은 (C)가 된다.

어휘   souvenir 기념품 appreciate 감상하다, ~에 감사하다 attend 참석하다, 참여하다

정답   (C)

3. According to the speaker, what is not permitted?
화자에 따르면, 허용되지 않는 것은 무엇인가?

(A) Talking loudly 크게 이야기하는 것
(B) Recording a lecture 강연을 녹음하는 것
(C) Taking photographs 사진을 촬영하는 것
(D) Leaving trash 쓰레기를 버리는 것

➡ 금지된 행동을 묻는 마지막 문제이므로 지문 후반부에서 키워드인 permitted 혹은 이와 유사한 allowed가 등장하는 부분을 중심으로 단서를 파악하는 것이 바람직하다. 화자는 담화 후반부에서 Please be aware that flash photography is not allowed라며 박물관 내부에서 사진 촬영은 금지되어 있음을 밝히고 있다. 따라서 정답은 (C)가 된다.

어휘   permit 허락하다, 허가하다 loudly 시끄럽게

정답   (C)

31. Who most likely is giving the talk?

    (A) A gardener

    (B) A tour guide

    (C) A security guard

    (D) A bus driver

32. How does the speaker describe the recent weather?

    (A) It's windy

    (B) It's humid

    (C) It's sunny

    (D) It's freezing

33. What are the listeners most likely going to do next?

    (A) Return to a bus

    (B) Learn safety procedures

    (C) Start renovation works

    (D) Buy some jackets

34. Who most likely is the speaker?

   (A) A tourist guide
   (B) An event organizer
   (C) A train conductor
   (D) A bus driver

35. What does the speaker say can be troublesome for the listeners?

   (A) The climate of the current season
   (B) The high price of a tour package
   (C) The inconvenience of local residents
   (D) The flooding of a river

36. What are listeners advised to do?

   (A) Purchase an umbrella
   (B) Reserve a ticket
   (C) Take a detour
   (D) Use a rest room

정답 및 해설

정답 및 해설

앞서 배운 스킬을 사용하여 최대한 신속하고 효율적으로 문제를 풀이하자.

2장 PART 1 문제 유형별 풀이 요령

01강 1인 사진

Practice 1 ★★   미W

해설 | 1인 사진으로, 중심 인물의 행동과 외모적 특징에 집중해야 한다. 여자가 책상에서 컵을 들고 신문을 보는 행동에 집중해야 한다. 사진만으로는 여자가 마시는 것이 커피인지 알 수 없으므로 (A)는 오답이다. (B)는 여자가 살펴보고 있는 것이 진열대의 의류가 아니므로 잘못된 묘사이다. (C)는 사진에 서류나 서류함이 보이지 않으므로 오답이다. 따라서 여자가 책상에서 신문을 읽고 있는 모습을 정확하게 묘사한 (D)가 정답이다.

함정 분석 | (A)는 사진 속 컵을 보고 연상되는 내용이지만 객관적 사실이 아니므로 답이 될 수 없다.

어휘 | sip (음료를) 홀짝거리다, 마시다   look through 훑어보다, 검토하다   rack 받침대, 선반   file cabinet 서류함, 문서 보관함

(A) The woman is sipping some coffee.
(B) The woman is looking through the clothes on the rack.
(C) The woman is getting documents from the file cabinet.
(D) The woman is reading a newspaper at the desk.

(A) 여자는 커피를 마시고 있다.
(B) 여자는 진열대에 있는 의류를 살펴보고 있다.
(C) 여자는 서류함에서 서류를 꺼내고 있다.
(D) 여자는 책상에서 신문을 읽고 있다.

정답 | (D)

Practice 2 ★★   영M

해설 | 1인 중심의 사진이므로 여자의 동작과 외모적 특징에 집중해야 한다. 여자가 가방 안을 살펴보는 행동과 목도리를 착용하고 말총머리 헤어스타일을 지닌 모습에서 정답이 제시될 것이라 예상할 수

있다. 사진 속에 진열 중인 상품이 보이지 않고, 기차 승강장과 배낭도 보이지 않으므로 (A), (B), (D) 모두 오답으로 처리해야 한다. 따라서 여자가 가방 안을 들여다보는 동작을 묘사하고 있는 (C)가 정답이다.

어휘 | train platform 기차 승강장   look into ~안을 들여다보다   pick up ~을 들어 올리다   backpack 배낭, 백팩

(A) The woman is examining some goods on display.
(B) The woman is standing on a train platform.
(C) The woman is looking into her bag.
(D) The woman is picking up her backpack.

(A) 여자는 진열 중인 상품을 보고 있다.
(B) 여자는 기차 승강장에 서 있다.
(C) 여자는 가방 안을 들여다보고 있다.
(D) 여자는 배낭을 들어 올리고 있다.

정답 | (C)

Practice 3 ★★   미W

해설 | 1인 중심 사진이므로 사진 속 남자의 행동과 외모적 특징을 먼저 파악한다. 긴팔 셔츠와 바지를 입고 가슴에 명찰을 착용한 남자가 지도 위에 무엇인가를 손으로 가리키는 모습이다. (A)는 남자가 허리를 숙이고 있지만 개수대가 보이지 않으므로 오답이다. (B)는 남자가 이름표를 이미 차고 있는 상태일 뿐 인쇄하는 중이 아니므로 오답이며, 칠판에는 도표가 아니라 지도가 보이므로 (C)도 오답이다. 따라서 남자가 지도 위를 손으로 가리키는 동작을 정확히 묘사하는 (D)가 정답이다.

어휘 | bend over ~위로 몸을 수그리다   label 표찰, 라벨   diagram 도표   blackboard 칠판   point at ~을 손으로 가리키다

(A) He is bending over a sink.
(B) He's printing his name on a label.
(C) He is looking at some diagrams on the

blackboard.
(D) He is pointing at something on the map.

(A) 그는 개수대 위로 몸을 수그리고 있다.
(B) 그는 자신의 이름을 표찰에 인쇄하고 있다.
(C) 그는 칠판에 있는 도표를 보고 있다.
(D) 그는 지도에 있는 무엇인가를 가리키고 있다.

정답 | (D)

Practice 4 ★   호M

해설 | 1인 사진이므로 사진 속 인물의 행동과 외모적 특징을 파악하는 것이 중요하다. 사진 속 여자가 건물을 나서고 있지 않고, 도구를 잡고 있지 않으며, 정장에 단추를 꿰매고 있지도 않으므로 (A), (C), (D) 모두 오답으로 처리해야 한다. 따라서 계단을 내려오고 있는 모습을 묘사한 (B)가 정답이다.

어휘 | leave 떠나다, 남기다   walk down 내려가다   stair 계단   sew 바느질하다, 꿰매다   business suit 정장

(A) The woman is leaving a building.
(B) The woman is walking down the stairs.
(C) The woman is holding a tool with both hands.
(D) The woman is sewing a button on a business suit.

(A) 여자는 건물을 떠나고 있다.
(B) 여자는 계단을 내려가고 있다.
(C) 여자는 양손으로 연장을 쥐고 있다.
(D) 여자는 정장에 단추를 꿰매고 있다

정답 | (B)

Practice 5 ★★★   미W

해설 | 청과물이 진열되어 있는 배경에 1인이 등장하고 있는 사진이므로 사람의 행동과 청과물의 진열 상태에 집중하며 들어야 한다. 사진에서 뷔페용 테이블 buffet table과 바구니 basket은 확인이 불가하므로 (B)와 (C)는 오답으로 소거해야 한다. 아울러 청과물을 포장하고 있는 비닐봉투는 고리에 걸려 매달려 있는 상태 hanging on a hook이라 할 수 없으므로 (D) 역시 오답임을 알 수 있다. 따라서 한 남자가 저울을 이용하여 상품의 무게를 측정하는 행동을 현재진행 수동태로 표현하고 있는 (A)가 정답이다.

어휘 | item 상품, 물건   weigh 무게를 재다   scale 저울   be prepared for ~에 대한 대비가 되다   meal 식사   be filled with ~으로 가득 차다   plastic bag 비닐봉투   hang 걸다, 매달리다   hook 갈고리, 바늘

(A) An item is being weighed on a scale.
(B) A buffet table is being prepared for a meal.
(C) A basket has been filled with items.
(D) Some plastic bags are hanging on a hook.

(A) 상품의 무게가 저울 위에서 측정되고 있다.
(B) 한 뷔페용 테이블이 식사를 할 수 있도록 준비되고 있다.
(C) 한 바구니가 상품으로 가득 차 있다.
(D) 몇몇 비닐봉투들이 고리에 걸려 매달려 있다.

정답 | (A)

Practice 6 ★★★   미M

해설 | 1인 사진이므로 사진 속 인물의 행동과 외모적 특징을 파악하는 것이 중요하다. 사진 속 여자는 등받이가 없는 의자에 앉아 있고 오른손에 찻잔을 들고 있으며, 주방 어딘가를 응시하고 있다. 여자는 안경을 쓰고 있지 않으므로 (A)는 오답이다. 또한 여자가 누군가를 기다린다거나 커피를 마시고 있다는 내용은 확인할 길이 없으므로 이또한 오답으로 소거해야 한다. 따라서 등받이가 없는 의자에 앉아 있다는 (B)가 정답이다.

어휘 | wear glasses 안경을 쓰다   stool 등받이가 없는 의자

(A) The woman is wearing glasses.
(B) The woman is waiting for someone.
(C) The woman is sitting on a stool.
(D) The woman is drinking a cup of coffee.

(A) 여자는 안경을 착용하고 있다.
(B) 여자는 누군가를 기다리고 있다.
(C) 여자는 등받이가 없는 의자에 앉아 있다.
(D) 여자는 커피를 마시고 있다.

정답 | (C)

Practice 7 ★ 영W

해설 | 2인 사진에는 인물들의 공통된 행동이나 상태가 정답으로 자주 출제된다. 안전모를 쓴 두 남자가 공사 현장에서 설계 도면을 들고 무엇인가를 함께 바라보고 있는 모습이다. 주변 사물이 묘사되는 경우도 있으므로 미리 확인해야 한다. (A)는 사진 속 계단이 보이지 않고 두 남자는 올라가는 중이 아니므로 오답이다. (B)는 공사 현장 사진에서 연상하기 쉬운 단어인 아파트가 포함된 연상어휘 함정이 포함된 오답이다. 두 남자가 아파트 복도에 있는지는 사진으로 알 수 없는 내용이므로 오답이다. (C)는 주위의 콘크리트 벽과 장비들로 보아 들판이라고 볼 수 없으므로 답이 될 수 없다. 두 사람의 주위 배경을 보면 공사 현장이라는 사실을 알 수 있으므로 (D)가 정답이다.

어휘 | walk up the stairs 계단을 올라가다 corridor 복도 in the center of ~의 중앙에 open field 들판 construction 건축, 공사

(A) They're walking up the stairs.
(B) They're in the corridor of an apartment.
(C) They're in the center of the open field.
(D) They're working at the site of a construction project.

(A) 그들은 계단을 올라가고 있다.
(B) 그들은 아파트 복도에 있다.
(C) 그들은 들판 한 복판에 있다.
(D) 그들은 공사 현장에서 일하고 있다.

정답 | (D)

Practice 8 ★★ 미M

해설 | 두 사람이 등장하는 사진이므로 두 사람의 공통된 행동이나 외모와 관련된 특징에 집중해야 한다. 사진에 suitcases나 leaves가 보이지 않으므로 (A), (B) 모두 오답으로 처리해야 한다. 또한 두 사람은 서 있기는 하지만 마주보고 있지 않으므로 (D)를 정답으로 오인하지 않도록 주의해야 한다. 따라서 두 사람이 함께 상자를 나르고 있는 공통된 행동을 묘사하고 있는 (C)가 정답이다.

어휘 | pack 짐을 싸다, 짐을 꾸리다 rake leaves 잎사귀를 갈퀴로 긁어모으다 handle 다루다, 취급하다

(A) They are packing their suitcases.
(B) They are raking leaves in the park.
(C) They are handling boxes.
(D) They are standing across from each other.

(A) 사람들이 옷가방을 싸고 있다
(B) 사람들이 공원에서 갈퀴로 낙엽을 긁어모으고 있다.
(C) 사람들이 상자들을 다루고 있다.
(D) 사람들이 서로 마주보고 서 있다.

정답 | (C)

Practice 9 ★★★ 미W

해설 | 두 명의 공통된 행동은 파악할 수 없으므로 각자 개별적인 행동과 옷차림부터 먼저 살펴본 후 이어서 주변 사물의 상태를 파악해야 한다. 두 사람 모두 안전모(hard hat/safety hat)과 조끼(vest)를 착용하고 있으며, 남자는 상자를 들고 여자는 중장비를 운전하고 있는 모습, 그리고 주변의 상자가 창고 선반 위에 쌓여 있는 모습에 집중하며 듣는 것이 바람직하다. 무엇보다 사진에서 선반을 조립하는 assembling이란 행동, 플라스틱이나 나무 재질의 상자인 creates와 트럭 truck, 그리고 옷가방 suitcases와 비닐 plastic은 확인이 불가하므로 (A), (C), (D)는 모두 오답으로 소거해야 한다. 따라서 창고에 쌓여있는 상자들의 상태를 설명하고 있는 (B)가 정답이 된다.

어휘 | assemble 조립하다 shelf 선반 be stacked ~이 쌓이다 warehouse 창고 unload 짐을 내리다 crate 상자 suitcase 옷가방 wrap in plastic 비닐로 포장을 하다

(A) An employee is assembling some shelves.
(B) Boxes are stacked in a warehouse.
(C) Some workers are unloading crates from a truck.
(D) Some suitcases are being wrapped in plastic.

(A) 한 직원이 선반을 조립하고 있다.
(B) 상자들이 창고 안에 쌓여 있다.
(C) 몇몇 인부들이 트럭 뒤에서 상자를 내리고 있다.
(D) 몇몇 옷가방들이 비닐로 포장되고 있다.

정답 | (B)

Practice 10 ★★ 미M

해설 | 2인 사진이지만 한 사람은 서 있기만 하므로

여자의 구체적인 행동에 집중해야 한다. (A)는 여자
는 그림을 위한 액자를 제작하는 것이 아니라 바지
의 길이를 재고 있는 중이므로 오답이다. (B)는 여
자가 긴 옷을 입고 있는 상태일 뿐 입는 동작이 아니
므로 답이 될 수 없다. (D)는 여자가 줄자를 들고 있
을 뿐 테이프는 보이지 않으므로 오답이다. 따라서
여자가 다른 사람의 바지 치수를 측정하는 동작을
묘사하고 있는 (C)가 정답이다.

어휘 | frame 틀, 액자   sleeved 소매 달린
measure 측정하다

(A) She is making a frame for fine
    artworks.
(B) She is trying on a long sleeved shirt.
(C) She's measuring the pants.
(D) She's taping a box closed.

(A) 그녀는 그림을 위한 액자를 제작하고 있다.
(B) 그녀는 긴 팔 셔츠를 입어 보고 있다.
(C) 그녀는 바지의 치수를 재고 있다.
(D) 그녀는 테이프로 상자를 밀봉하고 있다.

정답 | (C)

03강 다수 사진

Practice 11 ★   미M

해설 | 다수가 등장하는 사진이므로 인물들의 공통
된 동작을 파악하는 것이 가장 중요하다. (A)는 남자
가 들고 있는 종이가 항공권인지는 확실하지 않으
므로 오답이다. (B)는 두 남녀가 같은 서류를 보고
있을 뿐 창밖을 보는 것은 아니므로 오답이다. (C)는
길게 서 있는 줄이 보이지 않으므로 역시 오답이다.
따라서 서류를 함께 보고 있는 공통된 행동을 표현
하고 있는 (D)가 정답이다.

어휘 | hand 손, 전달하다   stare out ~을 응시하
다, ~을 바라보다

(A) The woman is handing an airline ticket
    to the man.
(B) They are staring out the window.
(C) The man is waiting at the back of a
    long line.
(D) They are looking at a document
    together.

(A) 여자는 남자에게 항공권을 전달하고 있다.
(B) 그들은 창밖을 응시하고 있다.

(C) 남자는 길게 늘어선 줄의 뒷부분에서 기다리고
    있다.
(D) 그들은 서류를 함께 보고 있다.

정답 | (D)

Practice 12 ★★★   미W

해설 | 2인 이상 다수가 등장하고 있지만 서로 간의
공통된 행동을 파악할 수 없는 개별 행동 중심의 사
진이므로 각자의 개별 행동과 주변 사물의 위치 및
상태에 중점을 두며 들어가야 한다. 사진에서 행주로
테이블을 닦는 행동, 여자가 잔을 채우는 행동, 은식
기를 쥐고 있는 상태 등은 모두 확인이 불가하므로
(A), (C), (D)는 모두 오답으로 소거해야 한다. 따라
서 남자가 여자들 앞에 음식이 담긴 접시를 내려놓
는 행동을 묘사하는 (B)가 정답이다.

어휘 | wipe ~을 닦다   cloth 행주   set down ~을
내려놓다   tray 쟁반, 접시   fill up ~을 가득 채우다
silverware 은식기

(A) The man is wiping a table with a cloth.
(B) The man is setting down a tray of food.
(C) One of the women is filling up a glass.
(D) One of the women is holding some
    silverware.

(A) 남자가 테이블을 행주로 닦고 있다.
(B) 남자가 음식이 담긴 접시를 내려놓고 있다.
(C) 한 여자가 유리잔을 가득 채우고 있다.
(D) 한 여자가 손에 은식기를 쥐고 있다.

정답 | (B)

Practice 13 ★★★   미W

해설 | 다수의 사람들이 주변 정경과 함께 등장하
고 있는 사진이다. 사람들의 공통된 행동과 외모적
특징, 사물의 위치와 상태를 파악한다. (A)는 사진
에 등장하는 모든 사람들이 말을 타고 있는 것이 아
니라 일부만이 말을 타고 있으므로 오답이다. (B)는
길거리에 인적이 끊겨 있다고 묘사하여 사진과 부
합되지 않는다. 말을 타고 있는 사람들은 제복을 입
고 있으므로 (C)가 정답이다. (D)의 앞부분만 듣고
섣불리 고르지 않도록 한다. 건물들이 일렬로 늘어
선 상태는 맞지만 장소가 물가가 아니므로 잘못된
묘사이다.

어휘 | deserted 인적이 끊긴, 사람이 살지 않는
uniform 제복   row 줄, 열   stretch 뻗어 있다, 펼
쳐지다   along the water 물가를 따라

(A) People are riding horses on the street.
(B) The street is deserted.
(C) Some people are wearing uniforms.
(D) A row of buildings stretches along the
water.

(A) 사람들이 거리에서 말을 타고 있다.
(B) 거리에 인적이 끊겼다.
(C) 몇몇 사람들이 제복을 입고 있다.
(D) 건물들이 물가를 따라 죽 늘어서 있다.

정답 | (C)

Practice 14 ★★★   미M
해설 | 다수 사진은 전체 인물들의 공통된 행동이나
외모적 특징 또는 개인의 행동이나 외모적 특징이
모두 묘사될 수 있다. 달리는 모습의 사람들을 보고
정답을 (A)로 혼동하지 않도록 한다. 일부 사람들이
달리고 있는 모습을 모든 사람들의 공통된 행동으
로 잘못 묘사하고 있으므로 오답이다. (C)는 사람들
이 다리를 건너는 모습이 보이지만, 다리가 물 위에
있는지는 확인할 수 없으므로 오답이다. (D)는 개를
끌고 가는 사람은 한 명이고 장소도 해안이 아니므
로 잘못된 묘사이다. 따라서 사진 중간에 개를 산책
시키는 여자가 배낭을 메고 있는 모습을 묘사한 (B)
가 정답이다.

어휘 | jog 조깅하다, 달리다 walkway 보도, 인도
backpack 배낭 arch bridge 아치형 다리 be
suspended over ~위에 매달려 있다, ~위의 공중
에 떠 있다 walk 걷게 하다, 산책시키다

(A) People are jogging along the walkway.
(B) A woman is wearing a backpack.
(C) An arch bridge is suspended over the
water.
(D) Some people are walking their dogs
along the shore.

(A) 사람들이 보도를 따라 조깅을 하고 있다.
(B) 한 여자가 배낭을 메고 있다.
(C) 아치형 다리가 물 위에 걸쳐져 있다.
(D) 몇몇 사람들이 해안을 따라 개를 산책시키고 있
다.

정답 | (B)

Practice 15 ★★   호M
해설 | 두 남녀가 서로 바라보고 있고, 한 여자가 그
앞에 서 있는 모습이다. 남자는 정장을 입고 있으므

로 (A)는 오답이며, 한 여자가 셔츠를 착용하고 있다
는 (B)도 역시 오답이다. (D)는 남자와 여자가 서로
마주보고 있으므로 이또한 오답이다. 멀리 진열장
안에 자동차 1대가 보이므로 (C)가 정답이다.

어휘 | lather 가죽 showcase 진열장 side by
side 나란히

(A) The man is wearing a lather jacket.
(B) A woman is wearing a shirt.
(C) A car is placed in the showcase.
(D) The man and the woman are standing
side by side.

(A) 남자는 가죽 재킷을 착용하고 있다.
(B) 한 여자가 셔츠를 착용하고 있다.
(C) 진열장 안에 자동차 1대가 놓여 있다.
(D) 남자와 여자가 나란히 서 있다.

정답 | (C)

Practice 16 ★★   영W
해설 | 2인 이상이 등장하는 실외 정경 배경의 사진
이므로 사람들의 공통된 행동 혹은 각기 다른 행동
부터 먼저 살펴봐야 할 필요가 있다. 아울러 난이도
가 높아지는 경우에 대비하여 사람이 아닌 주변 사
물의 위치 및 상태도 함께 파악하는 것이 현명하다.
빗자루로 쓰는 동작인 sweeping, 음식을 담고 있
는 placing, 그리고 배가 지나가고 있는 모습을 묘
사한 crossing은 모두 사진에서 확인되지 않는 사
람의 행동이다. 따라서 몇몇 의자들이 비어있는 상
태를 묘사하고 있는 (D)가 정답이라 할 수 있다.

어휘 | sweep 빗자루로 쓸다 patio 안뜰, 야외 공
간 place A in B A를 B에 두다 cross under
~이 밑을 가로질러 가다 be unoccupied ~이 비
어 있다

(A) A man is sweeping a patio.
(B) Some people are placing food in their
baskets.
(C) A ship is crossing under the bridge.
(D) Some of the chairs are unoccupied.

(A) 한 남자가 빗자루로 안뜰을 쓸고 있다.
(B) 몇몇 사람들이 음식을 바구니에 담고 있다.
(C) 배 한 척이 다리 밑을 지나가고 있다.
(D) 몇몇 의자들이 비어 있다.

정답 | (D)

04강 **사물 & 배경 사진**

Practice 17 ★★★

미M

해설 | 실내 사물 중심의 사진이므로 주요 사물의 위치와 상태에 집중한다. 벽에 여러 그림들이 부착된 상태, 테이블 위 램프, 램프의 등이 켜진 상태, 둥근 모양의 시계가 벽에 부착된 상태를 확인한다. 문이 닫혀 있는 모습이 보이지 않으므로 (B)는 오답이다. 바닥을 다시 손보는 중이 아니므로 (C)도 답이 될 수 없다. 벽에 액자는 여러 개 보이지만 시계는 하나뿐이므로 (D) 역시 오답이다. 따라서 벽에 걸린 둥근 시계의 모양을 묘사하고 있는 (A)가 정답이다.

함정 분석 | 사물 사진에서는 사람이 동작을 취하는 모습이 없으므로 현재진행 수동태(be being p.p.) 시제가 포함된 답변은 대부분 오답이다.

어휘 | round 둥근 be left closed 닫혀 있다 refinish 재마감하다, 다시 손질하다 hang on ~에 걸리다, ~에 매달리다, ~에 부착되다

(A) The clock on the wall is round.
(B) Some doors have been left closed.
(C) The floors are being refinished.
(D) There are many clocks hanging on the wall.

(A) 벽에 걸린 시계의 모양이 원형이다.
(B) 몇몇 문들이 닫혀 있다.
(C) 바닥이 다시 손질되고 있다.
(D) 많은 시계들이 벽에 걸려 있다.

정답 | (A)

Practice 18 ★★★

미W

해설 | 시내 풍경 사진으로, 도로를 주행 중인 자동차들, 도로 양쪽의 고층 건물들, 주변 나무들의 위치와 상태를 확인한다. 다층 건물들이 등장하고 있지만, 자동차들이 주차된 건물은 보이지 않으므로 (A)는 오답이다. 대형 건물들이 늘어선 상태는 제대로 묘사하지만 사진에 보이지 않는 해변을 언급하므로 (B)도 오답이다. 사진에 보이지 않는 건축 자재를 언급하므로 (C) 역시 오답이다. 따라서 고층 건물들이 도로 양편에 늘어선 상태를 묘사하는 (D)가 정답이다. 배열을 묘사하는 내용도 종종 출제되므로 관련 표현을 꼭 알아두도록 하자.

함정 분석 | 건물들이 서 있는 모습을 보고 (B)로 혼동하지 않도록 한다. 장소를 사진과 다르게 묘사하여 오답을 유도하는 함정을 조심해야 한다.

어휘 | multi-level structure 다층 구조물, 다층 건물 shore 해변 building materials 건축 자재 unload (짐이나 승객을) 내리다 skyscraper 고층 건물 be lined up 줄지어 늘어서다 on both sides of the road 도로 양편에

(A) Vehicles are parked in multi-level structures.
(B) Many huge buildings are standing along the shore.
(C) Building materials are being unloaded from the truck.
(D) There are some skyscrapers lined up on both sides of the road.

(A) 차량들은 다층 구조물에 주차되어 있다.
(B) 많은 대형 건물들이 해변을 따라 늘어서 있다.
(C) 건축 자재를 트럭에서 내리고 있다.
(D) 몇몇 고층 건물들이 도로 양편에 늘어서 있다.

정답 | (D)

Practice 19 ★★

영W

해설 | 전형적인 실내 정경 사진이므로 주요 사물들의 위치와 상태부터 확인해야 할 필요가 있다. 옷장 속에 여러 종류의 옷들이 걸려 있는 모습, 가운데에 수건들이 차곡차곡 쌓여 있는 상태, 벽에 걸려 있는 그림 등을 확인한다. 사진에 창문이 보이지 않으므로 (A)는 오답이다. 벽에 걸려 있는 그림이 보이지만, 현재 걸고 있는 중의 모습은 아니므로 (B)는 답이 될 수 없다. 의류가 보기 좋게 정리된 상태이긴 하지만 이것이 판매를 목적으로 진열되었는지는 판단할 수 없기 때문에 (C)도 답이 될 수 없다. 따라서 몇몇 셔츠들이 옷장 안에 걸려 있는 상태를 묘사하고 있는 (D)가 정답이다.

어휘 | blind 차양막 item 물건, 제품 be displayed for sale 판매를 위해 진열되다 closet 옷장

(A) Some blinds have been closed over the window.
(B) A painting is being hung on the wall.
(C) Some items are displayed for sale.
(D) There are some shirts hanging in the closet.

(A) 차양막이 창문을 덮고 있다.
(B) 그림 한 점이 벽에 걸리고 있다.
(C) 몇몇 제품들이 판매를 위해 진열되어 있다.
(D) 몇몇 셔츠들이 옷장 안에 걸려 있다.

정답 | (D)

Practice 20 ★★★　　　　　　　　　　영M

해설 | 사람이 등장하지 않는 실외 정경 사진이므로 정경을 구성하는 자연 사물 및 인공 사물의 위치나 상태를 묘사하는 정답이 제시될 가능성이 높다. 아울러 사물의 배열 형태가 등장하는 경우 이를 묘사하는 정답의 출제 비중이 높다는 점을 다시 한번 상기하도록 한다. 일단 사람이 등장하지 않으므로 사람을 언급한 (A)는 정답이 될 수 없다. 또한 현수막 banner와 기둥 poles를 언급하고 있는 (C)도 어렵지 않게 오답임을 파악할 수 있다. 사진에서 야자수들 palm trees가 등장하지만 벌목되어 쓰러진 상태인 been cut down의 모습도 확인할 수 없으므로 (D) 역시 오답으로 소거해야 한다. 따라서 benches, near the water를 통해 사진 속 인공 사물을 지칭하는 명사가 등장하고 이와 관련된 위치 관련 전치사구가 정확하게 언급되고 있으므로 (B)가 정답임을 알 수 있다.

어휘 | jog along ~을 따라 뛰다　be arranged near ~ 근처에 배열되다, ~에 배치되다　hang between ~사이에 매달리다　palm tree 야자수　be cut down 잘려서 쓰러지다

(A) People are jogging along a beach.
(B) Some benches are arranged near the water.
(C) A banner is hanging between the two poles.
(D) Some palm trees have been cut down.

(A) 사람들이 해변을 따라 뛰고 있다.
(B) 몇몇 벤치들이 물가 근처에 배열되어 있다.
(C) 현수막이 두 개의 기둥 사이에 매달려 있다.
(D) 몇몇 야자수들이 잘려서 쓰러져있다.

정답 | (B)

Practice 21 ★★　　　　　　　　　　미M

해설 | 실내 사물 중심의 사진이므로 주요 사물의 위치와 상태를 파악한다. 책들로 가득 찬 책장들의 모습과 복도를 사이에 두고 위치하고 있는 책장들의 배열을 확인해야 한다. 사진으로는 도서관인지 서점인지 알 수 없으므로 가게가 영업 중이라고 묘사한 (A)는 오답이다. 또한 책장들이 보이는 것은 맞지만 조립되고 있는 상황이 아니므로 (B)도 오답이다. 사람이 등장하지 않는 사진이므로 그들이 바닥에 내려놓고 있다는 묘사는 적절하지 않으므로 (D)도 오답이다. 따라서 책장들이 배열된 형태를 설명

하고 있는 (C)가 정답이다. 사물의 배열, 즉 사물이 놓여 있는 모습도 자주 출제되므로 관련 표현을 기억하는 것이 좋다.

어휘 | bookshelf 책장　assemble 조립하다　be on both sides of ~의 양편에 위치하다　place A on B A를 B에 두다　content 내용물　floor 바닥

(A) A store is open for business.
(B) Some bookshelves are being assembled.
(C) There are bookshelves on both sides of the aisle.
(D) They are placing the contents of the book cart on the floor.

(A) 가게가 영업 중이다.
(B) 몇몇 책장들이 조립되고 있다.
(C) 복도 양편에 책장들이 있다.
(D) 그들은 책 운반용 카트에 있는 내용물들을 바닥에 내려놓고 있다.

정답 | (C)

Practice 22 ★★　　　　　　　　　　미W

해설 | 주변 사물 중심의 사진이므로 실내 정경을 구성하는 여러 사물들의 위치와 상태를 살펴보며 이와 부합하는 내용의 정답을 파악해야 한다. 벽에 붙어 있는 것은 화이트보드가 아니라 게시판이므로 사진에서 확인할 수 없는 whiteboards를 언급하고 있는 (A)는 오답이다. 사진에서 여러 테이블들을 확인할 수 있지만 have been pushed against a wall, 즉, 벽에 테이블들이 붙어 있는 상태와는 무관하며, 의자들도 등장하지만 이 또한 개수대 옆에 쌓여 있는 상태인 stacked의 모습이라 할 수 없으므로 (B)와 (D) 역시 모두 오답으로 소거해야 한다. 따라서 사진 내 주요 사물인 냉장고의 문이 닫혀 있는 상태를 묘사하고 있는 (C)가 정답이 된다.

어휘 | be pushed against ~에 밀착되어 있다 refrigerator 냉장고　be stacked by ~의 옆에 쌓여 있다　sink 개수대

(A) There are some whiteboards on a wall.
(B) Most tables have been pushed against a wall.
(C) The refrigerator doors are closed.
(D) Some chairs are stacked by a sink.

(A) 벽에 몇몇 화이트보드들이 부착되어 있다.
(B) 대부분의 테이블들이 벽에 붙어 있다.

(C) 냉장고의 문이 닫혀 있다.
(D) 몇몇 의자들이 개수대 옆에 쌓여 있다.

정답 | (C)

Practice 23 ★★   미W

해설 | 건물 앞이 보이는 사진으로, 사물이 작게 보이는 사진에서는 사물 각각의 세부 묘사보다는 사물의 위치나 배열을 확인해야 한다. 자동차가 정차된 모습을 묘사하고 있지만, 차가 한 대가 아니며, 교통신호등 또한 확인할 수 없으므로 (A)는 오답이다. (C)는 건물들이 해변이 아닌 도로를 따라 늘어선 상태를 묘사하므로 오답이다. (D)는 사람이 등장하지 않는 사진이므로 답이 될 수 없다. 따라서 자동차들이 건물 앞에 주차된 상태를 묘사한 (B)가 정답이다.

함정 분석 | (A)에서 사물의 상태는 정확하게 묘사하더라도 수가 일치하지 않으면 오답이 되므로 주의한다.

어휘 | traffic light 신호등   shore 해안   cycle 자전거를 타다

(A) The car is stopped at a traffic light.
(B) Some cars are parked in front of the building.
(C) Some high buildings are lined up along the shore.
(D) A person is cycling down the street.

(A) 자동차가 신호등에 정차되어 있다.
(B) 몇몇 자동차들이 건물 앞에 주차되어 있다.
(C) 고층 건물들이 해변을 따라 늘어서 있다.
(D) 한 사람이 도로에서 자전거를 타고 있다.

정답 | (B)

Practice 24 ★★   미M

해설 | 사진 속에서 도로나 자동차가 나와 있지 않으므로 (B), (C)는 오답이다. 고층건물들이 있는 것은 맞지만 도로 양편에 있는지는 확인할 길이 없으므로 (D) 역시 오답이다. 따라서 다양한 고층건물들이 있다고 묘사한 (A)가 정답이다.

어휘 | height 높이   park 공원, 주차하다
skyscraper 고층 건물

(A) There are high-rise buildings of various heights.

(B) Several cars are running on the road.
(C) Cars are parked in a row.
(D) There are skyscrapers lined up on both sides of the road.

(A) 다양한 높이의 고층건물들이 있다.
(B) 몇몇 차들이 도로 위를 달리고 있다.
(C) 자동차들이 일렬로 주차되어 있다.
(D) 도로 양편에 고층 건물들이 줄지어 서있다.

정답 | (A)

3장 PART 2 문제 유형별 풀이 요령

01강 When 의문문

Practice 1 ★   미M-미W

해설 | 합병이 이루어지는 시점을 묻는 When 의문문으로, 과거 시점보다 미래 시점의 답변이 많이 출제되고 있다. (B)는 기사를 읽었다는 것은 합병 시점과 무관한 오답이다. (C)는 질문에서 나온 merger에서 연상할 수 있는 competitive를 이용한 연상어휘 함정이 포함된 오답이다. 조만간 (soon)이라는 구체적인 미래 시점을 제시하는 (A)가 정답이다. I think를 덧붙여 확실하지는 않지만 그렇게 생각한다고 말하고 있다.

어휘 | merger 합병 remain 남다, 남아 있다
competitive 경쟁력이 있는, 경쟁이 치열한

When is the merger expected to happen?

(A) Soon, I think.
(B) I've already read the article.
(C) Our company still remained
    competitive.

합병은 언제 이루어질 것으로 예상되나요?

(A) 조만간 이뤄질 것이라 생각합니다.
(B) 저는 이미 그 기사를 읽었어요.
(C) 우리 회사는 여전히 경쟁력이 있어요.

정답 | (A)

Practice 2 ★   미M-미W

해설 | 로스앤젤레스로 가는 다음 비행기의 출발 시점을 묻는 When 의문문이다. (B)는 의문사 의문문에서 사용할 수 없는 Yes로 대답하여 오답이다. (C)는 질문에서 나온 로스앤젤레스라는 도시명을 통해 연상되는 nice place를 이용한 함정으로 질문과 관련 없는 내용이다. 지금부터 두 시간 후라는 구체적인 미래 시점을 제시하는 (A)가 정답이다.

함정 분석 | 질문은 로스엔젤레스로 가는 비행기가 있는지의 여부를 묻는 것이 아니라 다음 비행기의 출발 시점을 묻고 있으므로 이용 가능하다고 답하는 (B)는 답이 될 수 없다.

어휘 | available 이용 가능한, 구매 가능한 place
장소, 위치

When is the next available flight to Los
Angeles?

(A) Two hours from now.
(B) Yes, it is available.
(C) It's a nice place to live.

로스앤젤레스로 가는 다음 비행기는 언제 있나요?

(A) 두 시간 후에요.
(B) 네, 이용 가능합니다.
(C) 거긴 살기 좋은 곳이에요.

정답 | (A)

Practice 3 ★★   영M-미W

해설 | 사무실 퇴근 시점을 묻는 When 의문문이다. 이에 주로 지하철을 이용한다며 교통수단에 관해 대답하는 (A)는 How 의문문에 적절한 의문사 오답이 된다. 아울러 질문에서 특정한 남자에 대해 다룬 바 없으므로 he라는 인칭대명사가 등장하는 (C)는 잘못된 대명사로 인한 오답인 동시에 질문의 leave의 파생어인 left를 통한 유사 발음을 이용한 오답에 해당된다. 따라서 이제 퇴근 시간이 30분밖에 안 남았다며 현재 시각을 기준으로 퇴근 시간을 간접적으로 알려주고 있는 (B)가 정답이다.

어휘 | leave the office 퇴근하다 take the
subway 지하철을 타다 leave a memo 메모를
남기다

When do you usually leave the office?

(A) I usually take the subway.
(B) There are 30 minutes left until I leave
    work.
(C) He left a memo on your desk.

당신은 언제 퇴근하나요?

(A) 저는 대개 지하철을 이용해요.
(B) 이제 퇴근 시간까지 30분 남았네요.
(C) 그는 당신 책상 위에 메모를 남겨놨어요.

정답 | (B)

Practice 4 ★★   미M-영W

해설 | 이력서와 자기 소개서 제출시점을 묻는 When 의문문이다. 이에 지난주에 협상을 재개했다는 (A)는 질문이 요구하는 미래의 제출마감 시점과 무관한 내용이자 질문의 resume의 파생어인 resumed가 포함된 파생어 오답이 된다. 상대 근무

를 대신 서줄 수 있다고 대답하는 (B) 역시 질문과 무관한 내용이자 질문의 cover를 반복하여 들려주는 동일어 반복 함정이 포함된 오답이다. 따라서 인사부로 연락해보라며 제출 시기에 대해 간접적으로 답변하고 있는 (C)가 정답이다.

어휘 | resume 이력서, 재개하다 cover letter 자기 소개서 negotiation 협상 cover one's shift ~의 근무를 대신 서주다

When should I submit my resume and cover letter?

(A) We resumed the negotiations last week.
(B) I can cover your shift.
(C) Would you like to contact the personnel department?

제 이력서와 자기 소개서는 언제 제출해야 하나요?

(A) 저희는 지난주에 협상을 재개했어요.
(B) 당신 근무를 제가 대신 서줄게요.
(C) 인사부로 연락해 보시겠어요?

정답 | (C)

02강 Where 의문문

Practice 5 ★   미M-미W

해설 | 위치를 묻는 Where 의문문이다. (B)는 의문사 의문문의 답변으로 쓰일 수 없는 Yes로 답할 뿐 아니라 질문의 currency와 발음이 유사한 currently를 이용한 유사발음 함정이 포함된 오답이다. (C)는 질문의 exchange를 통해 연상할 수 있는 receipt를 이용한 오답이다. 따라서 사무실 건물 바로 옆이라며 환전소의 위치를 직접적으로 제시하는 (A)가 정답이다.

어휘 | foreign currency exchange office 환전소 next to ~옆에 currently 현재 refund 환불; 환불하다 full refund 전액 환불 receipt 영수증

Where can we find the closest foreign currency exchange office?

(A) Right next to our office building.
(B) Yes, we're currently discussing that.
(C) For a full refund, you should bring your receipt.

가장 가까운 환전소는 어디에서 찾을 수 있을까요?

(A) 저희 사무실 건물 바로 옆에 있어요.
(B) 네, 저희는 현재 그것에 대해 논의하고 있어요.
(C) 전액 환불을 원하시면, 영수증을 가져오셔야 해요.

정답 | (A)

Practice 6 ★★   미M-영W

해설 | 서류철을 구매한 장소를 묻는 Where 의문문이다. (A)는 물건을 놓을 장소를 묻는 질문에 적합한 대답이므로 구매 장소를 묻는 질문에 적합하지 않고, (B)는 단수 대명사 It의 대상이 불분명하며 위치를 나타내는 내용이므로 역시 질문에 어울리지 않는다. 길 건너에 새로 생긴 사무용품점이라며 구체적인 장소를 제시하고 있는 (C)가 정답이다.

어휘 | file folder 서류철 office building 사무용 건물 office supply store 사무용품점 across the street 길 건너에

Where did you buy these file folders?

(A) Please put them over here.
(B) It's by our office building.
(C) From the new office supply store across the street.

이 서류철들은 어디에서 구매했나요?

(A) 그것들을 이쪽에 두세요.
(B) 그건 저희 건물 옆에 있어요.
(C) 길 건너에 새로 생긴 사무용품점에서요.

정답 | (C)

Practice 7 ★★   미M-영W

해설 | 새로운 지사의 위치에 대해 묻는 Where 의문문이다. (B)는 질문의 located를 반복적으로 들려주는 동일어 반복 함정이 포함된 오답으로 located가 다른 뜻으로 사용되었고, (C)는 의문사 의문문에 등장할 수 없는 Yes란 답변이 제시된 오답이다. 따라서 자신은 알지 못한다고 대답하는 (A)가 정답이다.

어휘 | branch office 지사 be located (~에) 위치하다 locate 찾아내다 missing 사라진, 분실한 be in charge 책임지다, 담당하다

Where is the new branch office located?

(A) I have no idea.

(B) We located your missing bag.
(C) Yes, I'm in charge.

새로운 지사의 사무실은 어디에 위치하고 있나요?

(A) 잘 모르겠어요.
(B) 우리는 당신이 분실한 가방을 찾았어요.
(C) 네, 제가 책임자입니다.

정답 | (A)

Practice 8 ★★
미M-영W

해설 | 질문의 키워드는 Where, scan이며, 서류들을 스캔할 수 있는 곳을 묻는 Where 의문문이다. (A)는 새로운 회사와 계약을 체결한다는 것은 스캐너가 있는 곳과 무관한 내용이다. 페이지 아래라고 답변한 (C) 역시 스캐너가 있는 곳과 관련이 없을 뿐 아니라, 질문의 documents에서 연상할 수 있는 page를 이용한 연상어휘 함정이 포함된 오답이다. 따라서 위더스푼 씨가 스캐너를 가지고 있다며 사람을 통해 우회적으로 스캐너가 있는 곳을 밝히는 (B)가 정답이다. Where 의문문에 대한 답변으로 사람의 이름도 가능하다는 것을 꼭 기억하자.

함정 분석 | 전치사 at만 듣고 (C)로 혼동하지 않도록 한다. 서류를 스캔할 수 있는 장소를 묻는 질문에 대해 적절한 답변이 아니다.

어휘 | scan 스캔하다   client 고객   get a contract with ~와 계약을 체결하다   firm 회사   at the bottom of ~의 맨 밑에

Where can I scan some documents from my client?

(A) I'll get a new contract with a new firm.
(B) Ms. Witherspoon has a scanner.
(C) At the bottom of the page.

고객에게서 온 서류들을 스캔할 수 있는 곳이 어디인가요?

(A) 저는 새로운 회사와 계약을 체결할 겁니다.
(B) 위더스푼 씨가 스캐너를 가지고 있어요.
(C) 페이지 맨 밑에요.

정답 | (B)

03강 **Who 의문문**

Practice 9 ★★
미M-미W

해설 | 질문의 키워드는 Who, attend이며, 곧 있을 국제 비즈니스 회의에 참석하게 될 사람이 누구인지 묻는 Who 의문문이다. (A)는 he로 지칭되는 사람이 질문에 등장하지 않아 누구인지 정확히 알지 못하는 상황이므로 오답이다. (C)는 conference를 통해 연상할 수 있는 be held를 이용하고 있는 연상어휘 함정이 포함된 오답으로, Where 의문문에 적합한 대답이다. anyone이라는 대명사를 사용하여 관심 있는 사람은 누구나 참석할 수 있다고 대답하는 (B)가 정답이다.

어휘 | attend 참석하다   upcoming 곧 있을, 다가오는   international business conference 국제 비즈니스 회의   be held in ~에서 개최되다

Who will attend the upcoming international business conference?

(A) I think he will.
(B) Anyone who's interested.
(C) It will be held in New York tomorrow.

곧 있을 국제 비즈니스 회의에는 누가 참석할 건가요?

(A) 그가 할 것이라 생각해요.
(B) 누구든 그것에 관심이 있는 사람이요.
(C) 그건 내일 뉴욕에서 개최됩니다.

정답 | (B)

Practice 10 ★★
호M-영W

해설 | 질문의 키워드는 Who, be in charge of이며, 벨라 제약 그룹과의 계약을 확정짓는 일을 누가 담당하는지 묻는 Who 의문문이다. (A)는 질문에서 나온 contract와 발음이 유사한 contact를 이용한 유사발음 함정이 포함된 오답이다. (C)는 질문의 pharmaceutical을 통해 연상할 수 있는 nonprescription을 이용한 연상어휘 함정이 포함된 오답이다. 영업부에서 담당할 것이라고 대답하는 (B)가 정답이다. Who 의문문에 대한 답변은 사람뿐 아니라 회사 / 단체 / 부서의 이름이 제시될 수 있음을 유의한다.

어휘 | be in charge of ~를 담당하다, ~를 책임지다   finalize 마무리하다, 확정 짓다   pharmaceutical 제약의   keep in contact 연락하다, 연락을 주고받다   nonprescription medicine 처방전이 불필요한 약

Who will be in charge of finalizing the contract with the Bella Pharmaceutical Group?

(A) We don't keep in contact anymore.
(B) I think the Sales Department will.
(C) The store sells nonprescription medicines.

벨라 제약 그룹과의 계약을 확정짓는 일을 누가 담당하게 되나요?

(A) 저희는 더 이상 서로 연락을 하지 않아요.
(B) 영업부에서 담당하게 될 것으로 알고 있어요.
(C) 그 상점은 처방전이 불필요한 약들을 판매하고 있어요.

정답 | (B)

Practice 11 ★★   호M-미W

해설 | 장비 구매 계획을 누가 세웠느냐고 물어보는 Who 의문문이다. 이에 누구인지 모르는 상황에서 막연하게 he란 인칭대명사가 등장하는 (B)는 인칭대명사를 이용한 오답이다. 의문사 의문문에 부적합한 Yes란 답변이 제시된 (C)도 오답임을 알 수 있다. 따라서 한번 확인해 보겠다며 우회적인 답변을 하고 있는 (A)가 정답이다.

어휘 | authorize 승인하다, 허가하다 equipment 장비 purchase 구입하다, 구매하다

Who will authorize this equipment purchasing plan?

(A) Let me check.
(B) I think he will.
(C) Yes, I'm in charge.

이 장비 구매 계획은 누가 승인할 건가요?

(A) 한번 확인해 볼게요.
(B) 그가 할 거라고 생각해요.
(C) 예, 제가 담당하고 있어요.

정답 | (A)

Practice 12 ★   영M-영W

해설 | 고장 난 컴퓨터를 수리할 수 있는 자가 누구인지 묻는 Who 의문문이다. 이에 몇몇 부품을 언급하고 있는 (B)는 질문과 무관한 내용이자 질문의 broken computer에서 연상이 가능한 부품 replacement parts를 이용한 연상어휘 함정이 포

함된 오답이다. 누구인지 구체적으로 알지 못하는 They라는 인칭대명사가 등장하는 (C) 역시 오답으로 소거해야 한다. 따라서 방금 컴퓨터 한 대를 주문했다는 새로운 사실을 전달하며 컴퓨터를 수리할 수 있는 자를 굳이 찾거나 알려줘야 할 필요가 없음을 알려주고 있는 (A)가 정답이다.

어휘 | broken 고장이 난, 파손된 replacement part 부품 be capable of ~할 능력이 되다 fix 수리하다, 고정하다

Who knows how to repair a broken computer?

(A) We actually just ordered a new one.
(B) Some replacement parts.
(C) They may not be capable of fixing it.

고장 난 컴퓨터를 수리할 줄 아는 자가 누구일까요?

(A) 저희가 방금 새로운 컴퓨터를 주문했어요.
(B) 몇몇 부품들이요.
(C) 그들은 그것을 수리할 능력이 안 될 수도 있어요.

정답 | (A)

Practice 13 ★★   미M-영W

해설 | 질문의 키워드는 Who, wrote이며, 지난주에 신규 사업 제안서를 작성한 사람이 누구인지 묻는 Who 의문문이다. (A)는 의문사 의문문의 답변으로 쓰일 수 없는 Yes란 답변을 사용하고, 질문의 proposal을 통해 연상할 수 있는 declined와 offer가 제시된 연상어휘 함정이 포함된 오답이다. (C)는 질문의 proposal과 발음이 유사한 proposed를 이용한 유사발음 함정이 포함된 오답이다. 제안서를 작성한 사람이 대화하는 자리에 없는 상태에서 그의 성별이 반영된 인칭대명사 he를 사용하여 지금 이곳에 없다는 사실을 전하고 있는 (B)가 정답이다.

어휘 | business proposal 사업 제안서 decline 하락하다, 거절하다 various 다양한 solution 해결책 propose 제안하다, 제의하다

Who wrote the new business proposal last week?

(A) Yes, we declined the offer last week.
(B) He is not here now.
(C) Various solutions were proposed at the meeting.

누가 지난주에 신규 사업 제안서를 작성했나요?

(A) 네, 우리는 지난주에 그 제안을 거절했어요.
(B) 그는 지금 이곳에 없어요.
(C) 회의에서 다양한 해결책이 제안되었어요.

정답 | (B)

Practice 14 ★★　　　　　　　　　　미M-영W

해설 | 호텔 레스토랑의 수석 주방장으로 승진한 사람이 누구인지 묻는 Who 의문문이다. (A)는 질문의 chef나 hotel restaurant를 통해 연상할 수 있는 full을 이용한 연상어휘 함정이 포함된 오답이고, (B)는 질문의 promoted와 발음이 유사한 promotion을 이용한 유사발음 함정이 포함된 오답이다. 따라서 월터 씨일 것이라며 구체적인 인명을 제시하고 있는 (C)가 정답이다.

어휘 | be promoted to ~로 승진하다　head chef 수석 주방장　promotional event 판촉 행사

Who was promoted to head chef at the hotel restaurant?

(A) I'm sorry. I'm already full.
(B) The promotional event was very successful.
(C) Mr. Walter probably was.

누가 호텔 레스토랑의 수석 주방장으로 승진했나요?

(A) 미안합니다. 저는 이미 배가 불러요.
(B) 판촉 행사는 대성공이었어요.
(C) 아마도 월터 씨일 겁니다.

정답 | (C)

04강 Why 의문문

Practice 15 ★★　　　　　　　　　　미M-미W

해설 | 스누크 씨가 우비를 입고 있는 이유에 대해 묻는 Why 의문문이다. 질문의 raincoat의 일부와 발음이 유사한 coat를 이용하고 있는 (A)와 역시 질문의 raincoat의 일부와 발음이 유사한 training을 이용하고 있는 (B)는 모두 오답으로 처리해야 한다. 밖에 비가 많이 오고 있기 때문이라며 구체적인 이유를 제시하고 있는 (C)가 정답이다.

어휘 | raincoat 레인 코트, 우비　fit 맞다, 어울리다　perfectly 완벽하게　training session 연수회,

교육 과정　pour (비가) 퍼붓다

Why is Ms. Snook wearing a raincoat?

(A) This coat fits her perfectly.
(B) During our training session.
(C) Because it is pouring outside now.

스누크 씨가 왜 우비를 입고 있나요?

(A) 이 코트는 그녀에게 딱 맞아요.
(B) 우리 연수 기간 동안에요.
(C) 밖에 비가 퍼붓고 있기 때문이에요

정답 | (C)

Practice 16 ★★　　　　　　　　　　영M-영W

해설 | 질문의 키워드는 Why, delayed이며, 시러큐스행 급행열차가 지연된 이유에 대해 묻는 Why 의문문이다. (A)는 도착할 때까지 소요되는 시간을 언급하고 있으므로 How long 의문문에 적합한 답변이다. (C)는 Because로 시작하지만 in such a hurry가 질문의 delayed와 상충되는 내용이다. 열차가 지연된 이유가 급하기 때문이라고 답변한 내용은 어색한 의미가 되므로 답이 될 수 없다. 열차 지연 이유가 악천후(inclement weather)라며 구체적인 이유를 제시하는 (B)가 정답이다.

함정 분석 | Because만 듣고 (C)를 고르지 않는다. Because로 시작하는 답변이 정답일 수도 있지만, Because를 이용한 함정이 나올 수 있으므로 문장을 끝까지 듣고 답을 골라야 한다. 질문의 express train을 통해 연상 가능한 표현인 in such a hurry를 이용한 함정이지만 내용상 적절하지 않으므로 오답이다.

어휘 | express train 급행열차　bound for ~행의, ~로 향하는　delay 지연시키다, 연기하다 inclement weather 악천후　be in such a hurry 몹시 서두르다

Why has the express train bound for Syracuse been delayed?

(A) It usually takes 10 hours to get there.
(B) Due to inclement weather.
(C) Because we are in such a hurry.

시러큐스행 급행열차가 왜 지연되었나요?

(A) 그곳에 도착하는 데 보통 10시간이 소요됩니다.
(B) 악천후 때문에요.
(C) 우리가 너무 급해서요.

정답 | (B)

Practice 17 ★★
미M-영W

해설 | 서류를 두 번 작성해야 하는 이유에 대해 묻는 Why 의문문이다. (A)는 질문의 twice와 숫자의 관점에서 유사한 double이 등장하는 오답이며, (C)는 질문의 paperwork의 일부와 발음이 유사한 newspaper를 이용한 유사발음 함정이 포함된 오답이다. 직접적으로 모른다고 대답하는 (B)가 정답이다.

함정 분석 | Why 의문문에 대한 답변으로 Because만 듣고 (A)로 헷갈리지 않도록 한다. 서류를 두 번 작성해야 하는 이유에 대해 두 번 점검했기 때문이라고 답하여 질문과 전혀 어울리지 않는 답변이다.

어휘 | fill out the paperwork 서류를 작성하다 double-check 두 번 점검하다

Why do we have to fill out the paperwork twice?

(A) Because we already double-checked.
(B) Actually, I have no idea.
(C) I don't have today's newspaper.

우리는 왜 서류를 두 번 작성해야 하나요?

(A) 우리가 이미 두 번이나 점검했기 때문이에요.
(B) 사실 저도 잘 모르겠어요.
(C) 저는 오늘 신문을 갖고 있지 않아요.

정답 | (B)

Practice 18 ★★
호M-미W

해설 | 래치포드 씨가 오전에 연락을 한 이유에 대해 묻는 Why 의문문이다. (A)와 (C)는 각각 질문의 call과 유사한 발음의 called 및 cold를 이용한 유사발음 함정이 포함된 오답이다. 알아보겠다며 자신도 그 이유를 잘 모른다는 사실을 간접적으로 밝히고 있는 (B)가 정답이다. 이처럼 이유 등을 묻는 질문에 잘 모른다는 내용의 답변이 종종 정답으로 제시된다는 점을 기억해둘 필요가 있다.

함정 분석 | 질문에 대한 직접적인 답변 대신 한번 확인해보겠다고 말하는 답변도 자주 나온다. Let me check, We'll check, 또는 'A에게 확인하라'는 뜻의 Check with A.도 가능하다.

어휘 | be called in 호출을 받다

Why did Ms. Ratchford call this morning?

(A) I was just called in.
(B) Let me check.
(C) It's very cold today.

래치포드 씨가 오늘 오전에 왜 전화했나요?

(A) 저는 막 호출을 받았어요.
(B) 한번 알아볼게요.
(C) 오늘 굉장히 춥네요.

정답 | (B)

Practice 19 ★
미M-미W

해설 | 분기별 보고서를 내일 마무리할 것을 권하는 제안 의문문이다. 질문과 무관하게 오늘 오후라는 시점이 언급되고 있는 (A)는 When 의문문에 적합한 내용의 대답이며, (C)는 질문의 finish의 과거분사인 finished를 이용한 오답이다. 상대방의 제안을 흔쾌히 받아들이는 (B)가 정답이다.

어휘 | quarterly report 분기별 보고서 finished product 완제품

Why don't we finish the quarterly report tomorrow?

(A) It was this afternoon.
(B) That sounds like a great idea.
(C) Yes, they are finished products.

분기별 보고서는 내일 마무리하는 게 어때요?

(A) 오늘 오후였어요.
(B) 그거 아주 좋은 생각이네요.
(C) 네, 그것들은 완제품이에요.

정답 | (B)

Practice 20 ★★
영M-영W

해설 | 내일 그 뮤지컬 공연을 보러갈 것을 권유하는 일반의문문이다. 이에 몇몇 음악가들이 늦었다고 대답하는 (B)는 제안에 대한 수락 혹은 거부와는 무관한 내용의 답변이자 질문의 musical과 파생어 관계인 musician을 통한 파생어 오답에 해당한다. 그 극장이 사람으로 가득 찼다고 대답하는 (C) 역시 질문과 무관한 내용이자 질문의 show에서 연상이 가능한 theater와 attendance가 등장하는 연상어휘 함정이 포함된 오답이다. 따라서 좋다며 간결하게 긍정 답변을 언급하고 있는 (A)가 정답이다.

어휘 | musical show 뮤지컬 공연 good attendance 사람이 많은, 대만원

Why don't we go to that musical show tomorrow?

(A) Yes, I would love to.
(B) Some musicians were late.
(C) There is very good attendance at the theater.

내일 그 뮤지컬 공연을 보러가는 건 어떨까요?

(A) 네, 저는 좋아요.
(B) 몇몇 음악가들이 늦었어요.
(C) 그 극장이 사람으로 가득 찼어요.

정답 | (A)

Practice 21 ★★   영M-영W

해설 | 오전 내내 전화를 받지 않은 이유에 대해 묻는 Why 의문문이다. 10시라는 구체적인 시점을 언급하고 있는 (A)는 When 의문문에 적합한 오답이며, (B)는 상대방의 제안이나 권고를 수락하는 긍정 답변으로 Why 의문문과 전혀 호응할 수 없는 내용의 오답이다. 의사와의 진료 예약이 있었다며 구체적인 이유를 제시하고 있는 (C)가 정답이다.

어휘 | pick up the phone 전화를 받다 all morning 오전 내내 pick up ~를 차에 태우러 가다 appointment 예약, 약속

Why didn't you pick up the phone all morning?

(A) I'll pick you up at 10 o'clock.
(B) That sounds great.
(C) I had a doctor's appointment.

오전 내내 왜 전화를 받지 않았어요?

(A) 제가 10시에 당신을 차에 태우러 갈게요.
(B) 그거 좋은 생각이네요.
(C) 진료 예약이 있었어요.

정답 | (C)

Practice 22 ★★   미M-미W

해설 | 새로운 뮤지컬 공연을 싫어하는 이유에 대해 묻는 Why 의문문이다. 이에 자신이 방법을 알려주겠다고 대답하는 (A)는 질문과 무관한 내용이자 질문의 show를 반복하여 들려주는 동일어 반복 함정

이 포함된 오답에 해당된다. 인터넷을 통해 예약했다고 대답하는 (C) 역시 how 의문문에 적합한 내용의 답변이므로 역시 오답이 된다. 따라서 공연이 너무 길어서 싫었다며 구체적인 이유를 언급하고 있는 (B)가 정답이다. 따라서 이유에 해당하는 질문의 답변 표현으로 많이 등장하는 Because나 to부정사가 언급이 안 되었다 하여 Why 의문문에 대한 오답으로 분류하지 않도록 하기 위하여 가급적 문장 속의 의미를 질문과 연계해보는 훈련이 필요하다.

어휘 | musical show 뮤지컬 공연 show 공연, 보여주다 reserve 예약하다, 비축하다

Why didn't you like the new musical show?

(A) I'll show you how.
(B) It was too long.
(C) We reserved our tickets online.

새로운 뮤지컬 공연을 싫어하는 이유가 뭔가요?

(A) 제가 어떻게 하는지 알려드릴게요.
(B) 공연이 너무 길었어요.
(C) 우리는 인터넷을 통해 표를 예매했어요.

정답 | (B)

05강 What 의문문

Practice 23 ★   미M-영W

해설 | 'What + 명사 + ~?' 형태의 What 의문문이다. (B)는 질문과는 전혀 무관한 오답이며, (C)는 질문의 conference와 유사한 preference를 이용한 유사발음 함정이 포함된 오답이다. 회의의 시작 시점을 물어보는 질문이므로 약 10분 후라고 답변한 (A)가 정답이다.

어휘 | accounting 회계 preference 선호, 기호

What time is the conference supposed to begin?

(A) In about 10 minutes.
(B) Accounting, I guess.
(C) I don't have a preference.

회의는 언제 시작하기로 되어 있나요?

(A) 약 10분 후에요.
(B) 제 생각으로는 회계 분야요.
(C) 저는 선호하는 것이 없어요.

정답 | (A)

Practice 24 ★★

미M-미W

해설 | 앰버 허드 씨가 사무실로 복귀하는 시간을 묻는 What time 의문문이다. (A)는 시간을 나타내는 대답이긴 하지만 사무실로 복귀하는 시간을 묻는 질문과는 무관한 오답이며, (B) 또한 사무실로 복귀하는 시간과 관련이 없는 내용일 뿐만 아니라 질문의 back을 반복하여 들려주는 동일어 반복 함정이 포함된 오답이다. 따라서 30분 후에 돌아올 것이라며 구체적인 복귀 시점을 밝히고 있는 (C)가 정답이다.

함정 분석 | What 다음에 나오는 명사는 중요한 키워드이므로 이 질문에서는 What time을 놓치지 않아야 한다. (A)는 시간을 언급하기 때문에 쉽게 빠질 수 있는 함정이지만 현재 시간을 말하는 내용의 답변이므로 질문과 전혀 상관없어 오답이다.

어휘 | in the back of the office 사무실 뒤에 half an hour 30분

What time will Ms. Amber Heard be back in the office?

(A) I think it's 11 o'clock now.
(B) You can park your car in the back of the office.
(C) She should be back in about half an hour.

앰버 허드 씨는 몇 시에 사무실로 복귀하나요?

(A) 지금 11시에요.
(B) 사무실 뒤에 주차하실 수 있어요.
(C) 그녀는 대략 30분 후에 돌아올 겁니다.

정답 | (C)

Practice 25 ★★

영M-미W

해설 | 고장이 난 커피 제조기를 어떻게 처리해야 하는지 묻는 What 의문문이다. 이에 자신의 커피는 블랙커피로 해달라고 대답하는 (B)는 질문과 무관한 내용이자 질문의 coffee에서 연상 가능한 black을 통한 연상어휘 함정이 포함된 오답이다. 모든 기계류가 고장이 났다는 (C) 역시 질문과 관련이 없는 내용이자 질문의 machine과 유사한 발음을 지닌 machinery가 등장하는 유사발음 함정이 포함된 오답이다. 따라서 기술자를 부르라며 구체적인 처리 방법을 언급하는 (C)가 정답이다.

어휘 | broken 파손된, 고장이 난 technician 기술자 machinery 기계류 be out of order 고장이 난

What should I do about the broken coffee machine?

(A) Call the technician.
(B) Make mine black.
(C) All the machinery was out of order.

고장이 난 커피 제조기를 어떻게 처리해야 할까요?

(A) 기술자를 부르세요.
(B) 제 것은 블랙커피로 해주세요.
(C) 모든 기계류가 다 고장이 났어요.

정답 | (C)

Practice 26 ★★

미M-미W

해설 | Monica 씨의 신제품 발표에 대한 견해를 묻는 What 의문문이다. 이에 다음 주에 출시될 것이라 대답하는 (A)는 신제품 발표에 대한 견해와 무관할 뿐만 아니라 질문의 신제품 new product에서 연상 가능한 released를 통한 연상어휘 함정이 포함된 오답에 해당한다. 그가 현재 회의 중이라는 (C) 역시 질문과 관련이 없는 내용이자 질문의 presentation과 파생어 관계인 present가 등장하는 유사발음 함정이 포함된 오답이다. 따라서 큰 감명을 받았다며 자신의 생각을 밝히고 있는 (B)가 정답이다.

어휘 | presentation 발표 release 출시하다 be impressed 감명을 받다 be present at ~에 참석하다

What did you think of Monica's new product presentation?

(A) It will be released next week.
(B) I was very impressed.
(C) He's present at the meeting.

Monica씨의 신제품 발표에 대해서 어떻게 생각하세요?

(A) 그건 다음 주에 출시될 겁니다.
(B) 아주 깊은 감명을 받았어요.
(C) 그는 지금 회의 중이에요.

정답 | (B)

Practice 27 ★

해설 | 새 사무실 보조에 대한 의견을 묻는 What 의문문이다. (A)와 (C)는 질문과는 무관한 대답이며, 예전 사람보다 괜찮다는 의견을 개진한 (B)가 정답이다.

어휘 | assistant 보조원 out of order 고장 난 previous 이전의

What do you think of the new office assistant?

(A) It is out of order.
(B) She's nicer than the previous one.
(C) He's an engineer.

새 사무실 보조에 대해 어떻게 생각하나요?
(A) 고장 났어요.
(B) 그녀는 예전 사람보다 괜찮습니다.
(C) 그는 기술자예요.

정답 | (B)

Practice 28 ★★★

해설 | 그 레스토랑에서의 점심식사가 어떠했는지 묻는 What 의문문이다. 이에 네 사람을 위한 예약이라는 (A)는 레스토랑에서의 점심식사와 무관한 내용이자 질문의 restaurant에서 연상할 수 있는 reservation이 등장하는 연상어휘 함정이 포함된 오답에 해당한다. 계산을 하고 싶다고 대답하는 (B) 역시 질문과 무관한 내용으로 식사 후 계산을 연상하게 하는 연상어휘 함정이 포함된 가격이다. 따라서 사무실에서 샌드위치를 먹었다고 대답하며 결과적으로 그 레스토랑의 점심식사에 대해선 아는 바가 없음을 밝히고 있는 (C)가 정답이다.

어휘 | reservation 예약 check out 계산하다

What was the lunch at the restaurant like?

(A) A reservation for four people.
(B) I'd like to check out.
(C) I had sandwiches in my office.

그 레스토랑에서의 점심식사는 어땠나요?
(A) 네 사람을 위한 예약이요.
(B) 계산을 하고 싶습니다.
(C) 저는 사무실에서 샌드위치를 먹었어요.

정답 | (C)

Practice 29 ★★

해설 | 오늘 있었던 이사회에서 최고경영자가 무슨 이야기를 했는지 묻는 What 의문문이다. (A)는 의문사 의문문의 답변이 될 수 없는 Yes로 답하여 오답이다. (C)는 질문에서 나온 meeting과 같은 의미를 지니고 있는 conference를 이용한 연상어휘 함정이 포함된 오답으로, 회의가 취소될 것이라 답하여 질문의 시제와 맞지 않으므로 오답이다. 이에 아직 들은 바가 없다는 대답을 통해 자신은 알지 못한다는 뜻을 나타내는 (B)가 정답이다.

함정 분석 | impressive를 듣고 (A)를 고르지 않도록 한다. 질문이 최고 경영자의 발표가 어땠는지를 묻는 것이 아니라 무엇을 이야기했는지를 묻고 있으므로 인상적이었다는 (A)는 오답이다.

어휘 | board meeting 이사회 (회의) impressive 인상적인 unfortunately 안타깝게도, 불행하게도 cancel 취소하다

What did the CEO talk about in the board meeting today?

(A) Yes, it was really impressive.
(B) I haven't heard yet.
(C) Unfortunately, the conference will be canceled.

오늘 이사회에서 최고경영자는 무엇에 관해 이야기했나요?
(A) 네, 그건 정말 인상적이었어요.
(B) 저는 아직 들은 바 없어요.
(C) 안타깝게도, 회의는 취소될 겁니다.

정답 | (B)

Practice 30 ★★

해설 | What color, 즉, 건물을 도색할 색상으로 어떠한 색상을 선택했는지 묻는 'What + 명사' 형태의 의문문이다. 이에 (B)와 (C)는 모두 질문이 요구하는 구체적인 색상과는 무관한 내용이자 각각 질문의 paint와 building을 반복하여 들려주는 동일어 반복 함정이 포함된 오답에 해당한다. 따라서 아직 결정하지 못했다고 대답하며 결과적으로 자신도 아는 바가 없음을 밝히고 있는 (A)가 정답이다.

어휘 | office building 사무용 건물 paint 도색하다

What color of paint did you choose for your office building?

(A) I haven't decided yet.
(B) We'll paint it tomorrow.
(C) I think it's a very beautiful building.

사무용 건물을 도색할 색상으로 무엇을 선택했나요?

(A) 아직 결정하지 못했어요.
(B) 저희는 내일 그것을 도색할 겁니다.
(C) 저는 그것이 아름다운 건물이라 생각해요.

정답 | (A)

06강 How 의문문

Practice 31 ★★   미M-호W

해설 | 공공 도서관에서 잡지를 빌리는 방법에 대해 묻고 있는 How 의문문이다. (A)는 질문에서 나온 magazine을 통해 연상할 수 있는 articles를 이용한 연상어휘 함정이 포함된 오답이다. (C)는 질문의 public을 반복적으로 들려주는 동일어 반복 함정이 포함된 오답이다. 신분증을 제시해야 한다며 구체적인 방법을 언급하는 (B)가 정답이다. 질문의 How - borrow와 선지의 present - card와의 내용적 연관성을 통해 정답임을 파악할 수 있다.

어휘 | public library 공공 도서관 article 기사 present 제시하다, 소개하다 ID card 신분증 open 공개되어 있는

How can I borrow magazines from the public library?

(A) I've read some interesting articles.
(B) You should present your ID card.
(C) It's open to the public.

공공 도서관에서 잡지는 어떻게 빌릴 수 있나요?

(A) 저는 흥미로운 기사들을 읽었어요.
(B) 신분증을 제시해야 해요.
(C) 그건 대중에게 공개되어 있어요.

정답 | (B)

Practice 32 ★★   영M-영W

해설 | 재직 증명서를 발급받는 방법에 대해 묻는 How 의문문이다. (A)는 질문에서 나온 copy와 발음이 유사한 coffee를 이용한 유사발음 함정이 포함된 오답이다. (B)는 질문의 employment를 통해 연상이 가능한 hire, employees를 이용한 연상어휘 함정이 포함된 오답이다. 인사부로 가라며 구체적인 방법을 제시하고 있는 (C)가 정답이다. 질문의 How - get과 선지의 go to와의 내용적 연관성을 통해 정답임을 파악할 수 있다.

함정 분석 | hire, employees를 듣고 (B)로 헷갈릴 수 있다. 하지만 신입직원 채용은 재직 증명서 발급과 관련이 없으므로 (B)는 답이 될 수 없다.

어휘 | certificate of employment 재직 증명서 hire 고용하다, 채용하다 several 몇몇의 Personnel Department 인사부

How can I get a copy of my certificate of employment?

(A) I'd like to have some coffee, please.
(B) We are going to hire several new employees.
(C) You should go to the Personnel Department.

재직 증명서는 어떻게 발급받을 수 있을까요?

(A) 저는 커피를 주세요.
(B) 저희는 몇몇 신입직원들을 채용할 예정이에요.
(C) 인사부로 가셔야 해요.

정답 | (C)

Practice 33 ★★★   호M-미W

해설 | 휴대전화나 컴퓨터를 얼마나 자주 사용하는지 묻는 How often 의문문이다. (A)는 휴대전화나 컴퓨터의 가격을 연상할 수 있는 expensive를 이용한 연상어휘 함정이 포함된 오답이다. (B)는 질문의 phone을 반복적으로 들려주는 동일어 반복 함정이 포함된 오답이고 품사가 다르게 쓰였다. 따라서 필요할 때마다 사용한다며 우회적으로 빈도수를 표현하고 있는 (C)가 정답이다.

어휘 | mobile phone 휴대전화 way (too를 강조하여) 훨씬, 너무 phone 전화; 전화를 걸다

How often do you use your mobile phone or computer?

(A) They're way too expensive these days.
(B) Please phone me at 8 o'clock.
(C) Whenever it's necessary.

휴대전화나 컴퓨터를 얼마나 자주 사용하세요?

(A) 요즘 그것들은 너무 비싸요.
(B) 8시에 제게 연락 주세요.

(C) 필요할 때마다요.

정답 | (C)

Practice 34 ★★   미M-미W

해설 | 기념행사에 소요된 비용에 대해 묻는 How much 의문문이다. 이에 (A)는 의문사의문문에 부적합한 Yes란 답변을 언급하고 있으므로 바로 오답임을 알 수 있다. 주문 요리 서비스를 제공한다는 (C)는 질문과 무관한 내용이자 질문의 celebration 에서 연상 가능한 주문 출장 요리를 뜻하는 catering services가 등장하는 연상어휘 함정이 포함된 오답에 해당된다. 따라서 자신이 확인해보겠다고 대답하며 결과적으로 자신도 아는 바가 없음을 밝히고 있는 (B)가 정답이다. check이란 동사가 들리면 정답이 될 가능성이 확연하게 높아지는 경향을 다시 한 번 상기하도록 한다.

어휘 | anniversary 기념일, 기념의 celebration 축하, 축하 행사 catering service 주문 출장 요리 서비스

How much did the anniversary celebration cost?

(A) Yes, twenty years ago.
(B) Let me check.
(C) We also provide catering services.

기념행사에 소요된 비용이 얼마였습니까?

(A) 네, 20년 전에요.
(B) 제가 한 번 확인해볼게요.
(C) 우리는 또한 주문 요리 서비스를 제공합니다.

정답 | (B)

Practice 35 ★★   미M-호W

해설 | 그 법률회사에서의 새로운 업무는 어떤지 선호도에 대해 묻는 How 의문문이다. 이에 본사가 London에 위치하고 있다는 (A)는 질문과 무관한 내용이자 Where 의문문에 적합한 답변으로 의문사가 잘못된 오답에 해당한다. (B)는 의문사 의문문에 부적합한 Sure란 답변을 언급하고 있으므로 바로 오답임을 알 수 있다. 따라서 자신의 근무 첫 날은 내일 모레라며 아직 일을 시작조차 안했음을 밝히며 우회적으로 답변하고 있는 (C)가 정답이다.

어휘 | law firm 법률회사 be headquartered in ~에 본사를 두다 deliver 배송하다

How do you like your new job at the law firm?

(A) It is headquartered in London.
(B) Sure, we can deliver it for you.
(C) My first day is the day after tomorrow.

그 법률회사에서의 새로운 업무는 어때요?

(A) 본사가 London에 있어요.
(B) 네, 저희가 당신을 위해 그걸 배송해드릴게요.
(C) 제 근무 첫 날은 내일 모레예요.

정답 | (C)

Practice 36 ★★★   미M-미W

해설 | 'How long will ~?'이나 'How does it take to ~?' 형태의 질문은 향후 소요되는 구체적인 기간 및 시간에 대해 묻는 질문이며 해당 질문은 세무사가 되는데 걸리는 기간에 대해 묻고 있다. 이에 공식적으로 세금 신고를 해야 할 때라고 대답하는 (B)는 질문과 무관한 내용이자 질문의 tax가 반복적으로 들리는 동일어 반복 함정이 포함된 오답에 해당한다. 의문사 의문문에 부적합한 Sure란 답변을 언급하고 있는 (C)는 바로 오답임을 알 수 있다. 따라서 세무사란 직업을 준비하는데 관심이 있는지 반문하며 추가 정보를 요구하고 있는 (A)가 정답이다. 아울러 반문형 답변의 정답 비중이 높다는 점을 다시 한 번 상기하도록 한다.

어휘 | tax accountant 세무사 be interested in ~하는데 관심이 있다 file one's income tax 소득세 신고를 하다, 세금 관련 서류를 제출하다

How long does it take to become a tax accountant?

(A) Are you interested in preparing for that job?
(B) It's time to file your income tax.
(C) Sure, it's not a problem.

세무사가 되는데 시간이 얼마나 걸릴까요?

(A) 그 직업을 준비하는데 관심이 있으세요?
(B) 귀하의 소득세를 신고해야 할 때입니다.
(C) 네, 문제될 것이 없습니다.

정답 | (A)

Practice 37 ★★ 호M-영W

해설 | 윌슨 씨가 지난주에 밴쿠버로 떠난 줄 알았다고 전하는 평서문이다. 사실을 전달하는 평서문이므로 긍정이나 부정하는 답변, 추가 정보를 제시하거나 요구하는 답변을 예상하며 듣는다. (A)는 질문에서 나온 left와 파생어 관계인 leave를 이용한 파생어 함정이 포함된 오답이다. (B)는 열차 소요 시간에 대한 언급으로 How long 의문문에 적합한 대답이다. 따라서 이미 떠난 줄 알았다는 말에 사실은 계획이 취소됐다며 정확한 정보를 제시하는 (C)가 정답이다.

함정 분석 | 질문에서 left를 듣고 윌슨 씨가 자리에 없음을 생각해 (A)로 헷갈릴 수 있다. 하지만 지난주에 떠난 줄 알았다는 말만으로는 남기려는 메시지가 있는지 알 수 없으므로 (A)는 답이 될 수 없다.

어휘 | leave a message 메시지를 남기다
express train 급행열차

I thought Ms. Wilson already left for Vancouver last week.

(A) You can leave a message if you want.
(B) It only took three hours by express train.
(C) Actually, his plans were canceled.

윌슨 씨가 지난주에 밴쿠버로 이미 떠난 줄 알았어요.

(A) 원하면 메시지를 남기실 수 있어요.
(B) 급행열차로 세 시간 밖에 안 걸렸어요.
(C) 사실은 그의 계획이 취소됐어요.

정답 | (C)

Practice 38 ★★ 영M-미W

해설 | 내일까지 판매 계약서에 서명해야 한다는 사실을 전달하는 평서문이다. 사실 전달에 대한 답변으로 긍정이나 부정의 답변, 추가 정보를 요구하는 답변이 주로 나온다. (B)는 평서문에서 쓰인 sales를 이용한 함정으로, 매출이 상승할 것이라는 답변과 무관한 내용이다. (C)는 sign에서 연상되는 signature와 contract를 사용한 연상어휘 함정이 포함된 오답이다. 내일까지 서명해야 한다는 말에 동의하는 답변인 (A)가 정답이다.

어휘 | sign 서명하다 sales contract 판매 계약서 be expected to do ~할 것이라 예상되다

rise 상승하다 signature 서명 at the bottom of ~의 하단에

You have to sign the sales contract by tomorrow.

(A) That will be fine.
(B) Our sales are expected to rise next year.
(C) Put your signature at the bottom of the contract.

내일까지는 판매 계약서에 서명하셔야 해요.

(A) 좋습니다.
(B) 저희 매출은 내년에 상승할 것으로 예상됩니다.
(C) 귀하가 계약서 하단에 서명하시면 됩니다.

정답 | (A)

Practice 39 ★★★ 미M-미W

해설 | 요청한 포도주는 재고가 없는 상태임을 밝히는 평서문이다. 문제 상황을 언급하는 경우, 이에 대한 해결책을 제시하거나 추가 정보를 요구하는 답변이 주로 나온다. (A)는 질문에서 나온 wine을 반복 사용한 동일어 반복 함정이 포함된 오답으로, 포도주의 재고가 없다는 말에 포도주 한 잔을 달라고 말하여 어색한 의미가 된다. (B)는 질문의 stock을 다른 의미로 사용해 무관한 내용이므로 답이 될 수 없다. 따라서 포도주의 재고가 없다는 말에 주문이 가능한지 반문하는 (C)가 정답이다.

어휘 | ask for ~을 요청하다 currently 지금, 현재 be out of stock 재고가 떨어지다 stock market 주식시장 stability 안정세 order 주문하다

I'm sorry but the wine you asked for is currently out of stock.

(A) I'll have a glass of white wine, please.
(B) The stock market is showing stability.
(C) Can you order it for me?

죄송하지만 귀하께서 요청하신 포도주는 재고가 없군요.

(A) 백포도주 한 잔 주세요.
(B) 주식시장은 안정세를 보이고 있어요.
(C) 주문해 주실 수 있나요?

정답 | (C)

Practice 40 ★★

해설 | 오늘 맨체스터행 급행열차가 없다는 문제 상황을 제시하는 평서문이다. (B)는 평서문에 쓰인 train에서 연상되는 subway를 이용한 연상어휘 함정이 포함된 오답으로, 지하철을 타고 집에 간 것은 질문과 상관없는 내용이다. (C)는 평서문에 쓰인 available을 반복 사용하였지만 급행열차와 관련 없는 내용이므로 답이 될 수 없다. 따라서 오늘 급행열차가 없다는 문제 상황에 대해 내일 가면 된다고 해결책을 제시하는 (A)가 정답이다.

함정 분석 | 급행열차가 없다는 말에 subway를 듣고 (B)로 혼동하지 않도록 한다. 맨체스터행 급행열차가 없다고 하였으나 (B)에서는 집까지 지하철을 탔다고 말하여 적절한 답변이 아니다.

어휘 | express train 급행열차 available 이용 가능한, 구매 가능한 take the subway 지하철을 타다 local market 지역 시장

I just heard that no express trains to Manchester are available today.

(A) Then we can go tomorrow.
(B) Yes, we took the subway home.
(C) It's not available on the local market.

방금 저는 오늘 맨체스터행 급행열차가 아예 없다고 들었습니다.

(A) 그러면 우린 내일 가야겠네요.
(B) 네, 저희는 지하철을 타고 집으로 왔어요.
(C) 그건 이 지역 시장에서는 구매할 수 없어요.

정답 | (A)

Practice 41 ★

해설 | 문제가 생기면 언제든 자신에게 알려달라고 요청하는 내용의 평서문이다. 요청이나 제안하는 평서문에는 요청을 수락하거나 제안에 대한 감사 표현을 하는 답변이 주로 나온다. (A)와 (B)는 각각 평서문의 talk과 free를 반복적으로 들려주는 동일어 반복 함정이 포함된 오답이며, 문제 발생 시 자신에게 연락하라고 당부하는 내용과는 무관한 답변이므로 답이 될 수 없다. 따라서 감사하다는 인사를 건네는 (C)가 정답이다.

어휘 | let me see 글쎄, 어디보자, 가만 있자 free 자유로운, 시간적 여력이 되는 appreciate 고마워하다

If you do have any problems, please feel free to talk to me.

(A) Sure. You can talk to me.
(B) Let me see. I'm free that day.
(C) Thanks. I really appreciate it.

문제가 생기면, 주저 마시고 제게 말씀해 주세요.

(A) 맞아요, 저한테 말씀하시면 됩니다.
(B) 어디 봅시다. 제가 그날은 시간이 되네요.
(C) 고마워요, 정말 감사합니다.

정답 | (C)

Practice 42 ★

해설 | 연수가 시작되기 전에 설명서를 검토해 달라는 요청을 하고 있으므로, 긍정, 또는 부정의 표현이 어울린다. 따라서 그리 하겠다는 (A)가 정답이며, (B)와 (C)는 내용의 연관성이 없는 엉뚱한 대답이다.

어휘 | instruction manual 설명서, 지침서 prefer ~을 더 좋아하다

Please review the instruction manual before the training session starts.

(A) Okay, I'll do that.
(B) No, I prefer the old ones.
(C) Then we could go tomorrow.

연수가 시작하기 전에 이 설명서를 검토해주세요.

(A) 네, 그리 할게요.
(B) 아니요, 저는 이전 것이 더 좋아요.
(C) 그러면 내일 가야겠네요.

정답 | (A)

Practice 43 ★★

해설 | 새로 출시한 컴퓨터가 팔리지 않아 걱정스러운 감정을 나타내고 있다. 따라서 긍정이나 부정의 표현, 혹은 이에 대한 추가적인 정보가 답변으로 적합하다. (A)는 전혀 엉뚱한 대답이며, (B)는 computer를 반복하는 동일어 반복 함정이 포함된 오답이다. 자신도 그렇게 들었다고 맞장구를 치고 있는 (C)가 가장 적합한 답변이다.

어휘 | take care of ~을 돌보다 turn off ~을 끄다

The company's new computer isn't selling as well as we'd hoped.

(A) No problem. I'll take care of that.
(B) Turn the computer off in the office.
(C) Yes, I heard so.

회사에서 새로 출시한 컴퓨터가 생각만큼 팔리질 않네요.

(A) 문제 없습니다. 제가 처리해드릴게요.
(B) 사무실에 있는 컴퓨터를 꺼 주세요.
(C) 네, 저도 그렇게 들었어요.

정답 | (C)

Practice 44 ★★
미M-미W

해설 | 급행열차 편이 없어서 유감이라는 감정을 나타내고 있다. 따라서 긍정이나 부정의 표현, 혹은 이에 대한 추가적인 정보가 답변으로 적합하다. (B)는 기계적 문제점들 때문이라고 밝히며, 급행열차 편이 없는 이유에 대해 추가적인 정보를 나타내고 있으므로 가장 알맞은 답변이다. (A)와 (C)는 전혀 엉뚱한 답변이다.

어휘 | express train 급행열차 identification card 신분증

I'm afraid of hearing that no express trains are available today.

(A) My secretary will take care of that.
(B) Yes, there are some mechanical problems.
(C) May I see your identification card?

오늘 급행열차 편이 없다고 들어서 유감이네요.

(A) 제 비서가 처리할 겁니다.
(B) 네, 기계적 문제점들이 있다고 하네요.
(C) 신분증을 보여주시겠습니까?

정답 | (B)

08강 일반 의문문(Do동사 / be동사 / Have동사 / 조동사(Could / Should / Would / Can / Will))

Practice 45 ★★★
호M-영W

해설 | 주주들을 위한 발표회를 진행해줄 수 있느냐고 묻는 일반의문문이다. 발표회 진행 여부와 무관하게 지속 시간을 언급하고 있는 (A)와 질문의 stockholders의 일부인 stock이 반복적으로 제시되고 있는 (C)는 모두 오답으로 처리해야 한다. 따라서 발표회가 개최되는 시점에 달려 있다며 지금 확

답할 수 없음을 우회적으로 밝히고 있는 (B)가 정답이다.

함정 분석 | It depends on ~은 '~에 달려 있다'라는 뜻으로 자주 나오는 표현이다. (B)와 같은 「depend on + 의문사절」의 구조를 잘 익혀두도록 하자.

어휘 | lead 이끌다, 지휘하다 stockholder 주주 last 지속되다 be out of stock 재고가 없다, 품절되다

Would you be able to lead the presentation for stockholders?

(A) It'll last about two hours or so.
(B) It depends on when it is.
(C) Unfortunately, it's out of stock.

당신이 주주들을 위한 발표회를 진행해 주실 수 있을까요?

(A) 그건 대략 두 시간 정도 지속될 거예요.
(B) 언제 하는지에 달려 있어요.
(C) 안타깝게도 재고가 없네요.

정답 | (B)

Practice 46 ★★
호M-미W

해설 | 저 지하철이 New York 시내로 가는 마지막 지하철인지 여부에 대해 묻는 일반의문문이다. 지하철을 타고 15분 간 가야 한다고 대답하는 (A)는 질문과 무관한 내용이자 거리를 묻는 How far 의문문에 적합한 답변으로 오답에 해당한다. 5피트짜리 연장선을 언급하는 (B) 역시 질문과 전혀 관련이 없는 내용이자 질문의 foot이 발이나 도보를 뜻한다는 점을 통해 마치 도보를 권유하는 답변인양 들려주고자 하는 의도가 포함된 오답이다. 따라서 5분 뒤에 지하철이 또 올 것이라 대답하며 상대 질문에 대한 간접적 부정 답변을 제시하고 있는 (C)가 정답이다.

어휘 | subway ride 지하철을 타고 가는 것 extension cord 연장선, 긴 전선

Wasn't that the last subway to downtown New York?

(A) It's a 15-minute subway ride.
(B) A five-foot extension cord.
(C) There's another one in five minutes.

저 지하철이 New York 시내로 가는 마지막 지하철

이지 않나요?

(A) 지하철을 타고 15분간 가야해요.
(B) 5피트짜리 연장선이에요.
(C) 5분 뒤에 지하철이 또 있어요.

정답 | (C)

Practice 47 ★★ 미M-미W

해설 | 시장 보고서의 작성 여부를 묻는 일반 의문문으로, 현재완료 시제의 일반 의문문은 주로 작업의 완료 여부를 묻는 문제로 출제된다. 질문에서 they라는 대명사로 지칭할 만한 특정 대상이 언급되지 않았으므로 (B)는 오답이다. 보고서를 작성했음을 Yes로 답하지만 그것들을 작은 바구니에 넣으라는 부연 설명이 서로 무관하여 (C)도 답이 될 수 없다. 아직은 아니지만 거의 다 마무리되었다고 대답하는 (A)가 정답이다. 질문의 Have ~ completed와 선지의 Not yet과의 내용적 연관성을 통해 정답임을 파악할 수 있다.

함정 분석 | finally finished만 듣고 (B)를 고르지 않도록 한다. 보고서 작성에 대한 질문에 합작 투자를 끝냈다고 하였으므로 적절한 답변이 아니다.

어휘 | complete 작성하다, 마무리하다 market report 시장 보고서 be done with ~을 끝내다 joint venture 합작 투자 basket 바구니

Have you completed the market report?

(A) Not yet, but I'm almost done with it.
(B) They have finally finished their joint venture.
(C) Yes, put them in a small basket.

시장 보고서는 작성하셨나요?

(A) 아직요, 하지만 거의 끝나갑니다.
(B) 그들은 마침내 합작 투자를 마무리했어요.
(C) 네, 그것들을 작은 바구니에 넣으세요.

정답 | (A)

Practice 48 ★★ 영M-미W

해설 | Ryan 씨가 저희 회사 복지 혜택에 관해 설명했었는지 여부에 관해 묻는 일반의문문이다. 핵심 동사인 explain을 통해 무언가를 설명했었는지의 여부를 요지로 파악하는 게 관건이다. 이에 여기 지원서가 있다고 대답하는 (B)는 지원서를 가지고 왔는지 여부를 묻는 일반의문문에 적합한 내용으로 오답이다. 아울러 (C)는 설명을 제대로 해주지 않았

다는 부정 답변 No에 이어 종합 복지 혜택을 제공한다는 부연설명이 질문과는 무관한 내용이고, 질문의 benefits를 반복하여 들려주는 동일어 반복 함정이 포함된 오답에 해당한다. 따라서 Yes란 긍정 답변에 이어 아주 꼼꼼하게 설명해줬다는 부연설명으로 이어지는 (A)가 정답이다.

어휘 | welfare benefits 회사 복지 혜택 thoroughly 철저하게, 꼼꼼하게 comprehensive benefits package 종합 복지 혜택

Did Mr. Ryan explain our welfare benefits to you?

(A) Yes, very thoroughly.
(B) Here's a job application.
(C) No, we offer a comprehensive benefits package.

Ryan 씨가 저희 회사 복지 혜택에 관해 설명해줬나요?

(A) 네, 아주 꼼꼼하게요.
(B) 지원서는 여기 있어요.
(C) 아니요, 저희는 종합 복지 혜택을 제공합니다.

정답 | (A)

Practice 49 ★★ 미M-미W

해설 | 내일 컨벤션 센터까지 태워줄 수 있는지를 묻는 조동사 의문문이다. (B)는 질문에서 나온 convention center에서 연상할 수 있는 agenda와 meeting을 이용한 연상어휘 함정이 포함된 오답이다. 컨벤션 센터까지 태워줄 수 없다는 뜻의 부정 답변 No와 본인의 차가 수리되었다는 부연 설명이 서로 상충되는 내용이므로 (C)는 오답이다. 따라서 기꺼이 그렇게 하겠다고 흔쾌히 수락하는 (A)가 정답이다. 참고로 Yes, I'd be delighted(glad/happy) to.는 권유 / 제안의 의미가 강한 조동사 의문문에서 긍정 답변으로 자주 출제되므로 반드시 알아두어야 한다.

함정 분석 | my car를 듣고 (C)를 고르지 않도록 한다. 태워줄 수 없다고 답하였으나 차가 지금 수리되었다고 덧붙여 적절한 답변이 아니다.

어휘 | give A a ride to B A를 B까지 차로 태워주다 be delighted to do 기꺼이 ~하다, 기쁘게 ~하다 go over 검토하다 agenda 안건, 의제 fix 고치다, 수리하다

Could you give me a ride to the

convention center tomorrow?

(A) Yes, I'd be delighted to.
(B) Let's go over the agenda before the meeting.
(C) No, my car is fixed now.

내일 저를 컨벤션 센터까지 태워주실 수 있으세요?

(A) 네, 기꺼이 그렇게 해드릴게요.
(B) 회의 전에 안건을 검토합시다.
(C) 아뇨, 제 차는 지금 수리되었어요.

정답 | (A)

Practice 50 ★★   미M-영W

해설 | 가는 길에 사무실에 내려줄 수 있는지를 묻는 일반의문문이다. (B)는 질문의 drop과 유사한 발음의 dropped를 반복적으로 들려주는 동일어 반복 함정이 포함된 오답이며, (C)는 thanks라는 감사 인사로 인해 바로 오답임을 알 수 있다. 따라서 사무실에 내려달라는 요청에 흔쾌히 수락하고 있는 (A)가 정답이다.

함정 분석 | 수락 표현 Yes만 듣고 (B)를 고르지 않도록 한다. 사무실에 내려줄 수 있는지를 물어보는 질문에 주가가 내려갔다는 내용은 서로 무관하므로 (B)는 오답이다. Can / Could you ~?로 묻는 질문에 Sure 또는 Yes로 시작하는 답변이 정답으로 많이 나온다.

어휘 | drop A off at B A를 B에 내려주다   stock price 주가   drop 떨어지다, (가는 길에) 내려주다

Could you please drop me off at my office on your way there?

(A) Sure, I can do that for you.
(B) Yes, our stock price dropped a lot.
(C) Thanks, but I'm kind of busy now.

거기 가는 도중에 제 사무실에서 저를 내려주실 수 있어요?

(A) 네, 그렇게 할 수 있어요.
(B) 네, 저희 주가가 많이 하락했어요.
(C) 감사합니다만, 지금 좀 바빠서요.

정답 | (A)

09강 부가 의문문

Practice 51 ★★   호M-미W

해설 | 또 다른 세무사를 채용했는지의 여부를 묻는 부가의문문이다. 질문의 accountant와 유사한 발음의 파생어 account, 그리고 질문의 tax와 발음이 유사한 taxi를 함정으로 이용한 (A)와 (C)는 모두 오답으로 처리해야 한다. 사실임을 수긍하는 Yes란 답변과 함께 그녀가 다음 주 월요일부터 근무를 시작한다는 부가 정보를 제시하고 있는 (B)가 정답이다.

어휘 | tax accountant 세무사   open a bank account 은행 계좌를 개설하다   call a taxi 택시를 부르다

You hired another tax accountant, didn't you?

(A) I'd like to open a bank account.
(B) Yes, she starts next Monday.
(C) No, please call me a taxi.

당신은 또 다른 세무사를 채용했지요, 그렇지 않나요?

(A) 저는 은행 계좌를 개설하려고 해요.
(B) 네, 그녀는 다음 주 월요일에 근무를 시작해요.
(C) 아뇨, 택시를 한 대 불러주세요.

정답 | (B)

Practice 52 ★★   호M-미W

해설 | 회의에서 연설할 기조 연설자가 아직 도착하지 않았느냐는 질문에 지금 대기실에 있다고 하는 (B)가 적합한 답변이다. 부가 의문문 뒤의 시제만 보고 정답을 (A)로 착각하지 않도록 유의해야 한다. (C)도 질문과는 무관한 답변이므로 오답이다.

어휘 | keynote speaker 기조 연설자   conference 회의

The keynote speaker for the conference hasn't arrived yet, has he?

(A) No, Mr. Anderson has finished it.
(B) Actually, he is in the waiting room.
(C) Not at all.

저희 회의에서 연설할 기조 연설자가 아직 도착하지 않았지요, 그렇지 않나요?

(A) 아니요, Anderson씨가 끝냈어요.
(B) 사실 그는 지금 대기실에 있어요.
(C) 괜찮아요.

정답 | (B)

Practice 53 ★★★
미M-미W

해설 | 톰슨 씨가 일정 업무를 담당하는지 확인하는 부가 의문문이다. (B)와 (C)는 질문에서 나온 scheduling을 사용한 함정이며 톰슨 씨의 업무와는 상관없는 내용이므로 답이 될 수 없다. No라는 부정적 답변과 함께 파커 씨의 업무라며 상대가 잘못 알고 있는 내용을 고쳐주는 (A)가 정답이다.

어휘 | scheduling decision 일정 결정　job responsibility 직무　scheduling conflicts 일정 충돌

Mr. Thompson makes the scheduling decisions, doesn't he?

(A) No, it is Mr. Parker's job responsibility.
(B) Due to scheduling conflicts.
(C) I'm scheduled for tomorrow.

톰슨 씨가 일정 업무를 담당하지요, 그렇지 않나요?
(A) 아니에요, 그건 파커 씨의 직무입니다.
(B) 일정이 겹쳐서요.
(C) 저는 내일로 일정이 잡혀 있어요.

정답 | (A)

Practice 54 ★★★
미M-미W

해설 | 기준 금리가 곧 상당히 오를 것인지를 확인하는 부가 의문문이다. 부가 의문문에서는 평서문을 잘 듣는 것이 중요하다. (A)는 질문의 rise와 발음이 유사한 raise를, (B) 질문에서 나온 interest의 파생어인 interested를 이용한 유사발음 함정이 포함된 오답이며, 금리 인상과 관련 없는 내용이다. 따라서 그럴 수도 있다며 그 가능성을 인정하는 (C)가 정답이다.

함정 분석 | 15 percent를 듣고 (A)로 헷갈릴 수 있다. 금리 인상에 대한 질문에 급여 인상이 필요하다고 답하여 오답이다.

어휘 | standard interest rate 기준 금리　rise 상승하다, 오르다　sharply 급격하게　pay raise 급여 인상　overseas investment 해외 투자

The standard interest rate will rise sharply soon, won't it?

(A) I need a minimum pay raise of 15 percent.

(B) We're interested in overseas investments.
(C) That will probably happen.

기준 금리가 곧 상당히 오를 겁니다, 그렇지 않나요?
(A) 저는 최소한 15% 급여 인상이 필요해요.
(B) 저희는 해외 투자에 관심이 있어요.
(C) 아마도 그럴 겁니다.

정답 | (C)

Practice 55 ★
호M-미W

해설 | 회사가 약 20년 전에 설립되었는지를 확인하고자 하는 부가의문문이다. 창업을 할 것이라는 (A)와 (B)는 질문과 무관한 내용일 뿐만 아니라 각각 질문의 company와 twenty를 반복적으로 들려주는 동일어 반복 함정이 포함된 오답이다. 상대가 언급한 내용이 사실임을 단순명료하게 수긍하고 있는 (B)가 정답이다.

어휘 | establish 설립하다　start one's own company 자신의 회사를 세우다, 창업하다

Your company was established about twenty years ago, wasn't it?

(A) I'm going to start my own company.
(B) Yes, that's right.
(C) No, in twenty minutes.

귀사는 약 20년 전에 설립되었죠, 그렇지 않나요?
(A) 저는 곧 창업할 겁니다.
(B) 네, 맞습니다.
(C) 아뇨, 20분 후에요.

정답 | (B)

Practice 56 ★★
미M-영W

해설 | 월요일에 있을 워크숍에 참석하실 예정인지 확인하는 부가의문문을 대동한 평서문이다. 이에 (B)는 워크숍에 참석할 예정이라고 동의하는 Yes란 긍정 답변과 그녀가 쇼핑을 정말 좋아한다는 부연 설명이 서로 무관한 내용으로 구성되어 있을 뿐만 아니라 질문에서 언급된 바 없는 특정 여자를 지칭하는 인칭대명사 she가 등장하는 주어가 잘못된 오답이기도 하다. 등록비가 20달러라는 (C) 역시 등록비 액수를 묻는 How much 의문문에 적합한 답변으로 의문사가 잘못된 오답에 해당한다. 따라서 마케팅 회의에 참석하러 떠날 예정이라고 답변하며

사실 관계를 바로 잡음과 동시에 월요일에 있을 워크숍에 참석할 수 없음을 우회적으로 표현하고 있는 (A)가 정답이다.

어휘 | leave for ~을 향해 떠나다 registration fee 등록비

You are going to attend the workshop on Monday, aren't you?

(A) I'm leaving for the marketing conference.
(B) Yes, she really loves shopping.
(C) 20 dollars for registration fee.

월요일에 있을 워크숍에 참석하실 예정이지요, 그렇지 않나요?

(A) 저는 마케팅 회의에 참석하러 떠날 예정이에요.
(B) 네, 그녀는 쇼핑을 정말 좋아해요.
(C) 등록비가 20달러에요.

정답 | (A)

10강 선택 의문문

Practice 57 ★★   영M-호W

해설 | Which로 물어보는 선택의문문의 경우 선지에서 either, neither, both, whichever, anything 등이 있다면 정답으로 선택한다. 따라서 neither를 활용하여 둘 다 해당되지 않는다는 답변을 제시한 (C)가 정답이다. (A)는 질문에서 언급된 approve가 반복되는 동일어 반복 함정이 포함된 오답이며, (B)도 주택 융자와 관련하여 연상될 수 있는 연상어휘 함정이 포함된 오답이다.

어휘 | housing loan application 주택 융자 신청 approve 승인하다, 인정하다

Which of you approved this housing loan application this morning?

(A) He'll approve it soon.
(B) It's $25,000, including taxes.
(C) Neither of us.

여러분 중 누가 오늘 오전에 이 주택 융자의 신청을 승인했나요?

(A) 그는 사무실을 곧 매각할 겁니다.
(B) 세금 포함해서 25,000달러에요.
(C) 저희 둘 다 아닙니다.

정답 | (C)

Practice 58 ★★   영M-영W

해설 | Which로 물어보는 선택의문문의 경우 선지에서 either, neither, both, whichever, anything 등이 있다면 정답으로 선택한다. 따라서 either를 이용하여 어느 것이든 좋다고 표현한 (B)가 정답이다. (A)는 질문과는 무관한 엉뚱한 대답이며, (C)는 질문에서 언급된 performance가 들어간 동일어 반복 함정이 포함된 오답이다.

어휘 | performance 수행, 연주, 공연 impressive 인상적인

Which musical performance would you like to see?

(A) Ms. Witherspoon, I guess.
(B) Either would be fine.
(C) The performance was very impressive.

어떠한 뮤지컬 공연을 관람하고 싶으신가요?

(A) Witherspoon 씨인 걸로 알고 있어요.
(B) 둘 중 어느 것이든 다 좋아요.
(C) 그 공연은 굉장히 인상적이에요.

정답 | (B)

Practice 59 ★★   미M-미W

해설 | 어떤 로고 디자인을 인쇄업자에게 발송해야 하는지를 묻는 Which 의문문이다. 질문의 design을 반복적으로 들려주는 동일어 반복 함정이 포함된 (A)와 의문사 의문문에 사용할 수 없는 Yes란 답변을 언급하는 (C)는 모두 오답으로 처리해야 한다. 검은색 황소 모습이 있는 로고라고 대답하고 있는 (B)가 정답이다. 아울러 Which 의문문에는 대명사 one을 대동하는 형태의 답변이 자주 제시된다는 점을 기억해둬야 한다.

어휘 | logo 로고 printer 인쇄기, 인쇄업체 distinctive 독특한, 독창적인 board member 이사

Which logo design should be sent to the printer?

(A) It has a very distinctive design.
(B) The one with the black bull.
(C) Yes, every board member likes it.

어떤 로고 디자인을 인쇄업자에게 발송해야 하나

요?

(A) 그건 굉장히 독특한 디자인이에요.
(B) 검은색 화소가 있는 거요.
(C) 네, 모든 이사가 그걸 좋아해요.

정답 | (B)

Practice 60 ★

해설 | 어떤 팩스기를 수리해야 하는지 구체적으로 팩스기를 특정해달라고 요구하는 'Which + 명사' 형태의 의문문이다. 이에 그것이 굉장히 효율적이라 생각한다는 (B)는 팩스기를 수리해달라는 내용과 무관한 답변이다. 대략 200달러의 비용이 들 것이라 대답하는 (C)는 구체적인 액수를 묻는 How 의문문에 적합한 내용으로 의문사가 잘못된 오답에 해당한다. 따라서 상대방의 오른쪽에 있는 팩스기라고 대답하고 있는 (A)가 정답이다.

어휘 | on one's right ~의 오른쪽에   efficient 효율적인   cost 비용, 비용이 소요되게 하다

Which fax machine needs to be repaired?

(A) The one on your right.
(B) I think it's very efficient.
(C) It will cost you about two hundred dollars.

어떤 팩스기를 수리해야 합니까?

(A) 당신의 오른쪽에 있는 팩스기입니다.
(B) 저는 그것이 굉장히 효율적이라 생각해요.
(C) 그건 대략 200달러의 비용이 소요될 겁니다.

정답 | (A)

Practice 61 ★★★

해설 | 톰슨 씨에게 오늘 연락을 해야 할지 아니면 내일까지 기다려야 할지 묻는 선택의문문이다. (A)는 질문의 contact에서 연상이 가능한 call을 이용한 연상어휘 함정이 포함된 오답이고, (C)는 질문의 contact를 반복적으로 들려주는 동일어 반복 함정이 포함된 오답이다. 어느 쪽이든 당신이 편한 쪽으로 하라는 양자 긍정의 답변을 제시하고 있는 (B)가 정답이다. either / both / whichever / whatever 가 제시되는 양자 긍정 답변 및 neither가 등장하는 양자 부정 답변은 선택의문문의 대표적인 정답 유형이므로 꼭 기억하고 있어야 한다.

함정 분석 | 질문에서 쓰인 contact를 듣고 (C)로 헷갈릴 수 있다. 질문에서 톰슨 씨에게 오늘 연락할지 아니면 내일까지 기다려야 할지를 묻고 있으며, (C)

는 톰슨 씨가 할 수 있는 답변이므로 오답이다.

어휘 | contact 연락하다   call 전화하다, 연락하다 convenient 편리한   feel free to do 부담 없이 ~ 하다

Do you think we should contact Ms. Thompson today or just wait until tomorrow?

(A) Let's call the waiter now.
(B) Whichever is more convenient for you.
(C) Feel free to contact me anytime.

톰슨 씨에게 오늘 연락을 해야 할까요, 아니면 내일까지 기다려야 할까요?

(A) 지금 종업원을 부릅시다.
(B) 어느 쪽이든 당신이 편한 쪽으로 하세요.
(C) 언제라도 부담 없이 연락주세요.

정답 | (B)

Practice 62 ★★★

해설 | 화요일 오전 10시와 오후 1시 중 근무를 시작하는 시간으로 선호하는 것이 무엇인지 묻는 단순 선택 의문문이다. (A)는 질문에서 나온 start를 반복적으로 들려주는 동일어 반복 함정이 포함된 오답이다. (C)는 선택의문문에 부적절한 Yes로 답하여 오답이다. 더 이른 시간이 좋겠다는 대답으로 오전 10시를 선택한 (B)가 정답이다. 무엇보다 earlier로 지칭하고 있는 시간이 오전 10시를 뜻한다는 것을 파악해야 한다.

어휘 | rather 오히려, 차라리   earlier time 더 이른 시간   work better for ~에게 더 좋다   job offer 취업 제안

Would you rather start work at 10 A.M. or 1 P.M. on Tuesday?

(A) The movie starts in 30 minutes.
(B) The earlier time would work better for me.
(C) Yes, I'll take your job offer.

화요일 오전 10시에 근무를 시작하는 게 좋아요, 아니면 오후 1시가 좋은가요?

(A) 영화는 30분 후에 시작해요.
(B) 저는 더 이른 시간이 더 좋아요.
(C) 네, 귀사의 취업 제안을 받아들이겠습니다.

정답 | (B)

Practice 63 ★★

해설 | 의문문에서는 or로 연결된 명사나 구를 꼭 들어야 하므로, 질문의 키워드는 finish, projection, give, a hand이다. 예산안 작업을 모두 끝냈는지 아니면 도움이 필요한지를 묻는 선택의문문이다. (A)에서 Yes는 선택 의문문의 답변으로 부적절하며, 질문에서 나온 budget에서 연상되는 money를 이용한 연상어휘 함정이 포함된 오답이다. (C)는 질문의 projection과 발음이 유사한 파생어 projector를 이용한 유사발음 함정이 포함된 오답이다. 거의 다 끝냈다며 도움이 필요하지 않음을 우회적으로 말하는 (B)가 정답이다. 질문의 finish를 선지에서 be done with로 바꾸어 말하고 있다. 질문에 쓰인 표현을 그대로 쓰지 않고 바꾸어 말하는 경우가 많으므로 내용을 모두 파악한 후 답을 골라야 한다.

함정 분석 | Yes만 듣고 (A)로 혼동하지 않도록 한다. 자금이 부족하다고 덧붙인 내용은 질문에 적절한 답변이 아니므로 답이 될 수 없다. 선택 의문문에서는 Yes / No 답변보다는 둘 중 하나를 선택하는 답변이나 제 3의 대안을 제시하는 답변이 출제된다.

어휘 | budget projection 예산안   give ~ a hand ~를 도와주다   be short of ~이 부족하다   be done with ~을 끝내다   purchase 사다, 구매하다   projector 영사기

Did you finish the budget projection, or would you like me to give you a hand?

(A) Yes, we're short of money.
(B) I'm almost done with it.
(C) We purchased a new projector.

예산안 작업을 끝내셨나요, 아니면 제가 도와드리길 원하시나요?

(A) 네, 우리는 자금이 부족해요.
(B) 거의 다 끝냈어요.
(C) 우리는 새로운 영사기를 구매했어요.

정답 | (B)

Practice 64 ★★

해설 | 계약서 작성을 화요일까지 끝낼 수 있을지 아니면 시간을 더 연장해야 할지 묻는 선택의문문이다. 이에 당신의 내선번호가 무엇인지 묻는 (A)는 질문과 무관한 내용이자 질문의 extension을 반복하여 들려주는 동일어 반복 함정이 포함된 오답에 해당한다. 길이가 2피트 정도 될 것이라 대답하는 (B) 역시 질문과 관련이 없는 내용이자 질문의 extension에서 연상할 수 있는 two feet와 length를 통한 연상어휘 함정이 포함된 오답이다. 따라서 질문의 need an extension이 use a few more days로 패러프레이징되어 며칠 더 필요하다는 의견을 제시하고 있는 (C)가 정답이다.

어휘 | draft 작성하다, 쓰다   extension 연장   extension number 내선 번호

Will you be able to finish drafting the contract by Tuesday, or do you need an extension?

(A) What is your extension number?
(B) That may be two feet in length.
(C) I need to use a few more days.

계약서 작성을 화요일까지 끝낼 수 있을까요, 아니면 시간을 더 연장해드려야 할까요?

(A) 당신의 내선 번호가 무엇인가요?
(B) 그건 아마 길이가 2피트 정도 될 겁니다.
(C) 며칠 더 필요할 것 같습니다.

정답 | (C)

Practice 65 ★★

해설 | 구내식당과 편의점 둘 중 어느 곳에 갈 것인지 묻는 선택의문문이다. 이에 커피를 마시겠다고 대답하는 (A)는 질문의 선택사항과 무관한 내용이자 질문의 구내식당 cafeteria에서 연상할 수 있는 coffee를 이용한 연상어휘 함정이 포함된 오답에 해당한다. 언제나 신선한 음식을 섭취할 수 있다고 대답하는 (C) 역시 질문과 무관한 내용일 뿐만 아니라 질문의 cafeteria와 convenience store에서 연상 가능한 food가 등장하는 연상어휘 함정이 포함된 오답이다. 따라서 구내식당과 편의점 모두 들를 것이라 양자긍정의 답변을 제시하고 있는 (B)가 정답이다.

어휘 | stop at ~에 들르다   cafeteria 구내식당   convenience store 편의점   all year 일 년 내내

Are you going to stop at the cafeteria or the convenience store?

(A) I'd like a cup of coffee, please.
(B) Both of them, I think.
(C) We can have fresh food all year.

구내식당에 갈 건가요, 아니면 편의점에 갈 건가요?

(A) 저는 커피 한 잔 주세요.
(B) 제 생각엔 둘 다 들를 것 같네요.
(C) 우리는 일 년 내내 신선한 음식을 섭취할 수 있

어요.

정답 | (B)

Practice 66 ★★　　　　　　　　　미M-미W

해설 | 대규모 회의실과 소규모 회의실 중 무엇을 예약해야 할지 묻는 선택의문문이다. 이에 오늘 회의가 있다고 대답하는 (B)는 회의실을 택일해야 하는 답변으로 부적절하며, 아울러 질문의 meeting을 반복하여 들려주는 동일어 반복 함정이 포함된 오답에 해당한다. 세미나가 끝난 이후 시점을 뜻하는 (C)는 When 의문문에 적합한 내용의 답변으로 의문사가 잘못된 오답이다. 따라서 인사과장과 논의하라고 대답하며 결과적으로 자신은 회의실 선택에 관해 아는 바가 없음을 밝히고 있는 (A)가 정답이다.

어휘 | book 예약하다　conference hall 회의실 check with ~에게 확인하다, ~와 이야기하다

Should we book a larger conference hall, or will a small meeting room be okay?

(A) Check with the personnel manager.
(B) We have a meeting this afternoon.
(C) After our seminar.

대규모 회의실을 예약할까요, 아니면 소규모 회의실이어도 괜찮을까요?

(A) 인사과장하고 이야기하세요.
(B) 저희는 오늘 오후에 회의가 있어요.
(C) 우리 세미나가 끝난 후에요.

정답 | (A)

4장 PART 3 문제 유형별 풀이 요령

01강 세부 사항

Practice 1　　　　　　　　　미M-미W

> **M:** I'm sorry to bother you, but I just moved here recently, and I'm having trouble finding the Bella Health Clinic on Fifth Avenue.
>
> **W:** Oh, it's not too far. It's only about a fifteen minute walk from here. If you keep going straight for three blocks, you'll reach Fifth Avenue. Turn left and keep walking until you see Chan's Dry Cleaning. The clinic is right above it on the third floor.
>
> **M:** I'm so grateful for your help. I have an appointment there in half an hour and don't want to be late.
>
> --
>
> **남:** 실례합니다만, 제가 최근에 이곳으로 이사를 왔는데요. 5번가에 있는 벨라 의료원을 찾기가 힘들군요.
>
> **여:** 아, 여기서 멀지 않아요. 여기서 걸어서 15분 정도 밖에 걸리지 않아요. 세 블록을 직진하시면, 5번가에 도달하실 거예요. 왼쪽으로 돌아서 찬 세탁소가 보일 때까지 계속 걸어가세요. 병원은 바로 그 위 3층에 있어요.
>
> **남:** 도와주셔서 정말 감사합니다. 30분 후에 예약이 되어 있는데 늦지 않으려고요.

어휘 | bother 성가시게 하다, 귀찮게 하다 recently 최근에　have trouble -ing ~하는 데 어려움을 겪다　go straight 직진하다　reach 도착하다, 다다르다　have an appointment 예약이 있다

해설 | 여자가 남자를 돕는 방법에 대해 묻고 있으므로 여자의 말에서 남자에게 도움을 주는 방식에 초점을 맞춰야 한다. 여자는 벨라 의료원의 위치에 대해 묻는 남자에게 It's only about a fifteen-minute walk from here. If you keep going straight for three blocks, you'll reach Fifth Avenue. Turn left and keep walking until you see Chan's Dry Cleaning. The clinic is right above it on the third floor.라고 하며 현재 있는 곳에서 벨라 의료원까지 가는 길에 대해 자세히 안

내를 해주고 있다. 따라서 여자는 벨라 의료원의 위치를 설명함으로써 남자에게 도움을 주고 있음을 알 수 있으므로 (B)가 정답이다.

함정 분석 | 여자의 대화 Turn left and keep walking until you see Chan's Dry Cleaning.을 듣고 (C)를 고르지 않도록 한다. 여자는 남자에게 의료원 가는 방법을 알려준 것일 뿐 지도를 준 것은 아니므로 (C)는 오답이다.

어휘 | give someone a ride ~을 태워주다

여자는 남자를 어떻게 돕고 있는가?
(A) 차를 태워 줌으로써
(B) 위치를 설명함으로써
(C) 지도를 제공함으로써
(D) 예약 일정을 변경함으로써

정답 | (B)

Practice 2

호M-미W

M: Ms. Witherspoon, **I got three packages for Mr. White this morning. He's on vacation in Boston now,** but he'll return to the office the day after tomorrow. Could you please give them to him?

W: Sure, no problem. I heard you are going on a business trip to Atlanta for a big contract in the afternoon.

M: Right. I stayed up last night to make the final draft of it. Actually, I feel a bit nervous about tomorrow's meeting with the client.

W: I know you have tried hard to win the contract in the last few months. Don't worry. I bet you can do it.

남: 위더스푼 씨, 오늘 오전에 화이트 씨 앞으로 온 소포가 3개가 있어요. 그가 지금 보스턴에서 휴가 중인데, 내일 모레 사무실로 복귀할 겁니다. 소포를 그에게 전해 주시겠어요?

여: 네, 그럴게요. 당신은 오늘 오후에 큰 계약 건 때문에 애틀랜타로 출장을 가신다고 들었어요.

남: 맞아요. 어젯밤에 계약서 최종안을 작성하느라 밤을 새우다시피 했어요. 저는 내일 고객과의 회의를 앞두고 약간 긴장됩니다.

여: 저는 당신이 지난 몇 달간 이 계약을 따내려고 공을 많이 들이신 걸로 알고 있어요. 걱정 마세요. 잘하실 수 있을 거예요.

어휘 | be on vacation 휴가 중이다 return to the office 사무실로 복귀하다 the day after tomorrow 내일 모레 go on a business trip 출장을 가다 stay up (늦게까지) 잠을 자지 않다, 깨어 있다 make a final draft 최종안을 작성하다 feel nervous 긴장하다 try hard 노력하다 win a contract 계약을 따내다 in the last few months 지난 몇 달간 bet 단언하다, 보증하다

해설 | 화이트 씨가 어디에 있는지 묻고 있으므로 대화 초반부에서 화이트라는 인명이 제시되는 부분을 중심으로 언급되는 도시 이름을 들어야 한다. 남자는 대화 시작과 함께 I got three packages for Mr. White this morning. He's on vacation in Boston now라고 하며 화이트 씨가 현재 휴가차 보스턴에 있다는 사실을 전달하고 있다. 따라서 화이트 씨는 지금 보스턴에 있으므로 (B)가 정답이다.

화이트 씨는 지금 어디에 있는가?
(A) 애틀랜타
(B) 보스턴
(C) 뉴욕
(D) 로스앤젤레스

정답 | (B)

02강 요청 & 제안

Practice 3

미M-미W

M: Hi! I wonder if you can help me open a checking account and close my savings account?

W: Actually, our computer system is down now. It will take a while to repair.

M: I have to get back to work soon. Can I just come back later then?

W: I'm not sure when our system will be up and running. **It will be nice if you can come back tomorrow.**

남: 제가 당좌예금 계좌를 열고 그리고 저축예금 계좌를 없애려는 데 도와줄 수 있겠습니까?

여: 사실은 지금 저희 컴퓨터 시스템이 다운돼

서 수리하는 데 시간이 꽤 걸릴 듯합니다.

남: 제가 곧 회사에 들어가야 하는데요. 그럼 나중에 다시 와도 되겠습니까?

여: 저희 시스템이 언제 정상으로 돌아올지 잘 모르겠네요. 내일 방문하시면 좋을 것 같습니다.

어휘 | wonder 궁금하다   checking account 당좌예금 계좌   savings account 저축예금 계좌   get back to work 근무 복귀하다, 사무실로 복귀하다   up and running 제대로 작동하는

해설 | 제안 사항을 묻는 문제는 질문에서 누가 제안하는 것인지를 확인해야 한다. 여자가 남자에게 제안하는 내용을 묻는 질문이므로, 대화 후반 여자의 말에서 단서를 찾아야 하며 특히 동사를 놓치지 않고 들어야 한다. 남자가 나중에 은행에 다시 오겠다고 말하자 여자는 대화 말미에서 It will be nice if you can come back tomorrow.라고 대답한다. 요청 사항을 말할 때 쓰이는 패턴 'you can + 동사원형'을 써서 여자는 남자에게 내일 오라고 제안하므로 (D)가 정답이며, tomorrow를 another time으로 바꾸어 표현하였다.

함정 분석 | 마지막 대화 I'm not sure when our system will be up and running.을 듣고 정답을 (A)로 혼동하지 않아야 한다. 컴퓨터 시스템이 제대로 작동하지 않는 것은 맞지만, 여자가 남자에게 컴퓨터를 수리해줄 것을 요청하지 않았으므로 (A)는 답이 될 수 없다.

여자는 남자에게 무엇을 하라고 제안하는가?

(A) 컴퓨터를 수리하라고
(B) 상점을 닫으라고
(C) 돈을 입금하라고
(D) 나중에 다시 오라고

정답 | (D)

Practice 4

영M-미W

W: I'm looking for the resumes we received last week. Did you happen to see them? I thought I left them here on my desk. I really need to go over them before the job applicants get here tomorrow.

M: You should talk to your secretary. I think she took them this morning.

W: She just stepped out for lunch. I guess I should give her a ring.

M: Wait! Remember? All the applicants sent their resumes by e-mail. I'm pretty sure I have them saved on my computer. I'll print them out for you.

여: 제가 지금 지난주에 접수한 이력서들을 찾고 있어요. 혹시 보셨나요? 제 책상 위에 둔 것 같은데요. 지원자들이 내일 오기 전에 검토해야 하는데 말이지요.

남: 비서한테 얘기해보세요. 오늘 아침에 그녀가 가져간 것 같아요.

여: 그녀가 막 점심 식사하러 나갔거든요. 그녀에게 전화해야겠어요.

남: 잠시만요! 기억나세요? 모든 지원자들이 이력서를 이메일로 보냈잖아요. 제가 아마 제 컴퓨터에 저장해 놨을 겁니다. 제가 출력해 드릴게요.

어휘 | resume 이력서   happen to do 우연히 ~하다   go over 검토하다   applicant 지원자   secretary 비서   step out for ~하러 잠시 나가다   give ~ a ring ~에게 전화하다   print out 출력하다

해설 | 질문을 먼저 읽고 누구의 제안인지 확인한다. 남자가 제안하는 내용을 묻는 질문이므로 대화 후반부 남자의 대화 내용에서 단서를 파악해야 한다. 이력서를 찾고 있는 여자에게 대화 후반부에 남자는 모든 지원자들이 이력서를 이메일로 발송했음을 상기시키며, 이어서 I'll print them out for you.라고 대답한다. 제안이나 요청 사항을 말할 때 쓰이는 패턴 'I will + 동사원형'을 써서 남자가 이력서를 직접 출력해 주겠다고 제안하므로 (D)가 정답이다.

함정 분석 | 출력과 복사를 혼동하여 (B)로 헷갈릴 수 있다. 남자는 컴퓨터에 저장된 이력서를 출력해주겠다고 제안하였으므로 이력서를 복사한다는 (B)는 오답이다.

남자는 무엇을 제안하는가?

(A) 이메일로 파일 보내기
(B) 이력서 복사하기
(C) 여자의 비서에게 연락하기
(D) 서류 출력하기

정답 | (D)

Practice 5

미M-미W

> **M:** Hi, I'm calling to check what time the book rental store closes tonight.
>
> **W:** I'm afraid we just closed ten minutes ago. We always close at 6 o'clock on Sundays. However, we'll be open from 11 A.M. until 8 P.M. tomorrow.
>
> **M:** Well, I don't finish work until 7:30 P.M. tomorrow. Could I possibly reserve a movie so that it isn't rented by someone else during the day?
>
> **W:** Sure, no problem. But **you'll have to do it online through our homepage.** Unfortunately, the store's booking system shuts down automatically when we close.

> **남:** 안녕하세요, 오늘 밤 몇 시에 도서 대여점이 문을 닫는지 확인하려고 전화했습니다.
>
> **여:** 유감스럽게도, 저희는 10분 전에 막 문을 닫았어요. 저희는 일요일에는 항상 6시에 문을 닫습니다. 그렇지만, 내일은 오전 11시부터 오후 8시까지 문을 엽니다.
>
> **남:** 흠, 내일은 저녁 7시 30분까지 일을 해야 하는데요. 낮에 다른 사람이 빌려가지 않도록 영화를 예약할 수 있을까요?
>
> **여:** 물론이죠, 괜찮습니다. 하지만 고객님께서 저희 홈페이지를 통해 온라인으로 예약하셔야 합니다. 유감스럽지만, 가게의 예약 시스템은 저희가 문을 닫을 때 자동적으로 폐쇄되거든요.

어휘 | rental store 대여점 reserve 예약하다 unfortunately 유감스럽게도 automatically 자동적으로

해설 | 대화 이후 화자가 앞으로 하게 될 행동을 묻는 문제는 대화 후반부에서 주로 단서가 제시된다. 마지막 화자의 말에 집중하고, 특히 동사를 놓치지 않는다. 영화를 예약할 수 있는지 묻는 남자에게 대화 후반부에 여자는 you'll have to do it online through our homepage.라고 대답하고 있다. 여자의 권고에 따라 남자는 이후 대여점 홈페이지에서 예약을 할 것이므로 homepage를 Web site로 바꾸어 표현한 (B)가 정답이다.

함정 분석 | 여자의 대화 I'm afraid we just closed ten minutes ago.를 듣고 (D)를 고르지 않도록 한다. 남자는 도서 대여점 직원과 대화를 나누고 있으며 영화를 예약하고 싶다고 하였으므로 (D)는 오답이다.

남자는 이후에 무엇을 할 것 같은가?
(A) 여자에게 휴대폰 번호를 알려 준다.
(B) 대여점의 웹사이트를 이용한다.
(C) 그의 연체된 도서를 가지고 도서 대여점으로 온다.
(D) 다른 도서 대여점으로 간다.

정답 | (B)

Practice 6

미M-영W

> **M:** Have you finished writing that article on local small businesses?
>
> **W:** I'm still organizing all the research I've done for it, but I haven't finished writing it. I don't think I could get it done by the deadline. It's due on Friday.
>
> **M:** I understand, I have more research to do, too and I haven't finished my article, either. Do you suppose we can postpone the deadline?
>
> **W:** **I was thinking of calling the editor and seeing if she'll allow us more time.** Maybe until Sunday, midday.

> **남:** 지역 내 소규모 기업에 대한 기사 작성은 끝마치셨어요?
>
> **여:** 제가 조사한 내용들을 아직 정리하는 중이라 기사는 다 작성하지 못했어요. 마감시한까지 기사를 다 못 쓸 것 같아요. 금요일이 마감인데요.
>
> **남:** 알겠습니다. 좀 더 조사해야 할 부분이 있어서 저도 기사를 아직 작성하지 못했어요. 혹시 우리가 마감시한을 연장할 수 있을까요?
>
> **여:** 편집장님께 전화해서 시간을 더 주실 수 있는지 알아볼까 생각하고 있었어요. 아마도 일요일 정오까지는 가능하지 않을까요.

어휘 | small businesses 중소기업 organize 정리하다, 설립하다, 준비하다 postpone 연기하다

deadline 마감시한   editor 편집장   midday 정오, 낮

해설 | 여자의 미래 행동에 대해 묻고 있으므로 대화 후반부에서 여자의 미래 행동에 대한 단서를 파악한다. 기사 작성을 끝내지 못했다는 남자에게 여자는 대화 말미에 I was thinking of calling the editor and seeing if she'll allow us more time.이라고 말했다. 여자의 대화에서 calling the editor가 정답의 단서이며, 여자는 편집장에게 연락해 마감시한을 연장해줄 수 있는지 알아볼 것이라고 하므로 (D)가 정답이다.

여자는 이후에 무엇을 할 것 같은가?

(A) 편집장을 만난다.
(B) 기사를 복사한다.
(C) 이메일을 보낸다.
(D) 전화를 한다.

정답 | (D)

04강 문제점

Practice 7 미M-미W

> M: Hi. You had a dress on this mannequin yesterday. **I found a few of them, but they were not the right size. Would you happen to have one in a size 12?**
>
> W: No, I'm sorry. We sold the last size 12 yesterday. More should come in next week though. Should I hold one for you when the shipment arrives?
>
> M: No, that won't work. I wanted to give it to my wife to wear to a big dinner tomorrow.
>
> W: That's sweet. There may be one at another store. I'll call around if you don't mind waiting a couple minutes.
>
> --
>
> 남: 안녕하세요, 어제 이 마네킹에 입혀 있던 드레스 말인데요. 그 드레스 몇 벌을 찾았는데, 사이즈가 맞지 않아서요. 혹시 12 사이즈로 한 벌 갖고 계신가요?
>
> 여: 죄송한데, 지금 없네요. 저희가 마지막 남은 12 사이즈를 어제 판매했거든요. 하지만 다음 주에 더 입고될 거예요. 제품이 들어오면 한 벌

> 을 별도로 보관해 둘까요?
>
> **남:** 아니요, 그러실 필요는 없어요. 내일 중요한 저녁식사 때 입으라고 아내에게 주려고 했어요.
>
> **여:** 자상하시네요. 다른 매장에는 있을지도 모르겠네요. 잠시 기다리시는 것이 괜찮으시다면, 제가 다른 매장에 전화해볼게요.

어휘 | mannequin 마네킹   happen to do 우연히 ~하다   come in ~이 들어오다, ~이 입고되다   call around 주변에 연락을 취하다

해설 | 특정 제품과 관련된 남자의 문제점을 묻고 있으므로, 대화 초반부 남자의 대화에서 문제 상황을 파악해야 한다. 대화 초반부에 남자가 I found a few of them, but they were not the right size. Would you happen to have one in a size 12? 라고 하며 드레스 사이즈가 자신이 원하는 사이즈가 아니고, 자신이 원하는 사이즈는 12 사이즈임을 밝히고 있다. 남자가 12 사이즈의 드레스가 있는지를 물어봤으므로 이를 통해 남자의 문제는 원하는 사이즈의 드레스를 찾을 수 없다는 것임을 알 수 있다. 따라서 정답은 (D)이다.

제품과 관련된 남자의 문제는 무엇인가?

(A) 품질이 좋지 못하다.
(B) 원하는 색상이 아니다.
(C) 디자인이 조악하다.
(D) 원하는 사이즈가 아니다.

정답 | (D)

Practice 8 영M-영W

> W: Hi. I'm calling from the SMC Company. **I am calling because we just received a bill, and it is far more than what we had expected.**
>
> M: Oh, I remember that you ordered 10 photocopiers for your new office, right? The bill includes the service charge as well.
>
> W: Service charge? I didn't know anything about that.
>
> M: The fee was included in the contract that Ms. Park signed with our company.
>
> --
>
> **여:** 안녕하세요, SMC 회사입니다. 방금 청구서

352 정답 및 해설

를 받았는데 예상했던 것보다 비용이 많이 나와서 연락드렸습니다.

남: 아, 새로운 사무실을 위해 복사기 10대를 주문하셨죠? 그 청구서는 봉사료도 포함된 것입니다.

여: 봉사료요? 전 그런 것에 대해 들은 적이 없는데요.

남: 박 씨가 저희 회사와 서명한 계약서에 그 요금이 포함되어 있습니다.

어휘| bill 청구서   expect 예상하다   service charge 봉사료   contract 계약서

해설| 여자가 언급한 문제를 묻고 있으므로, 대화 초반부 여자의 대화에서 문제 상황에 대한 단서를 찾는다. 여자의 첫 대화 I am calling because we just received a bill, and it is far more than what we had expected.에서 여자는 청구서를 받고 전화했음을 밝히며 예상보다 비용이 많이 나왔다고 말하고 있다. 여자는 예상했던 것 이상으로 비용이 청구된 것을 문제 삼고 있으므로 (A)가 정답이다.

여자는 언급한 문제는 무엇인가?

(A) 청구서에 예상치 않은 요금이 포함되었다.
(B) 잘못된 복사기가 배달되었다.
(C) 일부 복사기가 늦게 배달되었다.
(D) 부서진 부품들이 있다.

정답| (A)

05강 시각 정보 파악

Practice 9   미M-미W

W: Mr. Smith, one of your clients just called. He needs some urgent advice on the financing of his business. He asked if you were available tomorrow.

M: Ah, you must be talking about Mr. Dunn. I read his e-mail. He is one of the most important clients at our company. It would be great if I could use Meeting Room 100.

W: I checked the schedule, and it looks like the room is free at 11:00 A.M. Should I go ahead and reserve the room?

M: Um... It looks like my morning is fully booked tomorrow. **I am available only in the afternoon.** Do you think it'd be possible to move a meeting so that I can use the room in the afternoon?

W: I will try to contact Betty Hwang to see if I can move her meeting to 11:00 A.M.

여: 스미스 씨, 당신 고객 한 분이 방금 연락을 하셨어요. 사업 대출과 관련하여 급히 조언을 구할 것이 있다고 하시던데요. 당신이 내일 시간이 있는지 물어보셨어요.

남: 아, 던 씨하고 통화하셨군요. 저도 그분이 보낸 이메일을 읽어봤어요. 그분이 우리 회사에게 아주 중요한 고객 중 한 분이에요. 제가 내일 회의실 100호를 사용할 수 있으면 좋겠는데요.

여: 제가 일정을 살펴봤는데, 그 회의실은 오전 11시에 비어 있어요. 그러면 제가 그 회의실을 예약해놓을까요?

남: 음…, 내일 오전은 이미 회의 일정이 가득 차 있어요. 오후만 가능한데요. 혹시 제가 오후에 그 방을 사용할 수 있도록 다른 회의 일정을 조정해주실 수 있으신가요?

여: 제가 베티 황 씨에게 연락을 해서 그녀의 회의 시간을 오전 11시로 이전하는 것이 가능한지 여부를 확인해볼게요.

어휘| urgent 긴급한   financing 대출, 자금 조달   available 이용 가능한, 구매 가능한   go ahead 앞으로 나아가다, 진행하다   reserve 보유하다, 예약하다   fully 완전히   book 예약하다   contact 연락하다   see if ~인지 아닌지 알아보다

Meeting Room 100	
Time	Event
9:00 A.M.	Management Meeting
10:00 A.M.	Training Session
11:00 A.M.	
1:00 P.M.	**Human Resources Meeting**

회의실 100호	
시간	행사
오전 9시	경영 회의
오전 10시	연수
오전 11시	
오후 1시	인사 회의

해설 | 황 씨가 담당하고 있는 행사가 무엇인지 도표를 활용하여 묻고 있는 시각 정보 연계 문제이다. 선지에는 행사명이 등장하고, 도표에는 행사와 시간이 제시되어 있다. 그러므로 대화에서는 황 씨가 담당하는 행사를 가늠할 수 있는 단서가 시간을 통해 제시될 것임을 사전에 파악할 수 있다. 남자가 회의실을 예약해달라고 하자 여자는 11시가 가능하다고 했으나, 남자는 I am available only in the afternoon.이라며 오후에만 회의가 가능하다는 점을 밝히고 있다. 대화 말미에서 여자는 I will try to contact Betty Hwang to see if I can move her meeting to 11:00 A.M.이라며 황 씨에게 연락하여 회의를 오전 11시로 이전할 수 있는지 확인할 것이라 언급하고 있다. 남자는 오후 시간에만 회의를 할 수 있다고 하였고, 여자는 황 씨에게 11시로 회의 시간을 바꿀 수 있는지 확인하겠다고 하였으므로 황 씨는 오후 1시로 예정된 행사를 담당하고 있음을 알 수 있다. 따라서 (C)가 정답이다.

함정 분석 | 질문과 시각 정보를 반드시 먼저 파악해야 한다. 표를 미리 확인하면 대화에서 황 씨가 담당한 회의의 시간이 언급될 것을 알 수 있으므로 단서를 더 쉽게 찾을 수 있다.

도표를 참조하시오. 황 씨가 담당하고 있는 행사는 무엇인가?

(A) 경영 회의
(B) 연수
(C) 인사 회의
(D) 마케팅 세미나

정답 | (C)

Practice 10
미M-미W

M: Hello! Welcome to the Bella Bistro. Are you ready to order, or do you need some time to decide what to order?

W: Well, one of my colleagues recommended this place to me since your restaurant offers good vegetarian dishes. Actually, she recommended the strawberry salad, but I can't find it on the menu.

M: We have that, but only in the summer. Our menu is usually changed to accommodate the availability of ingredients during each season.

W: That's good to know. Hmm… What would you recommend then?

M: I think the potato salad would be great for you. Our chefs make it every day, and most customers love it. It can also help you stay healthy during these cold days.

W: Um… Okay. I think I'll try it. Thank you for your recommendation. Ah… Please get me a glass of lemonade first.

남: 안녕하세요! 벨라 식당에 오신 걸 환영합니다. 주문하실 준비가 되셨는지요, 아니면 주문을 결정할 시간이 필요하신가요?

여: 제 동료가 이 레스토랑에서 훌륭한 채식주의자 식단을 제공한다고 제게 추천을 해주더라고요. 사실 그녀는 제게 딸기 샐러드를 추천했는데, 메뉴판에서는 찾을 수가 없네요.

남: 딸기 샐러드는 여름에만 제공됩니다. 저희 메뉴는 대개 제철 재료의 가용성에 따라 바뀝니다.

여: 알게 되어 다행이네요. 음… 그러면 무엇을 추천해주실 수 있나요?

남: 감자 샐러드가 고객님께 적절할 것 같아요. 저희 요리사들이 감자 샐러드를 매일 만들고, 많은 고객님들이 감자 샐러드를 좋아하세요. 그리고 감자 샐러드는 요즘처럼 쌀쌀할 때 고객님이 건강을 유지할 수 있도록 도움을 주는 음식입니다.

여: 음… 알았어요. 그러면 감자 샐러드를 한번 먹어볼게요. 추천해 주셔서 감사해요. 아, 그리고 먼저 레모네이드 한 잔만 가져다주세요.

어휘 | bistro 소규모 식당   colleague 직장 동료   vegetarian 채식주의자   accommodate ~을 수용하다, ~을 포용하다   availability 가용성, 유용성   ingredient 재료, 성분   stay healthy 건강한 상태를 유지하다

Bella Bistro Today's Lunch Menu	
Beverage	Main Dish
Soda - $1.00	Apple Salad - $5.00
Coffee - $1.50	Potato Salad - $6.00
Lemonade - $2.00	Strawberry - $7.00
Green Tea - $2.50	Tuna Sandwich - $8.00

벨라 비스트로	
당일 점심 메뉴	
음료	주 요리
탄산음료 – 1달러	사과 샐러드 - 5달러
커피 – 1.5달러	감자 샐러드 - 6달러
레모네이드 – 2달러	딸기 샐러드 - 7달러
녹차 – 2.5달러	참치 샌드위치 - 8달러

해설 | 여자의 식사비용을 시각 정보와 연계하여 묻고 있다. 메뉴판에는 음료 / 음식의 이름과 비용이 등장하고 있으므로 대화에서 여자의 점심 비용이 직접적으로 제시되지 않을 것임을 알 수 있다. 따라서 대화에서는 여자가 주문하는 음료 / 음식이 무엇인지 언급되는 부분에 집중해야 한다. 남자는 대화 후반부에서 감자 샐러드를 추천하였고, 이에 대해 여자는 Okay. I think I'll try it.이라며 감자 샐러드를 선택할 것임을 밝히고 있다. 그리고 대화 종료 직전 여자가 Please get me a glass of lemonade first.라며 레모네이드를 주문하며 대화가 마무리되고 있다. 주어진 메뉴판에서 감자 샐러드가 6달러, 레모네이드가 2달러로 표기되어 있으므로 여자의 식사비용은 총 8달러임을 알 수 있다. 그러므로 (D)가 정답이다.

도표를 참조하시오. 여자의 점심 식사비용은 얼마인가?

(A) 5달러
(B) 6달러
(C) 7달러
(D) 8달러

정답 | (D)

Practice 11　　　　　　　　　　영M-미W

W: Excuse me, I'm totally new to this city. Could you please tell me which train I should take and where I should get off?

M: Sure, where do you want to go?

W: I'd like to go to the municipal theater. I'm going to a see a musical show there at 7:30.

M: Oh, the theater is right next to the Lancaster Gate Station. But it is currently be closed today due to regular maintenance. I think you should get off the Oxford Square

Station and then take a bus or taxi to the theater from there.

W: Um... how can I pay for travel on buses?

M: Bus fare can be paid either by cash or transportation card when boarding.

여: 실례합니다만, 제가 이 도시가 초행이라 잘 몰라서요. 제가 어느 역에서 지하철을 타서 어느 역에서 내려야 하는지 알려주실 수 있으세요?

남: 물론이에요, 어디로 가세요?

여: 저는 시립 극장을 가려고 해요. 오늘 저녁 7시 30분에 있을 뮤지컬 공연을 보려고 합니다.

남: 아, 시립 극장은 Lancaster Gate 역 바로 옆에 있어요. 그렇지만 그 지하철역이 정기 보수로 인해 현재 폐쇄된 상태에요. 제 생각엔 Oxford Square 역에서 내리셔서 그 곳에서 버스나 택시를 타고 시립 극장으로 가셔야 할 것 같아요.

여: 버스비는 어떻게 계산하면 될까요?

남: 버스비는 탑승하실 때 현금이나 교통카드로 모두 결제가 가능해요.

어휘 | be new to ~에 생소하다　get off 내리다　municipal 시립의　pay for ~에 대한 비용을 지불하다　travel 이동, 여행　bus fare 버스비　transportation card 교통카드　board 탑승하다

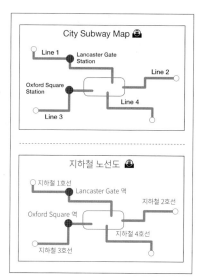

남: Hayward 미술관에 오신 걸 환영합니다. 어떻게 도와드릴까요, 고객님?

여: 안녕하세요, 제가 지금 막 이곳에 왔는데, 1시간 30분 후에 미술관이 문을 폐장한다는 사실을 알았어요. 아시다시피, 박물관이 커서 어디서부터 관람을 시작해야 할지 모르겠어요. 많지 않은 시간으로도 제가 관람해야 하는 전시회를 추천해주실 수 있으세요?

남: 물론입니다, 고객님. "사람에게서 초상화로의 여행"이라는 안내원이 이끄는 아주 근사한 견학이 있어요. 초상화 전시실에서 10분 있다가 시작합니다. 그 견학에 참여하시는 건 어떠세요?

여: 오, 그게 좋겠네요. 비용은 얼마인가요?

남: 금요일에 저희 미술관을 방문하시는 분들에겐 무료로 제공되고 있습니다. 잠시만 기다려주시겠습니까? 제가 미술관 지도를 드릴게요.

어휘 | realize 깨닫다　view 보다　a short amount of time 짧은 시간, 얼마 되지 않는 시간　guided tour 안내원을 동반한 견학 / 여행　admission 입장, 입장료　for free 무료로　pay for ~에 대한 비용을 지불하다

해설 | 여자가 방문하게 될 미술 전시관이 어디인

해설 | 여자가 탑승해야 할 지하철 노선을 유추해야 하는 시각 정보 연계 문제이므로 대화 내용에선 선지에서 제시된 지하철 노선에 대한 직접적인 정보가 제공되지 않을 것임을 알 수 있다. 시각 정보에선 지하철 노선 외에 구체적인 지하철역의 이름이 다뤄지고 있으므로 대화 내용에서 등장하는 지하철역 이름 파악에 집중한 후 시각 정보에서 이에 부합하는 지하철 노선이 무엇인지 판단하는 방식으로 문제를 풀이해야 한다. 남자는 여자에게 the theater is right next to the Lancaster Gate Station.이라며 시립 극장이 Lancaster Gate 역 바로 옆에 위치하고 있음을 밝히고 있다. 그러나 남자는 이어서 But it is currently be closed today due to regular maintenance. I think you should get off the Oxford Square Station 이라며 Lancaster Gate 역이 정기 보수로 인해 폐쇄되어서 궁극적으로 Oxford Square 역에서 내려야 할 것이라 언급하고 있다. 지하철 노선도를 보면 Oxford Square 역은 지하철 3호선에 해당하므로 정답은 (C)가 된다.

시각 정보를 참조하시오. 여자는 어떠한 지하철 노선에 탑승해야 할 것 같은가?

(A) 지하철 1호선
(B) 지하철 2호선
(C) 지하철 3호선
(D) 지하철 4호선

정답 | (C)

Practice 12　　　　　　　　미M-미W

M: Welcome to the Hayward Art Museum. How can I help you, ma'am?

W: Hi, I just got here, but I realized the museum is closing in one and a half hours. You know, this museum is huge, so I don't know where to start. Could you please recommend some exhibits I should view with such a short amount of time?

M: No problem, ma'am. **We have an excellent guided tour, 'A journey from People to Portrait'. It is starting in the Portrait Gallery in 10 minutes.** Why don't you attend it?

W: Oh, that would be great. How much is admission?

M: It is offered for free on Fridays. Please hold on a minute. I'll give you a

지 묻는 시각 정보 연계 문제이며, 문제의 선지가 미술 전시관의 이름으로 구성되어 있으므로 이는 대화 지문에서 단서로 제시되지 않을 것임을 알 수 있다. 아울러 지도에서 각 미술 전시관이 어떠한 미술품을 전시하는 전시공간인지 구체적으로 다루고 있으므로 대화 내용에서는 이와 관련된 정보에 집중해야 문제를 수월하게 풀이할 수 있다. 남자는 대화 중반 We have an excellent guided tour, 'A journey from People to Portrait'. It is starting in the Portrait Gallery in 10 minutes.라며 여자에게 초상화 전시관에서 행해지는 안내원을 동반한 견학을 추천하고 있다.

시각 정보를 참조하시오. 남자는 어떠한 전시실을 방문할 것인가?

(A) 동쪽 전시홀
(B) 서쪽 전시홀
(C) 북쪽 전시홀
(D) 남쪽 전시홀

정답 | (B)

Practice 13

미M-미W

M: Ms. Burke, you requested the annual sales report of my team, right? Here it is.

W: Oh, yes, thanks. By the way, have you heard our sales director, Mr. Hudson, will be transferred to the Boston branch next week?

M: Yes, I have. I think we should look for his replacement as soon as possible.

W: Agreed. Your sales team sold the most auto insurance products this year and... um... **you actually had the second highest sales figures among your team members.** Besides, I have a high opinion of your management ability as a team leader. **I'd like to recommend you as our new sales director,** Would you be interested?

M: Absolutely, Ms. Burke. I think that I would be the best person for the job.

––––––––––––––––––––––––––––

남: Burke 씨, 저희 영업팀의 연간 판매 보고서를 요청하셨죠? 여기 있습니다.

여: 오, 그래요. 고마워요. 그런데 우리 지점

의 영업 담당 이사인 Hudson 씨가 다음 주에 Boston 지점으로 전근가게 된다는 소식을 들었나요?

남: 네, 들었어요. 최대한 후임자를 선발해야 한다고 생각합니다.

여: 저도 동의해요. 당신의 영업팀이 올해 가장 많은 자동차 보험 상품을 판매했고… 음… 실제로도 당신은 팀원들 중에서 두 번째로 높은 판매 실적을 기록했어요. 게다가, 저는 당신의 팀장으로서의 운영 능력도 높이 사고 있고요. 그래서 당신을 새로운 영업 담당 이사로 추천하려고 해요. 관심이 있으세요?

남: 물론입니다, Burke 씨. 저는 제가 그 직책에 적합한 최적의 인물일 것이라 생각합니다.

어휘 | annual sales report 연간 영업 보고서 by the way 그런데 be transferred to ~로 전근가다 replacement 대체, 교체, 후임 auto insurance 자동차 보험 actually 사실, 실제로 sales figure 매출, 매출액 among ~중에서 besides 게다가, 더욱이 have a high opinion of ~을 높이 평가하다 management ability 운영 능력

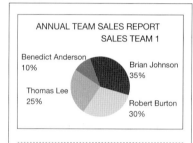

ANNUAL TEAM SALES REPORT
SALES TEAM 1

Benedict Anderson 10%
Brian Johnson 35%
Thomas Lee 25%
Robert Burton 30%

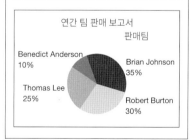

연간 팀 판매 보고서
판매팀

Benedict Anderson 10%
Brian Johnson 35%
Thomas Lee 25%
Robert Burton 30%

해설 | 영업 담당 이사로 승진할 것 같은 사람이 누구인지 묻는 시각정보 연계문제이며, 선지에 인명이 제시되고 있으므로 대화 내용에선 승진자의 이름이 직접적으로 다뤄지지 않을 것임을 알 수 있다. 영업 보고서의 실적 자료를 살펴보면 인명 이외에도 각자의 영업 실적 비중을 백분율로 다루고 있다.

그러므로 대화 내용에선 백분율로 표현되는 영업 실적 비중에 관한 정보를 파악하는 것에 집중해야 하며, 이를 토대로 해당자의 인명을 유추해야 한다. 여자는 남자에게 you actually had the second highest sales figures among your team members.라며 남자가 팀원 중에서 두 번째로 높은 실적을 거두었다는 사실을 언급하고 있고 아울러 여자는 I'd like to recommend you as our new sales director라며 남자를 새로운 영업 담당 이사로 추천하겠다는 의사를 밝히고 있다. 영업 보고서의 실적 자료를 살펴보면 팀원 중 두 번째로 높은 실적 비중을 차지하고 있는 사람은 바로 Robert Burton임을 알 수 있으므로 정답은 (B)가 된다. .

시각 정보를 참조하시오, 누가 영업 담당 이사로 승진할 것 같은가?

(A) Brian Johnson
(B) Robert Burton
(C) Thomas Lee
(D) Benedict Anderson

정답 | (B)

Practice 14 미M-미W

M: Ms. Clinton, according to our annual sales report released yesterday, our new pickup truck, Hercules, became the best-selling truck in North America last year. I'm glad we sold so much.

W: Our new automated manufacturing system we introduced really helped us to make high-quality trucks. But, look here on this graph. We still suffered from poor sales in this sector. It accounts for only 10 percent of the overall sales.

M: Right. Then, what should we do to boost our sales in the sector this year?

W: Well, I think we should increase price competitiveness and conduct aggressive advertising to bring in more customers.

남: Clinton 씨, 어제 나온 연간 영업 보고서이 내용에 따르면, 우리가 새로 출시한 소형 트럭 Hercules가 작년에 북미시장에서 가장 많이 판매된 트럭이라고 합니다. 그렇게 많이 판매했다니, 저는 참 기쁘네요.

여: 우리가 도입했던 새로운 자동화 생산 시스템이 고품질의 트럭을 생산하는데 정말 많은 도움을 주었습니다. 그렇지만 이 그래프를 보세요. 우리는 여전히 이 부문에서 매출 부진을 겪고 있어요. 전체 매출의 10% 밖에 되지 않습니다.

남: 맞습니다. 그러면 올해 그 부문에서 매출을 향상시키기 위해서 우리가 무엇을 해야 할까요?

여: 음, 더 많은 고객을 유치하기 위해서는 우리의 가격 경쟁력을 강화해야 하고 적극적인 광고를 해야 할 것이라 생각합니다.

어휘 | annual sales report 연간 영업 보고서 pickup truck 소형 트럭 best-selling 가장 잘 팔리는 automated 자동화된 introduce 소개하다, 도입하다 high-quality 고품질 suffer from ~로 인해 어려움을 겪다, ~로 인해 고통을 받다 sector 분야, 부문 account for ~을 차지하다 overall 전체적인 boost ~을 증가시키다 price competitiveness 가격 경쟁력 conduct 시행하다 aggressive advertising 적극적인 광고 bring in more customers 더 많은 고객을 유치하다

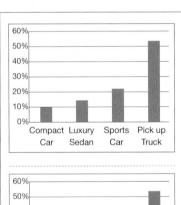

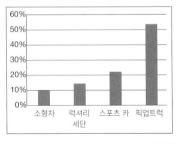

해설 | 올해 인하된 가격으로 판매되는 제품에 대해

유추할 것을 요구하는 시각 정보 연계문제이며 선지에 차종이 열거되어 있으므로 대화 내용에서 정답에 해당되는 구체적인 차종이 제시되지 않을 것임을 알 수 있다. 매출 자료를 살펴보면 해당 차종 외에도 전체 매출의 비중을 백분율로 명시하고 있으므로 대화 내용에서는 백분율과 관련된 정보를 파악하여 이를 토대로 올해 가격을 인하하여 판매하게 될 상품을 유추해야 한다. 여자는 대화 중반 It accounts for only 10 percent of the overall sales.라며 특정 부문이 전체 매출에서 차지하는 비중이 10% 밖에 되지 않는다는 문제점을 지적하고 있으며, 이에 남자는 what should we do to boost our sales in the sector this year?라며 올해 해당 부문에서 매출을 향상시키기 위해 무엇을 해야 할지 의견을 구하고 있다. 여자는 I think we should increase price competitiveness라고 대답하며, 가격 경쟁력을 강화해야 함을 제안하고 있다. 가격 경쟁력을 강화해야 한다는 것은 결국 가격을 더 저렴하게 인하해야 한다는 것을 의미하며 전체 매출의 10%를 차지하는 차종은 Compact Car, 즉, 소형차이므로 올해 가격이 인하될 제품은 바로 소형차임을 유추할 수 있다. 따라서 정답은 (A)가 된다.

시각 정보를 참조하시오, 올해 어떤 제품이 낮은 가격으로 판매될 것인가?

(A) 소형차
(B) 럭셔리 세단
(C) 스포츠 카
(D) 픽업 트럭

정답 | (A)

06강 화자의 의도 파악

Practice 15   영M-영W

M: Oh, my gosh! Ms. Goodroad, can you see all these cars on the highway? I wasn't expecting this. What should we do?

W: I think we're in trouble now. We shouldn't be late for our presentation at Cheese Technology. If we don't make it to this meeting on time, they won't sign the contract.

M: You've got that right. If we just ride in this car, we won't get there by 3 o'clock. Why don't we leave our car in a nearby public parking lot and take the subway? Mr. Parker's office is located on Main Street. It's only two kilometers away from here.

남: 오, 이런 세상에! 굿로드 씨, 고속도로에 있는 이 차들이 보이나요? 이걸 예상하지 못했네요. 어떻게 해야 할까요?

여: 이거 난감하네요. 치즈 테크놀러지 사에서의 발표에 절대 늦으면 안 되는데 말이죠. 만약 우리가 회의에 제시간에 도착하지 못하면, 그들은 계약서에 서명을 하지 않을 겁니다.

남: 맞는 말이에요. 우리가 이 차로 가게 되면 3시까지 도착할 수 없을 거예요. 차를 근처에 있는 공공 주차장에 두고 지하철을 타고 가는 건 어떨까요? 파커 씨의 사무실이 메인 스트리트에 있어요. 여기서 고작 2킬로미터 정도 떨어져 있어요.

어휘 | be in trouble 난감한 상황에 빠지다 be late for ~에 늦다 on time 시간에 맞춰 sign the contract 계약서에 서명하다 nearby 근처에 있는 public parking lot 공공 주차장

해설 | 남자가 can you see all these cars on the highway?라고 말한 내용이 실질적으로 무엇을 의미하는지 묻는 화자의 의도 파악 문제이다. 해당 표현이 언급된 부분을 중심으로 문맥 파악을 통해 화자의 의도를 파악해야 한다. 남자의 말에 이어 여자는 현재 자신들이 난감한 상황에 처했으며 치즈 테크놀러지 사에서의 발표에 절대 늦어선 안 된다는 점을 밝히고 있다. 따라서 남자는 고속도로에 있는 많은 차들로 인해 치즈 테크놀러지 사에서의 발표 시간에 지각하게 되는 부정적 결과에 대한 우려를 표현하고 있음을 알 수 있으므로 (A)가 정답이다.

남자가 "can you see all these cars on the highway?"라고 말할 때 남자가 의미하는 바는 무엇인가?

(A) 그는 교통 체증에 대해 우려하고 있다.
(B) 그는 고객들에게 새로운 자동차들을 소개하길 원한다.
(C) 그는 다중 추돌 사고에 의해 놀란 상태이다.
(D) 그는 혁신적인 자동차 디자인들에 대해 칭찬하고 있다.

정답 | (A)

Practice 16

호M-호W　　　　정답 | (D)

M: Why have you packed all of your office equipment? I didn't think that your department was moving to the top floor until Monday.

W: Yes, but I'm going to be attending a conference in Atlanta on that day, so I started moving everything up there today. **But I mistakenly took my printer up already.**

M: You could use the printer in my office. It's a great model, and it would be much quicker than going upstairs to get your own printer.

남: 사무실 집기들을 다 포장한 이유가 뭔가요? 저는 당신의 부서가 월요일에 맨 위층으로 옮겨 간다고 생각했는데요.

여: 맞아요. 그런데 그날 제가 애틀랜타에서 있을 회의에 참석할 예정이라, 오늘 모든 짐을 다 옮겨놓으려고 해요. 그런데 실수로 프린터를 벌써 올려다 놓았네요.

남: 제 사무실에 있는 프린터를 이용하세요. 괜찮은 모델이고, 위층에 올라가서 당신의 프린터를 이용하는 것보다 훨씬 빠를 것 같네요.

어휘 | pack 꾸리다, 짐을 싸다　attend 참석하다 mistakenly 실수로

해설 | 여자가 "But I mistakenly took my printer up already."라고 언급한 내용이 무엇을 암시하는지 묻고 있다. 화자의 의도 파악 문제이므로 해당 표현이 언급된 부분을 중심으로 문맥을 파악하는 것이 중요하다. 여자는 월요일에 애틀랜타에서 있을 회의에 참석할 예정이라 미리 짐을 옮기고 있다고 밝히며, 이어 실수로 프린터를 벌써 옮겼다고 말하였다. 이에 남자가 그의 사무실에 있는 프린터를 쓰라고 제안하고 있다. 여자가 실수로 프린터를 미리 옮겼다고 하였고 남자가 그의 프린터를 쓰라고 제안하였으므로, 여자는 프린터를 사용해야 한다는 의도에서 언급된 표현임을 가늠할 수 있으므로 (D)가 정답이다.

여자가 "But I mistakenly took my printer up already."라고 말할 때 암시하는 바는 무엇인가?

(A) 그녀는 프린터를 옮길 준비가 되었다.
(B) 그녀는 회의를 위한 서류를 이미 출력했다.
(C) 그녀는 오래된 프린터를 쓰고 싶지 않다.
(D) 그녀는 프린터를 사용해야 한다.

07강　장소

Practice 17

미M-미W

W: Good afternoon. May I see your ticket, please?

M: Sure, here it is. **Can you tell me when the flight to Zurich will definitely be leaving?** I see on the board that it says, "Delayed." I have a connecting flight from Zurich to Geneva, and I don't want to miss that one. I need to be in Geneva by 3 P.M. today because I have to meet some important clients there. Can you send my luggage straight through so that I don't have to check it in again?

W: There's no need to worry. We will definitely get you there in time for you to make your connecting flight to Geneva. And your luggage will be sent straight there.

여: 안녕하세요. 표를 보여주시겠습니까?

남: 물론이죠, 여기 있습니다. 취리히로 가는 항공편이 정확히 몇 시에 출발하는지 아세요? 비행 전광판을 보니 '지연'이라고 나와 있던데요. 제가 취리히에서 제네바로 가는 환승 비행기를 타야 하는데, 놓치고 싶지 않아요. 제가 중요한 고객들과 회의가 있어서 오늘 오후 3시까지 제네바에 가야 해요. 그래서 그러는데 다시 짐을 부칠 필요가 없도록 제 짐을 곧장 그곳까지 보낼 수 있나요?

여: 걱정하지 않으셔도 됩니다. 손님께서 제시간에 도착해서 제네바로 가는 환승 비행기를 이용하실 수 있도록 해드리겠습니다. 그리고 짐도 곧장 그곳으로 부쳐드릴 겁니다.

어휘 | definitely 명백하게, 분명하게　delayed 지연된　connecting flight 환승 비행기　client 고객　luggage 수화물　straight 바로, 즉시, 곧장 check 짐을 부치다　in time 시간에 맞춰

해설 | 대화가 이루어지는 장소에 관한 질문으로, 대화 초반부에 제시되는 관련 표현을 듣고 장소를 유추해야 한다. 남자가 Can you tell me when

360　정답 및 해설

the flight to Zurich will definitely be leaving? 이라고 하며 취히리로 가는 항공편의 출발 시간을 물어보고, 이어 I see on the board that it says, "Delayed."라고 말하고 있다. 남자가 비행편에 대해 물어보고 비행 전광판을 언급하고 있으므로 공항에서 나누는 대화임을 유추할 수 있다. 따라서 (C)가 정답이다.

대화는 어디에서 벌어지는 것 같은가?

(A) 관공서
(B) 버스 터미널
(C) 공항
(D) 여행사

정답 | (C)

Practice 18
영M-호W

W: Thanks for coming so quickly, Mr. Campbell. I'm Kelly Carson, the head of the marketing department. This is the air conditioner that needs to be fixed.

M: I see. I'm afraid this air conditioner is completely broken. I will need to replace it, which might take at least 4 hours.

W: Okay, but you can only work in the mornings before the office is open, which is at 9 A.M. Can you tell me how long you think it will take you to replace it?

M: Well, I'm sure I can finish in two days. I should be done by Wednesday.

여: 이렇게 빨리 와 주셔서 감사합니다, 캠벨 씨. 저는 켈리 칼슨이고 마케팅 부장입니다. 이것이 바로 수리가 필요한 냉방기예요.

남: 알겠습니다. 이 냉방기는 완전히 고장 난 것 같은데요. 이걸 교체해야 할 것 같은데, 적어도 4시간은 걸리겠네요.

여: 괜찮습니다, 그렇지만 오전 9시에 사무실이 문을 열기 전 아침에만 작업을 하실 수가 있습니다. 교체하는 데 시간이 얼마나 걸릴지 말씀해 주시겠어요?

남: 글쎄요, 이틀이면 일을 마칠 수 있을 것 같습니다. 수요일까지는 끝내겠습니다.

어휘 | head 부서장 fix 수리하다, 고치다 completely 완전히 replace 교체하다, 대체하다 at least 적어도, 최소한

해설 | 화자들이 있는 장소에 대해 묻고 있으므로 대화 초반부에서 대화 장소에 대해 추측할 수 있을 만한 어휘나 표현에 집중해야 한다. 대화 초반부에 여자는 남자에게 Thanks for coming so quickly, Mr. Campbell. I'm Kelly Carson, the head of the marketing department.라고 말하고 있다. 마케팅 부장이라고 소개하는 부분을 통해 화자들은 사무실에 있음을 유추할 수 있고, 또한 대화 중반 사무실 문을 열기 전에만 작업을 해달라고 요청하는 부분에서도 알 수 있다. 따라서 (C)가 정답이다.

화자들은 어디에 있는 것 같은가?

(A) 대학 강의실
(B) 주거 개선 용품 상점
(C) 사무실
(D) 공공 도서관

정답 | (C)

08강 주제 & 목적

Practice 19
미M-미W

M: Ms. Brown, **Mr. Jackson told me that you have a meeting with the budgeting committee at 3 o'clock today.**

W: Ah, yes, Mr. Turner, I need to discuss the total construction costs for the new warehouse we designed last month.

M: Then Ms. Cooper, your co-designer, is also going to attend the meeting?

W: I think so. I heard she came up here from the New York branch last night, and she will speak about our design features as well.

남: 브라운 씨, 잭슨 씨가 당신이 오늘 3시에 예산위원회와 회의가 있다고 이야기했어요.

여: 네, 터너 씨, 우리가 지난달에 설계한 새로운 창고에 대한 총 건설 비용을 논의할 필요가 있어요.

남: 그러면, 당신의 공동 설계자인 쿠퍼 씨도 그

회의에 참석할 예정인가요?

여: 그럴 겁니다. 그녀가 뉴욕 지점에서 출발해 어젯밤에 이곳에 도착했고, 회의에서 저희 디자인의 특징에 대해 이야기할 것이라 들었거든요.

어휘 | budgeting committee 예산위원회 warehouse 창고　co-designer 공동 설계자 speak about ~에 대해 이야기하다, ~에 대해 연설하다　design features 디자인 특징　as well 또한, 역시

해설 | 질문을 먼저 읽고 주제 문제임을 확인한다. 주제 문제의 단서는 대화 초반부에 등장하므로, 첫 번째 화자의 말에서 언급되는 소재를 파악해야 한다. 대화 초반부에 남자는 여자에게 Mr. Jackson told me that you have a meeting with the budgeting committee at 3 o'clock today.라고 말하며 예산위원회와 있을 회의에 대해 이야기하고 있다. 이후 대화에서도 오늘 있을 회의에서 다룰 내용에 대해 이야기하므로 a meeting ~ at 3 o'clock today를 An upcoming meeting으로 바꾸어 표현한 (D)가 정답이다.

대화는 주로 무엇에 관한 내용인가?
(A) 새로운 지점의 개설
(B) 수입품
(C) 회사의 구조조정
(D) 다가올 회의

정답 | (D)

Practice 20
미M-미W

> **W:** We would like to welcome you to the Beagle Corporation. We are very delighted that you will be joining our team of sales representatives. **The training session will start on Thursday at 10 A.M.**
>
> **M:** I am happy to be here. I actually expected it to start on Wednesday. I have an appointment with the dentist at 5 P.M. that day. Will that be a problem?
>
> **W:** No problem. It will probably end at 3 P.M. Then, you will get to see the department where you will be working and meet your co-workers. You should be out of here by 3:30 P.M. at the latest.

여: 비글 사에 오신 여러분을 환영합니다. 저희는 여러분이 영업팀에 입사하게 되어 굉장히 기쁘게 생각합니다. 연수는 목요일 오전 10시에 시작할 예정입니다.

남: 저도 입사하게 되어 기쁩니다. 사실 저는 연수가 수요일에 있을 것으로 예상했습니다. 제가 연수가 있는 날 오후 5시에 치과 예약이 잡혀 있는데요. 문제가 될까요?

여: 아니요. 연수는 오후 3시쯤 끝날 겁니다. 그 이후에 영업부로 가서 여러분이 근무하게 될 곳과 직장 동료들을 만나보게 될 겁니다. 아무리 늦어도 3시 30분까지는 회사에서 떠나실 수가 있을 겁니다.

어휘 | be delighted that ~하게 되어 기쁘게 생각하다　sales representative 영업 직원　training session 연수　co-worker 직장 동료　at the latest 아무리 늦어도

해설 | 주제 문제의 단서는 대화 초반부에 등장하므로, 여자의 대화에서 다뤄지는 중심 소재를 파악해야 한다. 여자는 남자에게 입사 환영인사를 건넨 직후 The training session will start on Thursday at 10 A.M.이라고 말하며 연수가 목요일 오전 10시로 예정되어 있음을 전달하고 있다. 이어지는 대화에서도 연수 일정에 대해 이야기하므로 the training session을 A training program으로 바꾸어 표현한 (D)가 정답이다.

화자들은 주로 무엇에 관해 이야기하고 있는가?
(A) 회의 일정
(B) 취업 면접
(C) 기조 연설
(D) 연수 프로그램

정답 | (D)

09강 화자의 정체

Practice 21
영M-영W

> **W:** Hi, Mr. Porter. This summer, I read an article about your series of books. It sounds really exciting.
>
> **M:** Yes, I am writing a series of how-to books for all things related to the home, from decorating to fixing things.

W: When will the books be published?

M: They should be out in stores this fall. That will be just in time to learn how to prepare your house for winter and to get tips for conserving energy.

여: 안녕하세요, 포터 씨. 이번 여름에 당신이 쓰고 있는 시리즈 도서에 대한 기사를 읽었어요. 정말 흥미롭더군요.

남: 네, 장식에서 수리에 이르기까지 주택에 관련된 모든 것을 담은 '하우투' 시리즈 도서를 쓰고 있어요.

여: 언제 출판될 예정인가요?

남: 이번 가을에 나올 겁니다. 겨울에 대비해 주택을 관리하는 방법도 배우고 에너지를 절약하는 법에 대한 정보도 함께 얻을 수 있게 말이죠.

어휘 | related to ~와 관련된 decorate 장식하다 fix 수리하다 publish 출간하다 be just in time to do ~하는 적기이다 prepare 준비하다 conserve 보존하다

해설 | 남자의 정체를 묻는 질문으로 대화 초반부에 남자의 정체를 유추할 수 있는 관련 표현에 집중해야 한다. 대화 초반부에 여자가 Hi, Mr. Porter. This summer, I read an article about your series of books.라고 하며 남자가 쓴 시리즈 도서에 대한 기사를 읽었다고 언급한다. an article about your series of books라는 표현을 통해 남자를 책을 쓰는 저자임을 추측할 수 있으므로 (C)가 정답이다.

남자는 누구인가?

(A) 기자
(B) 패션 디자이너
(C) 저자
(D) 영업 사원

정답 | (C)

Practice 22　　　　　　미M-미W

W: Mr. Keller, I'd like you to work with Ms. Shin on the surround sound speakers for the new home theater model. Ms. Shin had been working alone for a while and she could really use some help.

M: No problem. We worked together on some of the sound engineering tests, and we made a great team.

W: Exactly. Actually, Ms. Shin recommended that I ask you to help her. She said you're rather experienced in designing speakers and you could really help her.

M: Sure. I'll get in touch with her and arrange to meet up later today.

여: 켈러 씨, 신 씨와 함께 신형 홈시어터 모델의 서라운드 사운드 스피커 작업을 해주셨으면 합니다. 신 씨가 한동안 혼자 일해 왔는데, 정말로 도움이 필요해서요.

남: 알았습니다. 저희는 사운드 엔지니어링 테스트를 함께 한 적이 있는데요, 정말 훌륭한 팀을 이뤘어요.

여: 맞아요. 사실, 당신에게 그녀를 도와주라고 부탁해달라고 한 것도 신 씨였어요. 당신은 스피커 디자인에 경험이 있고, 그녀에게 큰 도움이 될 거라고 말했어요.

남: 물론이죠. 그녀와 연락을 해서 오늘 오후에 만나기로 하겠습니다.

어휘 | for a while 한동안 could use some help 도움을 필요로 하다 get in touch with ~와 연락하다 arrange 정하다, 준비하다

해설 | 남자의 정체에 대해 묻는 문제이므로 대화 초반부에서 남자의 정체를 가늠할 수 있을 만한 표현에 초점을 맞춰야 한다. 여자가 대화 시작과 함께 I'd like you to work with Ms. Shin on the surround sound speakers for the new home theater model.이라며 남자에게 신 씨와 함께 새로운 서라운드 사운드 스피커 작업을 해달라고 요청하였고, 이어서 남자가 We worked together on some of the sound engineering tests라고 하며 예전에 사운드 엔지니어링 테스트를 함께 했다고 밝히고 있다. 이를 통해 남자는 스피커를 개발하는 사람임을 유추할 수 있으므로 (C)가 정답이다.

함정 분석 | 여자의 첫 대화를 듣고 (A)를 고르지 않도록 한다. 스피커가 고장 난 상황이 아니라 스피커 작업에 도움이 필요한 것이므로 (A)는 오답이다.

남자는 누구일 것 같은가?

(A) 수리공
(B) 부동산 중개업자

(C) 기술자
(D) 영업 사원

정답 | (C)

이강 사내 업무

Practice 1 미M-미W

Questions 1 through 3 refer to the following conversation.

M: ¹I just got a message from Ms. Anderson. It is snowing in Ottawa and she won't get back to New York until tomorrow because the international airport is closed.

W: Oh, no! ²Our contract negotiation is at 9 A.M. tomorrow. We can't possibly put it off.

M: There will be no need to worry anyway. ³She will be arriving tonight by express train instead.

W: Thank goodness! She knows more about the contract than anyone else and she'll be the best person to negotiate on our behalf tomorrow.

- -

문제 1-3번은 다음 대화를 참조하시오.

남: 제가 지금 막 앤더슨 씨로부터 연락을 받았습니다. 오타와에 폭설이 내려서 국제공항이 폐쇄되는 바람에 내일까지는 뉴욕으로 항공편으로는 복귀할 수가 없다고 합니다.

여: 아, 그럼 안 되는데! 계약 협상이 내일 아침 9시에 있거든요. 일정을 미룰 수 없어요.

남: 하지만 걱정하지 않으셔도 됩니다. 대신 그녀는 오늘 저녁에 급행열차를 타고 오신답니다.

여: 정말 다행이네요! 앤더슨 씨가 이번 계약에 대해 다른 누구보다 잘 알고 있어서 내일 우리를 대표해 협상을 할 최적임자거든요.

어휘 | contract negotiation 계약 협상 put off 연기하다 negotiate 협상을 하다 on our behalf 우리를 대표하여

1. 주제 - 앤더슨 씨가 남자에게 메시지를 보낸 이유 ★★

해설 | 질문의 키워드는 Why, Anderson, send a message이며, 앤더슨 씨가 남자에게 메시지를 보

낸 이유를 묻고 있다. 세 문제 중 첫 번째 질문이므로 대화 초반부 남자의 대화 내용에 집중해야 한다. 남자는 대화 시작과 함께 I just got a message from Ms. Anderson. It is snowing in Ottawa and she won't get back to New York until tomorrow because the international airport is closed.라며 오타와에 눈이 많이 내려 공항이 폐쇄되고 앤더슨 씨가 뉴욕으로 돌아올 수 없을 것이라고 말하고 있다. 오타와에서 폭설로 인한 공항 폐쇄로 앤더슨 씨가 내일까지 항공 편을 이용해 뉴욕으로 복귀하는 것이 불가능하다고 밝히고 있다. 따라서 앤더슨 씨가 항공편 취소를 알리기 위해 메시지 보냈음을 알 수 있으므로 정답은 (D)이다.

앤더슨 씨가 남자에게 메시지를 보낸 이유는 무엇인가?
(A) 그녀의 여권이 사라졌다.
(B) 오타와에서의 그녀의 회의가 늦게 끝났다.
(C) 그녀의 발표가 준비되지 않았다.
(D) 그녀의 항공편이 취소되었다.

정답 | (D)

2. 세부 사항 – 고객과의 회의 시점 ★

해설 | 질문의 키워드는 When, meeting이며, 고객과의 회의 일정에 대해 묻고 있다. 대화에서 키워드가 제시되는 부분을 중심으로 단서를 파악해야 한다. 여자가 Our contract negotiation is at 9 A.M. tomorrow.라며 계약 협상이 내일 오전 9시임을 밝히고 있다. 따라서 고객과의 회의는 내일 오전이므로 정답은 (B)이다.

고객과의 회의는 언제인가?
(A) 오늘 밤
(B) 내일 아침
(C) 내일 모레
(D) 다음 주

정답 | (B)

3. 세부 사항 – 앤더슨 씨가 뉴욕으로 오는 방법 ★

해설 | 질문의 키워드는 how, Anderson, travel to New York이며, 앤더슨 씨가 뉴욕으로 복귀하는 교통수단에 대해 묻고 있다. 대화 후반부 앤더슨 씨로부터 메시지를 받은 남자의 대화에서 교통수단이 제시되는 부분에 집중해야 한다. 남자는 She will be arriving tonight by express train instead. 라며 그녀가 비행기 대신 급행열차를 타고 복귀할 것임을 전달하고 있다. 앤더슨 씨는 급행열차를 타

고 뉴욕으로 돌아올 것이므로 정답은 (B)이다.

남자에 따르면, 앤더슨 씨는 어떻게 뉴욕으로 올 것인가?
(A) 비행기로
(B) 기차로
(C) 차로
(D) 버스로

정답 | (B)

Practice 2   미M-미W

Questions 4 through 6 refer to the following conversation.

W: Mr. Parker, I don't think I can make it to the meeting today. ⁴Could you please tell me about the details later?

M: Well, we will deal with important research data regarding current global market trends and will analyze some of our rival companies. I think you should be there, Ms. Cane.

W: I know. ⁵But I got an urgent phone call this morning from the chief executive officer, and he asked me to go back to headquarters in Ireland as soon as possible. He told me we've decided to recall thousands of pickup trucks in Canada and Mexico next week. So I don't have any choice but to take off at 3 P.M.

M: That's really serious. ⁶You'd better hurry up if you want to get to the international airport on time.

문제 4-6번은 다음 대화를 참조하시오.

여: 파커 씨, 제가 오늘 회의에 참석을 못할 것 같습니다. 나중에 회의의 세부 사항에 대해 알려주시겠어요?

남: 우리는 현재 세계 시장의 동향과 관련된 중요한 연구 자료를 다루고, 몇몇 경쟁사들을 분석할 거예요. 회의에 참석하셔야 할 것 같은데요, 케인 씨.

여: 알아요, 하지만 오늘 오전에 최고경영자로부터 아일랜드 본사로 가능한 빨리 복귀하라는 긴급한 연락을 받았어요. 우리가 다음 주에 캐

나다와 멕시코에서 수천 대의 소형 트럭들을 리콜하기로 결정됐습니다. 그래서 저는 오후 3시에 비행기를 타고 출국해야 합니다.

남: 그거 정말 심각하군요. 국제공항에 제시간에 도착하려면 서두르셔야겠어요.

어휘 | details 세부사항 deal with ~을 다루다, ~을 취급하다 research data 연구 자료 analyze 분석하다 rival company 경쟁사 urgent 긴급한 chief executive officer 최고경영자(CEO) headquarters 본사 recall (하자가 있는 제품을) 리콜하다, 회수하다 hurry up 서두르다 international airport 국제공항 on time 시간에 맞춰, 제시간에

4. 요청 & 제안 - 여자의 요청 ★★

해설 | 남자가 요청 받은 일은 곧 여자의 대화 내용을 통해 제시되므로 대화 초반부 여자의 말에서 단서를 파악해야 한다. 여자는 대화 초반부에서 남자에게 Could you please tell me about the details later?라고 하며 나중에 회의 내용을 알려달라고 요청하고 있다. 따라서 회의의 세부사항을 알려달라는 내용인 tell me about the details를 Provide the woman with some information으로 바꿔 표현한 (C)가 정답이다.

어휘 | make a reservation 예약하다 office supplies 사무용품 give ~ a ride (차로) ~를 태워주다

남자는 무엇을 해달라고 요청받는가?
(A) 항공편을 예약한다.
(B) 사무용품을 주문한다.
(C) 여자에게 정보를 제공한다.
(D) 여자를 공항까지 차로 태워 준다.

정답 | (C)

5. 세부 사항 - 본사의 위치 ★★

해설 | 본사가 위치하고 있는 장소를 묻고 있으므로 대화에서 본사, 즉 head office나 이와 유사한 어휘가 제시되는 부분에 등장하는 국가 이름에 집중해야 한다. 여자가 But I got an urgent phone call this morning from the chief executive officer, and he asked me to go back to headquarters in Ireland as soon as possible.이라고 말하는 부분에서 the headquarters in Ireland가 언급되어 있다. 따라서 본사는 아일랜드에 위치하고 있으므로 (A)가 정답이다. 아울러 대화에 나온

headquarters가 질문에서는 head office라는 유사 어휘로 제시되어 있음에 유의해야 한다.

본사는 어디에 위치하고 있는가?
(A) 아일랜드
(B) 캐나다
(C) 멕시코
(D) 잉글랜드

정답 | (A)

6. 세부 사항 - 남자의 조언 ★★

해설 | 남자가 여자에게 조언하는 내용을 묻는 마지막 질문이므로 후반부에 등장하는 남자의 대화 내용에서 단서를 파악해야 한다. 남자는 대화 말미에서 여자에게 You'd better hurry up if you want to get to the international airport on time.이라고 하며 공항에 제시간에 도착하려면 서둘러 떠날 것을 권고하고 있다. 남자는 여자에게 공항에 빨리 가라고 조언하고 있으므로 (C)가 정답이다.

함정 분석 | 대화 초반부에서 여자가 회의에 불참한다는 것만 듣고 정답을 (B)로 예상하지 않도록 한다. 남자의 마지막 대화 You'd better hurry up if you want to get to the international airport를 Go quickly to the airport로 바꾸어 표현한 (C)가 정답이다.

어휘 | avoid V-ing ~하는 것을 피하다 additional 추가의

남자는 여자에게 무엇을 하라고 조언하는가?
(A) 고속도로를 이용하지 않는다.
(B) 회의를 취소한다.
(C) 공항에 빨리 간다.
(D) 트럭 운전사들을 더 채용한다.

정답 | (C)

02강 상품 & 서비스

Practice 2
영M-미W

> Questions 7 through 9 refer to the following conversation.
>
> **W:** Hello, **⁷ I'm calling to make a dinner reservation for this Saturday evening.** What do you have available?

M: Actually, ⁸we don't take reservations at our Eco-Friendly Restaurant but we do offer call ahead seating.

W: Oh, I didn't realize that. How does that work?

M: It's easy. ⁹All you have to do is call in after 5 P.M. on Saturday and tell us how many are in your party and what time you will be arriving. Then we will put your name down on the list and attempt to get you a table within 20 minutes of your arrival.

문제 7-9번은 다음 대화를 참조하시오.

여: 안녕하세요. 이번 주 토요일 저녁에 식사 예약을 하려고 전화했어요. 자리가 있나요?

남: 사실, 저희 에코프렌들리 레스토랑에서는 예약을 받지 않습니다만, 미리 전화해 자리를 배정받는 서비스를 권해 드립니다.

여: 아, 그걸 몰랐네요. 그건 어떻게 하는 거죠?

남: 간단합니다. 그냥 토요일 오후 5시 이후에 전화하셔서 일행이 몇 분이고, 몇 시에 도착할지 우리에게 알려주시면 됩니다. 그러면 저희가 목록에 이름을 적어놓고, 도착하시면 20분 이내에 테이블을 마련해 드립니다.

어휘 │ make a reservation 예약하다 take reservations 예약을 받다 call ahead seating 미리 전화해 자리 배정받기(미리 전화하면 대기 시간을 줄여주는 서비스) put down ~을 적다 attempt to do ~하려고 애써보다

7. 주제 - 여자가 전화한 이유 ★

해설 │ 질문의 키워드는 Why, woman, calling 이며, 여자가 전화한 이유를 묻는 문제이다. 전화를 건 목적에 대한 단서는 대화 초반부에 등장하므로 여자의 첫 대화를 집중해서 들어야 한다. 여자의 첫 번째 대화 I'm calling to make a dinner reservation for this Saturday evening.에서 여자는 레스토랑 예약을 하려고 전화했음을 밝히고 있다. 여자가 전화를 건 이유는 예약하기 위함이므로 정답은 (A)이다.

여자는 왜 전화하는가?

(A) 예약을 하기 위해
(B) 친구를 저녁식사에 초대하기 위해
(C) 예약을 취소하기 위해

(D) 포장 음식을 주문하기 위해

정답 │ (A)

8. 문제점 ★

해설 │ 질문의 키워드는 problem이며, 문제점이 무엇인지를 묻는 문제이다. 선지를 미리 파악한 후에 대화를 들으면 실수를 줄일 수 있다. 여자는 예약을 하려고 전화했지만, 남자는 첫 번째 대사 we don't take reservations at our Eco-Friendly Restaurant에서 레스토랑이 예약을 받지 않는다고 전하고 있다. 선지에 take reservations를 그대로 제시한 (D)가 정답이다.

함정 분석 │ 대화에 나온 All you have to do is call in after 5 P.M. on Saturday에서 5 P.M.을 듣고 (B)를 답으로 혼동하지 않도록 한다. 자리를 배정받기 위해 5시 이후에 전화를 해야 한다고 알려주는 내용이고, 5시는 폐점 시간이 아니므로 (B)는 오답이다.

문제가 무엇인가?

(A) 요청 받은 시간에 이용할 테이블이 없다.
(B) 업체가 5시에 문을 닫는다.
(C) 저녁식사 가격이 만만치 않다.
(D) 레스토랑이 예약을 받지 않는다.

정답 │ (D)

9. 요청 & 제안 - 남자의 제안 사항 ★★★

해설 │ 질문의 키워드는 What, man, suggest이며, 남자가 제안하는 내용을 묻는 문제이다. 남자의 대화에서 단서가 제시되므로 남자의 말에 집중해야 한다. 남자가 예약은 받지 않고 전화로 자리를 배정받을 수 있다고 하자, 여자는 call ahead seating에 대해 물었다. 이에 남자는 All you have to do is call in after 5 P.M. on Saturday and tell us how many are in your party and what time you will be arriving.이라며 그 방식에 대해 구체적으로 설명한다. 남자가 권하는 것은 전화해서 자리 배정받기 서비스이므로 (C)가 정답이다.

남자는 무엇을 제안하는가?

(A) 나중에 취소가 있는지 확인해볼 것
(B) 다른 곳을 알아볼 것
(C) 미리 전화해 자리 배정받기 서비스를 이용할 것
(D) 다른 날에 올 것

정답 │ (C)

Practice 4

미M-호W

> Questions 10 through 12 refer to the following conversation.
>
> W: Hi. **¹⁰ I need to get a new laptop for my daughter, and my friend recommended your store.**
>
> M: You are lucky **¹¹ because a special promotion just started yesterday. You can get 30% off everything.**
>
> W: Wow, that sounds great! So **¹² could you recommend the newest product?**
>
> M: Sure. Let me show you the laptop that just arrived. I'm sure you'll love it.
>
> --------------------------------
>
> 문제 10-12번은 다음 대화를 참조하시오.
>
> **여:** 안녕하세요, 제 딸을 위해 새로운 노트북 컴퓨터가 필요한데, 제 친구가 당신의 가게를 추천해 주었어요.
>
> **남:** 운이 좋으시네요. 저희 특별 행사가 어제 막 시작되었거든요. 어떤 제품이든 30퍼센트 할인을 받으실 수 있습니다.
>
> **여:** 와, 잘 됐네요! 그럼 최신 상품으로 추천해 주시겠어요?
>
> **남:** 물론이죠, 막 도착한 노트북 컴퓨터를 보여드리겠습니다. 분명 좋아하실 겁니다.

어휘 | laptop 노트북 컴퓨터 recommend 추천하다 special promotion 특별 할인 행사 get 30% off 30퍼센트 할인 받다

10. 장소 - 대화가 이루어지는 곳 ★★

해설 | 질문의 키워드는 Where, conversation, taking place이며, 대화가 이루어지는 장소를 묻는 문제이다. 장소가 직접적으로 언급되기도 하지만, 장소를 나타내는 관련 표현을 듣고 유추해야 하는 문제들이 주로 출제된다. 대화 초반부에 여자가 I need to get a new laptop for my daughter, and my friend recommended your store.라며 노트북 컴퓨터를 사기 위해 매장에 왔다고 말하고 있다. 여자는 노트북 컴퓨터를 사려는 것이므로 정답은 (C)이다.

대화가 어디에서 일어나고 있는가?

(A) 슈퍼마켓
(B) 가구점
(C) 전자제품 매장
(D) 옷가게

정답 | (C)

11. 세부 사항 - 매장에서 남자가 할 일 ★★

해설 | 질문의 키워드는 What, man, store이며, 남자가 매장에서 무엇을 할 것이라고 말하는지를 묻는 세부 사항 문제이다. 남자가 말한 내용에 대해 묻고 있으므로 남자의 대화에서 단서를 찾아야 한다. 남자는 because a special promotion just started yesterday. You can get 30% off everything.이라며 어제부터 특별 행사를 시작하여 전 품목 30% 할인을 받을 수 있다고 밝히고 있다. 어제부터 매장에서 특별 할인이 시작되었다고 하였으므로 정답은 (D)이다.

함정 분석 | 남자의 말 You can get 30% off everything.에서 30%를 듣고 (B)로 혼동하지 않도록 한다. 특별 할인으로 30% 세일을 하는 것일 뿐 개업 기념 세일이 아니므로 (B)는 답이 될 수 없다.

남자는 가게에서 무엇을 하고 있다고 말하는가?

(A) 보수 공사
(B) 개업 기념 세일
(C) 재고 정리 세일
(D) 특별 행사

정답 | (D)

12. 요청 & 제안 - 여자의 요구 사항 ★

해설 | 질문의 키워드는 woman, request이며, 여자가 요구하는 것이 무엇인지를 묻는 문제이다. 여자의 대화에서 단서를 찾아야 한다. 여자는 could you recommend the newest product?라고 물어보며 가장 최근 상품을 추천해 줄 것을 요청하고 있다. 여자는 가장 최신 상품을 요구하므로 정답은 (A)이다.

여자가 요구하는 것은 무엇인가?

(A) 최신 노트북 컴퓨터
(B) 가장 저렴한 노트북 컴퓨터
(C) 가장 가벼운 노트북 컴퓨터
(D) 가장 작은 사이즈의 노트북 컴퓨터

정답 | (A)

Practice 5

미M-미W

Questions 13 through 15 refer to the following conversation.

M: Hi. **13** This is Martin from the technical support team. I got a call from someone in your staff that a computer isn't working.

W: Thanks for coming. **14** Suddenly, the computer shut down when I was about to complete my project. After that, I couldn't turn it back on.

M: I think I should take your computer to my office to check it out.

W: Okay. **15** But can you fix it by tomorrow? I have to finish my work before this weekend.

문제 13-15번은 다음 대화를 참조하시오.

남: 안녕하세요, 저는 기술지원팀의 마틴입니다. 컴퓨터가 작동하지 않는다고 직원에게 연락을 받았습니다.

여: 와 주셔서 감사합니다. 제가 프로젝트를 완성할 때쯤 갑자기 꺼졌습니다. 그 뒤에는 컴퓨터를 켤 수 없어요.

남: 제 생각에는 당신 컴퓨터를 제 사무실로 가져가서 확인해야 할 것 같네요.

여: 알겠습니다. 하지만 내일까지 고쳐주실 수 있나요? 제 일을 이번 주말까지 끝내야 하거든요.

어휘 | technical support team 기술지원팀 shut down 끄다, 꺼지다

---

13. 화자나 청자의 정체 - 화자의 정체 ★

해설 | 질문의 키워드는 Who, man이며, 남자가 누구인지 묻는 질문이다. 화자의 정체는 직업을 나타내는 어휘나 표현을 통해 추측해야 한다. 주로 대화 초반부에 회사나 부서 등이 언급된다. 대화 초반부에 남자는 This is Martin from the technical support team. I got a call from someone in your staff that a computer isn't working.이라며 자신이 기술지원팀에서 나왔다고 하고 컴퓨터가 작동되지 않는다는 전화를 받고 왔음을 밝히고 있다. 따라서 남자는 기술지원팀에서 컴퓨터를 고치

는 역할을 하므로 정답은 (D)이다.

남자는 누구일 것 같은가?

(A) 회계사
(B) 건축가
(C) 은행원
(D) 기술자

정답 | (D)

---

14. 문제점 - 여자의 문제점 ★★

해설 | 질문의 키워드는 What, woman, problem이며, 여자의 문제를 묻고 있다. 문제점이나 불편 사항은 대화 초반부에 등장한다. 여자의 문제이므로 여자의 대화에서 단서를 찾아야 한다. 여자가 Suddenly, the computer shut down when I was about to complete my project. After that, I couldn't turn it back on.이라며 갑자기 컴퓨터가 꺼져서 켜지지 않는다고 말하고 있다. 여자의 컴퓨터가 켜지지 않으므로 정답은 (B)이다.

함정 분석 | 남자의 말 This is Martin from the technical support team.에서 technical support team을 이용한 함정 (D)를 고르지 않도록 한다. 여자의 문제는 잃어버린 서류에 대한 것이 아니며, 기술지원팀과 관련이 없으므로 (D)는 오답이다.

여자의 문제는 무엇인가?

(A) 최근 직장 동료 한 명과 다퉜다.
(B) 컴퓨터가 고장 났다.
(C) 프로젝트를 끝내기 위해 참고 자료가 필요하다.
(D) 기술지원팀 때문에 서류를 잃어버렸다.

정답 | (B)

---

15. 요청 & 제안 - 여자가 남자에 요청한 사항 ★

해설 | 질문의 키워드는 woman, request, man이며, 여자가 남자에게 요청하는 내용을 묻는 질문이다. 요구나 제안 사항에 대한 언급은 대화 후반부에 제시되므로 여자의 마지막 대화에 집중한다. 여자의 마지막 대화 But can you fix it by tomorrow?에서 여자는 남자에게 내일까지 컴퓨터를 고쳐달라고 요청하고 있다. 여자는 컴퓨터를 내일까지 고쳐줄 것을 요청하므로, fix it을 repair her computer로 바꾸어 표현한 (D)가 정답이다.

여자는 남자에게 무엇을 하라고 요청하는가?

(A) 새로운 프로그램을 설치한다.

(B) 국제 세미나에 그녀를 초대한다.
(C) 그녀를 대신하여 회의에 참석한다.
(D) 내일까지 그녀의 컴퓨터를 수리한다.

정답 | (D)

Practice 6   미M-미W

> Questions 16 through 18 refer to the following conversation.
>
> **M:** Hey Susan, **16 can you tell me how to download pictures off of a memory card?** I've tried several times but I'm not having much luck.
>
> **W:** I'd love to help you out but **17 I have to attend an urgent meeting in five minutes. I can certainly give you a hand in about two hours when I'm finished with the meeting.**
>
> **M:** Thanks, but I don't think I can wait an hour. I need to e-mail these property photos to a potential customer in the next hour so he or she can make a final decision. **18 I think I'm going to call Kevin in Maintenance and see if he can help me.**
>
> --
>
> 문제 16-18번은 다음 대화를 참조하시오.
>
> **남:** 이봐요, 수전, 메모리카드에서 사진을 어떻게 다운받는지 알려줄 수 있어요? 여러 번 해봤는데 계속 안 되네요.
>
> **여:** 도와주고 싶지만, 제가 5분 후에 긴급회의에 참석해야 해요. 회의가 끝나는 2시간쯤 후에 꼭 도와줄게요.
>
> **남:** 고맙지만, 1시간도 못 기다릴 것 같아요. 한 시간 내로 고객에게 이 부동산 사진들을 이메일로 보내서 고객이 최종 결정을 내릴 수 있도록 해야 하거든요. 보수 관리부의 케빈에게 전화해서 도와줄 수 있는지 알아봐야겠군요.

어휘 | have luck 운이 따르다 urgent 긴급한, 시급한 give ~ a hand ~를 도와주다 property 부동산 potential 가능성 있는, 잠재적인

16. 세부 사항 - 남자가 알고 싶어 하는 것 ★★★

해설 | 질문의 키워드는 What, man, want to

know이며, 남자가 알고 싶어 하는 것을 묻는 질문이다. 남자가 알기 원하는 내용을 찾아야 하므로 남자의 대화에 집중한다. 남자의 첫 번째 대화 can you tell me how to download pictures off of a memory card?에서 메모리카드에서 사진을 다운받는 방법을 묻고 있다. 따라서 남자는 메모리카드에 들어있는 사진을 컴퓨터로 옮기는 방법을 묻고 있으므로 download pictures off of a memory card를 Transferring photos to a computer로 바꾸어 표현한 (A)가 정답이다.

남자는 무엇에 대해 알고 싶어 하는가?
(A) 사진을 컴퓨터로 옮기는 것
(B) 사진 파일을 편집하는 것
(C) 새 컴퓨터 프로그램을 설치하는 것
(D) 바이러스 퇴치 프로그램을 다운받는 것

정답 | (A)

17. 세부 사항 - 여자가 지금 도와줄 수 없는 이유
★★

해설 | 질문의 키워드는 Why, can't, woman, help이며, 여자가 남자를 지금 도울 수 없는 이유를 묻고 있다. 여자의 대화에서 여자가 현재 바쁜 이유를 찾아야 한다. 남자가 메모리카드에서 사진을 다운받는 방법을 알려달라고 하자, 여자는 I have to attend an urgent meeting in five minutes. I can certainly give you a hand in about two hours when I'm finished with the meeting.이라며 긴급회의에 참석해야 하므로 2시간 후에나 도와주겠다고 말하고 있다. 그러므로 대화의 attend를 participate in으로 바꾸어 표현한 (C)가 정답이다.

여자가 시간이 좀 지나서야 남자를 도울 수 있는 이유는 무엇인가?
(A) 손님에게 부동산을 보여줘야 한다.
(B) 인쇄소를 방문해야 한다.
(C) 회의에 참석해야 한다.
(D) 보내야 할 이메일이 너무 많다.

정답 | (C)

18. 미래 행동 - 남자가 다음에 할 일 ★★

해설 | 질문의 키워드는 What, man, do next이며, 남자의 미래 행동을 묻는 문제이다. 미래 행동에 대한 단서는 대화 후반부에 제시되므로, 마지막 대화에서 동사를 놓치지 않도록 한다. 남자는 I think I'm going to call Kevin in Maintenance and see if he can help me.라며 보수 관리부의 케빈에게 연락해서 도움을 청해보겠다고 말하고 있다. 따라서 call Kevin을 Contact another colleague 로 바꾸어 표현한 (A)가 정답이다.

남자는 아마도 다음에 무엇을 하겠는가?
(A) 다른 동료에게 연락한다.
(B) 온라인으로 도움 받을 데를 찾아 본다.
(C) 내일까지 기다린다.
(D) 도움을 위해 매장을 방문한다.

정답 | (A)

04강 출장 & 여행

Practice 7   영M-영W

Questions 19 through 21 refer to the following conversation.

W: Good morning. Welcome to Global Express Service. This is Nancy Baker. How may I help you today?

M: Hello, Ms. Baker, My name is Brandon Nelson. I'd like to go to San Diego for a 12 day vacation tomorrow early morning. **19,20 What's the earliest flight you can book me on now?**

W: Wow, you've got some time off work, huh? Good for you, Mr. Nelson. Let me see. I can book you in first class tonight at 10 p.m. or economy class at 7 o'clock tomorrow morning. What would you like to take, sir?

M: I would like to take a seat for tonight then. **21 There will be a big animal parade in the San Diego Zoo tomorrow, at 3 P.M. and I shouldn't be late for that.** You don't have to send me the ticket, Ms. Baker. I'll drop by your office to pick it up around 6 after work. Your address is 25200 Carlos Bee Blvd #43, right?

문제 19-21번은 다음 대화를 참조하시오.

여: 안녕하십니까? Global Express Service입니다. 저는 Nancy Baker입니다. 어떻게 도와

드릴까요?

남: 안녕하십니까? Baker씨. 제 이름은 Brandon Nelson입니다. 저는 12일 간의 휴가를 위해 내일 오전 일찍 San Diego로 가려고 합니다. Baker씨가 지금 예약해줄 수 있는 제일 빠른 시간의 비행기가 무엇입니까?

여: 휴가를 얻으셨군요, 잘되었네요, Nelson 씨. 한 번 볼게요. 제가 오늘 밤 10시 비행기 1등석 자리이나 내일 아침 7시 비행기 일반석으로 예약해드릴 수 있겠네요. 어느 쪽을 선택하시겠습니까, 고객님?

남: 그렇다면 저는 오늘 밤 비행기를 선택하겠습니다. 내일 오후 3시에 San Diego 동물원에서 큰 동물 퍼레이드가 있는데 늦고 싶지 않거든요. 비행기 표는 굳이 제게 보내지 않으셔도 됩니다. 제가 퇴근하고 오후 6시쯤에 비행기 표를 수령하러 잠시 들리도록 하겠습니다. 사무실 주소가 25200 Carloss Bee가 43호 맞지요?

어휘 | a 12 day vacation 12일간의 휴가 the earliest flight 제일 이른 시간의 비행기 book ~ on ~누구를 ~에 예약하다 have got some time off work 휴가를 얻다 good for you 잘 되었네요 let me see 한번 보겠습니다 first class 일등석 economy class 일반석 take a seat 자리를 택하다, 자리에 앉다 animal parade 동물 퍼레이드 drop by ~에 잠시 들리다 pick up ~을 수령하다 address 주소, 연설, ~에게 연설하다, ~를 ~라고 호칭하다, 겉봉에 주소(성명)을 쓰다 boulevard 큰길, 대로, 거리

19. 장소 - 여자가 근무하는 곳 ★

해설 | 여자가 일하는 곳을 유추하도록 요구하는 첫번째 문제이므로 대화 초반부에서 여자의 직업을 유추할 수 있는 관련 어휘나 표현을 파악하는 것이 관건이다. 남자는 대화 초반 여자에게 What's the earliest flight you can book me on now?라고 물으며 자신이 예약할 수 있는 가장 빠른 항공권에 대해 묻고 있다. 따라서 the earliest flight, book 과 같은 어휘를 통해 여자는 여행사에서 근무하고 있음을 유추할 수 있으므로 정답은 (D)가 된다.

여자는 어디에서 근무하는가?
(A) 동물원
(B) 수의사
(C) 운수 회사
(D) 여행사

정답 | (D)

20. 세부 사항 – 남자가 원하는 것 ★★

해설 | 남자가 하길 원하는 행동에 대해서 묻고 있으므로 남자의 대화 내용에서 동사와 명사를 중심으로 단서를 파악해야 한다. 대화 초반부에서 남자는 What's the earliest flight you can book me on now?라고 언급하며 가장 빨리 예약할 수 있는 항공권을 예매하고자 하는 의사를 밝히고 있다. 따라서 남자는 항공권을 사전 구매하길 원하고 있음을 알 수 있으므로 정답은 (D)가 된다.

남자는 무엇을 하고 싶어 하는가?

(A) 그의 부서가 이전하는 시점
(B) 경기 침체 여파에 대한 논의
(C) 휴가를 위한 호텔 예약
(D) 항공권의 사전 구매

정답 | (D)

21. 세부 사항 – 남자의 우려 사항 ★★

해설 | 남자가 우려하는 내용을 묻는 마지막 문제이므로 대화 후반부에 등장하는 남자의 대화 내용에서 선지와 부합하는 내용을 노려 들어야 한다. 남자는 대화 말미에서 There will be a big animal parade in the San Diego Zoo tomorrow, at 3 P.M. and I shouldn't be late for that.이라며 오후 3시에 San Diego의 대규모 동물 퍼레이드 행사에 늦지 않게 도착하고 싶어 한다는 점을 밝히고 있다. 따라서 남자는 행사에 늦을 것을 우려하고 있음을 알 수 있으므로 정답은 (D)가 된다.

남자는 무엇에 대해 우려하고 있습니까?

(A) 책을 늦게 반납한다.
(B) 잘못된 표를 발송한다.
(C) 회의를 취소한다.
(D) 행사에 늦는다.

정답 | (D)

Practice 8 영M-호W

Questions 22 through 24 refer to the following conversation.

M: **22 You must be looking forward to your vacation to Las Vegas later this week.** You know, I went there two years ago, and I can tell you Las Vegas is, without a doubt, a 24 for 7 city. Everywhere you look, no matter what time of day or night it is, there is always something to do.

W: I've never been there before. So I'm very excited about it. I heard about great restaurants and dazzling casinos near my hotel. **23 Do you happen to know of any city tours I could use during my stay in Las Vegas?**

M: I caught a glimpse of some of the major sites of downtown Las Vegas as part of Mini City Tour. But There are separate tours for popular sightseeing attractions, and tourists also can enjoy traveling through Las Vegas downtown in fun-filled tour buses. Actually, I found out about the one I went on from a concierge. **24 Why don't you ask the front desk of your hotel?** I think they could give you good tips.

문제 22-24번은 다음 대화를 참조하시오.

남: 당신은 이번 주에 있을 Las Vegas로의 휴가에 대한 기대가 클 겁니다. 저도 2년 전에 그곳에 갔었는데, Las Vegas는 분명히 하루 24시간, 1주일 내내 살아있는 도시라고 확실하게 말해줄 수 있어요. 당신이 어디를 보더라도, 하루의 어느 시간대라도, 항상 뭔가 할 것이 있어요.

여: 사실 저는 Las Vegas에 가본 적이 없습니다. 그래서 저는 굉장히 설렙니다. 저는 제가 머물 호텔 주변에 있는 멋진 식당들과 휘황찬란한 카지노들에 대해서 들었어요. 혹시 제가 Las Vegas에서 머무는 동안 이용할 수 있을만한 시내 여행 투어를 알고 계세요?

남: 저는 Mini City Tour를 이용해서 Las Vegas 시내의 몇몇 주요 명소들을 잠깐씩 봤을 뿐이에요. 그렇지만 유명 관광지들을 위한 여러 가지 독자적인 관광 투어도 있고 관광객들은 Las Vegas 도심을 가로지르는 재밌는 투어 버스를 타고 재밌는 여행을 할 수도 있어요. 사실 저는 제가 갔던 시내 투어에 대한 정보를 머물던 호텔 직원에게 알아냈거든요. 당신이 머무는 호텔의 직원에게 물어보는 것이 어떻겠어요? 그들이 당신에게 시내 투어에 대한 좋은 정보를 알려줄 겁니다.

어휘 | look forward to ~에 대해 기대하다 without a doubt 분명히, 확실하게, 의심의 여지가 없는 24 for 7 하루 온종일, 일주일 내내 쉼이 없는 no matter what time of day or night 하루 (낮 혹은 밤의) 어느 시간이라도 be excited about ~에

대해 흥분한, ~에 대해 열광하는, ~에 대해 설레다
hear about ~에 대해서 듣다 dazzling 휘황찬란
한, 눈부신 happen to know of ~에 대해 혹시
알고 있습니까? city tour 시내 투어, 시내 관광
during my stay 내 체류기간 동안에 glimpse
흘끗 봄, 일견, ~을 힐끗 보다 catch a glimpse
of ~을 잠깐 보다, ~을 살짝 보다, ~을 힐끔 보다
major sites 주요 장소, 주요 명소 downtown
시내 as part of ~의 일부로서, ~의 일환으로
separate 갈라진, 따로따로의, ~을 분리하다
separate tours 여러 독자적인 관광 프로그램들
popular sightseeing attractions 유명한 관광 명
소들 traveling through ~를 가로질러 움직이다
(여행하다) fun-filled 재미가 가득한 tour bus
시내 관광용 버스 concierge 호텔 직원, 콘시어지
good tips 유용한 정보

22. 주제 - 대화의 주제 ★

해설 | 대화의 주제를 묻는 첫 번째 문제이므로 대
화 초반부에서 화자들이 중점적으로 다루는 소
재를 파악하는 것이 관건이다. 남자는 대화 시작
과 함께 You must be looking forward to your
vacation to Las Vegas later this week라고 말
하며 여자의 휴가에 대해 이야기를 시작하고 있다.
따라서 이후 대화 내용은 여자의 휴가에 관한 내용이 주
를 이루게 될 것임을 알 수 있으므로 정답은 (D)가
된다.

화자들은 주로 무엇을 논의하고 있는가?
(A) 인터넷 여행 홈페이지
(B) 일정상의 문제
(C) 재 이전 계획
(D) 휴가 계획

정답 | (D)

23. 요청 & 제안 - 여자가 요청하는 것 ★★

해설 | 여자가 요청하는 것을 묻는 문제이므로 여자
의 대화 내용에서 동사와 명사를 중심으로 단서를
파악해야 한다. 대화 중반 여자는 Do you happen
to know of any city tours I could use during
my stay in Las Vegas?라며 Las Vegas에서 괜찮
은 시내 투어를 추천해줄 것을 요청하고 있다. 따라
서 정답은 (B)가 된다.

여자가 남자에게 요청하는 것은 무엇인가?
(A) 가격을 논의한다.
(B) 시내 여행을 추천한다.
(C) 최종 일정을 결정한다.

(D) 사진을 찍는다.

정답 | (B)

24. 세부 사항 - 여자가 이야기해야 할 사람 ★★

해설 | 남자가 여자에게 이야기를 나눠보라고 언급
하는 사람에 대해 묻는 마지막 문제이므로 대화 후
반부에 등장하는 남자의 대화 내용에서 사람을 지
칭하는 명사 중심으로 단서를 파악하는 것이 적절
하다. 남자는 대화 말미에서 Why don't you ask
the front desk of your hotel?이라고 말하며 호
텔 프런트 직원과 이야기해볼 것을 권유하고 있다.
따라서 정답은 (D)가 된다.

남자의 이야기에 따르면 여자는 누구와 이야기를
해야 한다고 합니까?
(A) 지인
(B) 시의 주민
(C) 여행사 직원
(D) 호텔 직원

정답 | (D)

05강 약속 & 일정

Practice 9   영M-영W

Questions 25 through 27 refer to the
following conversation.

W: Mr. Foster, **25 do you have time on
Tuesday to attend a meeting with
myself and some of our overseas
clients?**

M: Well, on Tuesday I have to give a
presentation to the board of directors
and then hold a training session for
new employees, so if you schedule
your meeting after that, I can join you.

W: That shouldn't be a problem.
**26 What time will the training session
finish?**

M: **26 Probably around at 2 o'clock.
27 Once you've scheduled the
meeting with the clients, let me
know what time to meet you. You
can reach me on extension 739.**

문제 25-27번은 다음 대화를 참조하시오.

여: Foster 씨, 화요일에 저와 우리 해외 고객들과의 회의에 참석할 시간이 있나요?

남: 글쎄요, 화요일에 이사회에서 발표를 해야 하는데요. 그 다음엔 신입 사원들에 대한 교육이 있어요. 당신이 회의를 그 이후로 잡으면, 합류할 수 있습니다.

여: 그건 문제가 되지 않아요. 교육 과정이 몇 시에 끝나나요?

남: 아마도 두 시 즈음에요. 고객들과의 회의 일정이 잡히면, 당신을 만나야 하는 시간을 알려주세요. 내선 739번으로 연락주시면 됩니다.

어휘 | attend 참석하다 overseas 해외의, 외국의 give a presentation 프리젠테이션하다, 발표하다 board of directors 이사회 hold 개최하다, 주최하다 employee 직원 join 참여하다 probably 아마 extension 내선번호 recruitment 고용, 모집

25. 주제 – 대화의 주제 ★★

해설 | 대화의 주제에 대해 묻고 있으므로 대화 초반부에서 집중적으로 언급되는 중심 소재를 파악하는 것이 중요하다. 여자는 대화 시작과 함께 do you have time on Tuesday to attend a meeting with myself and some of our overseas clients?라고 이야기하며 남자에게 화요일에 있을 고객과의 회의에 참석이 가능한지 여부에 대해 묻고 있다. 따라서 대화의 주제는 고객 회의임을 알 수 있으므로 정답은 (B)가 된다.

대화 주제는 무엇인가?
(A) 승진 기회
(B) 고객 회의
(C) 회사 발표
(D) 고용 계획

정답 | (B)

26. 세부 사항 – 화자들이 만나는 시점 ★★★

해설 | 대화자들이 화요일 언제 만날 것인지 유추할 것을 요구하는 문제이므로 대화에서 화요일, 즉, Tuesday란 키워드가 언급되는 부분을 중심으로 구체적인 만남의 시점을 측정할 수 있을만한 정보를 파악해야 한다. 여자는 What time will the training session finish?라며 연수가 언제 끝나는지 묻고 있으며 이어서 남자는 Probably around

2 o'clock.이라고 답변하고 있다. 따라서 화자들이 만나는 시간은 오후라 추측할 수 있으므로 정답은 (B)가 된다.

화자들은 화요일 언제 만날 것 같은가?
(A) 오전
(B) 정오
(C) 오후
(D) 저녁

정답 | (B)

27. 요청 & 제안 – 남자의 요청 사항 ★

해설 | 남자가 요청하는 것을 묻는 마지막 문제이므로 대화 후반부 남자의 대화 내용에서 동사와 명사를 중심으로 단서를 파악해야 한다. 남자는 대화 말미에서 Once you've scheduled the meeting with the clients, let me know what time to meet you. You can reach me on extension 739.라며 회의 일정이 잡히면 자신에게 내선번호를 통해 연락줄 것을 요청하고 있다. 따라서 정답은 (A)가 된다.

남자는 여자에게 무엇을 요청하는가?
(A) 그에게 전화로 연락한다.
(B) 이메일 주소를 준다.
(C) 그녀의 상사와 이야기한다.
(D) 회의 마치고 그와 만난다.

정답 | (A)

Practice 10 영M-미W

Questions 28 through 30 refer to the following conversation.

W: **28 Excuse me, Mr. Harrison, I was wondering if I could take the day off on Wednesday.** I have an urgent appointment at the hospital.

M: **29 We've having an important managers meeting on Wednesday, and as marketing department supervisor, it's important that you attend. 30 I really wish I could give you the day off, but we will be discussing the upcoming product line. I can't allow any managers to be absent.**

W: I completely forgot about that. Well, perhaps I can reschedule the appointment for later in the week.

문제 28-30번은 다음 대화를 참조하시오.

여: 실례합니다, Harrison 씨. 제가 수요일에 하루 휴가 낼 수 있을까 해서요. 병원에 급한 예약이 있거든요.

남: 중요한 부장 회의가 수요일에 있습니다. 그리고 마케팅 부장으로서, 당신은 그 회의에 필히 참석해야 합니다. 정말 휴가를 주고 싶지만, 앞으로 생산될 제품에 대해 논의하는 자리라서요. 부장들이 불참하는 것을 허락할 수 없습니다.

여: 그것에 대해 까맣게 잊고 있었네요. 알았습니다. 제가 예약 일정을 다음 주 후반으로 재조정하겠습니다.

어휘 | take a day off 하루 쉬다, 하루 휴무하다 urgent appointment 급한 약속 upcoming 다가오는, 곧 공개될 be absent 결석하다 completely 완전히 reschedule 일정을 다시 정하다 attendance 출석자 workplace 작업장, 일터 incorrect 부정확한

---

28. 요청 & 제안 - 여자가 원하는 것 ★★

해설 | 여자가 원하는 것에 대해 묻는 첫 번째 질문으로 대화 초반부에 등장하는 여자의 대화 내용에서 동사와 명사를 중심으로 단서를 파악하는 것이 바람직하다. 여자는 대화 시작과 함께 Excuse me, Mr. Harrison, I was wondering if I could take the day off on Wednesday.라며 수요일에 쉬길 바라는 의사를 표현하고 있다. 따라서 정답은 (C)가 된다.

여자가 원하는 것은 무엇인가?

(A) 업무에 복귀한다.
(B) 회의를 소집한다.
(C) 하루 휴식을 취한다.
(D) 승진한다.

정답 | (C)

---

29. 세부 사항 - 수요일에 발생할 일 ★

해설 | 수요일에 발생할 일에 대해 묻고 있으므로 대화에서 수요일, 즉, Wednesday란 키워드가 언급되는 부분을 중심으로 단서를 파악해야 한다. 남

자는 We've having an important managers meeting on Wednesday라며 수요일에는 중요한 부장회의가 있음을 알려주고 있다. 따라서 수요일에는 회의가 개최될 것임을 알 수 있으므로 정답은 (C)가 된다.

수요일에는 어떠한 일이 발생할 것인가?

(A) 직원 평가가 실시된다.
(B) 몇몇 고객들이 공장을 방문한다.
(C) 회의가 개최된다.
(D) 새 직원이 소개된다.

정답 | (C)

---

30. 문제점 - 남자가 언급하는 문제점 ★★★

해설 | 남자가 지적하고 있는 문제점에 대해 묻는 마지막 문제이므로 대화 후반부에 등장하는 남자의 대화 내용에서 선지와 부합하는 문제점을 노려 들어가야 한다. 남자는 대화 말미에서 I really wish I could give you the day off, but we will be discussing the upcoming product line. I can't allow any managers to be absent.라고 이야기하며 휴가를 주고 싶지만 신제품을 논의하는 회의인 관계로 부장들의 불참을 허락할 수 없음을 밝히고 있다. 따라서 남자는 중요한 회의에 불참자가 생기는 부분에 대해 우려하고 있음을 알 수 있으므로 정답은 (A)가 된다.

남자는 어떠한 문제점에 대해 언급하는가?

(A) 회의 참석자들의 결석
(B) 사무실 직원의 건강
(C) 작업장의 청결
(D) 보고서의 부정확한 정보

정답 | (A)

05강 3인 대화

Practice 11   영M-미M-영W

Questions 31 through 33 refer to the following conversation with three speakers.

W: **31** Mr. Porter, I can't access the company server on my computer. I keep getting an error message. Do you know if there's a problem?

M1: Yes, I noticed it this morning. I gave the technical support department a call this morning and they told me it's a company-wide issue. Apparently it won't be fixed until tomorrow at the earliest.

W: Really? I think I'm in big trouble. ³²I have a business proposal for a new client that I have to get out by the end of the day. I need to access our sales data on the server in order to finish the paperwork. What am I going to do?

M2: Um... Ms. Beckinsale, ³³I have all the sales data backed up on my hard drive. If you like, I can give you a copy of whatever you need.

W: Oh, that's a relief. It won't be delayed at all. Thank you so much, Mr. Parker.

문제 31-33번은 다음 대화를 참조하시오.

여: Porter 씨, 제 컴퓨터에서 회사 서버에 접속할 수 없어요. 계속 에러 메시지가 나오네요. 어떤 문제가 있는지 아세요?

남1: 네, 저도 오늘 아침에 그걸 알아차렸어요. 오늘 오전에 기술 지원팀에 전화했는데 전사적인 문제라고 하더군요. 빨라도 내일은 돼야 고칠 수 있대요.

여: 진짜요? 큰일이네요. 제가 오늘까지 새로운 고객님에게 보내야 할 사업 제안서가 있는데요. 그 서류작업을 완료하려면 우리 서버에 저장된 매출 자료에 접근해야 해요. 어떻게 하죠?

남2: 음... Beckinsale 씨, 제가 하드 드라이브에 모든 매출 자료를 백업해 뒀어요. 원하시면 필요한 모든 자료의 사본을 드릴 수 있어요.

여: 오, 한시름 놓았어요. 이 일은 지연되면 절대 안 되거든요. 감사해요, Parker 씨.

어휘 ㅣ access 접속하다, 접근하다 server 서버 error 에러, 오류 notice 알아차리다 technical support department 기술지원팀 company-wide 전사적인 apparently 듣자 하니, 보아 하니 fix 고치다, 수리하다 at the earliest 빨라도, 일러도 proposal 제안 client 고객 get out (서류를) 제출하다 back up (파일을) 백업하다 copy 사본 delay 지연시키다

31. 세부 사항 - 여자의 문의 사항 ★

해설 ㅣ 여자가 Porter 씨에게 문의하는 것을 묻는 첫 번째 문제이므로 대화 초반 여자의 대화 내용에서 동사와 명사를 중심으로 단서를 파악해야 한다. 여자는 대화 시작과 함께 Mr. Parker, I can't access the company server on my computer. 라며 자신의 컴퓨터를 통해 회사의 서버에 접속할 수가 없다는 문제점을 제시하고 있다. 따라서 정답은 (B)가 된다.

여자는 Porter 씨에게 무엇에 대해 문의하는가?

(A) 고객에게 연락하는 것
(B) 데이터 서버에 접속하는 것
(C) 지원을 해 주는 것
(D) 복사기를 사용하는 것

정답 ㅣ (B)

32. 요청 & 제안 - 여자의 제안 사항 ★★★

해설 ㅣ 오늘 여자가 해야 하는 일에 대해 묻는 문제이므로 여자의 대화 내용에서 오늘, 즉, today나 오늘에 해당되는 구체적인 시점이 제시되는 부분을 중심으로 단서를 파악해야 한다. 여자는 I have a business proposal for a new client that I have to get out by the end of the day.라고 말하며 오늘 새로운 고객에게 사업 제안서를 발송해야 한다고 밝히고 있다. 이어서 여자는 I need to access our sales data on the server in order to finish the paperwork.라며 그러기 위해선 서버에 있는 매출 자료에 접속을 해야 관련 서류 작업을 마무리할 수 있음을 밝히고 있다. 궁극적으로 오늘 여자가 해야 할 일은 서류 작업을 마무리하여 사업 계획서를 고객에게 발송해야 하는 것이라 할 수 있다. 따라서 정답은 (A)가 된다. 단서가 두 번에 나누어 제시되고 있기 때문에 상대적으로 까다로운 문제라 할 수 있다.

여자는 오늘 무엇을 해야 하는가?

(A) 그녀의 서류작업을 마무리해야 한다.
(B) 발표 연습을 해야 한다.
(C) 이메일을 발송해야 한다.
(D) 매출 자료를 올려야 한다.

정답 ㅣ (A)

33. 요청 & 제안 - Parker 씨가 주겠다고 하는 것 ★★

해설 ㅣ Parker 씨가 여자에게 제안하는 것을 묻는 마지막 문제이므로 대화 후반 남자의 대화 내용에

서 동사와 명사를 중심으로 단서를 파악해야 한다. 남자는 대화 말미에서 I have all the sales data backed upon my hard drive. If you like, I can give you a copy of whatever you need.라며 여자가 필요한 매출 자료를 제공해줄 것임을 밝히고 있다. 따라서 정답은 (C)가 된다.

Parker 씨는 여자에게 무엇을 주겠다고 제안하는 가?
(A) 복사를 한다.
(B) 그녀의 컴퓨터를 수리한다.
(C) 관련 자료를 제공한다.
(D) 그녀의 발표를 돕는다.

정답 | (C)

Practice 12

> Questions 34 through 36 refer to the following conversation with three speakers.
>
> **M1:** ³⁴, ³⁵**Hey, guys, do you think our museum could hire an intern over the summer?** ³⁵**We need someone to help out on the information desk. During the busy months, we really need more than one person working there in order to answer visitors' questions.**
>
> **M2:** That's right. We always get flooded with visitors in the summer, and the summer should be a good time to find an intern. But, as you know, we don't have budget for another member of staff.
>
> **W:** Have you had any thoughts about how to find suitable candidates? I thought we could contact the local colleges and ask them to post an ad for us on their job sites. Lots of students want to do internships to gain work experience.
>
> **M1:** That's a good plan. It will be a good experience for college students.
>
> **W:** ³⁶**Let's put together a job description and send it out to the local colleges.**

문제 34-36번은 다음 대화를 참조하시오.

남1: 여러분, 우리 박물관에서 여름 인턴을 고용할 수 있을까요? 안내데스크에서 도와줄 사람이 필요한데요. 성수기 방문객들의 질문에 답하려면 그곳에서 근무하는 사람이 정말 한 명 이상 필요해요.

남2: 맞는 말씀이에요. 여름에는 항상 방문객들이 쇄도하고, 여름은 인턴을 찾기에 좋은 시기이지요. 하지만 아시다시피 직원을 더 채용할 예산은 없어요.

여: 다들 적절한 후보자를 찾을 방법에 대해 생각해 보았나요? 저는 우리가 지역 대학교들에 연락해서 그들의 채용 사이트에 우리 구인 광고를 게재해 달라고 요청할 수 있을 것이라 생각해요. 많은 학생들이 근무 경험을 얻기 위해 인턴 근무를 하고 싶어 하니까요.

남1: 좋은 계획이에요. 대학생들에겐 좋은 경험이 될 겁니다.

여: 같이 직무 소개를 작성해서 대학교에 발송하지요.

어휘 | intern 인턴 information desk 안내소 visitor 방문객 budget 예산, 예산을 세우다 flooded with ~이 쇄도하는 staff 직원들 suitable 적절한 candidate 후보자 contact 연락하다 local 지역의 post an ad 광고물을 부착하다 internship 인턴사원 근무 gain 얻다 experience 경험 put together 만들다, 준비하다 job description 직무 내용

34. 장소 - 대화가 이루어지는 곳 ★

해설 | 대화가 일어나는 장소에 관해 묻는 첫 번째 문제이므로 대화 초반부에서 대화 장소가 직접적으로 언급되거나 혹은 대화 장소를 추측할 수 있는 관련 어휘나 표현이 등장하는 부분에 집중해야 한다. 남자는 Hey, guys, do you think our museum could hire an intern over the summer?라며 박물관에서 여름동안 인턴사원을 채용할 수 있는지 여부에 대해 묻고 있다. 따라서 정답은 대화는 박물관에서 발생하고 있음을 알 수 있으므로 정답은 (C)가 된다.

이 대화는 어디에서 이뤄지고 있을 것 같은가?
(A) 대학
(B) 호텔
(C) 박물관
(D) 컨벤션 센터

정답 | (C)

35. 세부 사항 – 사업체의 필요 사항 ★★

해설 | 남자가 사업체가 필요한 것으로 언급하는 내용을 묻는 문제이므로 남자의 대화 내용에서 사업체가 필요한 것에 해당하는 명사를 노려 듣는 것이 필요하다. 남자는 대화 초반 We need someone to help out on the information desk.라고 말하며 안내데스크에서 근무할 인력이 필요하다는 점을 밝히고 있다. 이어서 During the busy months, we really need more than one person working there in order to answer visitors' questions.라며 성수기 방문객들의 질문에 답하려면 그곳에서 일하는 사람이 최소 한 명 이상은 필요하다는 점을 지적하고 있다. 따라서 사업체는 성수기동안 일시적으로 일할 수 있는 인력이 필요한 것임을 알 수 있으므로 정답은 (A)가 된다.

남자에 따르면, 이 사업체는 무엇이 필요한가?

(A) 더 나은 예산 수립
(B) 내부 보수 공사
(C) 단기 도움
(D) 채산성 향상

정답 | (A)

36. 미래 행동 – 화자들이 다음에 할 일 ★★

해설 | 화자들의 미래 행동을 유추하도록 요구하는 마지막 문제이므로 마지막 대화 내용에서 동사와 명사를 중심으로 단서를 파악해야 한다. 여자는 대화 말미에 Let's put together a job description and send it out to the local colleges.라며 직무 안내서를 작성한 후 인근 대학들에게 발송할 것을 제안하고 있다. 따라서 이를 통해 화자들은 이후 직무 안내서를 작성할 것임을 유추할 수 있으므로 정답은 (D)가 된다.

화자들은 이후에 무엇을 할 것 같은가?

(A) 인건비를 줄인다.
(B) 새로운 책상을 구매한다.
(C) 근무 시간을 변경한다.
(D) 직무 소개를 작성한다.

정답 | (D)

6장 PART 4 문제 유형별 풀이 요령

01강 세부 사항

Practice 1 ★★   미W

> Welcome to Paris Design. Attention, All shoppers! Our boutique is having a sale right now! **For the next two hours, we are offering a 15% discount on some items.** But before you can get the discount, you need to sign up to become a member of Paris Design. It's not as complicated to join as you may think. Just visit the information counter and fill out an application form. Thank you for coming and enjoy shopping here.
>
> --------------------------------
>
> **남:** 파리 디자인에 오신 것을 환영합니다. 고객 여러분들께 안내 말씀 드립니다! 저희 부티끄는 지금 세일 중입니다! 앞으로 두 시간 동안만, 일부 품목에 한해 15퍼센트 할인을 제공합니다. 하지만 할인을 받기 전에, 파리 디자인의 회원으로 가입하셔야 합니다. 가입은 생각하시는 것처럼 어렵지 않습니다. 안내 창구를 방문하여 신청서를 작성하시면 됩니다. 방문해 주셔서 감사드리며 즐거운 쇼핑되시기 바랍니다.

어휘 | sign up 등록하다   complicated 복잡한

해설 | 질문은 오늘만 제공되는 것이 무엇인지를 묻고 있으며, 키워드는 offer와 today이다. 지문에서 키워드가 포함된 문장이 단서를 제시하므로 키워드를 염두에 두고 들어야 한다. 화자는 부티끄에서 할인 세일을 하고 있다고 전하며, 지문 초반부에 For the next two hours, we are offering a 15% discount on some items.라며 앞으로 두 시간 동안 일부 상품에 할인을 제공한다고 언급하고 있다. 키워드 offer가 포함된 단서 문장이며, 일부 상품에 15퍼센트 할인을 제공한다고 하였으므로 (B)가 정답이다.

오늘만 제공되는 것은 무엇인가?

(A) 선물 상품권
(B) 특정 제품에 대한 할인
(C) 구입하는 모든 상품에 대한 무료 선물
(D) 배송 서비스

정답 | (B)

Practice 2 ★★

영M

Attention, all employees, I'd like to remind you that some of the printers in our department will be replaced with new ones this afternoon. A maintenance man will come to replace them this afternoon. All employees should step out of the office while the replacement work is going on. If you have any further questions, please call the Maintenance Department.

직원 여러분께 알려드립니다. 우리 부서의 일부 프린터가 오늘 오후에 최신 제품으로 교체될 예정입니다. 관리팀 직원이 오늘 오후에 프린터 교체를 위해 올 것입니다. 모든 직원들은 이 교체 작업이 진행되는 동안 잠시 사무실을 비워주셔야 합니다. 질문이 있으시면 관리팀으로 연락바랍니다.

어휘 | replace 교체하다 step out of ~에서 나가다

해설 | 질문은 오늘 오후에 시작되는 것이 무엇인지를 묻고 있으며, 키워드는 this afternoon이다. 키워드 this afternoon을 염두에 두고 지문을 들어야 한다. 화자는 지문 초반부에 I'd like to remind you that some of the printers in our department will be replaced with new ones this afternoon.이라며 오늘 오후에 부서 프린터를 최신 제품으로 교체할 것이라고 전하고 있다. 키워드 this afternoon이 포함된 단서 문장이며, 오늘 오후에 프린터 교체가 있을 것이므로 (B)가 정답이다.

공지에 따르면, 오늘 오후에 무엇이 시작되는가?

(A) 보수
(B) 장비 교체
(C) 점검
(D) 수리

정답 | (B)

02강 요청 & 제안

Practice 3 ★★

미M

Attention, all employees. This is Sang Kim, the vice president of International Insurance. Tomorrow is the day of our scheduled regular audit by the Internal Revenue Service. The auditors are expected to be here at 8 A.M. tomorrow. I am sure we will not have a problem because we here at International Insurance only deal honestly with our customers and the government. The auditors are expected to be here for the entire day. **We need everyone to make every effort to be here at work tomorrow.** Thank you for your time and cooperation in advance.

모든 직원 여러분께 알립니다. 저는 국제 보험의 부사장인 상 김입니다. 내일은 국세청으로부터 예정된 정기 회계 감사가 진행되는 날입니다. 감사원들은 내일 오전 8시에 우리 회사에 도착할 것으로 예상됩니다. 우리 국제 보험은 고객과 정부를 상대로 정직하게 경영해 왔기에 아무 문제가 없을 것으로 확신합니다. 감사원들은 내일 하루 종일 사내에 머무를 것입니다. 회사 측에서는 전 직원 여러분이 내일 회사 내에 머물러 계시기를 바라는 바입니다. 여러분의 시간과 협조에 대해 미리 감사의 말씀을 전합니다.

어휘 | scheduled 일정에 잡힌, 예정된 regular audit 정기 회계 감사 Internal Revenue Service 국세청 auditor 회계 감사원 honestly 정직하게 for the entire day 하루 종일 make every effort to do ~할 수 있도록 최선의 노력을 다하다 cooperation 협조 in advance 사전에, 미리, 앞서

해설 | 화자가 청자들에게 요청하는 내용을 묻는 질문이므로 지문 후반부 화자의 말에 집중하고, 특히 동사를 놓치지 않도록 주의한다. 화자가 지문 말미에서 We need everyone to make every effort to be here at work tomorrow.라고 하며 내일 직원 모두가 사내에 머무르기를 바란다고 요청하고 있다. to be here at work tomorrow가 답을 찾는 핵심 표현이며, be here를 be available로 바꾸어 제시한 (B)가 정답이다.

함정 분석 | 지문 초반부 The auditors are expected to be here at 8 A.M. tomorrow.를 듣고 (C)나 (D)로 혼동하지 않도록 한다. 청자들은 지문 초반에 언급된 대로 직원들이고, 회계 감사를 시행할 사람은 감사원들이므로 답이 될 수 없다.

화자는 청자들에게 내일 무엇을 하라고 요청하는가?

(A) 회의에 참석할 것
(B) 사내에 있을 것
(C) 철저한 회계 감사를 시행할 것
(D) 일찍 출근할 것

정답 | (B)

Practice 4 ★   미|W

Are your clothes everywhere? Do you have paper all over your study room? Don't you wish you had a place to put everything? Well, call us today! We provide storage for everything from documents to clothes to food. Our storage boxes come in all sizes, shapes, and colors. They also blend in with your surroundings. We make them in any color that you like to match your walls, your desk, or even your kitchen. Please visit our store at 25200 Main Street. We are having a weekend sale! We'll be open from 8:00 A.M. to 6:00 P.M. The first 200 orders will receive a 60% discount. **Come in and take advantage of our biggest sale ever – for two days only!**

이곳저곳에 옷들이 널려 있으신가요? 서재에 여기저기 종이가 널려 있습니까? 모든 물건들을 놓아둘 장소가 있기를 원하십니까? 그렇다면 오늘 저희에게 전화 주십시오! 저희는 서류에서부터 의류와 음식까지 모든 물건들을 보관할 수 있는 공간을 제공해드립니다. 저희 회사의 저장용 상자는 다양한 사이즈와 형태, 색상이 있습니다. 또한 여러분의 주변 공간과 아주 잘 어울립니다. 여러분 주위의 벽, 책상, 심지어 부엌에 이르기까지 원하시는 모든 색상과 어울리도록 만들어 드립니다. 메인 스트리트 25200번지에 위치한 저희 매장을 방문해 주세요. 이번 주말 동안 대규모 할인 행사가 시행됩니다! 행사 시간은 오전 8시부터 저녁 6시까지입니

다. 200번째로 구매되는 제품까지 가격을 60% 할인해드립니다. 오셔서 딱 2일간만 제공하는, 그 어느 때보다 큰 할인 혜택을 누리세요!

어휘 | storage 저장, 보관, 창고   blend in with ~와 잘 어울리다   surroundings 환경, 상황   match ~와 어울리다   take advantage of ~의 장점을 누리다, ~을 이용하다

해설 | 고객들이 제안 받는 것, 즉 화자의 요청 사항을 묻는 질문이다. 지문 후반부 화자의 말에서 요청하는 표현에 집중하되, 특히 동사를 놓치지 않도록 유의해야 한다. 고객들에게 할인 행사에 대해 소개하는 내용이며, 화자는 지문 말미에 Come in and take advantage of our biggest sale ever - for two days only!라며 이틀 동안 대규모 할인 행사가 있으니 이에 대한 혜택을 누리라고 말하고 있다. 고객들에게 할인 혜택을 받으라고 권하고 있으므로 정답은 (D)이며, take advantage of our biggest sale을 유사한 의미인 enjoy some special benefits로 바꾸어 제시하였다.

고객들에게 요청되는 것은 무엇인가?

(A) 상담사에게 연락할 것
(B) 소개 책자를 요청할 것
(C) 본사를 방문할 것
(D) 특별한 혜택을 누릴 것

정답 | (D)

03강 화자의 의도 파악

Practice 5 ★★★   미|M

Hello. It's Aurora Lane. I'm calling to see if you can meet me tomorrow morning. We need to hire a manager for the new clothing shop as soon as possible. Actually, **the grand opening is in two weeks.** Um... we have received a lot of resumes and read through them thoroughly. So when we meet tomorrow morning, we should discuss which applicants the personnel manager will interview next week. Ah, out of all the applicants, I'll e-mail you a list of the most qualified ones this afternoon. When you check this message, please get back to me at your earliest convenience. Thank you.

안녕하세요, 저는 오로라 레인이에요. 내일 오전에 저와 만나실 수 있는지 알아보고자 연락을 드렸어요. 저희가 최대한 빨리 새로운 의류점의 점장을 채용해야 해서요. 사실, 2주 뒤에 개업이에요. 음... 우리는 많은 이력서를 접수했고 모두 꼼꼼하게 살펴봤어요. 그래서 우리가 내일 오전에 만나면, 인사부장이 다음 주에 누구와 면접을 봐야하는지 논의해야 해요. 아, 모든 지원자들 중에서 적임자들의 명단을 오늘 오후에 이메일로 보내드릴게요. 이 메시지를 확인하면, 빨리 제게 답변을 주세요. 고마워요.

어휘 | call to see if ~인지 아닌지 알아보고자 연락하다 grand opening 신장개업 read through ~을 모두 읽어보다 applicant 지원자 qualified 적격인

해설 | 화자가 the grand opening is in two weeks라고 말한 내용이 실질적으로 무엇을 의미하는지 묻는 화자의 의도 파악 문제이다. 해당 표현을 먼저 확인하고, 지문에서 해당 표현이 언급된 부분을 중심으로 문맥 파악을 통해 화자의 의도를 파악해야 한다. 화자는 최대한 빨리 새로운 의류점의 점장을 채용해야 함을 밝힌 후, the grand opening is in two weeks라고 말하여 개장이 2주 후임을 알리고 있다. 따라서 이 말은 채용 결정이 최대한 빨리 이루어져야 한다는 점을 전달하려는 의도가 반영된 표현임을 알 수 있으므로 (C)가 정답이다.

화자가 "the grand opening is in two weeks"라고 말할 때 암시하는 바는 무엇인가?

(A) 그는 청자가 테이블을 예약하기를 원한다.
(B) 새로운 레스토랑은 다시 설계되어야 한다.
(C) 채용 결정이 빨리 이뤄져야 한다.
(D) 공사는 필히 2주 안에 끝나야 한다.

정답 | (C)

Practice 6 ★★★   영W

Well, thank you for attending this design meeting on such short notice. Well, I looked over the designs for the newspaper advertisement for Bella Department Store. Um… let me tell you my thoughts. **They are not what the client is expecting.** As you may know, Bella Department Store is located in London, and it has always preferred very modern styles of advertisements.

But your designs are rather traditional. I'm very sorry I didn't mention our client's preference before you started the work. I know this project is your first time working with Bella Department Store. Please ask Mr. Wilson, one of your colleagues, to help you out. He worked with Bella Department Store a couple of years ago.

급한 통보에도 불구하고 이 디자인 회의에 참석해 주셔서 감사드려요. 저는 벨라 백화점의 신문 광고용 디자인들을 살펴봤어요. 음…, 제 생각을 말씀드릴게요. 그 디자인들은 고객이 원하는 것이 아닙니다. 여러분도 아시겠지만, 벨라 백화점은 런던에 위치하고 있어서 항상 현대적 방식의 광고들을 선호해왔어요. 하지만 여러분의 디자인은 오히려 전통적이에요. 여러분이 이 일을 시작하기 전에 고객의 취향에 대해 언급해드리지 못해 무척이나 미안해요. 저도 여러분이 벨라 백화점과 처음 해보는 프로젝트임을 알고 있어요. 여러분의 동료 중 한 분인 윌슨 씨에게 도움을 요청하세요. 그는 2년 전에 벨라 백화점과 함께 일을 해본 경험이 있어요.

어휘 | short notice 급한 통보 look over ~을 살펴보다 prefer ~을 선호하다 preference 선호도, 취향

해설 | 화자가 They are not what the client is expecting.이라고 말한 의도에 대해 묻고 있으므로 해당 표현이 언급된 부분을 중심으로 문맥을 파악하여 화자의 의도가 무엇인지 이해해야 한다. 화자는 자신이 벨라 백화점의 신문 광고용 디자인들을 살펴봤음을 언급하고, 이어서 They are not what the client is expecting.이라고 말하며 그 디자인들은 고객이 원하는 것이 아니라는 부정적인 의견을 언급하고 있다. 따라서 화자는 해당 디자인이 고객에게 제공할 만한 디자인으로 인정할 수 없다는 의도가 반영된 것임을 알 수 있으므로 (B)가 정답이다.

화자가 "They are not what the client is expecting."이라고 말한 이유는 무엇인가?

(A) 매출 하락으로 인한 놀라움을 표현하기 위해서
(B) 디자인에 대한 승인을 거절하기 위해서
(C) 고객과의 계약을 해지하기 위해서
(D) 직원들에게 최근 경향에 정통하도록 요청하기

위해서

정답 | (B)

04강 시각 정보 파악

Practice 7 ★★   영M

> Hello, everyone. Welcome to the International Economic Forum! I'm glad to see such a large turnout and so much enthusiasm for the global economy. The first keynote speaker this afternoon is Dr. Andrew Kim, a prominent economist in South Korea. Dr. Kim will be presenting his findings from his recent study on the correlation between the recent economic growth in developing countries and the global economic downturn. However, unfortunately, Dr. Isabella Choi, our second keynote speaker, has just canceled her speech due to a sudden illness. Therefore, **instead of Dr. Choi, Dr. David Kiesling will be presenting his research on the effects of global warming on the world economy.** Thank you.

> 안녕하세요, 여러분. 국제 경제 포럼에 오신 것을 환영합니다! 국제 경제에 대한 많은 열정을 지닌 분들이 이렇게 많이 참여한 것을 보니 기쁩니다. 오늘 오후 첫 번째 기조 연설자는 바로 한국의 저명한 경제학자이신 앤드류 김 박사님입니다. 김 박사님은 개발도상국들의 최근 경제 성장과 전 세계적인 경기 침체와의 연관성에 관한 연구를 통해 얻은 결과를 오늘 발표하실 것입니다. 하지만 안타깝게도, 두 번째 기조 연설자이신 이사벨라 최 박사님은 갑작스런 병환으로 인해 방금 연설을 취소하셨습니다. 따라서 최 박사님 대신 데이비드 키슬링 박사님이 지구 온난화 현상이 전 세계 경제에 미치는 영향에 관한 그의 연구 결과를 발표할 것입니다. 감사합니다.

어휘 | turnout 참가자 수   enthusiasm 열정   keynote speaker 기조 연설자   prominent 유명한, 저명한   economist 경제학자   findings 연구 결과, 조사 결과   correlation 연관성   economic

경제의   downturn 하강, 하락세   effect 영향   global warming 지구 온난화

Keynote Speeches	
Presenter	Time
Dr. Andrew Kim	1:00 P.M. - 1:20 P.M.
Dr. Isabella Choi	2:00 P.M. - 2:20 P.M.
Break	3:00 P.M. - 3:30 P.M.
Dr. David Kiesling	4:00 P.M. - 4:20 P.M.

- -

기조 연설	
발표자	시간
앤드류 김 박사	오후 1시 – 1시 20분
이사벨라 최 박사	오후 2시 – 2시 20분
휴식	오후 3시 – 3시 30분
데이비드 키슬링 박사	오후 4시 – 4시 20분

해설 | 문제를 먼저 읽고 핵심어를 파악한다. 키슬링 박사가 발표하는 시간을 묻고 있으므로 키슬링 박사에 대해 이야기하는 부분을 집중해서 들어야 한다. 도표에는 발표자와 발표 시간이 제시되고 있는데, 키슬링 박사의 연설 시간도 나와 있으므로 오후 4시가 아닌 다른 시간에 연설할 것임을 미리 예상할 수 있다. 지문 말미에서 화자는 최 박사가 병환으로 연설 일정을 취소하였음을 알리고, 이어 instead of Dr. Choi, Dr. David Kiesling will be presenting his research on the effects of global warming on the world economy.라며 최 박사 대신 키슬링 박사가 그의 연구 결과를 발표한다고 언급하고 있다. 따라서 도표를 통해 키슬링 박사가 최 박사를 대신하여 오후 2시부터 2시 20분까지 연설하게 될 것임을 알 수 있으므로 (B)가 정답이다.

함정 분석 | 키슬링 박사의 연설 시간을 묻는 질문에 도표에서 제시된 시간을 보고 (D)로 헷갈리지 않도록 한다. 도표에서 키슬링 박사는 원래 오후 4시부터 연설하는 일정이지만, 지문에서 발표자의 순서 변경을 공지하였으므로 (D)는 답이 될 수 없다.

도표를 참조하시오. 키슬링 박사는 언제 연설을 하는가?
(A) 오후 1시
(B) 오후 2시
(C) 오후 3시
(D) 오후 4시

정답 | (B)

Practice 8 ★★

A friendly welcome to all Franklin Fresh Market shoppers! This weekend, Franklin Fresh Market is celebrating its twentieth year in business, providing you and your family a courteous and engaging environment. To show our appreciation, we'll be having a huge sale at our four locations. **Here at this shop, you'll get 30 percent off all beverages, including juice and soda.** But please check our Web site at Franklin.com to become a member of our Loyal Franklin Shopper Program. Then, you'll see that each location has different items on sale. Please sign up and enjoy the perks of being a loyal Franklin Shopper!

프랭클린 프레쉬 마켓 쇼핑객 여러분 모두 환영합니다! 이번 주말 프랭클린 프레쉬 마켓은 영업 20주년을 축하하며 여러분과 가족에게 정중하고 매력적인 쇼핑 환경을 제공합니다. 감사의 뜻을 표하기 위해 저희는 4군데에서 대대적인 할인 판매를 실시할 것입니다. 바로 이 상점에서는 주스와 탄산음료를 포함한 모든 음료에서 30퍼센트 할인 혜택을 받으실 수 있습니다. 하지만 저희 홈페이지 Franklin.com에서 로열 프랭클린 쇼퍼 프로그램의 회원이 되십시오. 그러면 각 지점마다 다른 할인 판매 제품들에 대해 알 수 있게 됩니다. 회원으로 등록하셔서 로열 프랭클린 쇼퍼 프로그램 회원으로서의 특전을 누리세요!

어휘 | friendly 우호적인, 친근한 celebrate 축하하다, 기념하다 courteous 예의바른, 친절한 engaging 마음을 끄는, 매력적인 appreciation 감사 huge 거대한 location 장소, 소재지 beverage 음료 loyal 충성스런 item 상품, 항목 on sale 판매되는, 세일 중인 perks 특전

Franklin Fresh Market 30% Discount This Weekend!	
Sale Item	Store location
Fresh Produce	Fremont
Dairy Products	San Jose
Beverages	Cupertino
Baked Goods	Oakland

프랭클린 프레쉬 마켓 이번 주말 30% 할인 행사!	
할인 판매 품목	상점 위치
신선한 농산물	프리몬트
유제품	산 호세
음료	쿠퍼티노
제과제빵류	오클랜드

해설 | 해당 발표가 어느 상점에서 이루어지고 있는지 4군데 중 한 곳을 선택하는 문제이다. 무엇보다 시각 정보인 도표 연계 문제이므로 분명 지문에 도시 이름이 직접적으로 등장하지 않는다는 것을 짐작할 수 있다. 따라서 지점마다 다른 할인 품목에 관한 정보를 통해 단서를 파악해야 한다. 화자는 지문 중반에 Here at this shop, you'll get 30 percent off all beverages, including juice and soda.라고 하며 이 상점에서는 모든 음료를 30% 할인해 준다고 알린다. 도표를 보면 음료에 대한 할인 행사가 열리는 곳이 쿠퍼티노 지점이므로 (C)가 정답이다.

도표를 참조하시오. 어느 상점에서 이 발표를 하고 있는가?

(A) 프리몬트
(B) 산호세
(C) 쿠퍼티노
(D) 오클랜드

정답 | (C)

Practice 9 ★★

What a fantastic audience that participated in the tour today! I'm pleased that many of you had questions, and I hope I was able to give you some special insight into 283 exhibits including two whaling ships at the National Ocean Vessel Museum in London. **My only regret is that we aren't able to see the impressive collection of Navy uniforms.** The gallery is being renovated, so I ask you to join us again in August when it reopens. Next, we'll see a video called The Genius of Magellan. It'll begin in 10 minutes in the Theater. It's truly a fine documentary of in-depth research and reporting on the Five Oceans. It is narrated by Professor Dr. Ferguson teaching Oceanography at the Marine Research Institution located in San Diego.

오늘 견학에 참여하신 환상적인 관객 여러분! 저는 많은 분들이 질문이 있으실 것 같아 기쁘고, 제가 여러분에게 London에 위치한 National Ocean Vessel 박물관이 보유하고 있는 두 척의 포경선을 포함하여 283개에 달하는 전시품들에 대해 깊이 있는 견해를 제시할 수 있길 바라고 있습니다. 제가 유일하게 유감으로 생각하는 것은 저희가 인상적인 해군 제복 전시품들을 볼 수 없다는 점입니다. 해당 전시관이 현재 보수공사 중이라 관심이 있으시면 보수공사가 마무리되고 재개장하는 8월에 다시 찾아주시기 바랍니다. 다음으로 저희는 The Genius of Magellan이란 영상을 관람할 것입니다. 이는 10분 후에 극장에서 상영될 것입니다. 이 영상은 오대양에 대한 깊이 있는 연구와 그 결과를 보고하는 진정으로 훌륭한 다큐멘터리입니다. 이 다큐멘터리의 내레이션은 San Diego에 있는 Marine Research Institution에서 해양학을 강의하는 교수님인 Ferguson 박사님께서 맡으셨습니다.

어휘 | fantastic 환상적인 audience 관객, 청중 participate in ~에 참여하다 special insight 특별한 통찰력, 깊이 있는 견해 exhibit 전시, 전시품, ~을 전시하다 including ~을 포함하여 whaling ship 포경선 vessel 선박 regret 후회, 유감 impressive 인상적인 collection 수거, 모음, 수집품, 소장품 uniform 제복 gallery 화랑, 전시관 renovate ~을 보수하다 reopen ~을 재개장하다 fine 우수한, 뛰어난 in-depth 깊이가 있는 ocean 대양, 바다 narrate ~을 이야기하다, ~을 설명하다 Oceanography 해양학 marine 해양의, 바다의 institution 전문 기관 be located in/at ~에 위치하다

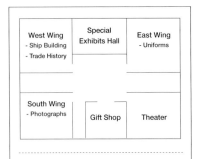

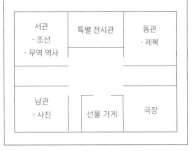

해설 | 평면 지도와 연계하여 오늘 폐쇄되는 전시관이 어디인지 묻는 시각 정보 연계 문제이다. 시각 정보 연계 문제에서는 시각 정보가 두 가지 이상의 정보를 포함하고 있으며 이 때 선지에서 제시된 정보를 배제한 나머지 정보를 파악한 후 이를 지문 내용에서 집중적으로 노려 들어가야 문제 풀이에 필요한 단서를 수월하게 파악할 수 있다. 해당 문제의 선지에 구체적인 전시관 이름이 제시되고 있으므로 주어지는 지문 내용에서는 전시관의 이름을 제외하고 각 전시관의 전시품에 대한 정보를 집중적으로 노려 들어가야 한다. 화자는 담화 중반부에서 My only regret is that we aren't able to see the impressive collection of Navy uniforms.라며 자신이 오늘 유일하게 유감으로 생각하는 것은 인상적인 해군 제복 전시품들을 볼 수 없다는 점이라며 오늘 해군 제복 전시관이 폐쇄된 상태임을 간접적으로 밝히고 있다. 따라서 평면 지도를 통해 해군 제복이 본래 전시되던 곳은 동관, 즉, East Wing임을 알 수 있으므로 정답은 (B)가 된다.

시각 정보를 참조하시오. 오늘 어느 전시관이 폐쇄된 상태인가?

(A) 서관
(B) 동관
(C) 극장
(D) 특별 전시관

정답 | (B)

Practice 10 ★★ 미|M

Hello, everyone. Thank you for coming on such short notice. If you look closely at the report in front of you, we have been experiencing a steady decline in reservations, in spite of our efforts to attract guests. Um… in order for us to sustain viability in the hotel and hospitality industry, we have developed a plan to build a new hotel. As you know, most of the hotels our competitors currently own here have grown old, and they are not well accommodated. This new hotel with 250 elegantly furnished rooms and 40 comfortable suites will be a successful breakthrough for increasing our revenues. We start construction next month. **It is expected to be 200 meters tall and will be located near the local seaport.** Now, it's time to create some innovative ideas to increase our new hotel brand awareness and attract a more affluent and international clientele.

안녕하세요, 여러분. 급한 소집에도 불구하고 회의에 참석해주셔서 감사합니다. 여러분 앞에 놓인 보고서를 면밀히 살펴보시면, 투숙객들을 유치하고자 하는 노력에도 불구하고 우리 호텔의 예약이 지속적으로 감소하고 있음을 알 수 있습니다. 음… 호텔 서비스 업계에서 우리가 생존하기 위해서, 우리는 새로운 호텔을 건설하고자 하는 계획을 마련했습니다. 여러분도 아시다시피, 우리 경쟁사가 보유하고 있는 호텔들의 대부분은 오래되어 시설이 좋지 않습니다. 우리의 새로운 호텔은 격에 맞는 시설들이 구비되어 있는 250개의 객실과 40개의 편안한 특급 객실을 보유하게 되며 이는 수익을 증가시키는 돌파구 역할을 해줄 것입니다. 다음 달에 착공합니다. 호텔은 200미터 높이에 지역 항구 근처에 위치하게 될 것입니다. 자, 이제는 우리의 새로운 호텔 브랜드 인지도를 높이고 더 많은 해외 고객들을 유치할 수 있는 혁신적인 아이디어를 고안해야 할 시점입니다.

어휘 | on such short notice 급한 연락에 closely 꼼꼼하게, 면밀하게 steady 꾸준한 decline 감소, 하락; ~이 감소하다, ~을 거절하다 in spite of ~에도 불구하고 efforts 노력 attract ~을 끌어당기다, ~을 유치하다 in order to Vr ~하기 위해서 sustain ~을 유지하다 viability 생존 능력, 생존성 hospitality industry 서비스업 develop a plan 계획을 마련하다 currently 현재에 own ~을 소유하다 grow old 오래되다, 나이를 먹다 be well accommodated 시설이 좋다 elegantly 우아하게, 격에 맞는 furnished 시설이 구비된 comfortable 편안한 suite 고급 객실 successful 성공적인 breakthrough 돌파구 revenue 수익 be located near ~근처

에 위치하다 it's time to Vr ~해야 할 시점이다 innovative 혁신적인 brand awareness 브랜드 인지도 affluent 부유한, 풍부한, 수량이 막대한 clientele (집합적) 고객, 의뢰인

Shopping mall Area 1	Parking Lot Area 2
Seaport Avenue	
Area 3 Train Station	Area 4 Local Seaport

쇼핑몰 구역 1	주차장 구역 2
항구 거리	
구역 3 기차역	구역 4 지역 항구

해설 | 지도와 연계하여 새로운 호텔이 건설되는 구체적인 장소를 묻는 시각 정보 연계 문제이다. 시각 정보 연계 문제에서는 시각 정보가 두 가지 이상의 정보를 포함하고 있으며, 이 때 선지에서 제시된 정보를 배제한 나머지 정보를 파악한 후 이를 지문 내용에서 집중적으로 노려 들어야 문제 풀이에 필요한 단서를 수월하게 파악할 수 있다. 해당 문제의 선지에 위치가 제시되고 있으므로 지문에서는 시각 정보인 지도에 표기된 위치를 제외하고 새로운 호텔이 어느 건물 주변에 건설될 것인지 알려주는 전치사구 내용 파악을 파악하는 것이 관건이라 할 수 있다. 화자는 지문 후반부에서 It is expected to be 200 meters tall and will be located near the local seaport.라며 호텔은 200미터 높이에 지역 항구 근처에 위치하게 될 것임을 밝히고 있다. 따라서 지도를 통해 지역 항구 근처라고 하면 새로운 호텔은 Area 4에 건설될 것임을 파악할 수 있으므로 정답은 (D)가 된다.

시각 정보를 참조하시오. 새로운 호텔은 어느 곳에 위치할 것 같은가?

(A) 1 구역
(B) 2구역
(C) 3구역
(D) 4구역

정답 | (D)

Practice 11 ★★
영M

Hello, everyone. I have some bad news to deliver to you. Recently, we have had fewer and fewer tourists visiting to enjoy the diverse attractions of our city. As employees at the tourism center, we fully understand that it's our responsibility to attract more tourists from all over the world. So we need new ways and bolder steps to attract foreigners. I think we should hold some festivals to lure international travelers and designate some areas as special tourism districts. There is one more thing. **As for the attraction that received the lowest number of tourists last month, we should lower the admission fee.** The ticket price is currently way too expensive.

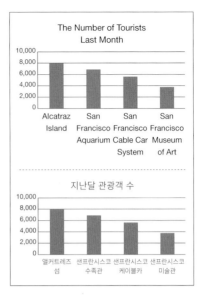

안녕하세요, 여러분. 오늘은 여러분에게 좋지 않은 소식을 전하려고 합니다. 최근 우리 시의 다양한 관광 명소를 즐기고자 방문하는 관광객의 수가 점차 감소하고 있습니다. 관광청에서 근무하는 공무원으로서, 우리는 전 세계에서 관광객을 유치하는 것이 우리의 책임이라는 것을 너무나 잘 알고 있습니다. 그래서 우리는 해외 관광객 유치 를 위한 새로운 방법과 좀 더 과감한 조치가 필요합니다. 저는 우리가 국제 관광객들을 유치하기 위한 축제들을 개최해야 하며, 아울러 일부 지역을 특별 관광 구역으로 지정해야 한다고 생각합니다. 한 가지가 더 있습니다. 지난달에 가장 적은 관광객들이 방문했던 관광 명소에 대해선 입장료를 인하해야 한다고 봅니다. 현재 그곳의 표 값은 너무 비쌉니다.

어휘 | diverse 다양한 attraction 관광 명소
attract 유치하다, 끌다 bold 대범한, 과감한
lure 유혹하다, 유치하다 designate 지정하다
district 구역 admission fee 입장료

해설 | 화자가 입장료 할인을 제안하는 장소를 묻고 있다. 그래프에는 지난달 관광 명소별 관광객 수가 제시되고 있다. 따라서 지문에는 할인을 제안하는 장소가 직접적으로 제시되지 않고, 지난달 방문객의 수와 관련하여 이야기할 것임을 미리 예상할 수 있다. 화자는 관광객을 늘리는 방법에 대해 이야기하며, 지문 말미에서 As for the attraction that received the lowest number of tourists last month, we should lower the admission fee. 라고 하며 지난달에 가장 적은 관광객이 방문한 곳에 입장료를 인하해야 함을 밝히고 있다. 따라서 그래프에서 지난달 방문객이 가장 적었던 장소를 확인하면 San Francisco Museum of Art임을 알 수 있으므로 (D)가 정답이다.

도표를 참조하시오. 화자는 어느 장소에 대해 할인된 입장료를 제안하고 있는가?

(A) 앨커트래즈 섬
(B) 샌프란시스코 수족관
(C) 샌프란시스코 케이블카
(D) 샌프란시스코 미술관

정답 | (D)

Practice 12 ★★★
미W

Thank you for attending the meeting on such short notice. As you know, we release a special perfume right ahead of the company's anniversary every year. Our anniversary perfume will only be available for just two months. You noticed that Today is February 25th. The company's 29th anniversary is coming up in three months, which means we should start creating new perfume sprayers soon. So here's the thing. I want to break all of our designers into four teams, and each team should come up with at least two designs for this special perfume sprayer. I'll give the sales data for the fourth quarter to help you find out what scents our customers prefer. I think it will help you work on this project more efficiently. Ah, one last thing. **the management has already decided that we'll be using the best-selling scent in the last quarter for the anniversary perfume of this year.**

급한 공지에도 불구하고 회의에 참석해 주셔서 감사합니다. 아시다시피, 우리는 매년 회사의 기념일에 앞서 특별한 향수를 출시합니다. 기념일 향수는 단 2개월 동안만 판매합니다. 여러분도 알고 있겠지만 오늘은 2월 25일입니다. 3개월만 있으면 우리 회사의 29주년 기념일이고, 이는 우리가 곧 새로운 향수 분무기를 제작해야 한다는 것을 의미합니다. 자, 그래서 제가 드리고자 하는 말씀은 이렇습니다. 저는 모든 디자이너들을 4팀으로 나누고 각 팀은 이 특별한 향수의 분무기 디자인을 최소 두 개 이상 창작해야 합니다. 여러분이 우리 고객들이 선호하는 향기를 파악하는데 도움이 되도록 4분기 판매 자료를 제공하겠습니다. 이 자료는 여러분이 프로젝트를 보다 효율적으로 수행하는데 도움이 될 것이라 생각합니다. 아, 마지막으로 언급할 것이 있는데, 경영진은 4분기에 가장 많이 판매된 향을 올 기념 향수에 사용할 것이라고 이미 결정했습니다.

어휘 | on such a short notice 급한 공지 release 출시하다 right ahead of ~의 직전에 anniversary 기념, 기념의 available 사용 가능한, 구매 가능한 come up ~이 다가오다 sprayer 분무기 break A into B A를 B로 나누다 come up with ~을 고안하다, ~을 창작하다 at least 최소한

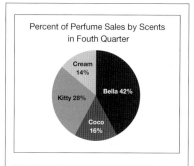

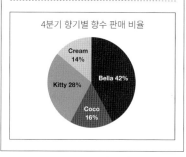

해설 | 특별 제품의 향으로 어떠한 향이 선택될지 묻는 시각정보 연계 문제이다. 선지에 구체적인 향의 이름이 열거되어 있으므로 담화에서는 직접적으로 향의 이름을 언급하지 않을 것임을 알 수 있다. 시각 정보에는 향의 이름 외에도 매출 퍼센트란 또 다른 정보가 포함되어 있으므로 결국 담화에서는 매출 비중과 관련된 단서를 노려 들어야 문제를 수월하게 풀이할 수 있다. 화자는 담화 종료 직전 the management has already decided that we'll be using the best-selling scent in the last quarter for the anniversary perfume of this year.라며 4분기에 가장 많이 판매된 향을 올 기념 향수에 사용하겠다고 이미 결정했음을 전달하고 있다. 매출 자료를 보면 4분기에 가장 많이 판매된 향은 매출의 42%를 차지하고 있는 Bella임을 알 수 있다. 따라서 정답은 (A)가 된다.

그래프를 참조하시오. 특별 제품의 향은 무엇이 되겠는가?

(A) Bella
(B) Coco
(C) Kitty
(D) Cream

정답 | (A)

Practice 13 ★★　　　　　　　　　　　미W

> I would like to welcome you all to Mount Victoria Trails. Walking on the trail will take about two hours, and we will get to see some mountain flowers and trees. The flora on the mountain are thousands of years old. We won't be able to view all of the different species as they are spread out over a wide area. But we will examine a few of them. After we finish walking on the trail, be sure to stop in the local stores at the bottom of the mountain, where you can purchase pictures and books on the flowers and trees specific to this mountain. Okay, let's get started. We have a lot to learn in the next two hours.

빅토리아 산의 산행에 참가하신 여러분들을 환영합니다. 이번 산행은 약 2시간 정도 소요될 예정이며, 산에 있는 꽃들과 나무들을 보시게 될 것입니다. 산에 있는 식물군은 수천 년 동안 생존해온 식물들입니다. 이 식물들은 아주 넓게 퍼져 있어서 모든 식물 종을 다 관찰할 수는 없습니다. 따라서 그 중 일부만 관찰할 예정입니다. 산행을 마친 후, 산 아래 자락에 위치한 매장에 들르시면 이 산에만 존재하는 꽃과 나무들에 관한 사진 및 책자를 구입하실 수 있습니다. 자, 이제 출발하겠습니다. 앞으로 두 시간 동안 여러분은 많은 것을 배우게 되실 것입니다.

어휘 | trail 산책로　flora 식물지, 식물군　species 종자, 종류　spread out 퍼지다, 확산되다　examine 조사하다, 검사하다　specific 특정한, 구체적인, 특별한

해설 | 화자가 이야기를 하고 있는 장소, 즉, 지문이 등장하는 장소에 대해 묻는 질문이므로 지문 초반부에서 관련 단서를 찾아야 한다. 화자는 담화 시작과 함께 I would like to welcome you all to Mount Victoria Trails.라고 하며 빅토리아 산의 산행에 참가한 것을 환영한다는 인사말을 건네고 있다. 화자는 빅토리아 산의 산행을 안내하는 가이드임을 유추할 수 있으므로 (D)가 정답이다.

화자는 어디에 있을 것 같은가?

(A) 정원

(B) 지역 상점
(C) 강가 산책로
(D) 산

정답 | (D)

Practice 14 ★★　　　　　　　　　　　미M

> Hello, everyone. Thank you for joining our mid-morning tour here at the London Museum. Today's tour is very special as we will be focusing only on the Ching Dynasty artifacts section of the museum. These artifacts are extremely delicate; please do not touch any of them. You will notice that many of the vases are not encased in glass or behind screens. Be very careful walking around the artifacts. Before you go in, I would like you to leave your bags, scarves, and coats in the lockers by the lobby. Let's have a good time!

여러분, 안녕하세요. 저희 런던 박물관 오전 견학에 참가해 주셔서 감사합니다. 오늘 견학은 중국 청나라 시대의 공예품만을 둘러볼 예정이므로 매우 특별한 시간이 될 것입니다. 이 공예품들은 대단히 세심한 주의가 필요한 유물들이므로 절대 만지지 마십시오. 여러분께서 보시다시피 많은 공예품들이 유리로 싸여 있지 않을 뿐더러 칸막이도 설치되어 있지 않은 것을 알 수 있습니다. 그러므로 공예품 주변을 걸을 때 각별히 주의를 기울여 주시기 바랍니다. 들어가시기 전에 여러분께서 가지고 계신 가방이나 스카프, 외투는 로비에 있는 사물함에 보관해 두시기 바랍니다. 여러분, 즐거운 시간 보내시기 바랍니다!

어휘 | mid-morning 오전　focus on ~에 집중하다　Ching Dynasty 청나라 왕조　artifact 공예품　extremely 극단적으로, 매우　delicate 섬세한, 민감한　encase 상자 안에 넣다

해설 | 안내방송이 이뤄지는 장소에 대해 묻고 있으므로 지문 초반부에서 제시되는 장소에 대한 단서를 찾는다. 지문 초반부에 Thank you for joining our mid-morning tour here at the London Museum.이라고 하며 런던 박물관 견학 참석에 대해 감사의 말을 전하고, 이어 Today's tour is very special as we will be focusing only on the Ching Dynasty artifacts section of the museum.이라며 청 왕조의 공예품을 관람할 것이란 일정을 밝히고 있다. 따라서 지문의 muscum을 공공 교육 시설, 즉, public educational facility란 유사 표현으로 바꾸어 제시한 (C)가 정답이다.

함정 분석 | 지문에서 나온 표현이 정답에 그대로 제시되는 경우도 있지만, 지문의 표현을 반복한 선지가 함정으로 제시되기도 한다. 유사 표현으로 바꾸어 제시되는 문제가 많이 출제되므로 문제를 풀 때마다 유사 표현을 함께 익히면 실수를 줄일 수 있다.

이 안내방송은 어디에서 이뤄지고 있는가?
(A) 사진관
(B) 중국 식당
(C) 공공 교육 시설
(D) 제조 공장

정답 | (C)

06강 주제 & 목적

Practice 15 ★★   영M

Dancercise combines elements of dance, resistance training, Pilates, yoga, kickboxing and more to create programs for people of every age and fitness level. Each 60-minute Dancercise class includes a warm-up, high-energy aerobic routines, muscle-toning and cool-down stretching segment. Low impact exercises are shown throughout the class so everyone can follow along. Come join us for Dancercise at Megan's Dancercise Studio at 2300 London Blvd.

댄서사이즈는 모든 연령대와 체력 수준에 맞춘 프로그램을 개발하기 위해 댄스, 저항력 훈련, 필라테스, 요가, 킥복싱 등의 모든 요소를 합친 것입니다. 60분 길이의 각 댄서사이즈 수업은 준비 운동, 고에너지 에어로빅 운동, 근육의 탄력 강화와 마무리 스트레칭을 포함하고 있습니다. 수업 내내 모두가 같이 따라할 수 있도록 부담 없이 할 수 있는 운동을 가르쳐 드립니다. 런던 대로 2300번지에 위치한 메간 댄서사이즈

스튜디오에 오셔서 댄서사이즈에 등록하세요.

어휘 | combine 결합시키다   element 요소   resistance training 저항력 운동   fitness 체력, 건강함   warm-up 준비(운동)   high-energy 고에너지   aerobic 에어로빅   routine 일과, 일정한 일련의 댄스 스텝   muscle-toning 근육 탄력 강화   cool-down stretching 마무리 스트레칭   segment 부분, 구획   low impact (몸에) 부담을 주지 않는, 영향이 적은   throughout 처음부터 끝까지   follow along 같이 따라하다

해설 | 광고 대상을 묻는 문제는 곧 광고의 주제를 묻는 질문이다. 광고하는 상품이나 서비스의 정체는 광고 초반부에서 직접적으로 언급된다. 따라서 초반부를 집중해서 들어야 한다. 광고 시작과 함께 Dancercise combines elements of dance, resistance training, Pilates, yoga, kickboxing and more to create programs for people of every age and fitness level.이라고 이야기하는 부분을 통해 댄서사이즈는 여러 종류의 운동을 이용한 종합 운동임을 알 수 있다. 이어진 내용에서도 댄서사이즈 수업에 대해 소개하므로 A workout program으로 바꾸어 표현한 (D)가 정답이다.

함정 분석 | 지문 중반 Low impact exercises are shown throughout the class so everyone can follow along.에서 class를 듣고 (C)로 혼동하지 않도록 한다. 댄서사이즈 수업에 대한 내용일 뿐 스포츠 과학과는 전혀 관계없으므로 (C)는 오답이다.

무엇에 관한 광고인가?
(A) 모던 댄스 공연
(B) 건강한 라이프 스타일
(C) 스포츠 과학 강좌
(D) 운동 프로그램

정답 | (D)

Practice 16 ★   호M

While visiting Los Angeles, don't miss out on a tourist favorite: the Celebrity Home Tour with Hollywood Tour Line. With your knowledgeable and entertaining tour guide, you will meet some of your favorite celebrities, and they will share some behind the-scenes stories of their movie shoots. You will also see the homes of stars like Reese Witherspoon, Lee

Thompson, and even James Wilson! Tours depart three times daily from Monday to Saturday. Please call to book at least 3 hours in advance.

LA를 방문하는 동안 여행객들이 가장 좋아하는 것, 바로 헐리우드 투어 라인과 함께 하는 유명인사 저택 투어를 놓치지 마세요. 박식하면서도 재미있는 여행 안내원과 함께 여러분이 좋아하는 유명인사들을 만나게 될 것이며, 그들은 영화 촬영과 관련된 뒷이야기를 들려줄 것입니다. 여러분은 또한 리스 위더스푼, 리 톰슨 그리고 심지어 제임스 윌슨과 같은 스타들의 주택들도 보실 수 있습니다! 투어는 월요일부터 토요일까지 매일 3번 진행됩니다. 늦어도 3시간 전에 미리 예약해 주시기 바랍니다.

어휘 | miss out on ~을 놓치다 tourist favorite 여행객들이 가장 좋아하는 것 celebrity 유명인사 knowledgeable 박식한 behind the-scenes story 후일담, 뒷이야기 depart 출발하다 book 예약하다 at least 최소한 in advance 미리, 앞서

해설 | 광고 대상은 광고의 주제를 묻는 것이다. 광고에서는 광고되는 서비스나 상품이 주제가 되며, 지문 초반부에 언급되는 것이 일반적이다. 광고 서두에 While visiting Los Angeles, don't miss out on a tourist favorite: the Celebrity Home Tour with Hollywood Tour Line.이라고 하며 LA에 있는 유명인사의 저택을 관람하는 도시 속 관광 상품을 광고하고 있다. the Celebrity Home Tour with Hollywood Tour Line이 키워드이며, tour가 그대로 제시된 (D)가 정답이다.

어떤 서비스가 광고되고 있는가?
(A) 렌터카
(B) 공항 대중교통
(C) 티켓 예약
(D) 도시 관광

정답 | (D)

07강 미래 행동

Practice 17 ★★   호M

> Good morning, all. Thank you for joining us in celebrating the

accomplishments of Melissa McBride, our chief executive officer, as she retires from Beagle Telecom. Ms. McBride has been with us for 27 years. She has spent the last 10 years leading us as one of the most successful companies in America. She has made Beagle Telecom one of the five most easily recognized brands in the world. As CEO, Ms. McBride was very even handed, respectful, and honest with all of her employees. We are happy to have been led by her. **I would now like to present Ms. McBride, who will speak a few words.**

여러분, 안녕하십니까? 저희 비글 텔레콤 사의 최고경영자인 멜리사 맥브라이드 씨의 업적과 은퇴를 기념하는 자리에 참석해 주셔서 감사합니다. 맥브라이드 씨는 우리 회사에서 27년간 근무해 오셨습니다. 그녀는 지난 10년간 우리 회사를 미국에서 가장 성공한 기업 중 하나로 이끌어 주셨습니다. 또한 우리 비글 텔레콤을 세계에서 가장 유명한 5대 브랜드 중 하나로 만들었습니다. 최고경영자로서 맥브라이드 씨는 직원들에게 매우 공정했을 뿐만 아니라 모든 직원들을 존중하는 정직한 분이셨습니다. 그녀가 우리 회사를 이끌어 주신 것을 기쁘게 생각합니다. 이제 몇 마디 말씀을 해주실 맥브라이드 씨를 소개하고자 합니다.

어휘 | accomplishment 공적, 공훈 chief executive officer 최고경영자 recognized brand 인지도가 높은 상표 even handed 공평한 respectful 공손한, 존경하는 speak a few words 연설하다

해설 | 향후 발생할 일을 묻는 질문으로, 미래 행동에 대한 단서는 지문 말미 두 문장에서 제시된다. 지문 후반부에 집중하고 미래 행동을 말하는 패턴을 놓치지 않도록 한다. 화자는 은퇴식에 참석한 사람들에게 인사말을 하고, 지문 마지막에 I would now like to present Ms. McBride, who will speak a few words.라고 하며 자신이 소개하는 맥브라이드 씨가 곧 연설을 할 예정임을 밝히고 있다. 은퇴식 자리로 곧 연설이 있을 것임을 알 수 있으므로 speak a few words를 A farewell speech will be given.으로 바꾸어 표현한 (C)가 정답이다.

다음에 무슨 일이 벌어지겠는가?
(A) 신입 직원이 소개될 것이다.

(B) 비즈니스 오찬이 시작될 것이다.
(C) 고별사가 있을 것이다.
(D) 평생 공로상이 수여될 것이다.

정답 | (C)

Practice 18 ★★
미M

Hello and welcome to La Petite Maison. My name is Jack, and I will be your waiter this afternoon. Let me first tell you about the chef's specials that we have today here at La Petite Maison. The soup of the day is cream of broccoli, and we are offering smoked salmon with a baked potato for our main lunch dish. This dish is priced at only 18 dollars today. All of our entrees include a salad. The various types of salads we have are listed alphabetically in the menu. Let me also remind you that our free drink event starts at 2 P.M. So what can I get for you first?

안녕하세요? 라 프티 메종에 잘 오셨습니다! 제 이름은 잭이고요, 제가 오늘 오후에 손님의 웨이터를 맡게 되었습니다. 먼저 오늘 오후 라 프티 메종의 주방장 특선 요리에 대해 말씀드리겠습니다. 오늘의 수프는 브로콜리 수프이며, 메인 점심 요리로는 훈제 연어와 구운 감자를 제공해드리고 있습니다. 오늘 이 요리의 가격은 단돈 18달러입니다. 모든 주 요리에는 샐러드가 포함되어 있습니다. 다양한 종류의 샐러드들이 알파벳 순서로 메뉴에 적혀 있습니다. 또한 오후 2시에 무료 음료 이벤트가 시작된다는 걸 알려드립니다. 자, 무엇을 먼저 가져다 드릴까요?

어휘 | soup of the day 오늘의 수프 smoked 훈제된 salmon 연어 main lunch dish 메인 점심 요리 be priced at 가격이 ~로 책정되다 entree 주요리 list 리스트[목록]를 작성하다

해설 | 화자의 미래 행동을 묻는 질문이므로 지문 말미에서 제시되는 단서를 놓치지 않도록 주의한다. 화자는 레스토랑에서 제공하는 오늘의 메뉴를 소개하고, 이어 지문 말미에 So what can I get for you first?라고 하며 손님들의 주문을 받고자 하는 의사를 밝히고 있다. 화자는 이어 손님들의 주문을 받을 것이므로 정답은 (A)이며, 선지에서는 '주문받

다'의 의미인 take an order로 바꾸어 표현하였다.

화자는 이후에 무엇을 할 것 같은가?

(A) 주문을 받는다.
(B) 음료를 제공한다.
(C) 계산서를 가져온다.
(D) 메뉴 하나를 소개한다.

정답 | (A)

08강 화자나 청자의 정체

Practice 19 ★
미M

Our store will be closing in 20 minutes. Please complete your shopping and come to the checkout lines. Please don't forget the special sales today in our fresh produce section. Hothouse strawberries are one box for $5. Our customer service counter is now closed. If you have any questions, please ask a store manager. Thank you for shopping with us.

저희 가게는 20분 뒤에 문을 닫습니다. 쇼핑을 마무리하시고 계산대로 이동하세요. 오늘 신선 농산물 코너에서 특별 판매가 있다는 것을 잊지 마시고요. 온실에서 재배한 딸기가 한 상자당 5달러입니다. 저희 고객 관리 담당 카운터는 지금 닫혀 있습니다. 만약 질문이 있으면 점장에게 해주십시오. 저희 가게에서 쇼핑해 주셔서 감사드립니다.

어휘 | complete 마무리하다, 끝내다 fresh produce 신선한 농산물 store manager 점장

해설 | 안내방송의 청자를 묻는 질문이므로 지문 초반부에서 화자가 청자를 직접적으로 언급하거나 혹은 청자의 정체를 유추할 수 있을 만한 관련 어휘나 표현에 집중해야 한다. 지문 시작과 함께 화자가 Our store will be closing in 20 minutes. Please complete your shopping and come to the checkout lines.라고 하며 가게가 20분 뒤에 문을 닫으니 쇼핑을 마무리하고 계산할 것을 권고하고 있다. store, shopping, checkout line 등의 표현을 통해 상점의 안내 방송임을 알 수 있다. 따라서 청자는 쇼핑하는 고객들이므로 (B)가 정답이다.

함정 분석 | 지문 중반부 Our customer service counter is now closed.에서 customer service 만 듣고 (A)를 고르지 않도록 한다. 고객 서비스 코너가 닫혀 있음을 말하는 것일 뿐 안내문의 청자가 고객 관리직원이라고 볼 수 없으므로 (A)는 오답이다.

이 안내방송의 청자는 누구일 것 같은가?

(A) 고객 관리 직원들
(B) 쇼핑 고객들
(C) 최근에 전근 온 직원들
(D) 마케팅 세미나의 참석자들

정답 | (B)

Practice 20 ★★   영M

Hello, all. **Thank you so much for coming to our company outing on this beautiful Saturday afternoon.** This quarter, as you all know, the sales figures for our electronic goods have placed us as the second highest sales group among all regional stores. This picnic is our company's way of saying thank you for all of your continuous dedication and hard work over the last few months. We are hoping to keep this momentum going and to continue to increase our electronics sales. None of this would have been possible, of course, without all of your professionalism and valuable support to the company. I have to say, I personally have had the pleasure and honor of working with you. Enjoy yourselves today!

- -

안녕하십니까, 여러분. 이 아름다운 토요일 오후, 회사 야유회에 와주신 여러분께 매우 감사드립니다. 여러분도 다 아시겠지만, 이번 분기에 이 지역의 모든 매장들 중에서 우리 지점의 전자제품 매출이 두번째로 높았습니다. 이 야유회는 지난 몇 달간 여러분 모두의 지속적인 헌신과 노고에 대한 회사의 고마움을 표현하는 자리입니다. 저희는 이 여세를 몰아 우리의 전자제품 매출을 계속 증가시킬 수 있길 바랍니다. 물론 이 성과는 여러분 모두의 전문성과 회사를 향한 값진 성원이 없었다면 가능하지 않았을 겁니다. 저는 여러분과 함께 일을 하게 되어 영광

이자 정말 기쁘다는 점을 말씀드리지 않을 수 없습니다. 오늘은 마음껏 즐기십시오!

어휘 | company outing 회사 야유회   sales figures 매출액, 판매액   continuous 지속적인   dedication 헌신   over the last few months 지난 몇 달간   keep this momentum going 이 여세를 몰아가다   professionalism 전문성   valuable 귀한, 값진

해설 | 담화를 듣는 청자가 누구인지 묻는 질문으로, 지문 초반부에서 청자를 추측할 수 있는 관련 어휘나 표현에 집중해야 한다. 화자가 지문 시작과 함께 Thank you so much for coming to our company outing on this beautiful Saturday afternoon.이라며 회사 야유회에 참석한 사람들에게 인사를 전하고 있다. 담화를 듣는 청자는 company outing, 즉, 회사 야유회에 참석해야 하는 사람들이므로 회사의 직원들임을 추측할 수 있다. 따라서 (C)가 정답이다.

청자들은 누구일 것 같은가?

(A) 잠재적 투자가들
(B) 회의 참석자들
(C) 직원들
(D) 이사회 임원들

정답 | (C)

09강 문제점

Practice 21 ★★   미M

Attention, everyone. This is Ryan Miller, the maintenance manager, with an emergency announcement. While working on the clogged drain pipes in the bathroom on the top floor, **the plumbers accidentally turned on the ceiling-mounted water sprinklers.** We have no electrical equipment on that floor. But water can leak through to the lower floors if the problem is not fixed soon. So please turn off your computers and cover them with any available waterproof material in your offices as soon as possible. We apologize for any inconvenience this may cause you. Thank you for your cooperation.

주목해 주십시오, 직원 여러분. 저는 시설 관리 부장 라이언 밀러인데, 긴급한 발표 사항이 있습니다. 배관공들이 우리 건물 최상층에 있는 화장실의 막혀 있는 배수관을 공사하던 중에 실수로 천장에 부착된 살수 장치를 작동시켰습니다. 그 층에 전기 장비는 전혀 없습니다. 그렇지만 이 문제가 곧 해결되지 않으면 흘러나온 물이 아래층으로 누수가 될 가능성이 있습니다. 그러므로 여러분은 최대한 빨리 컴퓨터의 전원을 끄시고 사무실에 있는 방수가 되는 재질로 컴퓨터를 덮도록 하십시오. 이 일로 불편을 끼쳐드리게 된 점 사과드립니다. 여러분의 협조에 감사합니다.

어휘 | emergency 긴급 clogged 막힌 plumber 배관공 accidentally 사고로, 실수로 ceiling-mounted 천장에 부착된 water sprinkler 살수 장치 leak 물이 새다 waterproof 방수의

해설 | 지문에서 언급된 문제점을 묻는 질문이다. 문제점에 대한 단서는 대개 지문 초반부에 언급되며, 특히 자기소개 이후에 제시된다. 화자는 자기소개에 이어 the plumbers accidentally turned on the ceiling-mounted water sprinklers.라며 배수관 공사 중에 배관공이 실수로 살수 장치를 작동시켰음을 밝히고 있다. turned on the ceiling-mounted water sprinklers가 핵심 단서이며, 이를 통해 화자가 말하는 문제점은 살수 장치가 작동되었다는 것임을 알 수 있으므로 (C)가 정답이다.

문제점이 무엇인가?

(A) 욕실이 고장났다.
(B) 기술자들이 도착하지 않았다.
(C) 살수 장치가 작동되었다.
(D) 직원들이 내부 전산망에 접속할 수 없다.

정답 | (C)

Practice 22 ★★

영W

Hello! This is a message for Brian Nixon. This is Samanda Fox calling from the customer service department of Celta de Vigo Company. I'm calling about the order you placed for a newly released blender yesterday. Unfortunately, the model is currently out of stock right now and won't be available until August 1st. If you'd like to wait until then, I can call you when your blender comes in. Please call me back. My work number is 212-6313. Thank you for your business and I look forward to hearing from you.

안녕하세요! 이 전화 메시지는 브라이언 닉슨 씨를 위한 메시지입니다. 저는 사만다 폭스라고 하며, 셀타 데 비고 사 고객관리부에서 근무하고 있습니다. 저는 고객님께서 어제 주문하신 신형 믹서기와 관련하여 연락을 드렸습니다. 안타깝게도, 현재 그 모델은 현재 품절 상태이며, 다음 달 8월 1일에 입고가 될 것임을 알려드리고자 합니다. 만약 고객님께서 그때까지 기다리실 수 있다면, 신형 믹서기가 입고되자마자 연락드리겠습니다. 제게 연락주세요. 제 사무실 연락처는 212-6313입니다. 거래해 주셔서 감사드리고, 고객님의 연락을 기다리고 있겠습니다.

어휘 | place an order 주문하다 newly released 새로 출시된 blender 믹서기 unfortunately 안타깝게도 out of stock 품절 상태인 look forward to V-ing ~하기를 고대하다

해설 | 지문에서 언급하는 문제점을 묻고 있는데, 전화 메시지의 경우 문제점은 곧 전화를 건 목적, 주제와 일맥상통한다고 할 수 있다. 화자는 자기소개가 끝나자마자 Unfortunately, the model is currently out of stock right now and won't be available until August 1st.라고 하며 고객이 주문한 제품이 현재 품절 상태임을 밝히고 있다. 고객이 주문한 상품이 현재 구매가 불가능한 상태임을 전달하였으며, the model is out of stock을 A new product is not available.로 바꾸어 표현한 (B)가 정답이다.

문제점이 무엇인가?

(A) 어떤 기기가 망가졌다.
(B) 신제품을 구할 수 없다.
(C) 회사가 파산했다.
(D) 주문이 취소되었다.

정답 | (B)

7장 PART 4 지문 유형별 풀이 요령

이강 공지 & 안내

Practice 1

호M

Questions 1 through 3 refer to the following telephone message.

Hi, Ms. Thatcher. **³This is William Clinton. ¹'²I'm calling to remind you of the monthly sales meeting on Tuesday. This Tuesday, we will discuss our quarterly profits statement.** We need to find a way to more aggressively increase our profits. The meeting will begin at exactly 9 A.M. and will be held in the conference room on the fourth floor. **³You can call me at extension 1001 if you have any questions.** If not, I will see you at the meeting. Please be on time. Thank you.

문제 1-3번은 다음 전화 메시지를 참조하시오.

안녕하세요, 대처 씨. 저는 윌리엄 클린턴이라고 합니다. 화요일에 있을 월례 영업 회의에 대해 상기시켜 드리고자 전화 드렸습니다. 오는 화요일, 저희는 분기 수익 결산서에 대해 논의할 것입니다. 수익을 보다 적극적으로 높이기 위한 방법을 찾아야 합니다. 회의는 정확히 오전 9시에 시작될 예정이며, 4층에 있는 회의실에서 열립니다. 질문사항이 있으시면 내선번호 1001번을 통해 제게 연락하시면 됩니다. 그렇지 않을 경우, 회의에서 뵙기를 바라며 지각하지 않도록 신경 써 주시기 바랍니다. 감사합니다.

어휘 | remind 상기시키다, 알리다 monthly 월별, 월간 sales meeting 영업 회의 quarterly 분기별 profits statement 수익 결산서 aggressively 공격적으로, 적극적으로 extension 연장, 내선번호

1. 화자나 청자의 정체 - 청자의 정체 ★

해설 | 질문의 키워드는 Who, listener이며, 메시지의 청자를 묻는 문제이다. 청자의 정체는 화자의 인사말에 직접적으로 제시되거나, 지문 초반부에 제

시되는 관련 표현을 통해 추측할 수 있다. 지문 초반부에 I'm calling to remind you of the monthly sales meeting on Tuesday.라며 월례 영업 회의가 있음을 알리고, 이어 This Tuesday, we will discuss our quarterly profits statement.라며 회의에서 분기 수익 결산서에 대해 논의할 것이라고 밝힌다. 영업 회의에 대해 이야기하는 메시지이므로 청자는 영업을 담당하는 영업 부장, 즉, (D)가 정답이다.

청자는 누구일 것 같은가?

(A) 유통업자
(B) 회사 회계사
(C) 취업 지원자
(D) 영업 부장

정답 | (D)

2. 주제 - 메시지의 목적 ★★

해설 | 질문의 키워드는 What, purpose이며, 메시지의 목적을 묻는 문제이다. 화자의 인사말과 자기소개 직후에 제시되는 두 문장 내외에서 다루는 중점적인 핵심 사항을 파악하는 것이 관건이다. 화자는 인사말과 자기소개 이후 I'm calling to remind you of the monthly sales meeting on Tuesday. This Tuesday, we will discuss our quarterly profits statement.라며 곧 있을 월례 영업 회의에 대한 안내와 회의의 주요 안건을 언급하고 있다. 따라서 다가올 회의에 대해 설명하기 위한 목적의 메시지임을 파악할 수 있으므로 (C)가 정답이다.

메시지의 목적은 무엇인가?

(A) 이전 요청에 대한 후속 조치를 취하기 위해
(B) 예약을 확인하기 위해
(C) 다가올 회의에 대해 설명하기 위해
(D) 신제품 시연회 일정을 정하기 위해

정답 | (D)

3. 세부 사항 - 청자가 정보를 더 얻기 위해 해야 할 일 ★★

해설 | 질문의 키워드는 What, listener, do, for more information이며, 청자가 추가 정보를 얻기 위해 해야 하는 것을 묻는 세부 사항 문제이다. 화자의 요청이 곧 청자가 해야 할 일이 되므로 지문 후반부에서 화자가 청자에게 요청하는 내용에 집중하되, 동사를 놓치지 않도록 주의해야 한다. 화자는 지문 말미에서 여자에게 You can call me at extension 1001 if you have any questions. 라며 궁금한 점이 있으면 자신에게 연락할 것을 요청하였고, 지문 초반부에 화자는 This is William Clinton.이라며 자신이 윌리엄 클린턴이라고 밝힌 바 있다. 따라서 청자가 더 많은 정보를 얻기 위해서는 클린턴 씨에게 연락해야 함을 알 수 있다. '전화하다'를 뜻하는 call을 contact로 바꾸어 표현한 (D)가 정답이다.

청자가 더 많은 정보를 얻기 위해서는 무엇을 해야 하는가?

(A) 소개책자를 요청한다.
(B) 영업 이사와 이야기를 나눈다.
(C) 대처 씨에게 이메일을 보낸다.
(D) 클린턴 씨에게 연락한다.

정답 | (D)

Practice 2   호W

> Questions 4 through 6 refer to the following notice.
>
> Attention, employees! **⁵This is Sue Lee, Security Manager of Cupertino Modern Art Institute.** As your security manager, **⁴I'm so pleased to announce that the new security system is due to be installed over the weekend.** Starting Monday, all full-time staff and curators will need to carry their new identification cards. **⁶These cards will also function as the door key.** You should hold your identification card against the electronic panel to the right of the door in order to unlock it and enter or exit the building. If you still do not have your identification card, you must go and see Ms. Linda Wilson in Technical Support by Thursday at noon in order to get a new identification card. Thank you in advance for your anticipated cooperation in this matter.

문제 4-6번은 다음 공지를 참조하시오.

주목해 주세요, 직원 여러분! 저는 쿠퍼티노 현대 미술관의 보안 책임자인 수 리입니다. 보안 책임자로서 저는 이번 주말 동안 설치될 새 보안 시스템에 대해 발표하게 된 것을 기쁘게 생

각합니다. 월요일부터 모든 정직원들과 큐레이터들은 새로운 신분증을 가지고 다녀야 합니다. 이 신분증은 문을 여닫는 열쇠로서의 기능을 하게 됩니다. 여러분이 문을 열고 건물을 출입하기 위해서는 신분증을 문 오른쪽에 위치하고 있는 전자 패널에 대야 합니다. 신분증을 소유하고 있지 않다면, 목요일 정오까지 기술지원부의 린다 윌슨 씨를 찾아가 새 신분증을 발급 받으세요. 이 문제와 관련해 향후에 있을 여러분의 협조에 감사드립니다.

어휘 | security manager 보안 책임자 institute 협회, 전문 연구소, 전문 기관 security system 보안 시스템 be due to ~할 예정이다 full-time staff 정직원 curator 큐레이터 function as ~로서의 기능을 하다 hold A against B A를 B에 대다 unlock ~을 열다, ~의 자물쇠를 풀다 anticipated 예상되는, 예측되는 cooperation 협조

4. 주제 - 안내문의 내용 ★

해설 | 질문의 키워드는 What, announcement이며, 안내문의 주제에 대해 묻는 질문이다. 안내문의 초반부에서 집중적으로 다뤄지는 중심 소재를 파악하는 것이 관건이다. 화자는 자기소개에 이어, 지문 초반부에 I'm so pleased to announce that the new security system is due to be installed over the weekend.라며 주말에 설치될 새로운 보안 시스템에 대해 발표할 것임을 알리고 있다. 새로운 보안 시스템에 대한 안내이므로 security system을 그대로 제시한 (B)가 정답이다.

안내문은 무엇에 관한 내용인가?

(A) 새로운 전시회
(B) 보안 시스템 갱신
(C) 연간 회비
(D) 기술 발전

정답 | (B)

5. 장소 - 안내가 이루어지고 있는 장소 ★

해설 | 질문의 키워드는 Where, announcement, made이며, 안내문이 등장하는 장소를 묻고 있다. 지문 초반부에 장소가 직접적으로 제시되거나 장소를 추측할 수 있는 관련 어휘나 표현에 집중해야 한다. 지문 초반부 화자의 자기소개 This is Sue Lee, Security Manager of Cupertino Modern Art Institute.에서 화자는 자신이 쿠퍼티노 미술관의 보안 책임자라고 소개하고 있다. Cupertino

Modern Art Institute라고 언급하였으므로 안내문이 방송되는 곳은 바로 미술관임을 알 수 있다. 따라서 정답은 (B)이다.

함정 분석 | This is Sue Lee, Security Manager of Cupertino Modern Art Institute.에서 modern art만 듣고 (A)를 고르지 않도록 한다. 미술관 입장에 필요한 보안 시스템에 대한 안내이므로, 장소가 현대 미술 세미나라고 볼 수 없다.

이 안내문이 이뤄지는 곳은 어디인가?
(A) 현대 미술 세미나
(B) 미술관
(C) 놀이공원
(D) 컴퓨터 기술 박람회

정답 | (B)

6. 세부 사항 - 신분증이 필요한 이유 ★★

해설 | 질문의 키워드는 What, cards, needed이며, 신분증(cards)이 필요한 이유에 대해 묻는 세부 사항 문제이다. 지문에서 신분증이 소개되는 부분을 중심으로 단서를 파악해야 한다. 화자는 These cards will also function as the door key.라며 카드가 열쇠로서의 기능을 한다고 말하고, 이어서 You should hold your identification card against the electronic panel to the right of the door in order to unlock it and enter or exit the building.이라며 건물 출입 시 카드 사용 방법에 대해 추가로 설명하고 있다. 이를 통해 신분증이 건물 출입에 필요한 것임을 알 수 있으므로 정답은 (D)이다.

신분증은 무엇 때문에 필요한가?
(A) 대중교통을 이용하기 위해서
(B) 입장료를 지불하기 위해서
(C) 재무 자료를 이용하기 위해서
(D) 문을 열기 위해서

정답 | (D)

02강 방송

Practice 3   미M

Questions 7 through 9 refer to the following broadcast.

7 This is Ryan Kim from Walnut Creek

WCB, bringing you all your local news and weather. On Friday, Walnut Creek council members announced plans to build a brand new library. The library, which will take around one and a half years to complete, will hold about 38,000 books covering a range of topics. **8 Mr. Grant Eastwood, mayor of Walnut Creek, said that the new library is required due to rapidly increasing number of books in the current library.** The total cost of the project will be approximately $3 million dollars. Also, it is expected that about 15 new library staff will be hired. **9 And now it's time for an update on today's traffic report.**

문제 7-9번은 다음 방송을 참조하시오.

여러분에게 지역 소식과 날씨를 전하는 월넛 크리크 WCB의 라이언 김입니다. 금요일에, 월넛 크리크 의회 의원들은 새로운 도서관을 세울 계획을 발표했습니다. 1년 반 후에 준공될 이 도서관은 광범위한 분야에 걸쳐 약 38,000권의 책을 소장하게 될 것입니다. 월넛 크리크의 시장인 그랜트 이스트우드 씨는 기존 도서관에서 책의 수가 급속히 증가하는 관계로 새 도서관이 필요하다고 언급했습니다. 이 프로젝트의 총 비용은 대략 300만 달러가 소요될 예정입니다. 또한, 약 15명의 새로운 도서관 직원이 고용될 것으로 예상되고 있습니다. 이제 오늘의 최신 교통 정보를 전해드릴 시간입니다.

어휘 | council (시·군) 의회   hold 수용하다, 보유하다   rapidly 급속히, 빠르게   approximately 대략

7. 화자나 청자의 정체 - 화자의 직업 ★

해설 | 질문의 키워드는 Who, speaker이며, 화자가 누구인지 묻는 첫 번째 질문이다. 지문 초반부에서 화자의 정체가 직접 드러나거나 혹은 화자의 정체를 추측할 수 있는 표현이 제시되는 부분에 집중해야 한다. 화자는 지문 시작과 함께 This is Ryan Kim from Walnut Creek WCB, bringing you all your local news and weather.라며 자신이 지역 뉴스와 날씨를 전달한다고 자기소개를 하고 있다. 지문 초반부의 local news와 weather, 마지막 문장의 today's traffic report를 통해 화자는 지역 뉴스와 일기예보를 전하는 라디오 방송인임을 알 수

있으므로 (C)가 정답이다.

함정 분석 | local news만 듣고 (B)로 헷갈리지 않도록 한다. bringing you all your local news and weather로 보아 화자는 방송 진행자이므로 (B)는 답이 될 수 없다.

화자는 누구일 것 같은가?
(A) 공무원
(B) 언론인
(C) 라디오 방송인
(D) 도서관 사서

정답 | (C)

8. 세부 사항 - 새 건물이 건축되는 이유 ★★★

해설 | 질문의 키워드는 Why, new building, constructed이며, 새로운 건물이 건축되는 이유에 대해 묻고 있다. 지문에서 신규 건축 공사가 소개될 것임을 미리 예상하고, 신규 건축 공사를 언급하는 부분을 중심으로 단서를 찾아야 한다. 화자는 Mr. Grant Eastwood, mayor of Walnut Creek, said that the new library is required due to rapidly increasing number of books in the current library.라고 하며 기존 도서관에서 책의 수가 급속히 늘어서 새로운 도서관이 필요하다고 언급하고 있다. 책의 증가로 새로운 도서관이 필요하다고 하였으므로, 기존 도서관의 공간이 부족하여 신규 도서관의 건축이 필요하다는 것을 알 수 있다. 이를 The existing building is too small.로 바꾸어 표현한 (C)가 정답이다.

방송에 따르면, 새로운 건물이 건축되는 이유는 무엇인가?
(A) 지역 공무원들이 더 많은 해외 관광객을 유치하길 원한다.
(B) 오래된 건물이 시간이 지남에 따라 파손되었다.
(C) 기존의 건물 공간이 협소하다.
(D) 정부 기관들이 곧 이전한다.

정답 | (C)

9. 세부 사항 - 청자들이 이후에 듣는 것 ★

해설 | 질문의 키워드는 listeners, hear, next이며, 청자들이 이후에 듣게 될 것을 묻는 마지막 문제이므로 지문 후반부에서 단서를 찾아야 한다. 화자가 지문 말미에서 And now it's time for an update on today's traffic report.라며 교통 방송을 전할 시간이라고 말하고 있다. 따라서 청자가 이후에 듣

게 될 방송은 교통 방송이므로 (B)가 정답이다. 아울러 다음 방송이 무엇인지를 묻는 질문이므로, 이에 대한 단서는 당연히 기존 방송이 끝나가는 방송 말미에 제시될 것임을 예상할 수 있다.

청자들은 이후에 무엇을 듣게 될 것 같은가?
(A) 연예계 뉴스
(B) 지역 교통 정보
(C) 일기예보
(D) 고전 음악 프로그램

정답 | (B)

Practice 4   미W

Questions 10 through 12 refer to the following news report.

Good evening. This is Mary Cooper with your PPB traffic report. Many cars are stuck in a traffic jam around the shopping mall and in the downtown area. **10, 11 Even the outer road is full of cars due to people celebrating Christmas Eve.** Drivers may need 30 minutes to go from the outer road to the downtown area. **12 We recommend avoiding the outer road and taking Highway 22 since traffic is clear on this road.** Stay tuned for Minn's international business news today.

문제 10-12번은 다음 뉴스 보도를 참조하시오.

안녕하세요. 여러분의 PPB 교통 방송의 메리 쿠퍼입니다. 많은 자동차들이 쇼핑몰 근처와 도심 지역에서 교통 체증에 갇혀 있습니다. 외곽 도로마저도 크리스마스 이브를 기념하는 사람들 때문에 차들로 가득 차 있습니다. 운전자들은 외곽 도로에서 도심 지역까지 오는데 30분 정도 걸릴 것입니다. 외곽 도로를 피하시고 교통 체증이 풀린 22번 고속도로를 이용하시기를 권합니다. 민의 오늘의 국제 경제 뉴스를 위해 채널 고정하세요.

어휘 | be stuck in ~에 막히다, ~에 갇혀 있다 downtown area 도심 지역 outer road 외곽 도로 avoid 피하다

10. 세부 사항 - 정체가 발생하는 곳 ★★

해설 | 질문의 키워드는 Where, expect, delays이며, 청자가 정체를 예상할 수 있는 곳을 묻고 있다. 이를 통해 교통 상황에 대한 지문임을 미리 예상할 수 있으며, 정체 도로에 관한 언급을 놓치지 않고 들어야 한다. 화자는 교통 체증이 심하다고 전하며, 이어서 Even the outer road is full of cars due to people celebrating Christmas Eve.라며 외곽 도로가 차로 가득 차 있다고 이야기한다. 따라서 청자들은 외곽 도로가 정체되었음을 알 수 있으므로 (A)가 정답이다.

함정 분석 | 지문 후반 Highway 22를 듣고 (B)를 고르지 않도록 한다. 지문 후반 화자는 22번 고속도로의 교통 체증이 풀렸다고 하였으므로 (B)는 오답이다.

청자들은 어디서 정체를 예상할 수 있는가?

(A) 외곽 도로
(B) 22번 고속도로
(C) 역 근처
(D) 교외 지역

정답 | (A)

11. 세부 사항 - 정체의 원인 ★

해설 | 질문의 키워드는 What, caused, delay이며, 정체의 원인을 묻는 문제이다. 교통 상황을 설명하는 부분에서 정체의 원인을 함께 파악해야 한다. 지문 초반부에 화자는 Even the outer road is full of cars due to people celebrating Christmas Eve.에서 크리스마스 이브를 기념하는 사람들 때문에 차가 많다고 말하고 있다. 따라서 정체의 원인은 크리스마스 이브 축하 때문이므로 (B)가 정답이다.

정체의 원인은 무엇인가?

(A) 교통 사고
(B) 크리스마스 이브 축하
(C) 많은 교통량
(D) 출구 폐쇄

정답 | (B)

12. 요청 & 제안 - 화자의 제안 사항 ★

해설 | 질문의 키워드는 What, speaker, recommend이며, 화자가 무엇을 제안하는지 묻는 문제이다. 화자의 제안에 대한 단서는 지문 후반에 제시되는 것이 일반적이다. 지문 후반부를 집중해서 듣되, 특히 동사를 놓치지 않아야 한다. 지문 후반부에 화자는 We recommend avoiding the outer road and taking Highway 22 since traffic is clear on this road.라며 외곽 도로를 피하고 정체가 풀린 22번 고속도로를 이용하라고 권하고 있다. 정체가 풀린 22번 고속도로를 제안하고 있으므로, 이를 taking another road로 바꾸어 표현한 (C)가 정답이다.

화자가 제안하는 것은 무엇인가?

(A) 감속하여 운전하기
(B) 뉴스 속보를 청취하기
(C) 다른 도로를 이용하기
(D) 경찰에게 전화하기

정답 | (C)

03강 인물 소개

Practice 5　　　　　　　　　　　　　영M

Questions 13 through 15 refer to the following introduction.

Good afternoon and **13 welcome to the Walnut Creek Public Library.** Today we're very lucky to have as our guest Ms. Lee Thompson. Ms. Thompson has graduated from a prestigious college and worked in the personal and corporate accounting sector for 15 years. She is also the professional author of the bestselling book, "Easy Saving Money". **14 Today, her topic is how to invest some spare cash.** Please be reminded that her lecture will be recorded and this high quality audio file will be uploaded to the server of the Walnut Creek Library. **15 So if any of you would like to listen to her lecture repeatedly, just log on to the library's Web site and download it.** Now, let's give a warm welcome to Ms. Thompson.

문제 13-15번은 다음 소개를 참조하시오.

안녕하세요. 월넛 크리크 공공 도서관에 오신 여러분을 환영합니다. 오늘 저희는 운 좋게도 리 톰프슨 씨를 초빙 강연자로 모시게 되었습니다. 톰프슨 씨는 명문대를 졸업하고 개인 및 법인 회계 분야에서 15년간 근무했습니다. 그녀는 또한 "쉽게 돈 모으기"란 베스트셀러를 쓴 저자이기도 합니다. 오늘 그녀의 강연 주제는 여유 자금 투자법이 될 것입니다. 그녀의 강연은 녹음돼 고품질 음성 파일로 월넛 크리크 도서관 서버에 저장됩니다. 따라서 누구든 그녀의 강연을 반복적으로 듣고 싶은 분들은 도서관 홈페이지에 접속해 파일을 내려 받으시면 됩니다. 그럼 톰프슨 씨를 따뜻하게 환영해 주시기 바랍니다.

어휘 | graduate from ~를 졸업하다 prestigious 일류의 accounting 회계 invest 투자하다 please be reminded that ~을 알아두기 바랍니다

13. 장소 - 발표가 이루어지는 곳 ★

해설 | 질문의 키워드는 Where, presentation, taking place이며, 프레젠테이션이 이루어지고 있는 장소를 묻는 첫 번째 문제이다. 지문 초반부에서 단서를 찾아야 하며, 장소에 대한 단서는 직접적으로 언급되기도 하고 관련 어휘나 표현으로 유추하기도 한다. 지문 초반부 화자의 인사말에 이어 welcome to the Walnut Creek Public Library.라며 공공 도서관이라고 밝히고 있다. 따라서 (C)가 정답이다.

발표는 어디에서 이뤄지고 있는가?
(A) 시상식
(B) 금융 기관
(C) 지역 도서관
(D) 영화제

정답 | (C)

14. 주제 - 강연의 주제 ★★★

해설 | 질문의 키워드는 What, topic, lecture이며, 강연의 주제를 묻는 문제이다. 지문에서 강연에 대한 소개가 나올 것임을 미리 예상할 수 있고, 따라서 강연 소개 중 언급되는 중심 소재를 파악해야 한다. 강연자에 대한 소개에 이어, 지문 중반부에 Today, her topic is how to invest some spare cash.라며 발표자의 강연이 여유 자금 투자법에 관한 내용이라고 밝히고 있다. 강연이 여유 자금 투자법에 관한 내용이라고 하였으므로, 이를 How to manage money well로 바꾸어 표현한 (A)가 정답이다.

함정 분석 | 지문 중반부 She is also the professional author of the bestselling book,

"Easy Saving Money".를 듣고 (C)를 고르지 않도록 한다. 강연자가 베스트셀러의 저자라고 소개하는 내용일 뿐, 강연의 주제와는 관련이 없으므로 (C)는 오답이다.

강연의 주제는 무엇인가?
(A) 돈을 잘 관리하는 법
(B) 세금을 줄이는 법
(C) 책을 쓰는 법
(D) 컴퓨터 서버를 다루는 법

정답 | (A)

15. 세부 사항 - 웹사이트에서 이용 가능한 것 ★★

해설 | 질문의 키워드는 what, available, Web site이며, 웹사이트에서 이용 가능한 정보를 묻고 있다. 자주 출제되는 문제 유형으로 추가 정보를 얻는 방법은 주로 지문 후반부에 제시된다. 지문 후반부에 So if any of you would like to listen to her lecture repeatedly, just log on to the library's Web site and download it.이라며 강연을 녹음한 파일을 웹사이트에서 다운로드할 수 있다고 알려주고 있다. 웹사이트에서 강연 녹음 파일을 받을 수 있다고 하였으므로 정답은 (A)이다.

화자에 따르면, 웹사이트에서 이용 가능한 것은 무엇인가?
(A) 강연 녹음 파일
(B) 다가오는 회계 세미나 일정
(C) 공과금 납입일
(D) 톰프슨 씨의 연락처

정답 | (A)

Practice 6   미W

Questions 16 through 18 refer to the following introduction.

Welcome to our 5th annual employee awards ceremony. **16 I'm very pleased to announce this year's salesperson, Ms. Stephanie Johns.** Thanks to her efforts, **17 our new laptop's total sales increased by 20% this year compared to last year.** Ms. Johns, would you please come forward to receive your award? **18 We'd also like you to share your success story** with us. Would all of you join me in congratulating Ms. Johns?

문제 16-18번은 다음 소개를 참조하시오.

제5회 연례 직원 시상식에 오신 걸 환영합니다. 올해의 판매원 수상자인 스테파니 존스 씨를 소개하게 되어 대단히 기쁩니다. 그녀의 노력으로, 우리의 새로운 노트북 컴퓨터의 올해 총 매출액이 작년에 비해 20퍼센트 증가하였습니다. 존스 씨, 이제 앞으로 나오셔서 상을 받아 주시겠어요? 또한 우리에게 당신의 성공담을 전해 주시기 바랍니다. 여러분, 저와 함께 존스 씨를 축하해 주시겠습니까?

어휘 │ annual 연례의 awards ceremony 시상식 compared to ~에 비해 share 함께 나누다, (생각·사건 등을 남에게) 이야기하다

---

16. 주제 – 담화의 목적 ★

해설 │ 질문의 키워드는 What, purpose이며, 담화의 목적, 즉 주제를 묻는 문제이다. 선지를 미리 파악하고 담화 초반부에서 다루는 중심 소재를 파악하는 것이 중요하다. 화자는 시상식에 온 청자들에게 인사말을 하고, 이어 I'm very pleased to announce this year's salesperson, Ms. Stephanie Johns.라며 올해의 판매원 수상자를 발표하고 있다. 따라서 수상자를 발표하기 위한 담화이며, to announce this year's salesperson을 to announce an award winner로 바꾸어 표현한 (D)가 정답이다.

함정 분석 │ 지문 초반부 Welcome to our 5th annual employee awards ceremony.에서 welcome과 employee를 이용한 함정 (A)를 고르지 않도록 한다. 직원 시상식에서 이루어지는 담화이며, 신입 직원 환영과는 관련이 없으므로 답이 될 수 없다.

담화의 목적은 무엇인가?
(A) 신입 직원을 환영하는 것
(B) 신제품을 출시하는 것
(C) 새로운 노트북 컴퓨터를 광고하는 것
(D) 수상자를 발표하는 것

정답 │ (D)

---

17. 화자나 청자의 정체 – 청자의 직업 ★

해설 │ 질문의 키워드는 What, business, work

이며, 어떤 업종에서 일하는지 묻는 문제이다. 이는 청자의 정체나 직업을 묻는 문제와 동일하다. 직업을 나타내는 표현을 통해 업종을 유추해야 한다. 화자는 수상자를 발표하고, 이어서 our new laptop's total sales increased by 20% this year compared to last year.라며 새로운 노트북 컴퓨터의 총 매출이 작년에 비해 증가했다고 발표하고 있다. 이를 통해 화자와 청자들은 노트북을 판매하는 곳에서 일하고 있음을 알 수 있다. 따라서 (A)가 정답이다.

그들은 어떤 업종에서 일하는가?
(A) 전자 회사
(B) 건축 회사
(C) 택배 회사
(D) 사무용품 판매점

정답 │ (A)

---

18. 미래 행동 – 청자가 다음에 할 일 ★

해설 │ 질문의 키워드는 What, audience, do next 이며, 청자들이 다음에 할 일을 묻는 미래 행동 문제이다. 미래 행동에 대한 단서는 지문 후반부에 제시되는 것이 일반적이다. 지문 후반부에 집중하고 특히 동사를 놓치지 않도록 한다. 화자는 수상자를 부르고, 이어 지문 후반부에 We'd also like you to share your success story with us.라며 수상자의 성공담을 공유해 줄 것을 요청하고 있다. 따라서 청자는 이후 수상자의 성공담을 들을 것이므로 (B)가 정답이다.

청자들은 다음에 무엇을 할 것인가?
(A) 다음 게스트를 기다릴 것이다.
(B) 존스 씨의 연설을 들을 것이다.
(C) 직원 회의에 참석할 것이다.
(D) 존스 씨와 함께 점심을 먹을 것이다.

정답 │ (B)

04강 전화 메시지

Practice 7   미W

Questions 19 through 21 refer to the following telephone message.

Hello, Ms. Keller. **19 My name is Samantha Fox, and I'm a volunteer for the Wolf Creek Community**

Association. **20 Today, I'm calling to let you know that we're holding a fundraiser for the Wolf Creek Art Gallery on Saturday, April 5.** The event will be held at the art gallery. It will start at 1 P.M. and will include food, refreshments, and an auction for several works of art created by local artists. We're inviting all Wolf Creek residents, so if you or any of your neighbors can make it, I think it'll be a lot of fun. Thank you, and I hope to see you on April 5. **21 If you want some more information, call me at 445-3231.** Have a nice day.

문제 19-21번은 다음 전화 메시지를 참조하시오.

안녕하세요, 켈러 씨, 저는 사만다 폭스라 하고, 울프 크리크 지역 협회에서 자원봉사자로 활동하고 있습니다. 오늘 저는 4월 5일 토요일에 울프 크리크 미술관을 위한 기금 마련 행사가 개최된다는 사실을 알리고자 연락드렸습니다. 이 행사는 미술관에서 오후 1시에 시작될 것이고, 음식과 음료가 제공되며 지역 미술가들이 창작한 여러 미술품의 경매도 진행될 것입니다. 저희는 울프 크리크의 모든 주민들을 초청할 것이며, 당신이나 주변 이웃 분들이 참여하실 수 있다면 아주 즐거운 시간을 보내실 것이라고 생각합니다. 감사를 드리며, 4월 5일에 뵙기를 바랍니다. 좀 더 많은 정보를 원하시면, 445-3231로 제게 연락주세요. 좋은 하루 되세요.

어휘 | volunteer 자원봉사 hold 열다, 개최하다 fundraiser 기금 마련 행사 be held 개최되다 refreshments 가벼운 음식물 auction 경매 works of art 미술 작품 make it 참석하다, 참여하다

19. 화자나 청자의 정체 – 사만다 폭스 씨의 직업 ★

해설 | 화자의 정체에 대해 묻고 있으므로 메시지 초반부에서 화자의 정체가 직접적으로 제시되거나 이를 유추할 수 있는 어휘나 표현이 언급되는 부분에 초점을 맞춰야 한다. 화자는 My name is Samantha Fox, and I'm a volunteer for the Wolf Creek Community Association.이라고 하며 자신이 울프크리크 지역 협회에서 자원봉사자로 근무하고 있음을 밝히고 있다. 폭스 씨의 정체는 자원봉사자이므로 (B)가 정답이다.

사만다 폭스 씨는 누구인가?

(A) 행사 기획자
(B) 자원봉사자
(C) 지역 미술가
(D) 큐레이터

정답 | (B)

20. 주제 – 화자가 전화를 건 이유 ★★

해설 | 화자가 전화를 건 이유는 메시지 초반부에 화자의 인사말과 자기소개 직후에 제시되는 것이 일반적이다. 인사말과 자기소개 직후에 Today, I'm calling to let you know that we're holding a fundraiser for the Wolf Creek Art Gallery on Saturday, April 5.라고 하며 4월 5일에 울프 크리크 미술관을 위한 기금 마련 행사가 있을 것이라는 소식을 전달한다는 전화 용건을 밝히고 있다. 기금 마련 행사에 관한 소식을 전달하는 것을 정보를 제공하는 것으로 표현한 (D)가 정답이다.

함정 분석 | 지문 후반부의 We're inviting all Wolf Creek residents를 듣고 (C)로 혼동하지 않도록 한다. 기금 마련 행사에 초대한다는 내용이 있지만 단체에 가입을 요청하는 것은 아니므로 (C)는 답이 될 수 없다.

화자가 전화를 건 이유는 무엇인가?

(A) 예약을 확인하기 위해
(B) 문제점을 보고하기 위해
(C) 누군가에게 단체 가입을 요청하기 위해
(D) 정보를 제공하기 위해

정답 | (D)

21. 요청 & 제안 – 화자의 요청 ★★

해설 | 청자들이 해야 할 행동은 메시지 후반부에서 화자의 요청 / 추천 / 권고 / 제안을 통해 제시된다. 화자가 메시지 말미에서 If you want some more information, call me at 445-3231.이라고 하며 더 많은 정보를 알고 싶다면 445-3231번으로 자신에게 연락하라고 한다. 따라서 call me at 445-3231을 Contact Ms. Fox로 표현한 (B)가 정답이다. 아울러 메시지의 If you want some more information이 질문에서는 if they have questions로 바꿔 표현하고 있다는 점도 유의해야 한다.

궁금한 점이 있다면 청자들은 무엇을 해야 하는가?
(A) 이메일을 보낸다.

(B) 폭스 씨에게 연락한다.
(C) 지역 주민 회관으로 간다.
(D) 담당자와 이야기한다.

정답 | (B)

Practice 8   영M

> Questions 22 through 24 refer to the following telephone message.
>
> Hi, Enzo. It's Lyndsey. I know it's your day off, but we are experiencing a major problem at the shop. We're preparing for the busy lunch hour right now, and **23 I'm getting worried because the baker hasn't delivered our bread yet. 22 How can we make sandwiches without bread?** He has always dropped off our order first thing in the morning. I tried calling the bakery and sent an e-mail, but I haven't heard back. We may need to go to a grocery store to buy some bread. I really hope you can help us out. **24 We need your help.** We open in an hour! Please call me back and let me know what to do.
>
> ---
>
> 문제 22-24번은 다음 전화 메시지를 참조하시오.
>
> 안녕하세요, 엔조 씨. 린제이예요. 오늘 비번이신 걸 알지만, 가게에 지금 큰 문제가 발생했어요. 저희는 지금 바쁜 점심시간을 준비하고 있습니다만, 제빵업자가 아직 빵을 배송하지 않아서 걱정이 됩니다. 빵 없이 샌드위치를 어떻게 만들겠어요? 그는 항상 아침 일찍 우리 가게가 주문한 제품을 우선적으로 배송해주었거든요. 제가 계속 빵집에 연락을 취해보고 이메일도 보냈지만 아직까지 답이 없어요. 어쩌면 우리는 식료품점에 가서 빵을 구매해야 할지도 모르겠어요. 당신이 우리를 도와주셨으면 합니다. 당신의 도움이 필요해요. 우리는 한 시간 뒤에 문을 열어야 해요! 제게 연락을 주셔서 어떻게 해야 할지 알려주세요.

어휘 | day off 쉬는 날, 비번인 날 major problem 큰 문제 prepare for ~을 준비하다 drop off our order 주문품을 배송하다 first thing in the morning 오전 일찍 최우선으로 bakery 제과점,

빵집 hear back 답변을 듣다 grocery store 식료품점, 슈퍼마켓 call ~ back ~에게 답신전화를 걸다

22. 장소 - 화자가 근무하는 회사 ★

해설 | 화자가 근무하는 회사에 대해 묻고 있으므로 지문 초반부에서 회사의 업종이 직접적으로 제시되거나 또는 이를 추측할 수 있는 관련 어휘나 표현이 등장하는 부분에 집중해야 한다. 무엇보다 화자가 How can we make sandwiches without bread?라고 하며 빵이 없으면 샌드위치를 어떻게 만들 수 있냐고 반문하는 부분을 통해 화자는 샌드위치 가게에서 근무하고 있음을 유추할 수 있다. 정답을 고를 수 있는 키워드가 많아 비교적 답을 쉽게 찾을 수 있는 문제로 (B)가 정답이다.

화자는 어디에서 근무할 것 같은가?

(A) 지역 농장
(B) 샌드위치 가게
(C) 레스토랑
(D) 운송 회사

정답 | (B)

23. 문제점 - 화자가 언급한 문제점 ★★

해설 | 화자가 언급한 문제점에 대해 묻고 있는데, 문제점은 항상 지문의 초반부, 즉 화자의 인사말과 자기소개 직후에 직접적으로 제시된다. 화자는 지문 초반부에 I'm getting worried because the baker hasn't delivered our bread yet.이라고 하며 제빵업자가 아직 빵을 배송하지 않고 있어 걱정이 된다고 전한다. 따라서 화자가 언급한 문제점은 주문품이 아직까지 배송되지 않았다는 것이므로 (D)가 정답이다.

함정 분석 | 지문 초반부의 I'm getting worried because the baker hasn't delivered our bread yet.을 듣고 (A)를 고르지 않도록 한다. 아직 빵을 받지 않은 것은 맞지만 배송이 늦어진 이유에 대한 언급은 없다. 배송 트럭의 고장은 알 수 없으므로 (A)는 답이 될 수 없다..

화자가 문제라고 언급한 것은 무엇인가?

(A) 배송 트럭이 고장 났다.
(B) 장비가 심각하게 훼손되었다.
(C) 몇몇 직원들이 오늘 아침에 아파서 결근한다고 연락했다.
(D) 주문품이 아직 배송되지 않았다.

정답 | (D)

24. 의도 파악 – 화자의 의도 ★★★

해설 | 화자가 "We open in an hour!"라고 말한 의도를 묻는 문제이므로 전후 문맥을 통해 화자의 의도를 파악해야 한다. 화자가 "We open in an hour!"라고 언급한 부분에 앞서 We need your help.라고 하며 도움을 요청하는 내용이 나오고, 그 뒤에는 Please call me back and let me know what to do.라고 하며 연락해서 어떻게 해야 할지 알려달라는 내용이 등장하고 있다. 따라서 "We open in an hour!"라는 말은 도움을 받지 못하면 가게 문을 열지 못할 수도 있다며 상황의 심각성을 알리려는 의도가 반영된 것이므로 (C)가 정답이다.

화자가 "We open in an hour!"라고 말한 이유는 무엇인가?

(A) 휴가를 요청하기 위해서
(B) 고객에게 나중에 다시 오라고 요청하기 위해서
(C) 상황의 심각성을 설명하기 위해서
(D) 주문을 취소하기 위해서

정답 | (C)

05강 전화 메시지

Practice 9   호M

> Questions 25 through 27 refer to the following advertisement.
>
> **25 Do you love Italian food? Then come to Mancini's for the finest authentic Italian food in the region. 26 We recently opened our third location and are celebrating by offering all of our customers 40% off their entire meal. 27 To receive this discount, customers must visit our Web site at www.mancinisbistro. com and click the link for, "Limited Discount Coupon." Then come by any of our branches and enjoy the Mancini's Bistro's delicious food and authentic European atmosphere!**

- -

문제 25-27번은 다음 광고를 참조하시오.

이탈리아 음식을 좋아하시나요? 그러시다면

이 지역 최고의 정통 이탈리아 음식을 먹으러 Mancini로 오세요. 저희는 최근에 3호점을 열었고, 기념행사로 모든 고객들에게 전체 식사의 40%를 할인해 드리고 있습니다. 이 할인을 받으시려면, 고객님들께서는 저희 홈페이지인 www.mancinisbistro.com을 방문하셔서 "한정된 할인 쿠폰"으로 이어지는 링크를 클릭하셔야 합니다. 그리고 저희 지점 어느 곳이든 오셔서 Mancini Bistro의 맛있는 음식과 정통 유럽의 정취를 즐기세요!

어휘 | authentic 진짜의, 정통의 recently 최근에 location 지점 celebrate 축하하다, 기념하다 40% off 40퍼센트 할인 entire 전체의 come by 들르다 atmosphere 분위기, 기분 anniversary 기념일

25. 주제 – 광고의 주제 ★

해설 | 광고의 주제에 대해 묻는 첫 번째 문제이므로 광고 초반부에서 광고하고자 하는 상품, 서비스, 업체 또는 행사를 지칭하는 명사에 집중해야 한다. 화자가 광고 시작과 함께 Do you love Italian food? Then come to Mancini's for the finest authentic Italian food in the region.이라고 이야기하는 부분을 통해 바로 이탈리아 음식점에 대한 광고임을 알 수 있다. 따라서 정답은 (A)가 된다.

무엇이 광고되고 있는가?

(A) 식당
(B) 여행사
(C) 의류점
(D) 홈페이지 디자이너

정답 | (A)

26. 세부 사항 – 기념의 목적 ★★

해설 | 무엇을 기념하고 있는지 묻는 문제이므로 광고에서 celebration/celebrate가 등장하는 부분을 중심으로 제시되는 부분을 중심으로 기념과 축하의 목적에 해당하는 명사를 노려 들어야 한다. 화자는 We recently opened our third location and are celebrating by offering all of our customers 40% off their entire meal.이라며 3번째 지점의 개점을 축하하고자 40% 할인 혜택을 제공한다는 점을 밝히고 있다. 따라서 새로운 지점의 개장을 축하하고자 실시하는 할인 행사임을 알 수 있으므로 정답은 (B)가 된다.

무엇을 기념하고 있는가?

(A) 개업 10주년
(B) 새 지점의 오픈
(C) 신상품 소개
(D) 수상

정답 | (B)

27. 세부 사항 - 홈페이지에서 제공되는 것 ★

해설 | 홈페이지에서 제공되는 것을 묻는 마지막 문제이므로 광고 후반부에서 키워드인 Web site나 구체적인 홈페이지 주소가 등장하는 부분을 중심으로 단서를 파악해야 한다. 화자는 광고 후반부에서 To receive this discount, customers must visit our Web site at www.mancinisbistro. com and click the link for, "Limited Discount Coupon."이라며 홈페이지에서 할인 쿠폰을 제공받을 수 있음을 밝히고 있다. 따라서 정답은 (C)가 된다.

홈페이지를 통해서만 제공되는 것은 무엇인가?
(A) 새로운 디자인
(B) 기술적인 설명
(C) 할인 쿠폰
(D) 길 안내

정답 | (C)

Practice 10   미W

> Questions 28 through 30 refer to the following advertisement.
>
> **28 Attention, BK Supermarket shoppers. Have you heard about our new membership card? If not, now is a great time to sign up. As a holder of our membership card, you can receive further discounts on selected items within the supermarket. 29 If you join before December 10th, you will receive a free bottle of wine from our beverages department. 30 To sign up, just ask a member of our staff for an application form and submit the completed form to our customer service desk by the main entrance. We hope you will take advantage of this amazing offer.**

문제 28-30번은 다음 광고를 참조하시오.

BK Supermarket 고객 여러분, 주목하세요. 저희 새 회원 카드에 대해 들어보셨나요? 아직 들어보시지 못했다면, 지금이 등록하실 절호의 기회입니다. 회원권을 갖고 계시면, 슈퍼마켓 내의 특정 상품에 더 많은 할인을 받으실 수 있습니다. 12월 10일 이전에 가입하시면, 저희 음료 담당부서에서 와인 한 병을 무료로 받아 가실 수 있습니다. 등록하시려면, 저희 직원에게서 신청서를 받아 작성하신 서류를 출입구 옆에 있는 고객 서비스 창구로 제출해 주시면 됩니다. 고객님께서 이 놀라운 제안을 잘 이용하시길 바랍니다.

어휘 | sign up 등록하다   holder 소지자, 보유자
receive 받다   selected 엄선된, 선택된
beverage 마실 것, 음료   application form 신청서   submit 제출하다   entrance 입구   take advantage of ~을 이용하다

28. 주제 - 광고의 권장 사항 ★★

해설 | 화자가 청자에게 요청하는 것을 묻는 첫 번째 문제이며 본래 해당 문제 유형은 주로 마지막 세 번째 문제로 등장하고 문제에 따른 단서 또한 지문 후반부에서 제시되는 것이 일반적이나 간혹 첫 번째나 두 번째 문제로 출제되기도 한다. 첫 번째 문제로 출제되고 있으므로 광고 초반부에서 동사와 명사를 중심으로 단서를 파악하는 것이 관건이다. 화자는 광고 시작과 함께 Attention, BK Supermarket shoppers. Have you heard about our new membership card? If not, now is a great time to sign up이라며 회원 카드가 없으면 지금이 등록할 수 있는 적기라는 점을 언급하고 있다. 따라서 화자가 청자에게 요청하는 것은 회원 가입임을 알 수 있으므로 정답은 (C)가 된다.

화자가 청자에게 권장하는 것은 무엇인가?
(A) 새로운 상점에서 구매하기
(B) 신상품 시식하기
(C) 회원권 신청하기
(D) 새로운 홈페이지 방문하기

정답 | (C)

29. 세부 사항 - 12월 10일 전에 가입 시 받는 혜택 ★★

해설 | 12월 10일 전 가입자들이 받을 수 있는 혜택에 대해 묻는 문제이므로 광고에서 12월 10일 전,

즉, before December 10th라는 키워드가 등장하는 부분을 중심으로 단서를 파악해야 한다. 화자는 광고 중반부에서 If you join before December 10th, you will receive a free bottle of wine from our beverages department.라며 12월 10일 전 가입자에게는 포도주 한 병이 무료로 제공된다는 점을 알리고 있다. 따라서 정답은 (B)가 된다.

12월 10일 이전에 가입하는 청자들에게 무엇이 제공되는가?

(A) 추천권
(B) 사은품
(C) 할인 쿠폰
(D) 무료 회원자격

정답 | (B)

---

30. 세부 사항 – 청자가 서비스 데스크로 가야할 이유
★★★

해설 | 청자가 서비스 데스크로 가야 하는 이유를 묻는 마지막 문제이므로 광고 후반부에서 service desk란 키워드가 제시되는 부분을 중심으로 단서를 파악해야 한다. 화자는 광고 후반부에서 To sign up, just ask a member of our staff for an application form and submit the completed form to our customer service desk by the main entrance.라며 직원에게 신청서를 받아 작성한 후 정문 옆에 있는 서비스 데스크에 제출하면 된다는 과정을 설명하고 있다. 따라서 청자가 서비스 데스크로 가야 하는 이유는 서류 제출임을 알 수 있으므로 정답은 (C)가 된다.

화자에 따르면, 청자가 서비스 데스크로 가야 하는 이유는 무엇인가?

(A) 환불을 받기 위해서
(B) 경품을 수령하기 위해서
(C) 서류를 제출하기 위해서
(D) 제품을 반품하기 위해서

정답 | (C)

06강 견학 & 관광

Practice 11   미M

Questions 31 through 33 refer to the following talk.

³¹ Let's all move on to the next

---

historic site. Our next stop is one of the oldest castles in Scotland, Brodick Castle, which was originally built in 1457. This beautiful castle was home to the Brodick family for over 200 years. It was restored in 1909 by the National Historic Trust. Another impressive feature is the castle's garden. ³² Now, I highly suggest bringing a warm coat, since the weather has been extremely cold, with temperatures below zero. We'll be looking around this castle for the next two hours. ³¹,³³ After that, everyone should meet at the tour bus and we will continue to our next destination.

문제 31-33번은 다음 담화를 참조하시오.

다음 역사 유적지로 가 봅시다. 다음 목적지는 Scotland에서 가장 오래된 성들 중 하나인 Brodick Castle로, 1457년에 처음 지어졌습니다. 이 아름다운 성은 200년 이상 Brodick 가문의 저택이었습니다. 1909년에 국립 유적지 보호 재단에 의해 재건되었지요. 또 다른 인상적인 특징은 성의 정원입니다. 요즘 기온이 영하로 떨어지면서 날씨가 매우 추워졌기 때문에 따뜻한 코트를 챙기실 것을 적극 권합니다. 두 시간 동안 이 성을 돌아볼 것입니다. 그 후에, 모두 관광버스에서 만나 다음 목적지로 가도록 하겠습니다.

어휘 | historic site 유적지 originally 원래
restore 재건하다 feature 특징 highly 매우
below zero 영하의 destination 목적지

---

31. 화자나 청제의 정체 – 화자의 정체 ★

해설 | 화자의 정체를 묻는 첫 번째 문제이므로 지문 초반부에 등장하는 화자의 인사말 부분에서 직접적으로 언급되는 화자의 정체 또는 화자의 정체를 추측할 수 있을만한 관련 어휘나 표현이 제시되는 부분에 집중해야 한다. 화자는 담화 시작과 함께 Let's all move on to the next historic site.라며 다음 역사 유적지로 가보자고 권유하고 있으며 담화 말미에서는 After that, everyone should meet at the tour bus and we will continue to our next destination.이라며 관광버스에 탑승해서 다음 목적지로 가자고 언급하고 있다. 따라서 이를 통해 화자는 관광 안내원임을 유추할 수 있으므

로 정답은 (B)가 된다.

화자는 누구일 것 같은가?
(A) 정원사
(B) 관광 안내원
(C) 경비원
(D) 버스 운전기사

정답 | (B)

32. 세부 사항 – 화자가 언급한 날씨 상태 ★

해설 | 화자가 최근의 날씨를 어떻게 묘사했는지 묻는 문제이므로 담화에서 날씨와 관련된 어휘를 파악하는 것에 집중해야 한다. 화자는 담화 후반부에서 성 안으로 들어가기에 앞서 Now, I highly suggest bringing a warm coat, since the weather has been extremely cold, with temperatures below zero.라며 영하의 기온으로 떨어져서 날씨가 굉장히 춥다는 점을 밝히고 있다. 따라서 정답은 (D)가 된다.

화자는 최근의 날씨에 대해서 어떻게 언급하는가?
(A) 바람이 분다.
(B) 습하다.
(C) 화창하다.
(D) 몹시 춥다.

정답 | (B)

33. 미래 행동 – 청자들이 이후에 할 일 ★★

해설 | 청자들의 미래 행동에 대한 유추를 요구하는 마지막 문제이므로 담화 후반부에서 언급되는 동사와 명사를 중심으로 단서를 파악하는 것이 현명하다. 화자는 담화 종료 직전 After that, everyone should meet at the tour bus and we will continue to our next destination.이라며 성을 관광한 후 관광버스에 모여 다음 목적지로 갈 것이라 전달하고 있다. 따라서 청자들은 이후에 관공버스로 되돌아 올 것임을 유추할 수 있으므로 정답은 (A)가 된다.

청자들은 이후에 무엇을 할 것 같은가?
(A) 버스로 되돌아간다.
(B) 안전 절차에 대해 배운다.
(C) 보수공사를 시작한다.
(D) 상의를 구매한다.

정답 | (A)

Questions 34 through 36 refer to the following talk.

Good morning, everyone. I'm glad you could join us today for our bus tour of the castles and historic sites of Ireland. **34 My name is Liam O'Donnell and I'll be leading the tour today.** Now, before we leave for our first destination, I'd like to go over some things. **35 During this time of the year, Ireland can be extremely cold and wet, and many travelers come unprepared and unsuitably dressed for the climate.** Because of this, I highly recommend that you bring a waterproof jacket with you. If you don't have one, a cheap plastic rain jacket can be purchased in the bus terminal gift shop. **36 It is also advised that you use a bathroom whenever possible, as the journey times between destinations can be rather long.** We will be boarding in about fifteen minutes, so please have your tickets ready.

문제 34-36번은 다음 담화를 참조하시오.

안녕하세요, 여러분. 여러분이 오늘 Ireland의 성과 역사 유적지 버스 관광에 함께 하게 되어 반갑습니다. 저는 Liam O'Donnell이고 오늘 관광을 인솔할 것입니다. 이제, 저희의 첫 목적지로 출발하기 전에, 몇 가지 점검하도록 하겠습니다. 매 이 시기의 아일랜드는 매우 춥고 강수량이 많은데요. 많은 여행객들이 준비되지 않은 채로 오시거나 기후에 맞지 않는 옷을 입고 오세요. 이로 인해 저는 여러분들에게 방수 재킷을 가져 오실 것을 권해드립니다. 만약 가지고 계시지 않으시면, 값이 저렴한 플라스틱 우비를 이곳 버스 터미널 기념품점에서 구입하실 수 있습니다. 또 한 가지 당부 드리고자 하는 것은, 목적지 사이에 여정 시간이 꽤 길어질 수 있으니까 가능하면 자주 화장실을 이용하시기 바랍니다. 약 15분 후에 탑승할 것입니다. 표를 준비해 주세요.

어휘 | join 참여하다, 함께 하다　historic sites 역사 유적지　destination 목적지　go over 설명을 하다　extremely 매우　unprepared 준비되지 않

은 채 **unsuitably** 적절하지 않게 **highly** 크게, 높이 **waterproof** 방수의 **purchase** 구입하다

34. 화자나 청자의 정체 – 화자의 정체 ★

해설 | 화자의 정체에 대해 묻는 첫 번째 문제이므로 담화 초반부에서 화자가 자신의 정체를 직접 밝히는 부분 혹은 화자의 정체를 유추할 수 있는 관련 어휘나 표현이 제시되는 부분에 집중해야 한다. 화자는 담화 초반 My name is Liam O'Donnell and I'll be leading the tour today.라고 자기소개를 하며 자신이 오늘의 관광을 인솔할 사람임을 직접적으로 밝히고 있다. 따라서 정답은 (A)가 된다.

화자는 누구일 것 같은가?

(A) 관광 안내원
(B) 행사 기획자
(C) 열차 차장
(D) 버스 운전기사

정답 | (A)

35. 문제점 – 청자들에게 문제가 될 수 있는 것
★★★

해설 | 화자가 청자들에게 문제가 될 수 있다고 지적하는 것에 대해 묻는 문제이므로 담화에서 선택지에 언급된 내용과 부합하는 것을 노려 들어야 한다. 화자는 담화 중반부에서 During this time of the year, Ireland can be extremely cold and wet, and many travelers come unprepared and unsuitably dressed for the climate.이라며 매 이 시기의 아일랜드는 매우 춥고 강수량이 많음에도 많은 여행객들이 준비되지 않은 채로 오거나 기후에 맞지 않는 옷을 착용하는 문제점에 대해 지적하고 있다. 따라서 정답은 (A)가 된다.

화자는 무엇이 청자들에게 문제가 될 수 있다고 언급하는가?

(A) 현 계절의 날씨
(B) 종합 관광 상품의 비싼 가격
(C) 지역 주민이 겪는 불편함
(D) 강의 범람

정답 | (A)

36. 요청 & 제안 – 청자들에게 권고되는 사항 ★★

해설 | 화자가 청자에게 요청하는 내용을 묻는 마지막 문제이므로 담화 후반부에서 동사와 명사를 중심으로 단서를 파악해야 한다. 화자는 담화 종료 직전 It is also advised that you use a bathroom whenever possible, as the journey times between destinations can be rather long.이라며 가능할 때마다 화장실을 이용할 것을 권고하고 있다. 따라서 정답은 (D)가 된다.

청자들에게 권고되는 것은 무엇인가?

(A) 우산을 구매한다.
(B) 표를 예매한다.
(C) 우회해서 간다.
(D) 화장실을 사용한다.

정답 | (D)

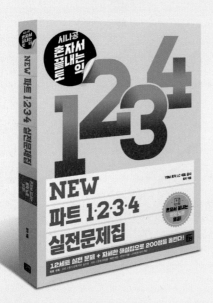